Andreas Gebesmair (Hg.)

Randzonen der Kreativwirtschaft

Kreativwirtschaft in Wien

herausgegeben von

Hubert Eichmann
(FORBA)

Helene Schiffbänker
(JOANNEUM RESEARCH)

Andreas Resch
(Institut für Wirtschafts- und Sozialgeschichte,
Wirtschaftsuniversität Wien)

Band 4

LIT

Andreas Gebesmair (Hg.)

Randzonen der Kreativwirtschaft

Türkische, chinesische und südasiatische Kulturunternehmungen in Wien

LIT

Umschlagabbildungen: Probe des Vereins Peking-Oper,
Foto: Kim Kwok
Sandeep Kumar und Neha Kapdi bei Dreharbeiten
zu „Kesriya Balam“ am Schwarzenbergplatz,
Foto: Anna Gromova
Konzertankündigung des türkischen Rapstars Ceza, o. A.

Ergebnisse des vom Wiener Wissenschafts-, Forschungs- und Technologiefonds (WWTF) im Rahmen des „Fünf Sinne“-Calls 2006 finanzierten Forschungsprojekts „Embedded Industries. Cultural Entrepreneurs in Different Immigrant Communities of Vienna“.

Gedruckt mit Unterstützung des Bundesministeriums
für Wissenschaft und Forschung in Wien

WIEN KULTUR

Bibliografische Information der Deutschen Nationalbibliothek
Die Deutsche Nationalbibliothek verzeichnet diese Publikation in der Deutschen Nationalbibliografie; detaillierte bibliografische Daten sind im Internet über http://dnb.d-nb.de abrufbar.

ISBN 978-3-643-50073-1

Krotenthallergasse 10/8
A-1080 Wien
Tel. +43 (0) 1-409 56 61
Fax +43 (0) 1-409 56 97
e-Mail: wien@lit-verlag.at
http://www.lit-verlag.at

LIT VERLAG Dr. W. Hopf
Berlin 2009
Verlagskontakt:
Fresnostr. 2
D-48159 Münster
Tel. +49 (0) 2 51-620 320
Fax +49 (0) 2 51-922 60 99
e-Mail: lit@lit-verlag.de
http://www.lit-verlag.de

Auslieferung:
Deutschland: LIT Verlag Fresnostr. 2, D-48159 Münster
Tel. +49 (0) 2 51-620 32 22, Fax +49 (0) 2 51-922 60 99, e-Mail: vertrieb@lit-verlag.de

Österreich: Medienlogistik Pichler-ÖBZ GmbH & Co KG
IZ-NÖ, Süd, Straße 1, Objekt 34, A-2355 Wiener Neudorf
Tel. +43 (0) 22 36-63 53 52 90, Fax +43 (0) 22 36-63 53 52 43, e-Mail: mlo@medien-logistik.at

Schweiz: B + M Buch- und Medienvertriebs AG
Hochstr. 357, CH-8200 Schaffhausen
Tel. +41 (0) 52-643 54 30, Fax +41 (0) 52-643 54 35, e-Mail: order@buch-medien.ch

Inhalt

Einleitung

Eine Reise an die Ränder der Kreativwirtschaft

Die „Bollynights"-Clubbings, das Festival „Salam Orient", die chinesischen Neujahrskonzerte im Goldenen Saal des Musikvereins und die „Austrian World Music Awards" sind vier Beispiele interkultureller Aktivitäten, die aus dem städtischen Kulturleben nicht mehr wegzudenken sind. Veranstaltungen dieser Art machen Wien nicht nur vielfältiger und lebenswerter, sie wurden auch zu einem fixen Bestandteil jener Ökonomie, der unter dem Schlagwort Kreativwirtschaft in den letzten Jahren vermehrt Aufmerksamkeit geschenkt wurde. Als kommerzielle Unternehmungen bieten sie Künstlerinnen und Künstlern unterschiedlichster Herkunft eine Plattform, sich einem größeren Publikum zu präsentieren, und tragen darüber hinaus zur lokalen Wertschöpfung bei. Während sich Bollywood, World Music und fernöstliche Kultur in der österreichischen Mehrheitsgesellschaft zunehmender Beliebtheit erfreuen, wird die Vielfalt kultureller Aktivitäten der Migrantinnen und Migranten in Wien jenseits der jeweiligen migrantischen Communities nur spärlich wahrgenommen. Dieses Buch und die beiliegende DVD sollen einen Einblick in das kulturelle Unternehmertum dieser bislang wenig beachteten Segmente der Kreativwirtschaft bieten. Der Bogen reicht dabei von Kulturvereinen und religiösen Organisationen, die sich um die Bewahrung und Weitergabe von kulturellen Traditionen bemühen, über das reiche Angebot an Festen und Veranstaltungen bis hin zu den Kulturindustrien im engeren Sinne: CD- und DVD-Vertrieben, Radio- und Fernsehsendungen sowie Printmedien. Dabei geht es selbstverständlich nicht darum, diese Aktivitäten als exotischen Aufputz einer mittelständischen Stadtkultur vorzuführen, sondern sie als normalen und integralen Bestandteil der Wiener Kreativwirtschaft zu begreifen, wenngleich Migrantinnen und Migranten nicht unbedingt die gleichen Bedingungen der Kulturarbeit vorfinden. Aus diesem Grund ist hier auch von Randzonen die Rede.

In dem 1928 veröffentlichten Aufsatz „Human Migration and the Marginal Man" machte der US-amerikanische Sozialforscher Robert E. Park das Leben an den Rändern von Kulturen zu einer zentralen Metapher für die Situation von Einwanderern. Während die alten Gewissheiten in der neuen Umgebung brüchig werden, bleibt ihnen die Akzeptanz in der neuen Gesellschaft oft verwehrt. Dieser Umstand mag, wie Park und seine Schüler in diesem mittlerweile klassischen Beitrag zur Migrationsforschung betonen, psychosoziale Folgen haben – in unserem Zusammenhang von größerer Bedeutung ist aber ihre Beobachtung, dass er ebenso ein Motor der Veränderung und Innovation ist. Der produktive Umgang mit den spezifischen Ambivalenzen in den Randzonen steht auch im Mittelpunkt unserer Untersuchung. Sie soll die Vielfalt unterschiedlicher Positionen im Feld migrantischer Kulturarbeit zwischen Bewahrung von Traditionen und Veränderung, zwischen ästhetischer Innovation und Vergnügen sichtbar machen, ohne die objektiven Benachteiligungen – etwa durch das Niederlassungs- und Aufenthaltsgesetz von 2005 – aus den Augen zu verlieren. Randzonen sind in unserer Interpretation nicht Zonen der Verunsicherung, sondern der kreativen Bewältigung von Unsicherheiten, von der die Mehrheitsgesellschaft nicht selten profitiert.

Die Darstellungen und Analysen in diesem Buch sind ein Ergebnis des vom Wiener Wissenschafts-, Forschungs- und Technologiefonds im Rahmen des „Fünf Sinne"-Calls 2006 finanzierten Forschungsprojekts „Embedded Industries. Cultural Entrepreneurs in Different Immigrant Communities of Vienna". Das internationale Forschungsinstitut mediacult untersuchte in Kooperation mit dem Institut für Volksmusikforschung und Ethnomusikologie (Universität für Musik und darstellende Kunst Wien) und dem Institut für Europäische Ethnologie (Universität Wien) von Anfang 2007 bis Ende 2008 unterschiedlichste Aspekte migrantischer Kulturarbeit in ausgewählten Migrantengruppen. Der *erste Teil* des Buches bietet einen Überblick über die verschiedenen Positionen im *Feld der Kulturunternehmungen*. Im Vergleich zwischen den drei Communities werden Gemeinsamkeiten sichtbar, aber auch Unterschiede deutlich, die migrationsgeschichtlichen und sozioökonomischen Charakteristika der Einwanderergruppen geschuldet sind. Aus diesem Grund beginnt der Überblick mit einem Kapitel zu „Migrationshintergrund und ethnischer Ökonomie", in dem die unterschiedlichen Migrationsgeschichten, die soziodemografischen Besonderheiten und die spezifische Struktur der ethnischen Ökonomie dargestellt werden. Der Vielzahl an kulturellen Aktivitäten ist das Kapitel „Die Kulturunternehmungen im Vergleich" gewidmet, in dem ein Bogen von den migrantischen Bildungs- und Kulturvereinen über religiöse und private Feste hin zu den zahlreichen Veranstaltungen und Verbreitungsmedien gespannt wird. Diese Reise in die Randzonen der Kreativwirtschaft wird im *zweiten Teil* durch *Analysen und Befunde* ergänzt. Kim Kwok beginnt mit einem detaillierten Überblick über die „Rechtlichen Rahmenbedingungen migrantischer Kulturarbeit in Österreich", die vor dem Hintergrund der konkreten Erfahrungen im Feld bewertet werden. Daran schließt das Kapitel „Migrantische Kulturarbeit in der österreichischen Unternehmens- und Kulturförderpolitik" an, in dem Michael Parzer die Stärken und Defizite der österreichischen Förderlandschaft in Hinblick auf unseren Untersuchungsgegenstand analysiert. Der Beitrag „‚Embedded Industries': Soziale und kulturelle Ressourcen migrantischer Kulturarbeit" von Andreas Gebesmair geht der Frage nach, inwieweit Migrantinnen und Migranten auf Unterstützung aus dem unmittelbaren Umfeld vertrauen und somit Benachteiligungen im Feld kompensieren. Kim Kwok und Michael Parzer verdeutlichen in ihrem Beitrag „Ethnizität als Ressource? Zum Umgang mit kulturellen Differenzen in migrantischen Kulturökonomien" die Unterschiede der Vermarktung von migrantischer Kultur und den Stellenwert, den ethnische Stereotype dabei haben. In „Transformationsprozesse in und durch Einwanderer-Musikkulturen: Transkulturation und Rekontextualisierung am Beispiel von Musik aus der Türkei in Wien" illustrieren Hande Sağlam und Ursula Hemetek an einigen Beispielen, wie musikalische Traditionen an veränderte Bedingungen adaptiert und somit auch transformiert werden. Im *dritten* und letzten *Teil* finden sich noch zwei Texte, die den *Forschungsprozess* auf je eigene Weise *reflektieren.* Michael Parzer zieht in seinem Text „‚Sharing The Field' – Anmerkungen zur disziplinenübergreifenden Zusammenarbeit von Soziologie, Europäischer Ethnologie und Ethnomusikologie" einige Schlüsse aus seinen Erfahrungen mit disziplinenübergreifender Forschung. Max Leimstättner, der das Projekt mit der Kamera begleitet hat, schließt unter dem Titel „Zwischen Illustration und Ethnografie" mit einigen „Notizen zur Filmarbeit in einem interdisziplinären Forschungsprojekt" an. Seine vier Dokumentationen, die im Rahmen des Projekts entstanden, sind als DVD dem Buch beigelegt. Der *Anhang* bietet neben Informationen zu den Quellen und einem umfassenden Literaturverzeichnis auch eine Liste aller im Text erwähnten Initiativen mit Angaben zu Anschrift und Webauftritt.

Zur Definition migrantischer Kreativwirtschaft

Um Randzonen der Kreativwirtschaft handelt es sich bei den hier vorgestellten Initiativen und Aktivitäten auch noch aus einem anderen Grund. Denn migrantische Kulturarbeit findet oft in Kontexten statt, die in den herkömmlichen Definitionen von Kreativwirtschaft oder Kulturökonomie unberücksichtigt bleiben. Häufig handelt es sich um ehrenamtliche Tätigkeiten, und Kulturarbeit ist oft nur einer unter vielen Aspekten des Tuns. Religiöse Vereine etwa dienen vor allem der liturgischen Praxis und der sozialen Vernetzung. Nichtsdestotrotz bieten sie vor allem auch jüngeren Kulturschaffenden oft die Möglichkeit, spezifische kulturelle Techniken zu erlernen und einem größeren Publikum darzubieten. Darüber hinaus tragen sie in der einen oder anderen Weise auch zur Wertschöpfung bei: Größere Vereinigungen beschäftigen Lehrerinnen und Lehrer, die Jugendliche in orientalischen Instrumenten oder Tänzen unterweisen, Künstlerinnen und Künstler werden zu Auftritten eingeladen und entsprechend entlohnt, bei Festen müssen die Organisatoren für die Saalmieten oder das Catering aufkommen, Veranstaltungen und das Kursangebot werden in communityspezifischen Medien beworben, die wiederum als Sponsoren auftreten. Wenn wir also diese Initiativen der Kreativwirtschaft zurechnen und sie als Kulturunternehmungen bezeichnen, dann nicht, weil es sich dabei um gewinnorientierte Unternehmen handelt, sondern weil sie sich an die Öffentlichkeit richten und dabei auch Geldzahlungen geleistet werden. Der Begriff „Unternehmung" soll zudem auch noch etwas anderes signalisieren: All die von uns beobachteten Aktivitäten sind von großem

Engagement und dem Bedürfnis getragen, die Bedingungen migrantischen Lebens an den Rändern der Kulturen ein Stück weit zu verändern. Insofern sind die Akteurinnen und Akteure wohl auch ein wenig von jenem „Unternehmergeist" beflügelt, von dem der österreichische Ökonom Josef Schumpeter meinte, dass es ihm um die „Durchsetzung neuer Kombinationen", kurz: um Veränderung gehe.

Aus dem soeben Gesagten lässt sich ermessen, wie breit unsere Definition der Kreativwirtschaft ist. Sie reicht von der ehrenamtlichen Tätigkeit in Kulturvereinen bis zu größeren gewinnorientierten Medienunternehmen. Ein besonderes Augenmerk liegt natürlich auf den Kulturarbeiterinnen und Kulturarbeitern im engeren Sinne, die als freischaffende Musikerinnen und Musiker, Tänzerinnen und Tänzer, Schauspielerinnen und Schauspieler, Filmschaffende und Produzenten den Kern der Kulturindustrien ausmachen.[1] Aus Kapazitätsgründen beschränkten wir uns auf „sounds" und „images", d. h. auf Musik, Tanz, Theater und Film. Berücksichtigt wurden aber auch all jene kreativwirtschaftlichen Bereiche, die zwar nicht unmittelbar in den kreativen Schaffensprozess involviert sind, als Mittler und Dienstleister aber wesentlich zum Erfolg kultureller Produktion beitragen. Dazu zählen Diskotheken und Karaoke-Bars, der Handel mit Tonträgern und DVDs, Werbeagenturen und insbesondere die gesamte Medienbranche. Als kommerzielles Rückgrat der kulturellen Produktion fehlen sie in keiner Definition der Kreativwirtschaft.

Was aber ist unter *migrantischer* Kreativwirtschaft zu verstehen? In der sozialwissenschaftlichen Literatur werden Unternehmen von Migrantinnen und Migranten gerne als *ethnische* Ökonomie bezeichnet. Im Wissen um die Variabilität und Konfliktträchtigkeit ethnischer Grenzziehungen beschränkten wir uns in unserer Definition des Untersuchungsgegenstandes auf den Status der Einwanderung aus bestimmten Regionen, wobei diese auch schon eine Generation zurückliegen kann. Der migrantischen Kreativwirtschaft rechneten wir *alle kulturellen Aktivitäten von oder für Migrantinnen und Migranten* zu. Damit finden sich in unserer Untersuchung nicht nur jene Unternehmungen und Initiativen, die sich an die jeweiligen Communities richten, sondern auch jener Bereich kultureller Produktion von Einwanderern, der vor allem in der Mehrheitsgesellschaft rezipiert wird. Darüber hinaus beinhaltet die Definition auch Mitglieder der Mehrheitsgesellschaft, die in der einen oder anderen Form in diese Aktivitäten involviert sind. Die vorliegende Studie ist drei konkreten Einwanderergruppen gewidmet: der türkischen, der chinesischen und der südasiatischen. Die chinesische umfasst Migrantinnen und Migranten aus der Volksrepublik China, aus Taiwan, Hongkong und Singapur, die südasiatische neben Zuwanderern aus Indien und Pakistan auch jene aus Nepal, Bangladesch und Sri Lanka. Bei der Wahl der Communities waren wir vor allem auf eine größtmögliche Variation unterschiedlicher Typen von

1 Hier folgen wir im Wesentlichen dem Modell von Throsby (2008).

Einwanderergemeinschaften bedacht. Diese Communities unterscheiden sich nicht nur in Größe und Migrationsgeschichte, sondern auch in ihrer religiösen und kulturellen Zusammensetzung. Sie repräsentieren drei sehr unterschiedliche kulturelle Systeme, wenngleich wir auf eine exakte „ethnische" Bestimmung der Grenzen dieser Systeme bewusst verzichtet haben. Der Prozess der ethnischen Selbst- und Fremdverortung ist aber sehr wohl Thema unserer Analysen.[2]

Themen

Ein Hauptanliegen unseres Forschungsprojekts war die Sichtbarmachung eines Aspekts städtischer Kultur, der bislang in der Öffentlichkeit, aber auch in der Wissenschaft wenig Beachtung fand. Daneben verfolgten wir mit unserem Vorhaben aber auch wissenschaftliche Fragestellungen. Ein besonderes Augenmerk lag auf der *strukturellen Einbettung* migrantischer Kulturarbeit. Inspiriert von der internationalen Forschung zu ethnischen Ökonomien[3] gingen wir der Frage nach, welchen Zwängen die Akteure unterliegen und welche Ressourcen sie für ihre Arbeit mobilisieren können. Wenngleich unsere Studie weit davon entfernt ist, die Thematik erschöpfend abgehandelt zu haben, so finden sich in ihr doch einige aufschlussreiche Hinweise auf die Produktionsbedingungen migrantischer Kulturarbeiterinnen und Kulturarbeiter. Die Ausführungen zu „Migrationshintergrund und ethnischer Ökonomie" verdeutlichen, wie stark die Nachfragebedingungen mit der Größe, aber auch der soziodemografischen Zusammensetzung der Communities variieren. Daraus erklären sich nicht nur Charakteristika der ethnischen Ökonomien, sondern auch Unterschiede im kreativwirtschaftlichen Angebot. Von großer Wichtigkeit ist auch der rechtliche Rahmen. Kim Kwok kann in ihrem Beitrag zeigen, dass die Änderungen der Gewerbeordnung wie auch des Niederlassungs- und Aufenthaltsgesetzes in den letzten Jahren bestimmte Tätigkeiten erleichterten, während die Situation anderer – insbesondere der Künstlerinnen und Künstler aus sogenannten Drittstaaten – massiv verschlechtert wurde. Auch bei der Bereitstellung formaler Unterstützung macht Michael Parzer in manchen Bereichen wie zum Beispiel in der Unternehmensförderung deutliche Verbesserungen aus. Die traditionelle Kunstförderung scheint aber immer noch mangelhaft an die Bedürfnisse der Migrantinnen und Migranten angepasst zu sein. Andreas Gebesmair widmet sich in seinem Aufsatz der informellen Unterstützung aus der unmittelbaren Umgebung. Interessanterweise zeigte sich in der Analyse, dass entgegen weit verbreiteter Annahmen die Unterstützung aus dem familiären Umfeld nicht der Kompensation struktureller Benachteiligungen dient. Informelle Netzwerkressourcen werden vor allem von je-

2 Siehe dazu vor allem die Beiträge von Kim Kwok und Michael Parzer bzw. Hande Sağlam und Ursula Hemetek im zweiten Teil.

3 Siehe dazu etwa Aldrich und Waldinger (1990), Light und Karageorgis (1994), Kloosterman und Rath (2003) und Zhou (2004).

nen mobilisiert, die bereits starke Bindungen zur Aufnahmegesellschaft aufgebaut haben und aufgrund ihrer sozialen Herkunft über entsprechende kreativwirtschaftliche Kompetenzen verfügen.

Neben diesen vorwiegend sozialwissenschaftlichen Themen verfolgten wir auch explizit anthropologische bzw. ethnomusikologische Fragestellungen. Spätestens seit Fredrik Barths grundlegender Neubestimmung von *Ethnizität als Prozess der Aushandlung von Grenzverläufen*[4] sind Migrationsforscherinnen und Migrationsforscher um die differenzierte Beschreibung von Klassifikationsprozessen bemüht. Kim Kwok und Michael Parzer greifen diesen Gedanken auf und entwickeln ein Modell der ethnischen Selbstverortung als Mittel der Vermarktung in migrantischen Kulturökonomien. Sie beobachten dabei eine breite Palette unterschiedlicher Strategien, die von der Akzentuierung ethnischer Klischees bis zur Verweigerung jeglicher ethnischer Zuordnung reichen. Aus einer musikethnologischen Perspektive beschreiben Hande Sağlam und Ursula Hemetek den Prozess der Transkulturation. Auch sie machen deutlich, dass ethnische Markierungen Veränderungen unterworfen sind. Am Beispiel türkischer Davul-Zurna-Ensembles können sie zeigen, wie sich musikalische Bedeutungen mit dem Kontext verändern und damit auch traditionelle Formen transformiert werden.

Methode und Vorgangsweise

Eine Bestandsaufnahme türkischer, chinesischer und südasiatischer Kulturunternehmungen in Wien bleibt zwangsläufig unvollständig und vorläufig. Zum einen zirkulieren Informationen über Aktivitäten und Initiativen häufig nur in den jeweiligen Communities, und das manchmal auch nur informell. Von Medien, Verzeichnissen und Interessenvertretungen der Mehrheitsgesellschaft werden sie nur sehr fragmentarisch erfasst.[5] Aus diesem Grund waren wir in allen Phasen des Projekts auf enge Kontakte zu den Communities angewiesen. Zudem werteten wir eine Vielzahl von Recherchematerial wie beispielsweise Programmhefte, Veranstaltungsfolder, Plakate, aber auch communityspezifische Medien und Internetplattformen aus. Alle zugänglichen Informationen wurden in einer Datenbank erfasst, die zum Abschluss des Projekts Angaben zu 372 Personen und 334 Organisationen beinhaltete.[6] Nichtsdestotrotz ist es nicht ausgeschlossen, dass uns die eine oder andere Initiative, die eine oder andere Aktivität entging. Darüber hinaus ist das Feld sehr flüchtig. Adressinformationen änderten sich in kurzer Zeit, Eigentümer wechselten, einige Veranstalter stellten ihre Tätigkeit im Lau-

---

4 Barth (1969).

5 Siehe dazu die Angaben zur Quellenlage im Anhang.

6 Da die Datenbank, die vor allem als Werkzeug für den Forschungsprozess diente, auch private Kontaktinformationen enthält, kann sie der Öffentlichkeit nicht zugänglich gemacht werden. Für Forschungszwecke wird sie allerdings zur Verfügung gestellt.

fe des Projekts ein, während anderenorts Neues entstand. Schon alleine deshalb handelt es sich bei der folgenden Darstellung keinesfalls um ein genaues Abbild der türkischen, chinesischen und südasiatischen Kreativwirtschaft Wiens. Wir meinen aber, dass sie einen guten Überblick über die Heterogenität der Zugänge zur Kulturarbeit bietet und zumindest die Typen von Kulturunternehmungen einigermaßen erschöpfend erfasst.

Aufgrund der interdisziplinären Anlage des Projekts kamen im Laufe der Forschung sehr unterschiedliche Methoden zum Einsatz. Die Palette reichte von ethnomusikalischer Feldforschung und Analysen von Artefakten über Leitfadeninterviews und Netzwerkanalysen bis zu standardisierten Befragungen. Für die Beschreibung des Felds und die Analysen konnten wir schließlich auf Feldforschungsprotokolle, Ton-, Film- und Fotoaufnahmen von mehr als fünfzig Veranstaltungen und vier Bezirkstouren, 33 vollständig in MAXQDA verkodete Interviewtranskripte über die Hintergründe, Motive und Ziele migrantischer Kulturarbeit, eine Netzwerkmatrix mit Informationen über Sponsorenbeziehungen von 27 Kultur- und Medienunternehmungen und einen Datensatz mit standardisiert erhobenen Angaben zu den Aufgaben, egozentrierten Netzwerken und soziodemografischen Hintergründen von 56 Kulturarbeiterinnen und Kulturarbeitern zurückgreifen. Die Möglichkeiten, den Reichtum an ethnografischem Material im Rahmen einer Buchpublikation zu präsentieren, sind natürlich beschränkt. Einen über die schriftlichen Ausführungen hinausgehenden Eindruck davon sollen die Videodokumentationen auf der beigelegten DVD und die Fotos vermitteln. Auf diese wird im Text nur hin und wieder explizit eingegangen. Sie sind vielmehr für sich stehende Versuche, die Vielfalt migrantischer Kulturarbeit sichtbar zu machen. Das gesamte Material steht im Übrigen auch für sekundäre wissenschaftliche Nutzung zur Verfügung, wobei die Protokolle und Aufnahmen der Feldforschung vom Institut für Volksmusikforschung und Ethnomusikologie bzw. vom Institut für Europäische Ethnologie, die Interviewtranskripte, die Netzwerkmatrix und der Datensatz vom Institut mediacult bereitgestellt werden.

Abschließend sei noch eine Anmerkung zur Frage der Anonymität gestattet. In der sozialwissenschaftlichen Forschung ist es üblich, den Befragten Anonymität zuzusichern unter der Annahme, dass dann auch intimere und prekärere Themen zur Sprache kommen und damit Gegenstand von Forschung werden können. Ethnografische Darstellungen gewinnen hingegen an Lebendigkeit, wenn die Personen, von denen die Rede ist, namentlich genannt und zuweilen auch abgebildet werden. Dies wird von vielen als Zeichen der Anerkennung auch explizit gewünscht, wenngleich dadurch sensible Informationen von der Darstellung ausgeklammert bleiben müssen. Vertreter beider Zugänge können ohne Zweifel auf Vorteile ihres Standpunktes verweisen und Legitimität beanspruchen. In der interdisziplinären Praxis erweist sich der Gegensatz aber oft als unüberbrückbar. Während Sozialwissenschaftlerinnen und Sozialwissenschaftler in der Praxis der Ethnografie ihr kritisches Erkenntnisinteresse gefährdet sehen, halten Ethnologinnen und Ethnologen den sozialwissenschaftlichen Umgang mit zwar anonymisierter, aber dennoch sensibler Information aus dem Feld für eine gewisse Respektlosigkeit, die letztlich auch den Zugang zu der Community erschweren kann. In der vorliegenden Publikation wird das empirische Material daher je nach Kontext sowohl anonymisiert als auch nicht anonymisiert präsentiert, wobei die nicht anonymisierten Auszüge aus den Interviews von den Interviewten autorisiert wurden. Um eine Rekonstruktion der Identität anonymisierter Passagen zu vermeiden, wurde auf eine Angabe der Interviewnummern, wie sie in sozialwissenschaftlicher Literatur üblich ist, verzichtet.[7] Im Internet, in Medien oder Publikationen öffentlich zugängliche Informationen wurden nicht anonymisiert übernommen.

7 Die Ausschnitte aus den Interviews wurden im Übrigen, da sich die Publikation nicht nur an ein Fachpublikum richtet, sprachlich überarbeitet.

Danksagung

Im Laufe des Forschungsprojekts erfuhren wir von unterschiedlicher Seite Unterstützung, für die wir uns an dieser Stelle herzlich bedanken möchten. Zuerst sei dem Wiener Wissenschafts- und Technologiefonds für die großzügige Finanzierung des Projekts gedankt. In seinem Leiter Michael Stampfer und der Controllerin Marita Benkwitz fanden wir zuverlässige und unbürokratische Partner, die für optimale Rahmenbedingungen des wissenschaftlichen Arbeitens sorgten. In diesem Zusammenhang seien auch die Leiter der Partnerinstitute, Gerlinde Haid vom Institut für Volksmusikforschung und Ethnomusikologie (Universität für Musik und darstellende Kunst Wien) und Konrad Köstlin vom Institut für Europäische Ethnologie (Universität Wien), erwähnt, die den Projektmitarbeiterinnen und -mitarbeitern Arbeitsplätze zur Verfügung stellten. Für eine reibungslose formale Abwicklung der Kooperation sorgten die Mitarbeiterinnen und Mitarbeiter der jeweiligen Rektorate. Regina Haberfellner danken wir für die Erstellung einer Expertise zu den rechtlichen Rahmenbedingungen migrantischer Kulturarbeit, die als Basis für die Auseinandersetzung mit den strukturellen Zwängen diente. Für wichtige Anregungen und Informationen bedanken wir uns weiters bei Andreas Riesenfelder von L&R Social Research, der Ethnologin und Migrationsforscherin Alice Ludvig, Frau Zhou Yifen und Herrn Kemal Boztepe von der Magistratsabteilung 17, bei Frau Tremmel von der Magistratsabteilung 35 (beide Gemeinde Wien), bei Frau Xie Feiru, der Obfrau des chinesischen Frauenvereins, bei der Musikstudentin Lin Weiya, bei Bettina Stadler von der Statistik Austria, beim Sozialarbeiter und Herausgeber Bülent Öztoplu und bei Nilgül Raeke von Mingo Migrant Enterprise. Eva-Maria Schmidt, Johannes Ruland und Ceyda Cankat unterstützten das Team bei Recherchen, der Dateneingabe, der Transkription von Interviews und als Interviewerinnen. Silvija Rapa kümmerte sich äußerst sorgfältig um die Vorbereitung und Durchführung der standardisierten Befragung. Johan Rosman zeichnete für die technische Umsetzung der Datenbank verantwortlich. Schließlich möchten wir uns noch bei Gerhard Veismann für die akribische Korrektur des Manuskripts und bei Richard Kisling vom LIT-Verlag für die Realisierung dieser Publikation bedanken.

Teil I:
Das Feld der Kulturunternehmungen

Bollywood und Balkan-Jazz fanden den Weg von den Rändern der transnationalen Kulturwirtschaft in die Feuilletons der westlichen Welt. Sie stoßen nicht nur in der Diaspora der jeweiligen Communities auf großes Interesse, sondern auch in der Mehrheitsgesellschaft, die sich dem exotischen Reiz der Darbietungen nicht entziehen kann. Sie bilden aber nur einen kleinen Teil jenes kulturellen Unternehmertums, das mit der globalen Migration in die urbanen Zentren Europas gelangte. Die Vielfalt dieser migrantischen Kreativwirtschaft für einen größeren Kreis von Interessierten sichtbar zu machen war das Hauptanliegen des zweijährigen Forschungsprojekts „Embedded Industries. Cultural Entrepreneurs in Different Immigrant Communities of Vienna". Im ersten Teil dieser Publikation soll ein – zweifellos immer unvollständig bleibender – Überblick über diese Aktivitäten gegeben werden. Das Kapitel „Die Kulturunternehmungen im Vergleich" lädt ein zu einer Reise durch die türkische, chinesische und südasiatische Kreativwirtschaft Wiens. Der Bogen reicht von den Kulturvereinen und religiösen Organisationen, die sich um die Bewahrung und Weitergabe kultureller Traditionen bemühen, über das reiche Angebot an Festen und Aufführungen bis hin zu den Kulturindustrien im engeren Sinne: CD- und DVD-Vertrieben, Radio- und Fernsehsendungen und Printmedien. Wie gesagt: Der Anspruch auf Vollständigkeit kann schon alleine deshalb nicht erfüllt werden, weil die Szene einem permanenten Wandel unterliegt und laufend neue Initiativen entstehen.

Wichtig erschien uns der Vergleich zwischen den Einwanderergruppen: Er macht einige Charakteristika der Communities deutlich. Kulturvereine finden sich in allen dreien, und das in großer Zahl. Alle drei legen großen Wert auf die Weitergabe kultureller Traditionen und der Sprache an die zweite und dritte Generation der Einwanderer und trachten danach, ihre Kultur auch der Mehrheitsgesellschaft näherzubringen. Kulturelle Praktiken in einem religiösen Kontext finden sich in einem relevanten Ausmaß aber nur in der türkischen und südasiatischen Community. Für Chinesinnen und Chinesen ist die Religionsausübung von untergeordneter Bedeutung. Im Gegensatz zu der von der Größe her vergleichbaren südasiatischen Community, wo lokal produzierte Printmedien weitgehend fehlen, bildet die Verlagsarbeit aber einen zentralen Bestandteil der chinesischen Kreativwirtschaft. Diese zeichnet sich auch durch eine hohe Affinität zu Institutionen des bürgerlichen Musiklebens in Wien, wie beispielsweise dem Musikverein mit seinem Goldenen Saal, aus. Davon zeugt auch der hohe Anteil von Chinesinnen und Chinesen an den Studierenden der Musikuniversität. Für das Unterhaltungsbedürfnis von großer Bedeutung sind zudem die Karaoke-Bars, die in den anderen Communities nur eine geringe Rolle spielen.

Ein Spezifikum der südasiatischen Kreativwirtschaft ist die starke Einbindung nicht südasiatischer Akteure. Zwar finden sich interethnische Kooperationen, insbesondere im Bereich der World Music, auch in den anderen Communities, im Rahmen des Bollywood-Booms begannen aber viele Österreicherinnen und Österreicher ohne Migrationshintergrund als Kunstschaffende oder Veranstalter tätig zu werden. Vor allem die Clubbing- und Tanzszene ist stark von Akteuren nicht südasiatischer Herkunft geprägt. Ansonsten findet das kulturelle, gesellschaftliche und religiöse Leben der Südasiatinnen und Südasiaten in den zahlreichen Kulturvereinen, Moscheen, Kirchen und Tempeln statt, die entlang ethnischer, sprachlicher und religiöser Kriterien ausdifferenziert sind. Daneben fungieren auch die zahlreichen Lebensmittelgeschäfte und DVD-Läden als Treffpunkte wie auch kulturindustrielle Drehscheiben.

Die türkische Community ist die größte der von uns untersuchten Einwanderergruppen. Aus diesem Grund finden sich in ihr Angebotsformen, die in den kleineren Communities offensichtlich nicht rentabel sind. Dazu gehören etwa Großdiskotheken, aber auch kleinere Veranstaltungslokale, in denen regionale und internationale Acts zu sehen sind. Als Kulturzentren fungieren auch die Hochzeitssäle, von denen es mittlerweile an die zehn gibt. In diesen Sälen finden nicht nur private Feiern statt, sondern auch hin und wieder Konzerte oder gesellige Zusammenkünfte von Einwanderern aus bestimmten Regionen. Von großer Bedeutung sind auch die Moscheen und religiösen Vereine, die nicht nur als soziale Zentren fungieren, sondern auch Kurse zum Erlernen von Musikinstrumenten und Tänzen aus der Türkei anbieten. Explizit an ein multiethnisches Publikum wenden sich einige türkische Kunstinstitutionen, die Musik, Tanz oder Theater auf hohem Niveau einem interessierten Publikum näherbringen. Schließlich entstanden aufgrund der hohen Nachfrage in der türkischen Community einige interessante Medienprojekte – von den auf den freien Kanälen zu sehenden Radio- und Fernsehsendungen über regionale Monatszeitschriften und transnational agierende Agenturen bis hin zu multikulturellen Journalen der zweiten Generation.

Die Unterschiede im kulturellen Angebotsspektrum der einzelnen Communities werden erst verständlich, wenn wir sie vor dem Hintergrund der spezifischen Migrationsgeschichten und soziodemografischen Besonderheiten betrachten. Aus diesem Grund haben wir der Darstellung der Kreativwirtschaft ein Kapitel zum Migrationshintergrund und zur ethnischen Ökonomie vorangestellt. Vor allem die Einbettung der kulturellen Unternehmungen in das allgemeine Wirtschaftsleben der Migrantinnen und Migranten erschien uns dabei wichtig. Denn diese macht deutlich, dass es sich bei der migrantischen Kreativwirtschaft nicht nur um eine wertvolle Bereicherung des Wiener Kulturlebens handelt, sondern auch um einen wichtigen Wirtschaftsfaktor.

Als Ergänzung zur bloßen Deskription der Strukturen des Felds migrantischer Kulturunternehmungen haben wir an verschiedenen Stellen einige kurze Porträts wichtiger Akteurinnen und Akteure sowie Ereignisse im Feld der Kulturunternehmungen und darüber hinaus in der ethnischen Ökonomie insgesamt eingefügt. Diese in einem journalistischen Ton gehaltenen Einschübe dienen nicht nur der Illustration, sondern machen auch deutlich, dass hinter den Unternehmungen engagierte Personen oder Gruppen stehen, die im Umgang mit den Ambivalenzen und Widrigkeiten der Randzonen ihre je eigenen Strategien der Bewältigung und Veränderung entwickelt haben.

Nepalesisches Neujahrsfest im Haus der Begegnung (Großfeldsiedlung, Wien 21), 12. 04. 2008, Filmstill: M. Leimstättner

Musikabteilung im Supermarkt Pamukkale (Wien 10), 09. 03. 2007, Foto: A. Gebesmair

Probe des Vereins Peking-Oper (Wien 1), 27. 04. 2008, Foto: K. Kwok

Ein Ausschnitt der lokalen türkischen Ökonomie auf einem Konzertplakat (Wien 16), 25. 05. 2007, Foto: H. Sağlam

MIGRATIONSHINTERGRUND UND ETHNISCHE ÖKONOMIEN

Von Andreas Gebesmair, Kim Kwok, Bernhard Fuchs und Hande Sağlam

Migrationsgeschichte

Arbeitsmigration

Die Zuwanderung aus der Peripherie in die urbanen Zentren Europas begann nicht erst in der zweiten Hälfte des 20. Jahrhunderts, als im Zuge des wirtschaftlichen Wiederaufbaus nach dem Zweiten Weltkrieg die Arbeitskräfte knapp wurden. Arbeitsmigration vom Land in die Stadt begleitete den gesamten Prozess der Industrialisierung, und nicht selten überschritten die Wandernden dabei politische, kulturelle und sprachliche Grenzen. Die tschechischen Familiennamen nicht weniger Wienerinnen und Wiener erinnern uns daran, dass bereits im 19. Jahrhundert Zuwanderer aus Böhmen und Mähren in die Reichshauptstadt kamen, um hier als Ziegelarbeiter, Schneider oder Dienstbotinnen ihr Auskommen zu finden. Vor dem ersten Weltkrieg gab fast ein Viertel der Wiener Bevölkerung an, in den beiden nördlichen Kronländern der Monarchie geboren zu sein.[1] Weniger bekannt ist die Tatsache, dass zu diesem Zeitpunkt auch Menschen aus entlegeneren Regionen der Welt in Wien Fuß zu fassen versuchten. Chinesische Zuwanderer aus Qingtian, einer gebirgigen Gegend in der Provinz Zhejiang in China, kamen um die Jahrhundertwende nach Europa, um hier mit chinesischen Waren wie Porzellan, Seidenprodukten und Steinschnitzarbeiten (aus dem in dieser Region vorkommenden speziellen Speckstein) zu handeln.[2] In der Donaumetropole waren sie aber keineswegs willkommene Gäste, sondern Anfeindungen durch die Presse ausgesetzt, die das Einschreiten der Behörden gegen den unbefugten Hausierhandel mit „Schundware“ forderten. In der Tat wurden 1914 24 Chinesinnen und Chinesen abgeschoben, nachdem sich die chinesische Regierung bereit erklärt hatte, die Reisekosten zu übernehmen.[3]

---

1 John und Lichtblau (1990, 14).

2 Thuno (1999, 164–167).

3 John und Lichtblau (1990, 61).

Chinesische Einwanderer spielten in weiterer Folge bis in die 1980er-Jahre in Österreich eine untergeordnete Rolle, wenngleich bereits kurz nach dem Zweiten Weltkrieg Chinesinnen und Chinesen in Wien zwei Chinarestaurants eröffnet hatten.[4] Migrantinnen und Migranten aus Asien wählten vor allem jene Länder als Ziel, zu denen es bereits aufgrund der kolonialen Vergangenheit formale oder informelle Verbindungen gab. Erst mit dem Beginn der Reform- und Öffnungspolitik unter Deng Xiaoping im Jahr 1978 und dann vor allem mit der Liberalisierung der Ausreiseregelungen 1985 setzte die Auswanderung aus der Volksrepublik China ein, die immer mehr Chinesinnen und Chinesen auch nach Österreich führte. Die ersten Migrantinnen und Migranten nach der Liberalisierung kamen – wie schon zur Jahrhundertwende – aus Qingtian und der benachbarten Region Wenzhou, die als Qiaoxiang-Gebiete[5] bezeichnet werden. Diese Auswanderer reaktivierten ihre alten Netzwerke in Europa und fuhren dorthin, wo sie Verwandte oder Freunde hatten. Später wanderten sie in Europa je nach Arbeits- und Geschäftsmöglichkeiten herum, ohne auf die damaligen europäischen Grenzen viel Rücksicht zu nehmen. Nicht ohne Grund wurden die Chinesinnen und Chinesen „Europäer vor den Europäern" genannt.[6]

Herr Gao[7] kocht Hausmannkost für chinesische Reisegruppen

Seit 2004 Touristengruppen aus China die Einreise nach Europa erleichtert wurde, gewinnt auch Wien als Reiseziel für Chinesinnen und Chinesen an Bedeutung. Einige von ihnen statten während ihres Aufenthalts nicht nur den Sehenswürdigkeiten Wiens einen Besuch ab, sondern auch einem kleinen Lokal am Lerchenfelder Gürtel, wo das Essen wie in der Heimat schmeckt. Der Besitzer des Restaurants, Herr Gao, hat sich auf das boomende Geschäft mit Reisegruppen aus der Volksrepublik China, aus Taiwan, Hongkong und Südostasien spezialisiert. Für seine Gäste ist es nicht nur wichtig, dass das Essen warm und schnell serviert wird, es soll auch die Erinnerung an die Herkunftsregion wecken. Gao bietet daher eine breite Palette regionaler Hausmannskost an.

Der aus Qingtian in der Provinz Zhejiang stammende Herr Gao und seine Frau wanderten erst Ende der 1990er-Jahre aus China aus. Viele ihrer Verwandten kamen über die Vermittlung eines Onkels, der quasi die Rolle des

4 Zur jüngeren Migrationsgeschichte der Chinesinnen und Chinesen in Österreich siehe Kaminski und Unterrieder (1980), John und Lichtblau (1990, 61), Kreissl (1999).

5 Mit dem Begriff Qiaoxiang werden jene Gegenden bezeichnet, in denen die Auswanderung eine längere Tradition hat und daher viele Menschen Kontakte zu bereits ausgewanderten Familienmitgliedern im Ausland haben.

6 Benton und Pieke (1998, viii), siehe auch Pieke (2002).

7 Name und Ort des Lokals wurden von uns geändert.

> Pioniers übernahm, bereits in den 1980er-Jahren nach Österreich. Fast alle sind heute in der Gastronomie tätig. Das weit verzweigte Familiennetzwerk, das von Wien bis Vorarlberg reicht, erleichterte es Gao und seiner Frau, in Österreich Fuß zu fassen.
>
> Zuerst wählten sie allerdings einen kleinen Ort in der Region Venetien, wo es eine hohe Konzentration chinesischer Kleidungsbetriebe gibt, als Ziel. Zwei, drei Jahre war Gao in der Kleidungsbranche tätig, bevor er schließlich im Jahr 2003 mit seiner Frau nach Österreich kam. Zuerst eröffnete er ein Restaurant in der Nähe von Wiener Neustadt, wo sein Bruder bereits eine Gaststätte besaß. 2005 kaufte er von einer taiwanesischen Familie das Restaurant am Gürtel und konzentriert sich seither auf die Bewirtung chinesischer Touristinnen und Touristen. Auf die Frage nach der Wichtigkeit von Kapital für sein Unternehmen antwortete Herr Gao: „Kapital ist nicht nur Geld, sondern auch soziale Beziehungen. Ich habe überall in Österreich Freunde und Verwandte, die mir helfen können."

Für Migrantinnen und Migranten vom indischen Subkontinent war und ist Großbritannien das bevorzugte Ziel. Da das Bildungswesen in den ehemaligen südasiatischen Kolonien vom britischen System geprägt wurde, strebten Auswanderer aus diesen Ländern in den englischsprachigen Raum, nach Kanada, in die USA, nach Australien und vor allem Großbritannien. Österreich spielte allenfalls als Durchgangsstation für politische Flüchtlinge eine Rolle, wie etwa für jene indischen Familien, die Anfang der 1970er-Jahre vor Idi Amins rassistischer Politik aus Uganda nach Österreich flohen, aber bald weiterzogen. Österreich erschien indischen Migrantinnen und Migranten wenig attraktiv.[8]

Erst in den 1980er-Jahren entstanden zwei auffällige Migrationsmuster. Einerseits wurden zunehmend Inderinnen in Pflegeberufen beschäftigt, andererseits traten Inder als Zeitungskolporteure[9] und als Marktfahrer im österreichischen Alltag in Erscheinung. Diese beiden Gruppen verbindet allerdings außer ihrer indischen Herkunft wenig. Die anfangs weiblich dominierte Einwanderung aus dem südindischen Bundesstaat Kerala wurde durch die transnationalen Netzwerke der katholischen Kirche unterstützt. Die Initiative ergriffen Theologiestudenten aus Kerala und die Missionsschwestern des Ordens der *Königin der Apostel*, die christliche Pflegerinnen an katholische Spitäler in Wien vermittelten. In

8 Zur Migrationsgeschichte der Südasiatinnen und Südasiaten in Österreich siehe Hintermann (1995), Fuchs (1997), Buchbauer (2001), Thandappilly (2001), Horvath (2002), Singh Mann (2002).

9 Zeitungskolporteure wurden auf Drängen der Verleger in den 1970er-Jahren von den restriktiven Bestimmungen des Ausländerbeschäftigungsgesetzes ausgenommen und genießen einen aufenthaltsrechtlichen Sonderstatus. Die Mehrzahl der Kolporteure stammt aus Ägypten, daneben finden sich aber auch Türken, Inder und Pakistanis unter ihnen. Vgl. Fuchs (1998a).

dem an der Malabarküste am Arabischen Meer gelegenen Bundesstaat machen Christinnen und Christen rund zwanzig Prozent der Bevölkerung aus. Die andere, vorwiegend aus Männern bestehende Einwanderergruppe stammte aus dem Punjab im Norden Indiens. Der Punjab war bereits in der Kolonialzeit eine Auswanderungsregion. Religiöse und politische Spannungen in den 1980er-Jahren führten aber zu einem deutlichen Anstieg der Migration.[10] Beide Regionen – der Punjab und Kerala – zählen zu den privilegierten Bundesstaaten Indiens: Kerala zeichnet sich durch den durchschlagenden Erfolg der Bildungspolitik aus, der Punjab ist das Musterland der Grünen Revolution Indiens, dem von der Weltbank forcierten, aus ökologischer Sicht durchaus bedenklichen Bemühen, mit moderner Agrartechnik die Armut zu bekämpfen. Dies verdeutlicht, dass entgegen weit verbreiteter Annahmen das beobachtete Wohlstandsgefälle nicht ausreicht, um Migrationsbewegungen zu erklären. Ein zumindest bescheidener Wohlstand und eine gewisse Bildung sind wichtige Voraussetzungen für die Emigration.[11]

Pawan Kumar Kapila – Vom Zeitungskolporteur zum Eventmanager

Pawan Kumar, der Sohn eines Konditors (ein für Brahmanen typischer Beruf), kam 1984 aus dem nordindischen Nakodar nach Wien, um als Zeitungsverkäufer zu arbeiten. Als er sich 1988 in der Zeitungsvertriebsgesellschaft Mediaprint wegen einer Kleinigkeit beschweren wollte, wurde er von einem Bodyguard gewaltsam entfernt und vor Augenzeugen verprügelt, wobei ihm die Hand gebrochen wurde. Offensichtlich sollte damit ein Exempel statuiert werden, da zu dieser Zeit Kolporteure politisch aktiv wurden und sich in einem Verein gewerkschaftsähnlich organisierten. Diese Initiative ging von Ägyptern aus, weshalb die Vertriebsgesellschaft bevorzugt Südasiaten rekrutierte, um eine Solidarität der Kolporteure zu verhindern. Pawan Kumar erstattete Anzeige, und die „Volksstimme" berichtete ausführlich über den Vorfall. Nach seiner Zeit als Kolporteur war Pawan Kumar Bauarbeiter und Schneeschaufler, er arbeitete in einem Restaurant und als Kofferträger in einem Hotel. Vorübergehend machte er sich zusammen mit einem pakistanischen Partner selbstständig. 1996 besuchten sogar Bollywood-Stars, die für Dreharbeiten in Wien waren, seinen kleinen Laden in der Märzstraße.

Das Kleinunternehmen ging allerdings in Konkurs, und Pawan Kumar arbeitet seither im Asien Basar am Neubaugürtel, dem Geschäft eines indischen Freundes. Nebenbei ist er als Unternehmer im Kulturbereich aktiv. Mit dem von ihm gegründeten Indischen Kulturverein (Indian Cultural Association)

10 Siehe dazu unten den Abschnitt zu den Flüchtlingen.

11 Siehe dazu auch Johnson (1995).

organisiert er Kinovorführungen indischer Filme, das indische Vaisakhi-Fest in der Lugner City – ein Großereignis, über das britische Ethnomedien wie Channel Punjab und Sunrise Radio ausführlich berichten – oder auch intime Treffen von Amateurmusikern in indischen Restaurants und Konzerte international bekannter Punjabi-Stars wie Harbhajan Mann und die Gruppe *Punjabi Virsa* (übersetzt: Punjabi-Kulturerbe). Die Veranstaltungen richten sich vorrangig an die Punjabi-Communities, die er auch über die Tempelgemeinschaften der Hindus und Sikhs gut erreichen kann. Die Einnahmen kommen unter anderem auch Bedürftigen in seiner Herkunftsgemeinde Nakodar zugute (siehe Abbildung auf Seite 138).

Pawan Kumar war auch von den ersten Anfängen an ein engagiertes Mitglied der Wiener Hindu-Gemeinde. In kulturellen und religiösen Belangen zeigt er sich besonders sensibel. Als im Zuge der allgemeinen Indienbegeisterung im Jahr 2004 Flipflops auf den Markt kamen, die im Fußbett ein Bild der Göttin Lakshmi zeigten, erreichte Pawan Kumar, dass der Artikel entfernt wurde.

Die Auswanderer aus den anderen südasiatischen Ländern Pakistan, Bangladesch und Sri Lanka finden sich in ähnlichen ökonomischen Nischen wie die indischen Einwanderer: Kolportage, Hotellerie und Gastronomie, Taxi-Unternehmen, ambulanter Handel und Detailhandel sowie Pflegeberufe. Und auch sie versuchten der ökonomischen Unsicherheit wie auch ethnischen und politischen Konflikten zu entkommen. Trotz aller kulturellen und politischen Unterschiede ist für die Migrantinnen und Migranten aus China und Südasien charakteristisch, dass sie bei der Auswanderung, Niederlassung und bei der Arbeitssuche auf informelle Kontakte angewiesen waren. Sie reisten häufig als Touristinnen und Touristen oder Studentinnen und Studenten ein und fanden in den Restaurants und Geschäften von Bekannten bzw. in ganz spezifischen Nischen wie eben als Zeitungskolporteure oder als Krankenschwestern Arbeit. Die engen Beziehungen zu den Einwanderungskolonien erleichterten nicht nur die Entscheidung auszuwandern, sie waren in Österreich meistens auch die einzige Möglichkeit eines Zugangs zur Erwerbstätigkeit. Zwar bekamen einige Einwanderer auch formale Unterstützung wie etwa von Reisebüros oder kirchlichen Einrichtungen, die Informationen über die Arbeitsmöglichkeiten gelangten aber vor allem über informelle Kanäle in die Herkunftsländer, und die Initiative ging im Wesentlichen von den Migrantinnen und Migranten selbst aus.

Darin unterscheiden sie sich deutlich von den Arbeitsmigrantinnen und -migranten aus den Staaten des ehemaligen Jugoslawien und der Türkei, die seit den 1960er-Jahren offiziell auf Initiative der Bundeswirtschaftskammer angeworben wurden, um den Arbeitskräftemangel in Österreich auszugleichen.[12] Für den wirtschaftlichen Wiederaufbau nach dem Zweiten Weltkrieg waren zusätzliche Arbeitskräfte notwendig, zumal viele Männer aus dem Krieg nicht zurückkehrten, arbeitsunfähig waren oder der kräfteraubenden Tätigkeit in der Industrie und am Bau eine Beschäftigung im öffentlichen Dienst vorzogen. Zu diesem Zweck wurden mit diesen Ländern Anwerbeabkommen geschlossen und Anwerbestellen eingerichtet. Die in Istanbul eröffnete österreichische Anwerbekommission in der Türkei (Türkiye'de Görevli Avusturya İşçi Alma Komisyonu) vermittelte Arbeitskräfte anfänglich vor allem in die Metall- und Textilindustrie der westlichen Bundesländer Österreichs. Eine dauerhafte Anstellung und ein unbefristeter Aufenthalt waren nicht vorgesehen, die Arbeitsplätze waren arbeitsrechtlich dementsprechend schlecht abgesichert.[13] Die vorwiegend jungen, unverheirateten „Gastarbeiter" sollten einige Jahre in Österreich bleiben und dann durch andere ersetzt werden. Viele der Bewerber wollten anfänglich auch nur für kurze Zeit im Ausland arbeiten, um so ihre Zukunft in der Türkei mit einer finanziell besseren Ausgangslage absichern zu können. Sie sahen in der befristeten Arbeitsmigration eine Chance, der schlechten wirtschaftlichen und politischen Situation in ihrem Heimatland zu entkommen. In den 1950er-Jahren löste die Modernisierung der Landwirtschaft eine starke Abwanderung vor allem aus den bäuerlichen Regionen Mittel- und Ostanatoliens in die großen Städte aus, die bis heute massive soziale, wirtschaftliche und kulturelle Konsequenzen nach sich zieht.[14] Die türkische Regierung unterstützte die Arbeitsmigration nach Westeuropa, da sie sich dadurch nicht nur die Senkung der Arbeitslosigkeit, sondern auch Deviseneinnahmen aus den Rücküberweisungen der Emigrantinnen und Emigranten erhoffte.

Doch neben dieser institutionalisierten Form der Einwanderung etablierten sich bald auch informelle Kanäle der Vermittlung, wie wir sie in der chinesischen und südasiatischen Community beobachtet haben. Nicht zuletzt auch infolge des Rückgangs der offiziellen Anwerbeaktivitäten Anfang der 1970er-Jahre vertrauten immer mehr Arbeitnehmerinnen und Arbeitnehmer aus der Türkei auf die Vermittlung durch Bekannte und Verwandte. Außerdem spielte der Familiennachzug eine immer größere Rolle. Da die Ersparnisse, entgegen der ursprünglichen Annahme, keinesfalls reichten, um nach der

12 Zur Migration aus der Türkei und allgemein zur Arbeitsmigration in Österreich siehe Bauböck (1986), John und Lichtblau (1990, 86–88), Davy und Gächter (1993), Parnreiter (1994), Münz, Zuser und Kytir (2003), Perchinig (2008).

13 So wurden etwa Arbeiterinnen und Arbeiter, die ihre Rechte mit Streiks durchzusetzen versuchten, abgeschoben. Vgl. Gürses, Kogoj und Mattl (2004, 35).

14 Im Jahr 1960 hatte Istanbul 1.620.092 Einwohnerinnen und Einwohner, bis in das Jahr 2000 stieg diese Zahl auf 10.018.735 (http://www.istanbul.net.tr/istanbul_istanbul_nufus.asp). Inoffiziellen Schätzungen zufolge leben allerdings an die 15 Millionen Menschen in Istanbul. Mehr als die Hälfte der Einwohnerinnen und Einwohner ist aus verschiedenen Regionen Anatoliens zugewandert (http://www.tuik.gov.tr/VeriBilgi.do?tb_id=38&ust_id=11).

Rückkehr eine neue Existenz zu gründen, und sich die wirtschaftliche und politische Lage im Herkunftsland verschärfte, richteten sich viele für ein Leben auf Dauer in Österreich ein und begannen ihre Familien nachzuholen. Das Ausländerbeschäftigungsgesetz von 1975, mit dem der Zugang zum Arbeitsmarkt eingeschränkt wurde, unterstützte diesen Trend zur dauerhaften Niederlassung, da ein saisonaler Aufenthalt nun nicht mehr möglich war und die Migrantinnen und Migranten einen Verlust ihrer Beschäftigungserlaubnis nicht riskieren wollten. In den 1990er-Jahren wurde schließlich aufgrund der restriktiven Zuwanderungspolitik die Familienzusammenführung zur dominanten Form der Neuzuwanderung aus der Türkei. Die klassische Arbeitsmigration wurde hingegen durch die Einführung von Quoten für die Niederlassung wie auch für die Beschäftigung massiv eingeschränkt. Ausgenommen waren lediglich Schlüsselkräfte. So rückten etwa mit Beginn des neuen Millenniums Inderinnen und Inder als Fachkräfte, besonders als Computerspezialisten, ins Zentrum öffentlicher Aufmerksamkeit. Nach dem Vorbild Deutschlands versuchte man auch in Österreich mit einer Art „Green Card" hochqualifizierte Migrantinnen und Migranten aus Indien ins Land zu locken. Die erste Spezialistin wurde mit großem medialem Interesse empfangen, blieb jedoch nicht lange im Land, da ihr Kanada bessere Möglichkeiten bot. In den drei von uns untersuchten Communities spielte die Einwanderung als Schlüsselkraft eine völlig untergeordnete Rolle.

Tanju Tarık Cengiz – Ein „Gastarbeiterkind" sorgt für gute Unterhaltung

Tanju Cengiz ist momentan wohl einer der wichtigsten Namen in der türkischen Veranstaltungsszene. Als Geschäftsführer der Disco *Oxyd* im zehnten Wiener Gemeindebezirk bot er den türkischen Jugendlichen der zweiten Generation einen Mix aus internationalem House, türkischem Pop und Halay. Derzeit organisiert der kurz vor dem Abschluss seines Studiums stehende Jurist in einem Lokal namens *Aspendos* im 7. Bezirk Konzerte im World-Music-Bereich und andere kulturelle Veranstaltungen. In einem Gespräch, das wir mit ihm im Rahmen des Projekts führten, bezeichnete sich der 1975 in Vorarlberg geborene Allrounder als „Gastarbeiterkind". In der Tat waren seine Großeltern und Eltern unter den ersten Arbeitsmigranten, die nach Österreich kamen. Tanjus Vater kam 1972 nach Vorarlberg, wo er als Metallarbeiter eine Beschäftigung fand. Wenig später brachte er auch seine Frau nach Österreich, die in der Textilindustrie zu arbeiten begann. Beide waren, wie Tanju betont, enormen körperlichen Belastungen ausgesetzt, die unübersehbare Spuren hinterließen. Nichtsdestotrotz ermöglichten sie Tanju den Besuch eines Gymnasiums und später das Jus-Studium in Wien – zu seiner Zeit zweifelsohne ein ungewöhnlicher Werdegang für Kinder von Arbeitsmigrantinnen und -migranten.

Im Studentenheim begann Tanju Cengiz Partys zu organisieren. Damit hatte er so großen Erfolg, dass er seine Aktivitäten immer weiter ausdehnte. Seine legendären „Turkish Delight Nights" in verschiedensten Wiener Locations wurden zu einer der beliebtesten und bestbesuchten Veranstaltungen in der türkischen Community. Daneben arbeitete er aber auch als Radio- und Fernsehmoderator, organisierte für die *European Federation for Youth Service Organisations* internationalen Studentenaustausch und wirkte in mehreren Theateraufführungen mit. Zwischen 2005 und 2007 saß er für die Grünen im Bezirksrat des 15. Bezirks. Letztlich entschied er sich aber doch für die Unterhaltungsbranche, die zu einem wichtigen beruflichen Standbein wurde.

Flüchtlinge und Studierende

Die großen Flüchtlingsströme nach Österreich in der zweiten Hälfte des 20. Jahrhunderts nahmen vor allem in der Niederschlagung der Aufstände in den kommunistischen Ländern Ungarn 1956, Tschechoslowakei 1968 und Polen 1981 ihren Ausgang. Die Kriege und ethnischen Vertreibungen auf dem Gebiet des ehemaligen Jugoslawiens führten dann in den 1990er-Jahren noch einmal zu einem enormen Anstieg der Flüchtlingszahlen in Österreich. Während für die Vertriebenen aus den kommunistischen Ländern Österreich in erster Linie als Transitland fungierte, blieb ein Großteil der Bosnierinnen und Bosnier nach Beendigung des Krieges in Österreich.[15]

Die Zahl der Asylwerberinnen und -werber in den von uns untersuchten Gruppen war hingegen lange Zeit verschwindend gering – sieht man einmal von den aus Uganda vertriebenen indischen Familien und einer Gruppe ethnischer Chinesinnen und Chinesen aus Vietnam und Kambodscha, die in den 1970er-Jahren um Asyl ansuchten, ab. Zwar gaben politische, ethnische und religiöse Verfolgungen in der Türkei, in China und den südasiatischen Ländern ausreichend Grund zur Flucht, doch wählten die Flüchtlinge nur selten Österreich als Asylland. Im traditionell multireligiösen Punjab etwa kam es immer wieder zu Auseinandersetzungen zwischen Hindus, Sikhs und Muslimen. Als 1984 Indira Gandhi das wichtigste Heiligtum der Sikhs, den Goldenen Tempel in Amritsar, wo sich militante Sikhs verschanzt hielten, durch die Armee stürmen ließ, eskalierte die Gewalt. Nach der Ermordung Indira Gandhis durch ihre Sikh-Leibwächter trieben pogromartige Ausschreitungen viele Sikhs ins Ausland – nur vereinzelt kamen sie auch nach Österreich. Die Fluchtmigration infolge der Niederschlagung der Demokratiebewegung von 1989 in China führte vor allem in die USA und andere europäische Länder. Auch der Militärputsch in der Türkei vom 12. September 1980 veranlasste viele Intellektuelle der großen Städte und Mitglieder ethnischer Min-

15 Zu Flüchtlingen in Österreich siehe Stanek (1985), John und Lichtblau (1990, 107–113), Kohlbacher (2007) sowie einzelne Hinweise in Waldrauch und Sohler (2004).

derheiten Anatoliens, insbesondere politisch aktive Kurdinnen und Kurden, das Land zu verlassen.[16] Viele von ihnen gingen nach Deutschland. Diejenigen, die nach Österreich flohen, suchten oft nicht um Asyl an, da es ihnen zu diesem Zeitpunkt auch als Arbeitsmigranten noch möglich war, Aufenthaltsgenehmigungen zu erlangen. Erst zur Jahrtausendwende kam es zu einem deutlichen Anstieg von Asylansuchen, der wohl auch mit der restriktiven Einwanderungspolitik Europas im Zusammenhang steht. Dies trifft nicht nur auf Asylwerberinnen und -werber aus der Türkei, sondern auch auf jene aus Südasien und China zu – wenngleich die Chancen auf Gewährung eines Aufenthalts stetig abnehmen. Den Asylansuchen von Flüchtlingen aus Indien oder Pakistan, die vor ethnisch-religiösen Konflikten, Zwangsheirat und Blutrache fliehen, wird so gut wie nie stattgegeben. Auch die Nepalesinnen und Nepalesen, die vor dem von 1996 bis 2008 währenden Bürgerkrieg flohen, hatten kaum eine Chance auf Gewährung von Asyl. Mittlerweile sind die Ansuchen insgesamt wieder rückläufig. [17]

Auch bei der Wahl des Studienorts war Österreich nicht unbedingt die erste Adresse. Einzelne Inderinnen und Inder aus wohlhabenderen Familien kamen zur Ausbildung in den frühen 1970er-Jahren nach Österreich. Absolventen einer österreichischen Tourismusfachschule blieben im Land und betätigten sich dann auch im Bereich der Gastronomie und Hotellerie. Auch Studierende aus der Türkei verschlug es allenthalben nach Wien. Für die Mehrzahl war aber Österreich als Universitätsstandort von untergeordnetem Interesse. Dies änderte sich in den letzten Jahren. So gewann etwa für Chinesinnen und Chinesen Wien als Studienort an Attraktivität. Im Wintersemester 2000 waren laut Bundesministerium für Wissenschaft und Forschung erst 528 Studierende aus China an Österreichs Universitäten inskribiert – bis 2007 hat sich die Zahl mehr als verdoppelt und lag bei 1.337.[18] Ähnlich deutlich war die Zunahme des Anteils von Studierenden aus den beiden anderen Communities. Die Anzahl von Studierenden aus der Türkei stieg zwischen 2000 und 2007 von 1.710 auf 2.747, aus Indien von 158 auf 274, aus Pakistan gar von 35 auf 247, aus Nepal von 33 auf 77. Nur an der ohnehin sehr geringen Zahl von Studierenden aus Bangladesch und Sri Lanka änderte sich nicht viel. Da die Arbeitsmöglichkeiten für Absol-

16 Organisierte Kurdinnen und Kurden wurden schon in den Jahren und Jahrzehnten davor politisch verfolgt. Die vor allem in Ost- und Südostanatolien lebenden Kurdinnen und Kurden werden vom türkischen Staat als ethnische Minderheit nicht anerkannt und seit der Gründung der Republik 1923 in der Ausübung ihrer Sprache und Kultur massiv eingeschränkt. Erst in den letzten Jahren kam es zu einigen Zugeständnissen. Inoffiziellen Schätzungen zufolge liegt der Anteil der Kurdinnen und Kurden an der Bevölkerung der Türkei bei ca. zwanzig Prozent. Kurdische Migrantinnen und Migranten begannen sich auch in Österreich bereits in den 1970er-Jahren politisch zu engagieren.

17 Gespräch mit einer Mitarbeiterin des Integrationshauses vom 20. 11. 2008. Siehe auch die Asylstatistik des Bundesministeriums für Inneres auf http://www.bmi.gv.at/publikationen.

18 Siehe http://www.bmwf.gv.at/unidata.

venten sehr eingeschränkt sind, kehrt der Großteil nach dem Studium in die Herkunftsländer zurück. Nichtsdestotrotz gehen von ihnen sowohl als Konsumentinnen und Konsumenten als auch als Anbieterinnen und Anbieter wichtige Impulse für die migrantische Kulturökonomie aus. Jene Migrantinnen und Migranten, die nach dem Studium in Österreich bleiben, drängen zudem – sei es aus Mangel an Möglichkeiten am Arbeitsmarkt, aus einem unternehmerischen Bedürfnis heraus oder aufgrund von beidem – nicht selten in die Selbstständigkeit und nutzen die zunehmende Nachfrage in ethnischen Nischen.

Studierende als Brückenbauer zwischen Kulturen

Die Konfrontation mit Menschen unterschiedlichster Herkunft an den sich allmählich öffnenden österreichischen Universitäten erweist sich offensichtlich als wichtiger Impuls für grenzüberschreitende Kulturarbeit. Die Musikgruppe *Serjiani* und das offene Künstlerkollektiv *International Cultural Platform* entstanden in diesem fruchtbaren studentischen Milieu. Beide Initiativen machen es sich auf jeweils eigene Art zur Aufgabe, in ihrer künstlerischen Tätigkeit Grenzen zu überwinden und in einen Dialog zwischen den Kulturen einzutreten. Sie betrachten die lokalen Traditionen als Quelle der Inspiration und versuchen sie in andere Kontexte zu integrieren. Die 2004 gegründete Musikgruppe *Serjiani*, in der Musikerinnen und Musiker aus Griechenland und der Türkei miteinander musizieren, widmet sich vor allem türkischen und griechischen Liedtraditionen. In ihrem jüngsten Projekt setzen sie sich zudem mit der Musik der osmanischen Juden auseinander. İlkin Ömür Temoçin, der Akkordeonist der Gruppe, kam 2003 zum Volkswirtschaftsstudium aus der Türkei nach Wien. Hier tritt er aber nicht nur als Musiker in Erscheinung, sondern auch als Volkstanzlehrer. Mit seiner Arbeit bemüht er sich um die Wiederbelebung und Weitergabe der vielfältigen und oftmals vergessenen kulturellen Traditionen der Türkei – ein Bemühen, das nicht nur in der eigenen Community geschätzt wird, sondern auch in der wachsenden Zahl interessierter Hörerinnen und Hörer in der Mehrheitsgesellschaft. Im November 2008 trat er im ORF-„Kulturcafé" im Rahmen des Kulturfestivals „Esperantella" zusammen mit Selen İrez und Cihan Önder als *CiS Trio* auf. In der Ankündigung war zu lesen: „*CiS Trio* breitet seinen Horizont in alle Musikrichtungen aus. Türkische Liebeslieder und Tango- und Flamenco-Melodien schwingen mit sowie die Energie des Klezmer, der Groove eines guten Pop-Songs oder die Zartheit und Sehnsucht eines Chansons – ohne die orientalische Grundstimmung zu verlieren."

Im Zentrum der Aktivitäten der *International Cultural Platform* steht wiederum der kulturelle Austausch zwischen Europa und Asien. Der lose Zusammenschluss von Komponistinnen und Komponisten wie auch Musikerinnen und Musiker unterschiedlicher Herkunft geht auf eine Initiative der taiwanesischen

Komponistin und Bratschistin Wei-Ya Lin und des Schweizer Komponisten Oliver Weber zurück. Beide kamen 1998 zum Studium an der Musikuniversität nach Wien und gründeten 2004 die Plattform, um mit Gleichgesinnten künstlerische Projekte zu entwickeln. Schon in den ersten Projekten wurde das Anliegen deutlich: Traditionelle chinesische Instrumente werden in einen völlig neuen musikalischen Kontext gestellt und damit zum Bestandteil einer transkulturellen Avantgarde.

Tabelle 1: Wohnbevölkerung nach Staatsangehörigkeit

	1961	1971	1981	1991	2001	2008	1961	1971	1981	1991	2001	2008
	Österreichs						Wiens					
Wohnbevölkerung nach Staatsangehörigkeit (in Tausend)												
Österreich	6.971,6	7.279,6	7.263,9	7.278,1	7.322,0	7.477,2	1.627,6	1.558,3	1.417,9	1.343,2	1.301,9	1.345,7
Ausland	102,1	211,9	291,4	517,7	710,9	854,8	24,1	56,5	113,4	196,7	248,3	332,2
Anteil in %	1,4	2,8	3,9	6,6	8,9	10,3	1,5	3,5	7,4	12,8	16,0	19,8
Wohnbevölkerung nach Staatsangehörigkeit gesamt (Männer und Frauen)												
Türkei	217	16.423	59.900	118.579	127.226	109.716	145	3.823	19.710	43.876	39.119	40.137
VR China	18	73	800	3.537	4.567	9.524	16	53	510	1.770	2.600	5.837
Taiwan	-	-	-	-	625	-	-	-	-	-	371	-
Indien	43	227	1.106	3.043	4.879	6.267	20	113	624	2.008	3.600	4.678
Bangladesch	-	-	38	490	1.156	1.472	-	-	32	347	892	1.239
Pakistan	11	-	360	912	1.653	2.477	10	-	232	347	866	1.400
Nepal	-	-	-	-	116	395	-	-	-	-	43	215
Sri Lanka	-	--	-	-	387	437	-	-	-	-	251	296
davon Frauen												
Türkei	59	2.088	23.935	47.789	55.998	51.702	44	893	8.230	18.377	16.750	19.240
VR China	6	37	331	3.537	2.332	5.136	6	24	219	825	1.346	3.181
Taiwan	-	-	-	-	374	-	-	-	-	-	218	-
Indien	6	101	439	1.152	1.681	2.172	1	54	277	780	1.182	1.570
Bangladesch	-	-	13	66	278	511	-	-	12	61	199	413
Pakistan	3	-	106	130	419	887	3	-	70	75	212	469
Nepal	-	-	-	-	40	122	-	-	-	-	18	71
Sri Lanka	-	-	-	-	173	196	-	-	-	-	122	141

Quelle: Statistik Austria – Volkszählungen 1961–2001, Statistik des Bevölkerungsstands am 1. 1. 2008.

Resümee in Zahlen

An der Tabelle 1 lassen sich noch einmal einige Charakteristika der Einwanderung dieser drei Gruppen illustrieren. Deutlich werden zuerst einmal die Unterschiede im zeitlichen Verlauf der Einwanderung. Der stärkste Zuwachs in der türkischen Community ist in den drei Jahrzehnten seit dem Abschluss des Anwerbeabkommens Mitte der 1960er-Jahre zu beobachten. Dann kommt es zu einer deutlichen Abschwächung und in den letzten Jahren sogar zu einem Rückgang des Anteils von Personen mit türkischer Staatsbürgerschaft, was zum einen der restriktiven Einwanderungspolitik, zum anderen aber auch einer deutlich höheren Einbürgerungsrate ab den 1990er-Jahren geschuldet ist. Die Einwanderung aus China und Südasien setzt deutlich später ein. Einwanderer aus Indien und Pakistan finden sich zum ersten Mal in der Volkszählung 1981 in nennenswerter Zahl. In den Jahrzehnten danach wächst der Anteil indischer und pakistanischer Staatsbürgerinnen und -bürger an der österreichischen Bevölkerung allerdings beträchtlich. Dazu kommen Migrantinnen und Migranten aus Bangladesch, die in den 1990ern in größerer Zahl zuwanderten. Auch die Liberalisierung der Ausreisebestimmung in China Mitte der 1980er-Jahre lässt sich an den Statistiken recht gut ablesen. Während bei der Volkszählung 1981 erst 800 Chinesinnen und Chinesen registriert wurden, waren es zehn Jahre später bereits 3.537. Seither hat sich die Zahl mehr als verdoppelt.

Unterschiede zwischen den einzelnen Communities gibt es aber auch in der räumlichen Konzentration auf Wien. Türkinnen und Türken kamen anfänglich vor allem in den Industrien der westlichen Bundesländer unter. Erst in den 1980er-Jahren beginnt sich die Verteilung zugunsten Wiens zu verschieben. Gegenwärtig lebt ein gutes Drittel der in Österreich ansässigen türkischen Staatsbürgerinnen und -bürger in Wien. Migrantinnen und Migranten aus den anderen Communities wählten von Anfang an Wien als Niederlassungsort. Dies trifft vor allem auf die Einwanderer aus Indien und Bangladesch zu, in etwas geringerem Ausmaß auch auf jene aus China, Pakistan und den beiden anderen Länder Südasiens, Sri Lanka und Nepal.

Schließlich gilt es auch noch die Differenzen bezüglich des Anteils an Frauen ins Auge zu fassen. 1971 war der überwiegende Teil der türkischen Community noch männlich. Bald setzte aber der Familiennachzug ein, und 1981 betrug der Anteil der Frauen an den türkischen Staatsbürgerinnen und -bürgern bereits 40 Prozent. Anfang 2008 war das Geschlechterverhältnis beinahe ausgewogen. Chinesinnen waren in allen Phasen der Migration stark repräsentiert, was möglicherweise auf eine starke Tendenz zur Familienmigration hinweist. Sie machen mittlerweile mehr als die Hälfte aller in Österreich lebenden chinesischen Staatsbürgerinnen und -bürger aus. In der südasiatischen Community sind Frauen hingegen mit nur rund einem Drittel des Gesamtumfangs deutlich in der Minderzahl. Zudem erfolgte die Zuwanderung von Frauen und Männern anfänglich unabhängig voneinander: Aus Kerala kamen Inderinnen, um hier als Pflegerinnen zu arbeiten, Einwanderer aus dem Punjab verdingten sich als Kolporteure. Auffallend ist jedoch, dass der Anteil der Frauen an der indischen Community sinkt, während er bei Einwanderern aus Pakistan und Bangladesch steigt.

Zu den in Tabelle 1 ausgewiesenen Zahlen, in der lediglich Personen mit einem Pass des jeweiligen Landes berücksichtigt sind, kommt noch ein beträchtlicher Anteil an eingebürgerten Migrantinnen und Migranten. Die Einbürgerungszahlen sind in allen Communities in den 1990er-Jahren gestiegen.[19] So wurde etwa 1993 lediglich 2.686 Türkinnen und Türken die österreichische Staatsbürgerschaft verliehen, zehn Jahre später waren es 13.665. Die Zunahme der Ansuchen um eine österreichische Staatsbürgerschaft war nicht zuletzt auch gesetzlichen Änderungen in der Türkei geschuldet, die Türkinnen und Türken die Annahme einer anderen Staatsbürgerschaft erleichterten.[20] Noch deutlicher ist der Anstieg der Einbürgerungen unter Pakistanis. Personen aus den anderen asiatischen Gemeinschaften suchten schon Anfang der 1990er-Jahre verhältnismäßig häufig um die österreichische Staatsbürgerschaft an. Bezogen auf die Gesamtzahl der hier lebenden Einwanderer aus dem jeweiligen Land führen die Chinesinnen und Chinesen: Ihre Einbürgerungsrate war im Vergleich zu allen anderen Communities zu Beginn des Jahrtausends am höchsten. Unerwähnt darf aber nicht bleiben, dass seit der Verschärfung der Einbürgerungsbestimmungen mit der Staatsbürgerschaftsrechts-Novelle 2005 die Zahl der Einbürgerungen wieder deutlich gesunken ist. 2006 wurde noch 7.549 Türkinnen und Türken die österreichische Staatsbürgerschaft verliehen, 2007 waren es gerade einmal 2.077.

Wie groß sind nun jene drei migrantischen Communities Wiens, deren kulturelle Aktivitäten wir in Folge noch im Detail betrachten werden? Rechnet man zu den 40.137 Personen mit türkischem Pass, die Ende 2007 in Wien gewohnt haben, all jene dazu, die bereits die österreichische Staatsbürgerschaft besitzen, aber in der Türkei geboren wurden, kommt man auf eine Gesamtzahl von 70.431, das sind 4,2 Prozent der Wiener Bevölkerung.[21] Unberücksichtigt bleiben hierbei allerdings die Kinder und Enkelkinder der Eingebürgerten, also ein Teil der zweiten Generation, wie auch die undokumentiert Zugewanderten. In Wien wohnhafte chinesische Staatsbürgerinnen und Staatsbürger werden Anfang 2008 mit 5.837 beziffert. Zusammen mit den eingebürgerten Chinesinnen und Chinesen, die in China geboren wurden, kommen sie in Wien auf eine Gruppengröße von 8.633, mit den Taiwanesinnen und Taiwanesen auf 9.663, das sind 0,6 Prozent aller Wienerinnen und Wiener. Die südasiatische Community in Wien schließlich umfasst 13.676 Personen

19 Vgl. Statistik Austria (2005, 277–278).

20 So war etwa die Entlassung aus der türkischen Staatsbürgerschaft bis 1995 an die Ableistung des Militärdienstes gebunden.

21 Statistik Austria, Statistik des Bevölkerungsstands. E-Mail-Auskunft vom 29. 9. 2008. Die meisten Migrantinnen und Migranten Wiens stammen aber nach wie vor aus den Staaten des ehemaligen Jugoslawien. Diese Gruppe macht 10,2 Prozent der Bevölkerung Wiens aus.

oder 0,8 Prozent der Bevölkerung, wovon die Inderinnen und Inder mit 8.412 den größten Teil ausmachen, gefolgt von den Pakistanis (2.346), Bangladeschis (2.083) und 1.355 Einwanderern aus Nepal und Sri Lanka.

Die südasiatische Community ist zweifelsohne in kultureller, religiöser und soziodemografischer Hinsicht die heterogenste, da die Einwanderer aus verschiedenen Teilen des Subkontinents stammen, recht unterschiedliche Auswanderungsmotive hatten und dementsprechend unterschiedliche Positionen in der Aufnahmegesellschaft einnehmen. Doch auch die beiden anderen Communities sind wesentlich ausdifferenzierter, als die Subsumtion unter einen Nationenbegriff vermuten lässt: Das ursprüngliche Einwanderermilieu, das stark von den Arbeitsmigrantinnen und -migranten aus Ost- und Mittelanatolien geprägt war, wurde nicht zuletzt auch als Folge der Zuwanderung von Schlüsselkräften, politischen Flüchtlingen und Studierenden aus vielen Teilen des Landes vielfältiger und widersprüchlicher. Ähnliches gilt für die in Wien lebenden Chinesinnen und Chinesen, die nicht mehr nur aus der Provinz Zhejiang stammen, sondern in zunehmendem Maße auch aus der Region Fukien, dem Nordosten Chinas und den großen Städten Peking, Schanghai und Qingdao zuwandern. Dennoch bestehen nach wie vor deutliche soziodemografische Unterschiede zwischen den drei von uns untersuchten Einwanderergruppen, in denen sich die unterschiedlichen Migrationsgeschichten widerspiegeln. Diese globalen Differenzen stehen im Zentrum des nächsten Abschnitts.

Tabelle 2: Höchste abgeschlossene Ausbildung der Bevölkerung ab 15 und älter nach Staatsangehörigkeit (Wien)

	Türkei				China/Taiwan			
	Männer	**%**	**Frauen**	**%**	**Männer**	**%**	**Frauen**	**%**
Hochschule	425	2,5	184	1,5	172	15,0	187	14,3
AHS/BHS	963	5,6	592	4,9	115	10,0	161	12,3
Lehre	2.917	16,8	741	6,2	103	9,0	148	11,3
Pflichtschule	13.023	75,2	10.447	87,3	755	65,9	813	62,1
Gesamt	17.328	100,0	11.964	100,0	1.145	100,0	1.309	100,0

	Südasien				Österreich			
	Männer	**%**	**Frauen**	**%**	**Männer**	**%**	**Frauen**	**%**
Hochschule	376	10,8	144	10,8	72.062	14,3	72.604	11,9
AHS/BHS	324	9,3	141	10,5	87.012	17,2	88.701	14,5
Lehre	340	9,8	157	11,7	234.757	46,4	240.834	39,3
Pflichtschule	2.441	70,1	896	67,0	111.843	22,1	210.023	34,3
Gesamt	3.481	100,0	1.338	100,0	505.674	100,0	612.162	100,0

Quelle: Statistik Austria – Volkszählung 2001, eigene Berechnungen, Anmerkungen:
Hochschule = Universität, (Fach-)Hochschule, Akademien, Kolleg; AHS/BHS = Berufsbildende höhere Schule / Allgemeinbildende höhere Schule; Lehre = Berufsbildende mittlere Schule, Lehre
Südasien umfasst Indien, Pakistan, Bangladesch, Nepal und Sri Lanka.

Tabelle 3: Studierende an den Wiener Universitäten im WS 2007 nach Staatsangehörigkeit

	Türkei				China/Taiwan			
	Männer	%	Frauen	%	Männer	%	Frauen	%
Uni Wien	418	32,1	387	39,6	141	41,2	197	42,1
Medizin	19	1,5	82	8,4	15	4,4	13	2,8
TU	449	34,5	277	28,4	52	15,2	25	5,3
Boku	56	4,3	18	1,8	16	4,7	26	5,6
Vetmed	2	0,2	5	0,5	1	0,3	1	0,2
WU	345	26,5	188	19,2	66	19,3	98	20,9
Angewandte	6	0,5	11	1,1	4	1,2	17	3,6
Musikuni	5	0,4	6	0,6	42	12,3	87	18,6
Akademie	2	0,2	3	0,3	5	1,5	4	0,9
Gesamt	1.302	100,0	977	100,0	342	100,0	468	100,0

	Südasien				Österreich			
	Männer	%	Frauen	%	Männer	%	Frauen	%
Uni Wien	74	28,0	40	36,4	21.007	41,5	37.539	61,8
Medizin	23	8,7	15	13,6	3.765	7,4	4.696	7,7
TU	74	28,0	19	17,3	11.703	23,1	3.424	5,6
Boku	43	16,3	26	23,6	3.266	6,5	2.783	4,6
Vetmed	7	2,7	1	0,9	265	0,5	1.375	2,3
WU	42	15,9	9	8,2	9.066	17,9	8.701	14,3
Angewandte	0	0,0	0	0,0	402	0,8	582	1,0
Musikuni	1	0,4	0	0,0	700	1,4	984	1,6
Akademie	0	0,0	0	0,0	433	0,9	629	1,0
Gesamt	264	100,0	110	100,0	50.607	100,0	60.713	100,0

Quelle: BM.W_F, http://www.bmwf.gv.at/unidata. Abfrage vom 22. September 2008. Eigene Berechnungen

Anmerkungen:

Stichtag: 28. 2. 2008.

Universitäten: Universität Wien (Uni Wien), Medizinische Universität (Medizin), Technische Universität (TU), Universität für Bodenkultur (Boku), Veterinärmedizinische Universität (Vetmed), Wirtschaftsuniversität (WU), Universität für angewandte Kunst (Angewandte), Universität für Musik und darstellende Kunst (Musikuni), Akademie der bildenden Künste (Akademie)

Südasien umfasst Indien, Pakistan, Bangladesch, Nepal und Sri Lanka.

Soziodemografische Unterschiede

Bildung

Die Arbeitsmigrantinnen und -migranten, die seit den 1960er-Jahren für gering qualifizierte Tätigkeiten in der österreichischen Industrie, am Bau und in den Dienstleistungsbereichen angeworben wurden, waren zwar oft besser ausgebildet als ihre in der Türkei verbliebenen Landsleute, der Anteil an Personen, die höchstens einen Pflichtschulabschluss hatten, war im Vergleich zur österreichischen Bevölkerung aber dennoch sehr hoch. Daran hat sich in den Jahrzehnten seither nicht viel verändert. Türkinnen und Türken haben, wie die Ergebnisse der Volkszählung von 2001 in Tabelle 2 zeigen, deutlich seltener eine Lehre oder eine weiterführende Schule besucht als Österreicherinnen und Österreicher, wobei Frauen noch schlechter abschneiden als Männer. Die für das österreichische Schulsystem typische Lehrausbildung spielt bei allen uns interessierenden Einwanderern eine geringe Rolle. Auffallend ist allerdings, dass in Wien lebende chinesische und südasiatische Staatsbürgerinnen und Staatsbürger deutlich öfter eine höhere Schule besucht haben als Türkinnen und Türken. Akademikerinnen und Akademiker finden sich in der chinesischen Community sogar in größerer Zahl als unter Österreichern – und das, noch bevor der große Andrang chinesischer Studierender auf österreichische Universitäten einsetzte. Daraus erklären sich, wie wir sehen werden, einige Spezifika der chinesischen Kulturwirtschaft in Wien, die viel stärker als die der anderen Einwanderergemeinschaften an der bürgerlich-westlichen, aber auch chinesischen Hochkultur orientiert ist. In absoluten Zahlen sind zwar die türkischen Akademikerinnen und Akademiker in der Überzahl, im Verhältnis zur jeweiligen Community wird aber deutlich, dass es sich bei den in Wien lebenden Türkinnen und Türken zum überwiegenden Teil nach wie vor um klassische Arbeitsmigrantinnen und -migranten handelt.

Aus der bildungssoziologischen Literatur[22] weiß man, dass die Bildungsunterschiede etwas abgeschwächt in der zweiten und dritten Generation weiterbestehen. Die Gründe dafür sind vielfältig. Sie liegen zweifelsohne zu einem großen Teil in den strukturellen Besonderheiten der österreichischen Bildungslandschaft, die Benachteiligungen aufgrund der sozialen und kulturellen Herkunft verstärken. Im Vergleich zu anderen EU-Ländern werden die Kinder in Österreich relativ spät eingeschult bzw. zu einem geringeren Teil im Vorschulalter professionell betreut. Zu jenem Zeitpunkt also, da die Kinder ihre größte Kapazität im Hinblick auf den Sprachen- und Kompetenzerwerb besitzen, bleiben viele Kinder türkischer Einwanderer ohne Förderung. Hinzu treten das geringe Ausmaß an Nachmittagsbetreuung in den Volksschulen und der Mangel an Zweitsprachenunterricht. Da-

22 Siehe dazu Herzog-Punzenberger (2003), Bacher (2006), Weiss und Unterwurzacher (2007), Perchinig (2008), international: Hunger und Thränhardt (2004), Crul und Vermeulen (2006).

durch kommen auch milieu- und kulturspezifische Unterschiede einiger Migrantengruppen wie etwa die geringe Bildungsaspiration oder geschlechtsspezifische Rollenerwartungen viel stärker zum Tragen als in anderen Ländern. Schließlich erschwert die frühe Trennung in allgemeinbildende höhere Schulen und Hauptschulen vielen Kindern von Einwanderern den Wechsel in höhere Schulen und damit den Zugang zu Angestelltenberufen. Im Vergleich zu anderen europäischen Ländern entscheidet sich die hiesige zweite Generation türkischer Einwanderer viel häufiger für eine Lehre als für eine weiterführende höhere Schule.

Nichtsdestotrotz: Die Zahl von höher bzw. akademisch gebildeten Personen wächst, und dies schlägt sich in den kulturellen Aktivitäten nieder. Denn die Kulturinitiativen werden in hohem Maße von höher gebildeten Migrantinnen und Migranten der ersten und vor allem zweiten Generation getragen. Dazu kommt nun, wie schon erwähnt, eine größer werdende Zahl von Studierenden aus den jeweiligen Ländern. Tabelle 3 weist den Anteil von Studierenden aus der Türkei, China/Taiwan und den Staaten Südasiens an den Wiener Universitäten im Vergleich zu österreichischen Studierenden (zu denen natürlich auch alle eingebürgerten Personen mit Migrationshintergrund zählen) aus. Die meisten Studierenden aus dem Ausland finden sich naturgemäß an den drei größten Universitäten Wiens: der Universität Wien, der Technischen Universität und der Wirtschaftsuniversität. Im Vergleich zu den inländischen Studierenden zeigen sich allerdings spezifische Präferenzen: So wählen Studierende aus der Türkei überdurchschnittlich häufig Studienrichtungen der Technischen Universität und Wirtschaftsuniversität. Besonders augenfällig ist der hohe Anteil von türkischen Frauen in technischen Fächern: Während 2007 nur 5,6 Prozent der in Wien studierenden österreichischen Frauen an der TU Wien inskribierten, waren es bei den Türkinnen 28,4 Prozent. Ebenso überrepräsentiert sind chinesische Studierende an der Universität für Musik und darstellende Kunst. 12,3 Prozent der Männer und 18,6 Prozent der Frauen aus China, die in Wien studieren, waren 2007 an der Musikuniversität, die in China eine sehr hohe Reputation genießt, inskribiert. Bei den Studierenden aus Südasien fällt die Konzentration auf die Studiengänge der Universität für Bodenkultur auf, wobei dies vor allem auf Nepalesinnen und Nepalesen zutrifft.

In Bezug zur jeweiligen Community in Wien gesetzt, werden noch einmal die Unterschiede deutlich. Während die Studierenden an Wiener Universitäten aus China 8,4 Prozent der chinesischen Bevölkerung in Wien ausmachen, liegen die Anteile der Studierenden aus der Türkei lediglich bei 3,2 Prozent und die der Studierenden aus Südasien bei 2,7 Prozent.

Religion und Sprache

Tabelle 4: Religionsbekenntnis nach Staatsangehörigkeit (Wien)

	Türkei	%	China/ Taiwan	%	Südasien	%	Österreich	%
Katholisch	36	0,1	64	2,2	986	17,4	719.546	55,3
Evangelisch	6	0,0	41	1,4	16	0,3	65.425	5,0
Ostkirchen	151	0,4	1	0,0	81	1,4	27.959	2,1
Christlich (sonst.)	18	0,0	20	0,7	38	0,7	16.483	1,3
Judentum	-	0,0	2	0,1	13	0,2	5.367	0,4
Islam	37.247	95,2	2	0,1	1.676	29,7	51.483	4,0
Hinduismus	-	0,0		0,0	1.248	22,1	1.137	0,1
Buddhismus	1	0,0	550	18,5	155	2,7	2.572	0,2
Andere	13	0,0	6	0,2	1.023	18,1	1.693	0,1
o. B.	396	1,0	2.016	67,9	203	3,6	359.271	27,6
o. A.	1.251	3,2	269	9,1	213	3,8	50.923	3,9
Gesamt	39.119	100,0	2.971	100,0	5.652	100,0	1.301.859	100,0

Quelle: Statistik Austria – Volkszählung 2001

Anmerkungen:

Herkunftsland: Staatbürgerschaft *oder* Geburtsland, für Österreicher: Staatsbürgerschaft *und* Geburtsland

Südasien umfasst Indien, Pakistan, Bangladesch, Nepal und Sri Lanka.

Der religiöse Hintergrund ist im Kontext unserer Untersuchung insofern von großer Bedeutung, als viele kulturelle Angebote an religiöse Feste oder Orte gebunden sind und von religiösen Organisationen veranstaltet werden. Die letzte große österreichweite Erhebung, bei der auch nach dem Religionsbekenntnis gefragt wurde, stammt aus dem Jahre 2001. Tabelle 4 macht deutlich, dass der religiös relativ homogenen türkischen Gemeinschaft zwei Communities gegenüberstehen, die in religiöser Hinsicht einige Spezifika aufweisen. Bei chinesischen Staatsangehörigen fällt ein sehr hoher Anteil von Personen ohne religiöses Bekenntnis auf. Kulturelle Angebote und Praktiken in einem religiösen Kontext spielen daher in der chinesischen Kulturökonomie eine untergeordnete Rolle. Nichtsdestotrotz bekennt sich ein kleiner Teil der in Wien lebenden Chinesinnen und Chinesen zum Buddhismus, eine Minderheit auch zum Christentum, das vor allem in der ehemaligen britischen Kolonie Hongkong, aber auch in sonstigen Teilen der Volksrepublik und in Taiwan verbreitet ist. Wichtiger für die Identifikation in der Community ist die Sprache, zumal sich die meisten Zuwanderer aus China nicht in der Hochsprache Putonghua oder Mandarin, sondern in einem der regionalen Dialekte der Herkunftsorte unterhalten. Es lässt sich beobachten, dass viele Chinesinnen und Chinesen der zweiten Generation zwar weder Chinesisch lesen, noch die Amtssprache sprechen, jedoch sehr wohl Qingtianesisch oder Wenzhounesisch.

Südasien ist in religiöser Hinsicht sehr heterogen.[23] Einwanderer aus Pakistan und Bangladesch sind überwiegend muslimisch. Aus Sri Lanka wanderten Buddhisten, Hinduisten und Muslime ein, wobei Erstere in der Überzahl sind. Unter Inderinnen und Indern wie auch in der nepalesischen Community dominiert der Hinduismus. In Nepal war der Hinduismus unter dem als Hindu-Gottheit verehrten König bis zur Ausrufung der Republik 2008 fast eine Staatsreligion. In der indischen Community findet sich zudem auch eine beträchtliche Zahl von Sikhs aus dem Punjab (in Tabelle 4 leider nicht separat ausgewiesen und nur unter der Kategorie „andere" subsumiert) und eine nicht unbedeutende Zahl von Katholikinnen und Katholiken, wie etwa die Pflegerinnen aus Kerala. Der Kontakt zwischen den Einwanderern aus Nord- und Südindien ist aber weniger aus religiösen als vor allem aus sprachlichen Gründen geringer als der grenzüberschreitende zwischen indischen und pakistanischen Punjabis. Diese gehören zwar oft unterschiedlichen Religionen an, kommen aber aufgrund der gemeinsamen Herkunft und Sprache eher in den gleichen beruflichen Sektoren unter und sind auch im Alltag in viel engerer Verbindung als Nord- und Südinder. Diese Trennung spiegelt sich auch in kulturellen Unternehmungen wider, die sich entweder an Punjabis aus Pakistan und Nordindien richten oder speziell an Migrantinnen und Migranten aus Südindien. Allerdings führen islamischer Fundamentalismus, die zunehmende Radikalisierung des nationalistischen Hinduismus in Indien und die von pakistanischen Staatsbürgern verübten Anschläge in Mumbai Ende November 2008 auch zu einer Verschlechterung der Alltagsbeziehungen zwischen Indern und Pakistanis in Wien. Im Detail betrachtet findet man aber insbesondere unter Musikerinnen und Musikern Fälle, die vom generellen Muster abweichen: so auch christliche Musiker aus Pakistan und Bangladesch oder einen Hindu aus Bangladesch, der im Hindu-Tempel musiziert.

Die türkischen Einwanderer sind überwiegend muslimisch. Allerdings besteht auch hier eine starke Trennlinie zwischen Sunniten und Aleviten, den beiden größten islamischen Religionsrichtungen der Türkei.[24] In der Türkei wird offiziell zwischen diesen beiden Traditionen des Islam nicht unterschieden, weshalb es auch keine statistischen Angaben über die Verteilung von Aleviten und Sunniten innerhalb der Gesamtbevölkerung gibt. Inoffiziellen Angaben zufolge gehören ca. zwanzig Prozent der türkischen Staatsangehörigen zur alevitischen Glaubensrichtung. Für die beiden ethnischen Gruppen der Türken und Kurden, die jeweils aus ländlichen Gebieten emigrierten, ist der Religionsunterschied entscheidender als die ethnische Herkunft. Bis heute stellen Verheiratungen zwischen Aleviten und Sunniten im Arbeitsmigrantenmilieu eher die Ausnahme als die Regel dar.

---

23 Siehe dazu Allen (1993).

24 Siehe dazu Kaplan (2004).

Ethnische Ökonomien

Zur Erwerbstätigkeit der Migrantinnen und Migranten

Die Mehrzahl der Migrantinnen und Migranten kam auf Initiative der österreichischen Wirtschaft, die Arbeitskräfte für unqualifizierte Tätigkeiten in einigen spezifischen Branchen benötigte: vor allem Hilfskräfte in der Bauwirtschaft, in der Metall- und Textilindustrie und im Dienstleistungsbereich (Beherbergung, Gaststätten, Reinigung).[25] Mit den migrantischen Communities wuchs aber auch die Nachfrage nach ganz bestimmten ethnischen Produkten und Dienstleistungen. Gleichzeitig entwickelte sich in der Mehrheitsgesellschaft das Bedürfnis nach exotischen Speisen und Produkten. Dies rief eine nicht unbedeutende Zahl von Unternehmerinnen und Unternehmern aus den jeweiligen Communities auf den Plan, die in diesen neuen Geschäftsfeldern eine attraktive Alternative zur Lohnarbeit sahen. Diese seit den 1990er-Jahren aus dem Stadtbild nicht mehr wegzudenkenden sogenannten ethnischen Ökonomien boten zudem für jüngere Migrantinnen und Migranten, die auf dem regulären Arbeitsmarkt – sei es aufgrund von Vorurteilen der Arbeitgeber oder eines Mangels an Sprachkenntnissen bzw. fachlichen Qualifikationen – Schwierigkeiten hatten, eine Arbeit zu finden, wiederum Möglichkeiten der Erwerbstätigkeit.

Diesen Unternehmungen von Migrantinnen und Migranten kommt aus zwei Gründen eine große Bedeutung für die Kulturwirtschaft zu: Zum einen sind kommerzielle Veranstalter, CD- und DVD-Händler, Medienunternehmen oder Werbegrafiker natürlich selbst ein Teil von ihr. Zum anderen treten viele der nicht der Kulturwirtschaft zuzurechnenden Firmen als Sponsoren auf und sind zuweilen auch personell mit den Kulturanbietern in den Communities eng verflochten. Bevor wir uns den ethnischen Ökonomien im Detail zuwenden, soll ein Blick in die Statistik der Erwerbstätigkeit in Wien noch einmal die Differenzen zwischen den Gruppen deutlich machen.

Tabelle 5 zeigt die Anzahl der Selbstständigen und Unselbstständigen nach den Hauptabschnitten der Klassifikation der Wirtschaftstätigkeiten bei der Volkszählung 2001.[26] Wie unschwer zu erkennen ist, arbeitete zur Jahrtausendwende der Großteil der erwerbstätigen türkischen Staatsbürgerinnen und Staatsbürger nach wie vor in den klassischen „Gastarbeiterbranchen". Ein Fünftel der Männer gab an, am Bau tätig zu sein, ein weiteres knappes Fünftel fand im Handel eine Anstellung, wobei hier ethnische Nischen eine große Rolle spielen, zumal sich in diesem Wirtschaftszweig auch eine beträchtliche Zahl von Selbstständigen findet.

25 Siehe dazu Parnreiter (1994), Biffl (2003), Münz, Zuser und Kytir (2003).

26 Aktuelle Daten aus dem Mikrozensus der Statistik Austria stehen zwar zur Verfügung. Da es sich dabei um eine Stichprobe handelt, sind die Angaben für die kleinen Communities auf Wien-Ebene zu ungenau.

16 Prozent kamen in der Sachgütererzeugung unter, insbesondere in der Nahrungs- und Genussmittelindustrie und in der Metallverarbeitung, zehn Prozent im Gaststättenwesen und zwölf Prozent im Bereich der Unternehmensdienstleistungen, d.h. bei Putzfirmen. Bei Letzteren handelt es sich um den wichtigsten Tätigkeitsbereich für türkische Staatsbürgerinnen: Fast ein Drittel ist in dieser Branche tätig. Daneben finden Frauen aus der Türkei vor allem in klassischen ethnischen Nischen eine Anstellung: im Gaststättenwesen, im Handel und als Friseurinnen (Erbringung sonstiger persönlicher Dienstleistungen). In all diesen Bereichen haben sowohl Türkinnen als auch Türken selbst Unternehmen gegründet.

Was im Vergleich zu den beiden anderen Communities auffällt, ist der geringe Anteil von Frauen im Gesundheitswesen. Dieses ist wiederum eine Domäne der Chinesinnen und der Südasiatinnen. Ansonsten dominieren in der chinesischen Community vor allem das Gaststättenwesen und der Handel: Mehr als die Hälfte der in Wien erwerbstätigen chinesischen Staatsbürger und ein gutes Drittel der chinesischen Staatsbürgerinnen arbeiteten 2001 in Restaurants, weitere 15 Prozent bzw. 13 Prozent im Handel. Migranten aus Südasien sind häufig, wie schon mehrmals erwähnt, als Kolporteure tätig. Von großer Bedeutung sind natürlich auch in dieser Community der Handel und das Gaststättenwesen. Zusätzlich finden sie sich überdurchschnittlich in speziellen Nischen wie als Taxifahrer und bei Kurierdiensten (Verkehr und Nachrichtenübermittlung), in der Reinigung und Werbemittelverbreitung (Realitätenwesen, Unternehmensdienstleistungen) und als Betreuer von Marktständen (Handel). Interessant ist der hohe Anteil von Selbstständigen unter den südasiatischen Staatsbürgerinnen und Staatsbürgern. Fast ein Sechstel gab bei der Volkszählung 2001 an, selbstständig tätig zu sein, das sind in absoluten Zahlen fast genauso viele wie in der türkischen Community. Allerdings besteht kein Zweifel, dass es sich hierbei häufig um äußerst prekäre Formen der Selbstständigkeit handelt, die für viele die einzige Möglichkeit ist, überhaupt zu einer Beschäftigung zu kommen. Kolporteure etwa verlieren mit Beendigung ihrer Tätigkeit in der Regel ihren aufenthaltsrechtlichen Status und sind daher massiv von den Vertriebsgesellschaften abhängig. Sie genießen keinen sozialrechtlichen Schutz, arbeiten häufig in der Nacht und sind zudem extrem unfallgefährdet.

Schließlich gilt es aber auch noch auf die ungewöhnlich große Zahl von Angestellten in exterritorialen Organisationen hinzuweisen. Dies verdeutlicht noch einmal die Heterogenität der südasiatischen Einwanderergruppe in Wien: Einer großen Zahl von prekären Dienstleistern steht eine Elite von hoch gebildeten, gut verdienenden Mitarbeiterinnen und Mitarbeitern in internationalen Organisationen wie der UNO und in – allerdings anders klassifizierten – internationalen Konzernen gegenüber. Die heftig diskutierten indischen Computerspezialisten fallen im Übrigen kaum ins Gewicht.

Tabelle 5: Erwerbstätigkeit nach Staatsangehörigkeit (Wien)
Quelle: Statistik Austria – Volkszählung 2001

ÖNACE-Abschnitte	Türkei				China/Taiwan				Südasien			
	Männer	%	Frauen	%	Männer	%	Frauen	%	Männer	%	Frauen	%
Land- und Forstwirtschaft <A>	189	1,6	10	0,2	-	0,0	-	-	1	0,0	-	-
Fischerei und Fischzucht <B>	-	-	-	-	-	-	-	-	-		-	-
Bergbau und Gewinnung von Steinen u. Erde <C>	16	0,1	7	0,1	-	-	-	-	3	0,1	1	0,2
Sachgütererzeugung <D>	1.960	16,7	464	9,8	38	4,9	23	3,7	320	12,1	47	8,0
Energie- und Wasserversorgung <E>	35	0,3	11	0,2	2	0,3	2	0,3	2	0,1	1	0,2
Bauwesen <F>	2.431	20,8	128	2,7	20	2,6	10	1,6	87	3,3	13	2,2
Handel, Reparatur v. Kfz u. Gebrauchsgütern <G>	2.187	18,7	998	21,1	117	15,2	81	13,1	428	16,2	74	12,6
Beherbergungs- und Gaststättenwesen <H>	1.173	10,0	568	12,0	422	54,7	218	35,2	637	24,1	94	16,0
Verkehr und Nachrichtenübermittlung <I>	1.045	8,9	178	3,8	22	2,8	21	3,4	233	8,8	26	4,4
Kredit- und Versicherungswesen <J>	136	1,2	75	1,6	3	0,4	13	2,1	29	1,1	9	1,5
Realitätenwesen, Unternehmensdienstleistungen <K>	1.507	12,9	1.422	30,1	71	9,2	59	9,5	332	12,5	64	10,9
Öffentl. Verwaltung, Sozialversicherung <L>	30	0,3	16	0,3	3	0,4	3	0,5	8	0,3	1	0,2
Unterrichtswesen <M>	173	1,5	113	2,4	17	2,2	16	2,6	34	1,3	18	3,1
Gesundheits-, Veterinär- und Sozialwesen <N>	219	1,9	283	6,0	8	1,0	131	21,1	302	11,4	173	29,5
Erbring. v. sonst. öffentl. u. pers. Dienstleistungen <O>	583	5,0	429	9,1	43	5,6	35	5,6	140	5,3	42	7,2
Private Haushalte <P>	11	0,1	23	0,5	-	-	2	0,3	1	0,0	11	1,9
Exterritoriale Organisationen <Q>	8	0,1	4	0,1	6	0,8	6	1,0	90	3,4	13	2,2
Erwerbstätige zusammen	11.703	100,0	4.729	100,0	772	100,0	620	100,0	2.647	100,0	587	100,0

Ethnische Ökonomien in Wien

Bei der Volkszählung 2001 wurden 569 türkische, 197 chinesische und 508 südasiatische Selbstständige erfasst, wovon einige als sogenannte Neue Selbstständige in anstellungsähnlichen, zuweilen sehr prekären Jobs tätig sind. In diesen Zahlen sind allerdings die eingebürgerten Migrantinnen und Migranten nicht berücksichtigt. In einer aktuellen Studie wurde gezeigt, dass diese eine höhere Selbstständigenquote haben als Österreicherinnen und Österreicher ohne Migrationshintergrund.[27] Daraus lässt sich schließen, dass Einwanderer eine höhere Tendenz zur Selbstständigkeit zeigen, sobald die gewerberechtlichen Beschränkungen, die es für nicht eingebürgerte Ausländer gibt, wegfallen. Die Gründe dafür sind vielfältig und Gegenstand wissenschaftlicher Debatten.[28] Zugangsbeschränkungen am heimischen Arbeitsmarkt infolge der Diskriminierung durch die Arbeitgeber, aber auch aufgrund von Bildungs- und Sprachdefiziten der arbeitssuchenden Migrantinnen und Migranten, spielen sicherlich eine nicht unbedeutende Rolle. Tatsache ist aber auch, dass mit der Zuwanderung profitable Nischen für ethnische Unternehmer entstanden sind, die aufgrund der sprachlichen und kulturellen Besonderheiten gegen Konkurrenz durch Unternehmen der Mehrheitsgesellschaft abgeschottet sind. Zudem sind viele schon mit dem Wunsch eingewandert, sich vielleicht einmal selbstständig zu machen, und in einem höheren Maße als Österreicherinnen und Österreicher auch bereit, dafür – vor allem in der Gründungsphase – Opfer zu erbringen.

Diese hier in Wien entstehenden ethnischen Ökonomien sind weit davon entfernt, autarke, vertikal hoch integrierte und räumlich abgeschlossene Enklaven zu bilden, wie man sie etwa von den Chinatowns in vielen Städten der westlichen Welt oder von Little Havanna in Miami kennt.[29] Nichtsdestotrotz entwickelte sich insbesondere in der türkischen Community eine Vielfalt von Unternehmen, die kaum einen Aspekt des Alltagslebens der Einwanderer außer Acht lassen. Ein Blick in eine der zahlreichen Monatszeitschriften, die an Türkinnen und Türken gratis verteilt werden, zeigt, wie breit die Palette der Angebote ist. Dort bietet die Firma *Kral* Satellitenantennen und die Firma *eety-türk* billige Handytarife an. Ein *Interfriseur* wirbt mit kunstvollen Steckfrisuren und *Oakal Textil* mit spezieller Kleidung. *Tozanlı* repariert Autos, Anwalt Salih Sunar berät in Rechtsfragen, und im Reisebüro *Akın* können Flüge ins Herkunftsland gebucht werden. In den klassischen Migrantenbezirken Wiens wie dem 16., 20., 10. und 5. zeugen gan-

27 Vgl. Schmid et al. (2006, 33ff.). Zur ethnischen Ökonomie in Österreich siehe auch Haberfellner et al. (2000) und Enzenhofer et al. (2007).

28 Einen aktuellen Überblick bieten Rath und Kloosterman (2000), Light (2005) und Zhou (2004).

29 Für ausführliche Diskussionen über den Begriff „ethnische Enklave“ siehe Wilson (1980), Zhou (1992) und Lin (1998).

ze Straßenzüge von der Vitalität der ethnischen Ökonomie. Eine Spezialität der türkischen Community sind die unzähligen Internet- und Handyshops und natürlich die Imbissstände, die mittlerweile in allen Teilen der Stadt zu finden sind. Türkische Lebensmittel werden nicht mehr nur auf den großen Märkten wie dem Naschmarkt, dem Brunnenmarkt oder dem Hannovermarkt angeboten, sondern mittlerweile auch in einer Vielzahl von türkischen Supermärkten, die nicht selten auch CDs, DVDs und Bücher verkaufen.

Exkurs: Das Sponsorennetzwerk in der türkischen Kreativwirtschaft

Zwischen der ethnischen Ökonomie im Allgemeinen und der Kreativwirtschaft in den jeweiligen Communities bestehen vielfältige Beziehungen. Am sichtbarsten sind sie dort, wo die migrantischen Unternehmer als Sponsoren für Veranstaltungen und Medien auftreten. Inserate auf 17 Plakaten von 14 verschiedenen Anbietern, auf drei Internetplattformen, im Webauftritt eines Radiosenders und in je einer Ausgabe von neun verschiedenen Zeitschriften dienten als Datenbasis für die Analyse des Sponsorennetzwerks in der türkischen Kreativwirtschaft.[30] Die Palette der Inserenten ist äußerst breit. Sie reicht von Anbietern von Alarmanlagen über Fahrschulen bis zu Wettbüros. Zu den Top-fünf-Branchen zählen die Telekommunikation (Handyshops, Provider), die Lebensmittelbranche (Getränke, Supermärkte, Bäckereien), die Gastronomie, die Autobranche (Handel und Reparatur) und Friseure. Firmen aus diesen fünf Geschäftsbereichen schalten fast dic Hälfte aller Inserate. Die mit Abstand fleißigsten Sponsoren in der türkischen Medien- und Kulturökonomie sind zwei Unternehmen, die eine besondere Betrachtung verdienen. Fast jedes Plakat, fast jede Ausgabe einer türkischen Zeitschrift ziert der Schriftzug von *eety*, einem Mobilfunkprovider, der günstige Tarife ins Ausland anbietet und sich speziell an in Österreich lebende Migrantinnen und Migranten richtet. Das 2006 von Karl Reisacher, der *One GmbH* und einer österreichischen Investorengruppe gegründete Unternehmen setzt bewusst auf Ethno-Marketing und unterstützt auch integrationspolitische Initiativen wie zum Beispiel die „Medien.Messe.Migration 2008" des Vereins *MMedia*.[31] Während *eety* als von Österreichern ohne Migrationshintergrund gegründetes und geführtes Unternehmen nicht der ethnischen Ökonomie zuzurechnen ist, handelt es sich beim zweiten Top-Sponsor um „Ethnic Business" im engeren Sinn. Das 2006 von Yalçın Yiğitsoy gegründete Handelsunternehmen *X-Mobile* betreibt sechs Handyshops in Wien (je zwei im 10. und 16. Bezirk, weitere im 12. und 7. Bezirk) und einen Online-Shop. Die Geschäfte wenden sich vorwiegend (wenn auch nicht aus-

30 Zusätzlich haben wir auch das nicht türkische, sondern multiethnische Zeitschriftenprojekt „biber" in die Stichprobe aufgenommen, da dieses auch zuweilen auf Sponsoren in der türkischen Community zurückgreift.

31 Siehe dazu den Abschnitt *Medial verbreiten*.

schließlich) an migrantische Kundinnen und Kunden und bieten darüber hinaus Leuten aus der türkischen Community eine Beschäftigungsmöglichkeit. Daneben treten das Reisebüro *Akın*, das Bestattungsinstitut *Demirel* und der Juwelier und Anbieter von Brautkleidern *Istanbul* häufig als Inserenten in Erscheinung. Die Beispiele machen noch einmal deutlich, wie sehr die ethnische Ökonomie den Bedürfnissen der hier lebenden Migrantinnen und Migranten gerecht wird und sie in allen Lebensphasen begleitet.

In Grafik 1 sind die Verbindungen zwischen Sponsoren und Kreativwirtschaft dargestellt. Berücksichtigt wurden nur jene Firmen, die mindestens zweimal als Sponsoren in unserer Stichprobe aufscheinen. Diese sind als Kreise dargestellt, Medien und Veranstalter als Quadrate. Die Verbindungen zeigen an, ob eine Firma in einem Medium oder auf einem Veranstaltungsplakat des Veranstalters geworben hat. Zwar sind die Ergebnisse der Netzwerkanalyse aufgrund der sehr fragmentarischen Datenbasis mit Vorsicht zu interpretieren, einige Charakteristika des türkischen Sponsorennetzwerks lassen sich aber durchaus herausarbeiten. Unübersehbar ist die zentrale Position der Firmen *eety-türk* und *X-Mobile*, von denen schon die Rede war. Sie werben nicht nur in den meisten Zeitschriften und auf den Internetplattformen, sondern auch auf vielen Veranstaltungsankündigungen, und zeigen dabei kaum Berührungsängste: Unterstützt werden sowohl moderne, popkulturelle Veranstaltungen wie Konzerte in der (mittlerweile geschlossenen) Disco *Pasha* als auch konservativ-islamische Zeitschriften wie „Post – Bizim Gazete“ und „Dewa Gazetesi“. Die Logos finden sich auf der Ankündigung für das Konzert des türkischen Popstars Tarkan (*Diamond Events*) wie auch auf jener, die für ein Konzert religiös orientierter Sängerinnen und Sänger in der Wiener Stadthalle (*Anadolu Kültür Merkezi*) wirbt (siehe zu einigen der hier genannten Medien und Veranstalter das Kapitel „Die Kulturunternehmungen im Vergleich“). Eine gewisse Distanz gibt es allerdings zu den kleineren Veranstaltern wie dem ägäischen Kulturverein (*Ege Kültür*) oder manchen Hochzeitssaalbetreibern (*Star Düğün Salonu*, *Dilan Düğün Sarayı*), die sich mit ihren Veranstaltungen tendenziell an das traditionelle Arbeitermilieu wenden.[32] Zwischen diesen (am unteren Rand der Grafik angesiedelten) Organisationen und dem „inneren Kreis“ der Kreativwirtschaft vermitteln interessanterweise wiederum die drei weiteren zentralen Akteure im Sponsorennetzwerk: *Demirel*[33], *Akın Reisen* und *Istanbul* neben anderen, vorwiegend in diesem speziellen Segment aktiven Sponsoren.

Die migrantische Pop- und Erlebniskultur scheint, was ihre Unterstützer angeht, zweigeteilt zu sein. Auf der einen Seite (in der Grafik links) stehen die Disco *Pasha* und der Club *Zilli*, die im Wesentlichen Unterstützung von lokalen tür-

32 Es ist allerdings nicht ausgeschlossen, dass auch zu diesen eine Verbindung besteht, da, wie schon gesagt, keineswegs alle Veranstaltungsankündigungen berücksichtigt werden konnten.

33 Das Bestattungsunternehmen *Demirel* überbrückt auch ethnische Grenzen. So finden sich etwa auch Anzeigen in der Bangladeschi-Zeitschrift „Eurosangbad“.

kischen Unternehmern mobilisieren, während der große Veranstalter *Diamond Events*, das türkische Internetportal *Karizmatik* und das interkulturelle Medienprojekt „biber" auch interethnisch und überregional ausgerichtete Firmen anzusprechen vermögen, wie den Hersteller des Energydrinks „Wild Dragon" oder die Sonnenstudiokette *Sun Company.* „biber" unterhält zudem auch Sponsorenbeziehungen zu politischen Parteien und Institutionen – eine Eigenschaft, die das Projekt mit dem Herausgeber der „Yeni Vatan Gazetesi" verbindet. Beide verfolgen im Übrigen mit ihren Produkten explizit integrationspolitische Ziele, wenn auch mit unterschiedlicher Stoßrichtung.

Was insgesamt auffällt, ist die Tatsache, dass die Herausgeber und Anbieter fast ausschließlich auf Ressourcen der Community zurückgreifen. Von den 233 Sponsoren in der Gesamtstichprobe kommen lediglich 38, also 16 Prozent, nicht aus der türkischen Gemeinschaft. Außer den Parteien SPÖ, ÖVP und Grüne sowie einigen öffentlichen Einrichtungen wie z. B. Volkshochschule, Berufsförderungsinstitut und Wirtschaftskammer konnten bislang nur ganz wenige österreichische Unternehmen als Unterstützer gewonnen werden. Als Ausnahmen zu nennen sind hier neben *eety* die *Allianz Versicherung*, *Austrian Airlines*, *Möbel Ludwig* und *Sparkasse Niederösterreich*, wobei hier zuweilen Mitarbeiterinnen und Mitarbeiter mit Migrationshintergrund als Vermittler fungieren. Zudem ist das Sponsorennetzwerk fast ausschließlich auf Wien konzentriert. 91 Prozent der werbenden Unternehmen haben ihren Sitz in Wien, weitere sechs Prozent in Niederösterreich. Lediglich fünf Unternehmen befinden sich im Ausland.

Das Unternehmertum nicht nur der Türkinnen und Türken mag in ethnischen Nischen seinen Ausgang finden, das Angebot wird aber auch von Kundinnen und Kunden aus anderen Einwanderercommunities genutzt und nicht zuletzt auch von den Mitgliedern der Mehrheitsgesellschaft. Die Unternehmungen richten sich zuweilen gezielt auch an andere Käufergruppen, indem sie ihr Sortiment erweitern oder in deutscher Sprache bewerben. In einer aktuellen Umfrage unter ethnischen Unternehmern gibt nur eine verschwindend kleine Zahl der Interviewten an, sich ausschließlich an die eigene Community zu wenden.[34] Türkische Restaurants wie etwa das legendäre *Kent*, das *Etap* und das *Lâle* werden sowohl von Einheimischen wie auch von Zugewanderten besucht. Zudem gibt es aber mittlerweile einige türkische Unternehmen, die bewusst eine ethnische Zuordnung vermeiden. *Il Tempo*, *Do&Co*, *Kangal* oder *Kaunitz* sind von türkischen Migranten geführte Unternehmen, die sich jenseits der ethnischen Nischen erfolgreich positionieren konnten. Viel Beachtung fand auch das Reiseunternehmen *Gulet*, das von zwei Türken, die zum Studium nach Wien kamen, gegründet wurde, sich mittlerweile aber im Besitz der deutschen *TUI*-Gruppe befindet.

34 Enzenhofer et al. (2007, 120ff.).

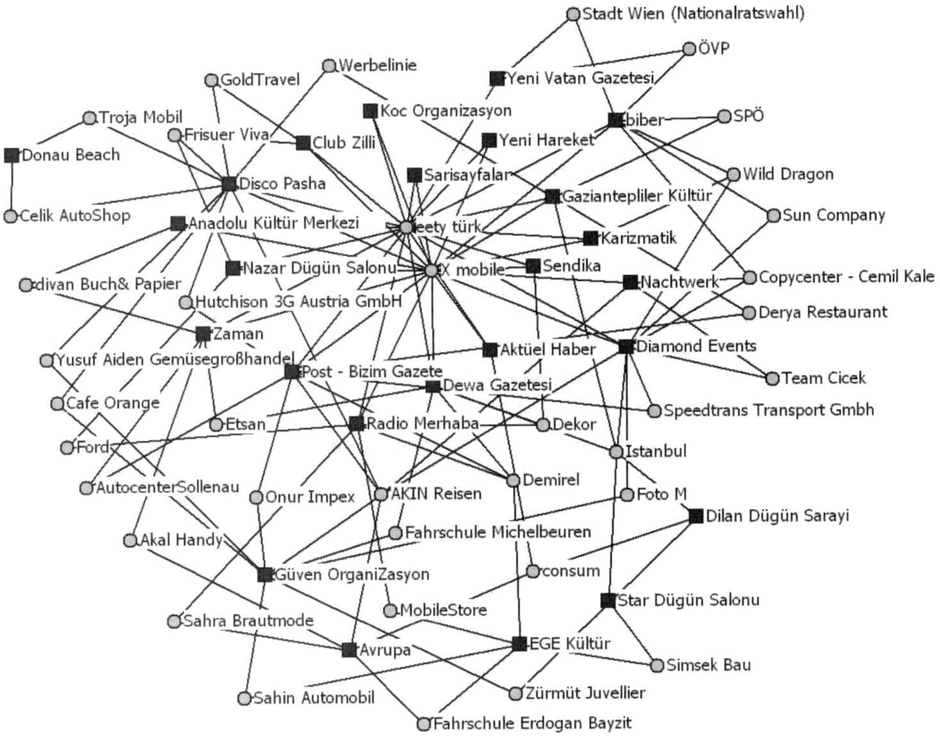

Grafik 1: Das türkische Sponsorennetzwerk

Kreise stellen Sponsoren dar, Quadrate Medien und Veranstalter, Inserate eines Sponsors in einem Medium oder auf einem Veranstaltungsplakat sind als Verbindungslinie ausgeführt.

Zeitschriften: Aktüel Haber, Avrupa, biber, Dewa Gazetesi, Post – Bizim Gazete, Sendika, Yeni Hareket, Yeni Vatan Gazetesi und Zaman

Veranstalter: Anadolu Kültür Merkezi (Anatolisches Kulturzentrum), Club Zilli, Diamond Events, Disco Pasha, Donau Beach, Ege Kültür (Ägäisches Kulturzentrum), Gaziantepliler Kültür ve Dayanisma Dernegi (Kultur- und Solidaritätsverein der Gaziantep), Güven OrganiZasyon, Koc Organizasyon Sunar, Nachtwerk und die Hochzeitssäle Dilan Düğün Sarayı, Han Düğün Salonu, Nazar Düğün Salonu, Star Düğün Salonu

Internetplattformen: Cingene, Karizmatik, Sarisayfalar (Branchenverzeichnis)

Radiosender: Radio Merhaba

Aus Gründen der Datenverarbeitung wurde in der Grafik auf die korrekte türkische Schreibweise verzichtet.

••••••••••••

Das Kent – Eine Wiener Institution

Das *Kent*, ein Restaurant im 16. Wiener Gemeindebezirk, erfreut sich nicht nur in der türkischen Community großer Beliebtheit, sondern gilt auch in der Mehrheitsgesellschaft als eine der wichtigsten Adressen für gepflegte türkische Küche. Der gemütliche Gastgarten und die freundliche und flinke Bedienung ziehen Besucherinnen und Besucher aus der ganzen Stadt an. Die türkischen Gäste aus der Umgebung finden sich hier zum Karten- und Tavla-Spielen (dem türkischen Backgammon) ein und verfolgen auf Großbildschirmen die Fußballspiele der türkischen Liga wie der internationalen Meisterschaften. Zudem werden Räumlichkeiten für festliche Veranstaltungen wie Hochzeiten und Geburtstagfeiern, aber auch politische Versammlungen österreichischer Parteien vermietet.

Hüseyin Tütüncü, der Besitzer des Lokals, stammt aus Trabzon, einer Stadt an der Schwarzmeerküste. 1990 übernahm er ein leer stehendes Weinhaus in der Brunnengasse und richtete ein Café für die Türkinnen und Türken aus der Umgebung ein. Mit der Aufwertung des Stadtteils kamen aber auch immer mehr österreichische Gäste, und der engagierte Unternehmer konnte seinen Betrieb sukzessive ausbauen. Mittlerweile betreibt er zwei weitere Restaurants unter der „Trademark", eines in der Märzstraße und eines in der Friedmanngasse. Das Restaurant bietet nicht nur einen attraktiven Rahmen für private Feiern und politische Versammlungen, sondern unterstützt selbst aktiv die türkische Kreativwirtschaft. Herr Tütüncü tritt als Sponsor von Theateraufführungen, Konzerten, Ausstellungen und Clubbings auf. Nicht selten findet sich auf den Veranstaltungsplakaten die blaue Weltkugel und der rote Schriftzug, die für das legendäre Restaurant stehen.

Im Gegensatz zur türkischen Community waren Chinesinnen und Chinesen immer schon unternehmerisch sehr aktiv. Als Betreiber von Restaurants richteten sie sich vorwiegend an österreichische Konsumentinnen und Konsumenten. Nur vereinzelt fungierten die Lokale auch als Treffpunkte für die Einwanderer, wo Spezialitäten aus den Herkunftsregionen Schanghai, Sichuan oder Qingtian gereicht wurden. Mit der Zeit kam der Handel mit Konsumgütern aus China dazu, mit denen die hier lebenden Chinesinnen und Chinesen, aber auch indische und türkische Geschäftsleute bedient wurden. Laut dem vom Wiener Verleger Wang Gan herausgegebenen „Telephone Book for Chinese in Austria 2008" gibt es zurzeit ungefähr 90 chinesische Handelsbetriebe. Die meisten dieser Geschäfte findet man um den Naschmarkt herum, in der Sechshauser Straße im 15. Bezirk, vereinzelt aber auch im 16. und im 10. Daneben finden sich in der chinesischen Community auch jetzt wieder, wie schon zu Beginn des 20. Jahrhunderts, Händlerinnen und Händler, die von Café zu Café ziehen, um Billigprodukte aus dem Herkunftsland an den Mann und an die Frau zu bringen.

Das wichtigste unternehmerische Betätigungsfeld von Chinesinnen und Chinesen ist nach wie vor die Gastronomie, die viele als eine Möglichkeit des sozialen Aufstiegs betrachten. Vor Inkrafttreten des Aufenthaltsgesetzes 1993 war es relativ einfach, mit einem Touristenvisum einzureisen und eine Arbeitsbewilligung zu erhalten. Viele Chinesinnen und Chinesen arbeiteten zuerst in den Restaurants ihrer Verwandten und Bekannten und eröffneten, nachdem sie genug gespart hatten, selbst ein Lokal. In den 1980er- und 1990er-Jahren kam es zu einem regelrechten Chinarestaurant-Boom, der 1996 einen ersten Höhepunkt erreichte: Zu diesem Zeitpunkt gab es allein in Wien rund 300 Restaurants.[35] Nach einer Periode der Stagnation nahm die Zahl 2005 noch einmal geringfügig zu. Die chinesische Gastronomie ist nun auch um einiges vielfältiger als noch in den 1980er-Jahren. Einige Restaurants erweiterten ihr Angebot um japanische, thailändische, vietnamesische oder malaysische Speisen oder machten mit innovativen Konzepten und einer verfeinerten chinesischen Küche Schlagzeilen.

Urbaner Chic – Das Ra'mien

Das vor sieben Jahren von den Brüdern Yang Jun und Yang Tie gegründete *Ra'mien* befindet sich in der Gumpendorfer Straße im 6. Wiener Gemeindebezirk. Das in Grau und Weiß gehaltene Lokal besticht durch seine Helligkeit und Schlichtheit: Auf Bilder, Goldfischaquarien und all die anderen Ausstattungselemente, wie man sie von Chinarestaurants kennt, wurde bewusst verzichtet. Das Restaurant, das neben traditionellen asiatischen Nudel- und Reisgerichten auch innovative asiatische Küche bietet, zählt zu den besten in der Stadt und erfreut sich unter den urbanen Besuchern nicht zuletzt aufgrund seines schicken Ambientes größter Popularität: Nicht selten warten Gäste an der Bar auf einen frei werdenden Tisch.

Der Clubraum im Keller steht im krassen Gegensatz zur kühlen und feinen Atmosphäre des Restaurants: Mit seinen Bildern, Drachen, einer Buddhastatue, roten Lampions, Spiegeln und Barhockern aus chinesischer Seide bedient er das Klischee fernöstlichen Kitschs. In diesem Ambiente wird bis spät in die Nacht von verschiedenen DJs Clubmusik geboten. Hier legt auch die chinesische DJ Pinie Wang auf, die in ihr Line-up immer wieder auch chinesischen Pop und Electro mischt. Die Bar wird von Hoomer Gao geführt, der wie die Yang-Brüder aus einer Chinarestaurant-Familie stammt. Gemeinsam mit Yang Tie hat er schon vor Jahren in Peking eine Cocktail-Bar betrieben.

35 Vgl. dazu das „Telephone Book for Chinese in Austria 2008", herausgegeben von „Europe Weekly", das Angaben über alle seit 1976 gegründete Chinarestaurants enthält, und die „Gelben Seiten" der Herold Business Data. Siehe dazu auch Kwok und Parzer (2008).

Die Familie Yang blickt auf eine klassische Migrationgeschichte zurück. Sie stammt, wie so viele chinesische Familien in Wien, aus Qingtian in der Provinz Zhejiang. Der Vater kam 1978 nach Österreich und holte die Familie ein paar Jahre später nach. Die große Familie verbreitet sich in ganz Europa, Verwandte leben heute auch in den Niederlanden und in Belgien. Die Eltern stiegen in das Gastronomiegeschäft ein und eröffneten Restaurants in Österreich und in Deutschland. Die Yang-Brüder, die mit Chinarestaurants aufwuchsen, blieben dem Gewerbe zwar treu, wollten aber alles anders und besser machen: „Mit dem Konzept der Chinarestaurants unserer Eltern waren wir immer eher unzufrieden." Der als Künstler tätige jüngere Bruder Yang Jun hatte die ersten Pläne für das Lokal skizziert, der ältere Bruder Yang Tie betreibt jetzt das Lokal als Hauptinhaber. Das Konzept ging zweifelsohne auf: Sowohl das Restaurant als auch der Club im Keller gelten als äußerst gelungene Projekte – nicht nur in der Gastronomie, sondern auch in der Clubszene.

Die Arbeitszeiten in der Gastronomie prägen im Übrigen auch das Freizeitverhalten der Chinesinnen und Chinesen. Die Beschäftigten haben normalerweise nur einen freien Tag pro Woche. Die Pausen am Nachmittag, wenn die Lokale für kurze Zeit schließen, werden für Arztbesuche, Einkäufe oder andere Aktivitäten genutzt. Deutschkurse, Informationsveranstaltungen und Beratungen finden vor allem in diesem knappen Zeitfenster statt. Das eigentliche soziale und kulturelle Leben beginnt erst um 23 Uhr, nachdem die meisten Restaurants geschlossen haben. Dann treffen sich viele Chinesinnen und Chinesen in den Karaokebars, den Kasinos oder zum Mahjongspiel.

Eine relative neue Form der chinesischen ethnischen Ökonomie entwickelte sich erst in den letzten Jahren. Durch die Teilliberalisierung der Visumpolitik für chinesische Gruppentouristen im Rahmen des Abkommens „Approved Destination Status" zwischen EU und China 2004 kommen immer mehr Chinesinnen und Chinesen als Touristen nach Wien. Österreich gehört mit Sissi, Mozart und dem Neujahrskonzert zu den fünf beliebtesten europäischen Destinationen für die chinesischen Urlauberinnen und Urlauber.[36] Der chinesische Tourismus bietet den in Wien lebenden Chinesinnen und Chinesen nicht nur in Reisebüros, sondern auch als selbstständige Fremdenführer und Reisebegleiter neue Beschäftigungsmöglichkeiten. Darüber hinaus entstehen Souvenirshops, Restaurants und Transportfirmen. Viele hier ansässige chinesische Reisebüros beginnen zudem auch Reisen von Österreich nach China anzubieten. Diese in den letzten Jahren entstandene Tourismusindustrie steht mit der chinesischen Kulturwirtschaft in Wien in unmittelbarem Zusammenhang. Die Besucherinnen und Besucher aus China verknüpfen ihre kulturellen Interessen bezüglich Wien häufig mit einem touristischen Programm. Nach einem Auftritt im Musikverein, dem Besuch eines Sommerkurses oder der

36 Mayrhuber (2005).

Teilnahme an einem Musikfest folgt oft eine organisierte Reise durch Österreich und Europa, die zu den wichtigsten Sehenswürdigkeiten führt.

Auch in der südasiatischen Community entstanden in den letzten Jahren einige durchaus erfolgreiche Unternehmen. Inderinnen und Inder eröffneten Boutiquen, Restaurants, Lebensmittelgeschäfte, Videoverleihläden und Reisebüros. Eine beliebte Nische der südasiatischen Migranten – vor allem der Punjabis – ist der ambulante Markthandel, wobei die Marktfahrer mit indischen Großhändlern in Wien kooperieren. Rakesh Sardana verkaufte, als er Mitte der 1970er-Jahre im Alter von 21 Jahren nach Wien kam, Souvenirs und Seidenschals im Prater. Mittlerweile besitzt der erfolgreiche Unternehmer und Euromillionär 29 Airport-Shops am Wiener Flughafen, 16 weitere am JFK Airport in New York und zwei am Boston Airport. Auch Keralesinnen und Keralesen zeigen zunehmend unternehmerische Ambitionen. Am Anfang stand die Gründung von Reisebüros, die auf die indische Diaspora und den Gesundheitstourismus nach Kerala spezialisiert waren, dann folgten südindische Restaurants und Lebensmittelgeschäfte, zumal die kulinarischen Unterschiede in Indien sehr groß sind. Ein Unternehmer aus Kerala führt *Prosi*, den größten exotischen Supermarkt Wiens, der sich an ein internationales Publikum wendet – im Angebot finden sich asiatische, afrikanische und lateinamerikanische Produkte. An diesem Vorbild orientierten sich andere Unternehmer aus Südindien und Bangladesch. Die Nachahmung bewährter Strategien ist ein auffälliges Muster in der Ökonomie südasiatischer Einwanderer, das häufig auch mit räumlicher Konzentration einhergeht und die interne Konkurrenz verstärkt. Oft finden sich indische und pakistanische Lebensmittelgeschäfte mit Videoverleih in unmittelbarer Nachbarschaft.

1972 wurde das erste indische Restaurant in Wien gegründet, der Wiener Lokalführer des Falterverlags weist mittlerweile 47 aus, dabei sind die zahlreichen Pizzerias und Mischlokale, die indische Küche und internationale Speisen anbieten, nicht berücksichtigt. Indische Restaurants profitieren von den steigenden Zahlen indischer Touristinnen und Touristen in Wien. Auch die zunehmende Globalisierung der Gesellschaft und die Diversifizierung des Geschmacks der österreichischen Bevölkerung führen zu einer größeren Nachfrage nach „indischen" Produkten. Südasiatische Läden sind häufig multifunktional: Neben Lebensmitteln, Kosmetik und Unterhaltungs-, Nachrichten- und Kommunikationsmedien werden auch Imbisse und Getränke serviert.

Mangos, Taros, Okraschoten – Der Prosi Exotic Supermarket

Augustin Prince Pallikunnel kam 1991 nach Wien und betrieb neben seinem Wirtschaftsstudium und der Tätigkeit als Versicherungsvertreter ein Geschäft. Seit dem Jahr 2000 führt er gemeinsam mit seinen Brüdern den exotischen Supermarkt *Prosi*. Die Produkte werden von Großhändlern in den Niederlanden, in Deutschland und Großbritannien bezogen oder direkt aus den Herkunftsländern importiert. „Rund zehn Prozent des ca. 5.000 Artikel umfassenden Sortiments findet man in Österreich nur bei *Prosi*", erzählt Pallikunnel. Der Keralese wählte von Beginn an innovative Marketingstrategien und wandte sich im Gegensatz zu anderen südasiatischen Händlern nicht primär an die eigene Community. Die Homepage illustriert mit Porträts von Kunden aus aller Welt die ungeheure Vielfalt dieses sozialen Milieus. Durch Kochworkshops, Yogakurse und multikulturelle Events versucht er den Umsatz an fremden Lebensmitteln und Kosmetikprodukten zu erhöhen. Besonders große öffentliche Aufmerksamkeit erzielt er durch das jährlich stattfindende multikulturelle Straßenfest in der Kandlgasse im 7. Wiener Gemeindebezirk. Anfängliche Ängste der Anrainer konnten zerstreut werden, nachdem das Fest diszipliniert ablief und sich streng an den zeitlichen Rahmen hielt: Um 21 Uhr war Schluss. 2008 traten im Rahmen dieser bunten Veranstaltung 250 Künstlerinnen und Künstler aus unterschiedlichen Nationen und Kontinenten auf. Indische Migrantinnen und Migranten sind stets prominent vertreten. Sambatänzerinnen, Bauchtänzerinnen und Bhangra-Tänzer können hier unmittelbar nacheinander bewundert werden. Im Rahmen des Fests werden Preise verliehen, der „Prosi Excellence Award" und der „Prosi Award for Outstanding Performance". Für die Überreichung der Preise ist ein keralesischer Geistlicher verantwortlich, der 2008 auch eine neue Abteilung des prosperierenden Geschäfts einweihte. Multikulturalismus verbindet sich hier mit einem typischen Element der Malayali-Kultur. Das Akronym „Prosi" steht im Übrigen für Höflichkeit, Respekt, Gehorsam, Dienstleistung, aber auch Innigkeit.

Ankündigung eines Erhu-Konzerts im Musikverein (Naschmarkt, Wien 4) 08. 12. 2007, Foto: K. Kwok

Eray Müzik (Wien 10), 09. 03. 2007, Foto: A. Gebesmair

Taiwanesische Neujahrsfeier (Wien 15), 10. 02. 2008, Foto: K. Kwok

Konzert des Taiwan-Chors (Wien 1), 02. 06. 2007, Foto: K. Kwok

DIE KULTURUNTERNEHMUNGEN IM VERGLEICH

Von Andreas Gebesmair, Kim Kwok, Bernhard Fuchs,

Michael Parzer und Hande Sağlam

Dimensionen der Kreativwirtschaft

Unsere Recherchen nahmen von einer recht allgemeinen Definition der Kreativwirtschaft ihren Ausgang: Sie umfasste alles, was der professionellen Produktion und Verbreitung von Klängen und Bildern („sounds and images") dient, wobei damit weniger konkrete Produkte als vielmehr die symbolischen Werte und Vorstellungen, die jene transportieren, gemeint waren. Dies entsprach einer verbreiteten Auffassung von Kulturindustrien, die, in den Worten des britischen Kulturindustrieforschers David Hesmondhalgh, all jene Institutionen beinhaltet, die unmittelbar in die Produktion von sozialen Bedeutungen, Weltsichten und Werthaltungen involviert sind.[1] Im Zentrum standen von Anfang an die Aufführungskünste, insbesondere die Musik, nicht zuletzt auch deshalb, weil diese den größten Teil des Kulturangebots in den Einwanderergemeinschaften ausmacht. Doch galt unsere Aufmerksamkeit auch anderen Aufführungskünsten und vor allem jenen Dienstleistungen, die für eine zeitgemäße Produktion und Verbreitung von Kultur unabdingbar sind: Diese reichen vom professionellen Veranstaltungsmanagement und Marketing über die Produktion und Distribution von Ton- und Bildträgern bis hin zu den Massenmedien wie Radio, Fernsehen und Internet. Dazu zählen aber auch all jene Einrichtungen, die sich um die Weitergabe von kulturellen Traditionen und die Vermittlung kulturspezifischer Kompetenzen bemühen.

Diese Institutionen sind, wie auch schon in der Einleitung betont, keinesfalls immer auf Gewinn ausgerichtet. Unter ihnen finden sich viele gemeinnützige Vereine, deren Mitglieder nicht selten unentgeltlich an der Realisierung der Vereinsziele mitwirken. Sie agieren nichtsdestotrotz auch auf Märkten und tragen zu-

1 „(...) the cultural industries have usually been thought of as those institutions (mainly profit-making companies, but also state organisations and non-profit organisations) which are most directly involved in the production of social meaning." Hesmondhalgh (2002, 11)

weilen nicht unbeträchtlich zur Wertschöpfung bei, zumal zur Finanzierung der Tätigkeiten auf Einnahmen aus der Veranstaltungstätigkeit, Spenden und öffentliche Zuwendungen nicht verzichtet werden kann. Die Produktion und Verbreitung von Kultur muss dabei auch nicht im Mittelpunkt stehen. Einige der im Folgenden vorgestellten Organisationen sind nur am Rande mit kreativem Schaffen befasst: Religiöse Vereine etwa unterstützen natürlich in erster Linie ihre Mitglieder bei der Ausübung ihres Glaubens. Im Rahmen von religiösen Zeremonien und Feiern spielen aber kulturelle Darbietungen eine große Rolle, und die Kulturschaffenden nützen diese zuweilen als Basis und Sprungbrett für eine professionelle Karriere. Dies gilt im Übrigen auch für Vereine, die soziale oder politische Ziele verfolgen, oder Jugendzentren: Sie alle bieten ein Forum für professionelle kulturelle Betätigung. Aus diesem Grund rechnen wir diese Non-Profit-Organisationen zur Kreativwirtschaft: Sie bilden zusammen mit den kommerzielleren Einrichtungen des Kulturlebens ein Netzwerk, in dem jene sozialen Bedeutungen, von denen Hesmondhalgh spricht, auf professionelle Weise diffundieren.

Die einzelnen Bereiche der Kreativwirtschaft unterscheiden sich nicht nur hinsichtlich der Genres und Angebotsformen, sondern auch in Bezug auf ihre Positionierung in der Gesellschaft. In unserem Zusammenhang gilt es vier zentrale Differenzierungsdimensionen zu berücksichtigen. Die ersten beiden finden sich häufig in der soziologischen Literatur zu zeitgenössischen Formen kultureller Produktion, die beiden anderen sind der spezifischen Situation von Migrantinnen und Migranten in der Kreativwirtschaft geschuldet und an Diskussionen in der Ethnologie und Migrationsforschung angelehnt. Beginnen wir mit jenen Kriterien, die in kultursoziologischen Untersuchungen herangezogen werden, um zwischen kulturellen Praktiken und Kulturanbietern zu differenzieren.[2]

Gerhard Schulze hat in seiner Analyse der Lebensstile in einer deutschen Großstadt Ende der 1980er-Jahre einen starken Zusammenhang zwischen kulturellen Vorlieben und dem Alter der Konsumentinnen und Konsumenten festgestellt. Die jüngeren Milieus zeichneten sich durch Erlebnisorientierung und *Spontaneität* aus, während die älteren in ihren kulturellen Praktiken auf einen konventionellen Rahmen und die Wahrung von *Traditionen* Wert legen. Die sei, so Schulze, zum einen auf die Verschiebung der Interessen und Wertigkeiten im Lebenszyklus zurückzuführen, zum anderen aber auch auf die unterschiedlichen Sozialisationsbedingungen: Die Kriegsgeneration wuchs in einem deutlich restriktiveren Klima auf als die Kohorten danach. Mit der fortschreitenden Modernisierung und Säkularisiserung der westlichen Gesellschaft verschwammen die Grenzen zwischen den Generationen: Ordnung und Spontaneität, Tradition und Unterhaltung wurden zu Lebensstilelementen in allen Altersgruppen. Nichtsdestotrotz werden die Unternehmungen in der Kreativwirtschaft diesen Bedürfnissen auf recht un-

---

2 Siehe dazu vor allem die Milieutheorie von Schulze (1992) und die feldtheoretischen Überlegungen von Bourdieu (1993).

terschiedliche Weise gerecht. Während Diskotheken und Karaoke-Bars zweifellos das spontane Unterhaltungsbedürfnis eines vor allem jüngeren Publikums befriedigen, müssen bei Konzerten in einem hochkulturellen, religiösen oder politischen Kontext in der Regel Konventionen und Traditionen gewahrt werden. Dies gilt auch für die Kreativwirtschaft der Migrantinnen und Migranten, in denen sich neben den jugendkulturellen Unterhaltungsangeboten auch Kulturvereine finden, die sich explizit um die Bewahrung kultureller Traditionen bemühen, wenngleich, entgegen der Beobachtung Schulzes, dieses Angebot von Jungen und Alten gleichermaßen genutzt wird.

Auch anhand der zweiten Unterscheidungsdimension lassen sich sowohl die Angebote als auch ihre Nutzer klassifizieren. Sie wird häufig als *Nähe oder Distanz zu den kulturellen und politischen Eliten* oder, wie Pierre Bourdieu sagt, *zum Machtfeld* charakterisiert. Kultur- und Medienprodukte, Veranstaltungen und Dienstleistungen lassen sich danach unterscheiden, ob sie tendenziell von Personen mit höherem Status oder von Menschen aus den bildungsfernen Schichten der Gesellschaft genutzt werden. Gleichermaßen – wenngleich auch nicht immer in exakter Entsprechung zum Status des Publikums – lassen sich auch die Anbieter selbst einordnen. Einige stehen in einem gewissen Nahverhältnis zu den nationalen und internationalen Eliten und arbeiten zuweilen auch mit deren Unterstützung, wie etwa jene chinesischen Veranstalter, die nicht nur Zugang zu hochkulturellen Einrichtungen wie dem Wiener Musikverein haben, sondern auch von österreichischen und chinesischen Institutionen ideell oder materiell unterstützt werden. Andere wiederum agieren an den Rändern der Gesellschaft, fern jeglicher Unterstützung durch gesellschaftliche Eliten, einzig im Vertrauen auf den Zuspruch durch das nicht immer sehr zahlungskräftige Publikum, wie etwa die zahlreichen Betreiber von kleinen Veranstaltungslokalen, Karaoke-Bars oder DVD-Vertrieben. Dazwischen finden sich Initiativen, die ihre mehr oder weniger tragfähigen Kontakte zu den Zentren der Macht mit unterschiedlichem Erfolg für ihre Interessen einzusetzen wissen.

Wenden wir uns nun jenen Differenzierungsdimensionen zu, die zum Verständnis migrantischer Kulturökonomien unabdingbar sind.[3] Denn die Anbieter unterscheiden sich vor allem darin, ob sie in erster Linie Leute aus der eigenen Einwanderergemeinschaft ansprechen oder sich auch explizit an die Mehrheitsgesellschaft richten. Robert D. Putnam trifft in der Analyse von zivilgesellschaftlichen Organisationen die Unterscheidung zwischen „bonding" und „bridging". Während *„bonding"* auf die *Stärkung der Integration der Gruppe*, in unserem Kontext also der ethnischen Gemeinschaft, abzielt, werden mit *„bridging" Beziehungen über ethnische Grenzen hinweg* etabliert. Hier ist nicht der Ort, die Bedeutung der beiden Strategien in Hinblick auf die ökonomische Integration in die Aufnahmege-

3 Siehe dazu vor allem die aktuellen Diskussionen um die Bedeutung von sozialem Kapital, z. B. Portes (1998), Putnam (2000), und um transnationale Räume, Pries (2001), Faist (2004).

sellschaft und die soziale Mobilität der Migrantinnen und Migranten zu bewerten. Tatsache ist, dass sowohl mit den starken Bindungen in der Community als auch mit Kontakten über die Communitygrenzen hinweg spezifische Ressourcen verknüpft sind. Erstere dienen oft der Mobilisierung ethnischer Solidarität und gegenseitiger Unterstützung, Letztere wiederum fördern den Austausch zwischen den Kulturen und tragen zur Vielfalt und Veränderung sowohl in den Einwanderergemeinschaften als auch in der Mehrheitsgesellschaft bei. Beides findet sich in der türkischen, chinesischen und südasiatischen Kreativwirtschaft Wiens. So richten sich etwa türkische Diskotheken oder chinesische Karaoke-Bars fast ausschließlich an die zweite Einwanderergeneration, die dort einen geeigneten Rahmen zur Stärkung der koethnischen Netzwerke vorfindet. Das Bildungsangebot in Kulturvereinen und die Veranstaltungen im sogenannten World-Music-Bereich werden aber auch in hohem Maße von Mitgliedern der Mehrheitsgesellschaft genutzt. Sie bereichern nicht nur das kulturelle Angebot einer Region, sondern dienen der Verständigung und Integration über ethnische Grenzen hinweg.

Schließlich gilt es noch die räumliche Ausdehnung der kulturellen Unternehmungen ins Auge zu fassen. In letzter Zeit rückten Migrationsformen ins Zentrum der Forschung, die sich deutlich von der klassischen Arbeitsmigration bzw. Fluchtmigration unterscheiden. Billige Transportmittel und die neuen Kommunikationstechnologien ermöglichen die Aufrechterhaltung intensiver sozialer und ökonomischer Beziehungen über große Distanzen hinweg. Migrantinnen und Migranten pendeln zwischen Herkunfts- und Zielland und verfolgen ihre ökonomischen und kulturellen Interessen oft gleichzeitig an verschiedenen Orten. Thomas Faist und Ludger Pries nennen diese Form des sozialen Austauschs über nationale Grenzen hinweg *transnationale Räume*. Wenngleich die Migrantinnen und Migranten insbesondere in Europa immer schon Kontakte zum Herkunftsland pflegten, so heben sich die jüngsten Entwicklungen doch noch einmal von jener Form der Arbeitsmigration ab, die letztlich auf die soziale und ökonomische Integration in das Gastland abzielte. Auch die kulturellen Angebote lassen sich in dieser Hinsicht kategorisieren: Kleine Veranstalter, seien es communityspezifische oder jene im World-Music-Segment, agieren oft nur lokal, obgleich auch sie zuweilen über Kontakte zu internationalen Agenturen verfügen und internationale Acts anbieten. Sie unterscheiden sich aber von jenen Akteuren, die wesentlich transnational orientiert sind, wie etwa große europäische Medienanstalten und Verlage oder internationale Konzertagenturen und Veranstalter, die gleichzeitig in mehreren Ländern aktiv sind. Von großer Bedeutung sind auch jene Kulturindustrien, die von den Herkunftsländern aus Migrantinnen und Migranten in der ganzen Welt bedienen.

Der folgende Überblick bietet einen Aufriss der türkischen, chinesischen und südasiatischen Kreativwirtschaft in Wien. Die Beschreibung der unterschiedlichen Veranstaltungstypen und Genres erfolgt in Stufen von den am wenigsten industrialisierten Bereichen bis zu den Massenmedien. Am Beginn steht jener Bereich, in dem sich die Kreativität im unmittelbaren Kontakt zwischen Lehrenden und ihren Schülerinnen und Schülern entfaltet. *Lehren und lernen* sind Aspekte der Kulturarbeit, die für alle Migrantencommunities von großer Bedeutung sind. Die Pflege und Weitergabe kultureller Traditionen, aber auch die selbstständige Weiterentwicklung von Kompetenzen finden oft in Kontexten statt, die nicht unmittelbar der Kreativwirtschaft zuzurechnen sind. Nichtsdestotrotz bieten diese Institutionen den Kulturschaffenden nicht nur eine Möglichkeit, ihren Unterhalt zu bestreiten, sie sind als Ausbildungsinstitutionen für junge Talente für alle anderen kulturwirtschaftlichen Bereiche von großer Wichtigkeit. *Feste*, ob privater, religiöser oder nationaler Natur, spielen in den migrantischen Gemeinschaften eine ebenso große Rolle. Und auch sie bieten Kulturschaffenden eine wichtige Einnahmequelle und sind daher ein integraler Bestandteil der migrantischen Kulturökonomie. Sie können den Charakter von Großveranstaltungen haben oder auch in einem sehr intimen Rahmen stattfinden. Gemeinsam ist ihnen, dass weder die Aufführung noch die Bewahrung einer kulturellen Tradition im Vordergrund stehen, sondern der jeweilige Anlass: Der Jahresbeginn, das Andenken an eine Person oder Gottheit, Hochzeiten oder auch lediglich die Saturday Night bieten vielfältige Gelegenheiten mehr oder weniger ausgelassenen Feierns. Bei *Vor- und Aufführungen* hingegen ist das Interesse der Teilnehmenden auf die Darbietung gerichtet. Konzerte, Theateraufführungen oder Tanzperformances werden um ihrer selbst willen besucht, und dies in der Regel auch gegen Bezahlung. Dahinter stehen oft professionell agierende Veranstalter, die bei ihren Aktivitäten ein beträchtliches ökonomisches Risiko eingehen. Dies trifft auch auf die *massenmediale Verbreitung* von Kultur zu, die sich aber zusätzlich moderner Kommunikationstechnologien bedient. Die Palette reicht von der Tonträger-, Film- und Videoproduktion über die klassischen Massenmedien wie Zeitung, Radio und Fernsehen bis hin zu den vielfältigen Formen der digitalen Distribution im Internet. Diese Kulturindustrien im engeren Sinne spielen auch in den Einwanderergemeinschaften eine wichtige Rolle. Aufgrund der hohen Kosten finden sich hier aber viele transnationale Unternehmen, die in Wien – wenn überhaupt – lediglich Subunternehmen betreiben.

Die einzelnen Veranstaltungstypen lassen sich nicht trennscharf voneinander abgrenzen, zumal viele Organisationen und Akteure in mehr als einem der hier vorgestellten Bereiche tätig sind. Kulturvereine organisieren oft nicht nur Kurse, sondern treten auch als Veranstalter auf. Interpretinnen und Interpreten bieten ihre Kunst in Konzerten, aber auch als Untermalung für Feste an, in denen nicht selten massenmediale Produkte eine Verwendung finden. Feste haben manchmal den Charakter kommerzieller Großveranstaltungen, während Massenmedien von kleinen Non-Profit-Organisationen produziert werden. Die grobe Unterteilung nach Veranstaltungstypen dient lediglich als Orientierung auf der Reise durch die türkische, chinesische und südasiatische Kreativwirtschaft. Von größerer Wichtigkeit sind die vier zuvor erwähnten analytischen Dimensionen, die den Blick für die soziale Differenzierung migrantischer Kulturarbeit schärfen sollen. Dieses kann erlebnis- und unterhaltungsorientiert sein oder der Wahrung von Konventionen und Traditionen dienen, in den Vorhöfen der Macht oder in den untersten Schichten der Gesellschaft angesiedelt sein, die eigene Community bedienen oder Brücken zur Mehrheitsgesellschaft schlagen, lokal oder transnational ausgerichtet sein. Die Unterscheidungskriterien sind nicht überall von gleicher Relevanz und werden mitunter nur en passant Erwähnung finden. Dennoch sind wir der Meinung, dass sie zum Verständnis der Vielfalt migrantischer Kulturunternehmungen wesentlich beitragen.

Lehren und lernen

Kulturvereine und Schulen der Communities

Vereine, die sich der Bewahrung, Weitergabe, aber auch der Weiterentwicklung kultureller Traditionen des Herkunftslandes verschrieben haben, spielen in allen Einwanderergemeinschaften eine wichtige Rolle.[4] Schon in den 1960er-Jahren entstanden im türkischen „Gastarbeitermilieu" Geselligkeitsvereine, die zwar in erster Linie der sozialen Integration und der gegenseitigen Unterstützung dienten, wohl aber auch halfen, ein Stück Heimat im Gastland zu bewahren und weiterzuleben. Doch auch die Mitglieder der kleineren Communities kümmerten sich bald im Rahmen von Vereinen um die Pflege und Weitergabe der Herkunftskultur. So gründeten etwa Migrantinnen aus Kerala 1974 die *Vienna Malayalee Association,* vier Jahre später die *Kerala Samajam Vienna.* Beide sind nach wie vor aktiv, und beide verfügen über beste Kontakte zu den nationalen politischen Eliten, insbesondere zu Politikerinnen und Politikern aus dem christlich-sozialen Lager. In ihrer Vereinstätigkeit verknüpfen sie gesellige Zusammenkünfte und Sportveranstaltungen mit der Pflege kultureller Traditionen. In den 1990er-Jahren folgten weitere Einrichtungen, wie z.B. die *Kerala Cultural Society* und die *Initiative zur Förderung Österreichisch-Indischer Verständigung*, die seit 1996 die indische Nachmittagsschule *Balakairaly* betreibt. Auch die *Indian Catholic Community* (gegründet 1982) etablierte eine Nachmittagsschule (*Kairali Nikethan School*), und zwar bereits im Jahr 1993. In diesen Schulen werden neben indischen Sprachen (Malayalam und Hindi) auch Musik und Tanz unterrichtet. Auch die Knananiten, chaldäische Judenchristen aus Kerala, haben einen Verein, die *Austrian Knanaya Catholic Community,* welcher gleichfalls Kulturabende organisiert.

Daneben sind die in Wien lebenden Südasiatinnen und Südasiaten in internationalen Vereinen wie dem *World Malayalee Council* vertreten. In Wien gibt es auch eine Zweigstelle von *Soorya,* dem größten asiatischen Kulturverein. Diese Organisation des Keralesen Soorya Krishnamoorthy hat Niederlassungen in 20 Ländern.

4 Siehe dazu auch einzelne Kapitel in der äußerst detailreichen und informativen Studie von Waldrauch und Sohler (2004).

Ihr Ziel ist die Förderung von Film, Theater, Tanz und Musik. Der *World Malayalee Council* veranstaltet internationale Kunstwettbewerbe („Kalamela"), an denen immer wieder auch jugendliche Malayalis aus Wien erfolgreich teilnehmen. Keralesische Migrantinnen verfügten bei ihrer Einwanderung nach Österreich über eine relativ hohe Bildung und gute lokale Netzwerke. Dies erleichterte ihnen sicherlich die Etablierung von Kulturvereinen. Zudem suchten die später eingewanderten Männer im kulturellen Bereich und in den Vereinen ein Betätigungsfeld, da sie beruflich zumindest anfänglich nicht so stark integriert waren wie ihre Frauen. In der regen Vereinsarbeit unterscheiden sie sich deutlich von den aus dem Punjab eingewanderten männlichen Arbeitsmigranten. Deren kulturelle Aktivitäten blieben lange Zeit auf die religiösen Zeremonien der Sikh-Gemeinde in Wien beschränkt.[5] Allerdings erhielten im Rahmen der Sikh-Tempel Kinder Musik- und Sprachunterricht, wegen der rituellen Bedeutung religiöser Gesänge (Kirtan, Gurbani) und auch der Schrift Gurmukhi, in der das heilige Buch der Sikhs geschrieben ist. Zwar gab es einen kleinen indopakistanischen Kulturverein, der bis Anfang der 1980er-Jahre Filmabende in gemieteten Kinosälen organisierte, diese Aktivitäten hörten jedoch mit dem Aufkommen des kommerziellen Videoverleihs auf. Erst 1996 wurde ein *Verein zur Pflege der Punjabi-Sprache*, drei Jahre später der *Verein zur Förderung der Punjabi-Kultur* gegründet. Letzterer setzte sich das Ziel, indische Sänger-, Tanz- und Schriftstellergruppen nach Österreich zu einem Kulturaustausch einzuladen. Der Verein organisierte auch Mushairas, das sind Dichterwettbewerbe, bei denen die Verse manchmal auch gesungen werden. Es sind aber seit Jahren keine Aktivitäten mehr beobachtbar. Der *Indische Kulturverein* organisiert Konzerte von Punjabi-Künstlern, Filmvorführungen und das Frühlingsfest Vaisakhi in der Lugner City. *Ganesha – Verein für Begegnung und Integration* setzt sich die Eingliederung indischer Migrantinnen und Migranten in die österreichische Gesellschaft zum Ziel und organisiert gemeinsam mit anderen Migrantenvereinen multikulturelle Feste.

Ein ähnliches Ziel verfolgt das 2001 gegründete hinduistische *Aswattha-Forum*. Es bemüht sich einerseits um die religiöse Bildung und Kulturvermittlung an die zweite Generation und anderseits um die Behandlung integrationspolitischer Probleme. Zum Beispiel prüft es kritisch die Repräsentation von Hindus in Schulbüchern und unterstützt hinduistische Familien, damit die Schulkinder an ihren religiösen Feiertagen vom Unterricht entschuldigt werden. In ihrer Aufklärungsarbeit stützt sich die Obfrau des Vereins, Christina Kundu, auch auf die Popularität Bollywoods, indem Schülerinnen und Schüler eingeladen werden, ausgehend von Hochzeitsszenen aus Bollywood-Filmen über den Hinduismus, seine Riten und seine Gesellschaftsordnung zu lernen.

Migrantinnen und Migranten aus Sri Lanka sind in der *Sri Lankisch-Österreichischen Gesellschaft* aktiv. Kulturveranstaltungen werden auch von Sportvereinen wie dem für südasiatische Zuwanderer besonders wichtigen *Cricketverein*

5 Siehe dazu den Abschnitt *Feste feiern*.

initiiert, ein Beispiel dafür ist das jährliche Faschingsfest der *Sri Lanka Cricketers*. Dass der indische Unabhängigkeitstag mit einem Cricketmatch begangen wird, ist in Wien bereits eine Tradition. Auch im Rahmen dieser Sportveranstaltung werden Musik und Tanz aufgeführt. Migrantinnen und Migranten aus Bangladesch und Pakistan gründeten sowohl Moschee-Vereine als auch säkulare Kultur- und Sozialvereine, wie zum Beispiel *Pakistan Anjuman Families*.

Kulturvereine aus Bangladesch sind wie Landsmannschaften nach der Herkunftsregion organisiert, es gibt mehrere *Dhaka*-Vereine. Auch das *Jalalbad Somiti* betont eine regionale Identität: Nach einem muslimischen Heiligen wird die Stadt Sylhet auch Jalalbad genannt. Die Region Sylhet ist eine bedeutende Auswanderungsregion, die auch durch internationale Geldüberweisungen aus der Diaspora zu beachtlichem Wohlstand gelangt ist. Aus Sylhet stammen die meisten der Besitzer „indischer Restaurants" in London. Die Sprache Sylheti unterscheidet sich wesentlich vom Standard-Bengali.[6]

Ein auffälliges Phänomen (nicht nur) in der südasiatischen Community ist das Auftreten zahlreicher, manchmal rivalisierender Vereine. Dies ist einerseits eine Folge der soziokulturellen Vielfalt von Einwanderergruppen. Anderseits stellen Vereine eine Plattform zur Profilierung engagierter Persönlichkeiten dar, sodass Neugründungen teilweise auch auf dieses Bedürfnis zurückzuführen sind. Selbst eine kleine Einwanderergruppe wie die der Nepalesinnen und Nepalesen hat mittlerweile sieben Vereine: Der älteste Verein, die *Association of Nepalese in Austria (ANA)*, feierte 2008 sein 15-jähriges Jubiläum, *Sagarmatha*, die Österreichisch-Nepalesische Vereinigung, agiert als offizielle Gesellschaft vorrangig im diplomatischen Milieu.[7] In unserem Kontext von Interesse sind außerdem der *Nepalesische Kultur- und Sozialverein (NESAS)*, der Feste oder auch Sportveranstaltungen organisiert und sich um die Belange nepalesischer Flüchtlinge kümmert (aus dieser Gruppe rekrutiert sich auch die Mehrheit seiner Mitglieder), und die *Union of Indigenous Groups of Nepal*, ein Verein auf ethnischer Basis, der die nepalesischen Minderheiten Gurung, Tamang, Magar, Rai und Sherpa vertritt. Trotz ihrer Vielfalt und Gegensätzlichkeit kooperieren alle diese Vereine; bei Kulturveranstaltungen werden Vorstandsmitglieder anderer Vereine stets als Ehrengäste begrüßt.

Bildungseinrichtungen für die Pflege und Weitergabe der chinesischen Sprache und Kultur spielen in der chinesischen Community eine ebenso wichtige Rolle wie in der südasiatischen. Derzeit existieren in Wien drei chinesische Schulen, an denen insbesondere an Samstagen die zweite oder dritte Generation von Zuwanderern in chinesischer Hochsprache, aber auch in künstlerischen Fächern unterrichtet wird. Die älteste dieser Schulen wurde bereits 1972 von Taiwanesinnen und Taiwanesen gegründet. Der *Verein für Chinesische Sprache und Kultur* und das *Bildungszen-*

6 Vgl. Gardner (1999).

7 Hingegen sind die *Österreichisch-Indische Gesellschaft* und die *Österreichisch-Pakistanische Gesellschaft* stärker im Kulturbereich aktiv.

trum für Chinesische Sprache in Wien gehen auf Initiativen von Einwanderern aus der VR China zurück, die nach einer Phase der eher informellen Vernetzung erst in den 1990ern begannen, sich verstärkt in Vereinen zu engagieren. Für den Unterricht werden Lehrbücher aus den Herkunftsländern, die speziell für die im Ausland lebenden Chinesinnen und Chinesen konzipiert sind, verwendet.[8] Neben dem Ziel, die chinesische Sprache und Kultur an Kinder und Jugendliche zu vermitteln, dienen die chinesischen Schulen aber auch als Plattformen für kulturellen Austausch und soziale Vernetzung. Parallel zum Unterricht werden Vorträge, Kultur- und Sportveranstaltungen auch für die Eltern angeboten.

Die region- und stadtbezogenen Vereine wie zum Beispiel der *Verein der Chinesen in Österreich*, die *Qingtian-Gemeinschaft* oder der *Verein der Shanghainesen in Österreich* nehmen auch an kulturellen Aktivitäten teil, indem sie die traditionellen chinesischen Feste organisieren. Ein Beispiel dafür ist die Mondfest-Feier Ende September 2007, die von dem *Verein der Shanghainesen in Österreich* organisiert wurde. Über zweihundert Chinesinnen und Chinesen feierten auf einem Donauschiff das Mondfest mit Livemusik der Studentenband *Freedom Street.*

In den sunnitisch-türkischen Communities tragen unter anderem die Moscheevereine, deren Zahl in den 1980ern deutlich zunahm, zur Pflege und Weitergabe kultureller Traditionen bei. Sie organisieren nicht nur das religiöse Leben, sondern fungieren häufig auch als lokale Treffpunkte mit Gemeinschaftsräumen, Teeküchen und Geschäften. Darüber hinaus bemühen sie sich in Korankursen um die religiöse Erziehung der Jugend, die in den Moscheen auch einen formalen Rahmen für verschiedenste Freizeitaktivitäten findet. Zwischen 1980 und 1990 schlossen sich viele der Vereine zu islamischen Dachorganisationen zusammen. Den Anfang machte die *Union Islamischer Kulturzentren (UIKM)*, die an die Tradition mystischer Bruderschaften der 1920er- und 1930er-Jahre anknüpft und einen orthodoxen Islam mit anti-säkularistischer Prägung vertritt. Sie spricht vor allem Bildungseliten und neue Mittelschichten an und legt ihren Schwerpunkt auf die religiöse Erziehung. 1988 folgte die *Islamische Föderation (IF)*, in der jene Moscheen zusammenfanden, die der Milli Görüş nahestehen. Die Milli Görüş („Nationale Sicht“) ist eng mit dem Aufkommen des politischen Islam in der Türkei verbunden und vertritt weltweit die Interessen der Saadet-Partei. In Wien findet diese Bewegung besonders im akademischen Milieu und in Unternehmerkreisen große Unterstützung und gilt als die aktivste islamische Organisation. Sie spielte auch bei der Errichtung des ersten *Islamischen Gymnasiums* eine zentrale Rolle und initiierte einen Kleinunternehmerverband. Der dritte in Wien aktive Dachverband von Moscheen ist die *Türkisch-Islamische Union für kulturelle und soziale Zusammenarbeit in Österreich (ATIB).* Dieser Verband zählt zu den größten migrantischen Institutionen und richtet sich an die in Österreich sesshaften türkischstämmigen und dem Islam zugehörigen Personen in sozialen, kultu-

8 Khan-Svik (2003, 167).

rellen, religiösen, sportlichen und erzieherischen Bereichen. *ATIB* geht auf die Initiative des türkischen Staates zurück, der in den 1980er-Jahren dem aufkommenden politischen Islam mit einer stärkeren staatlichen Regulierung religiöser Angelegenheiten begegnete. Hinsichtlich kultureller Aktivitäten bietet *ATIB* eine breite Palette an Veranstaltungen und Unterricht. So werden in der neu errichteten Zentrale im 10. Wiener Gemeindebezirk Volkstanzkurse, Chorgesang und Instrumentalunterricht angeboten. Gelehrt werden sowohl „westliche" Musikinstrumente wie Gitarre, Geige, Klavier als auch Musikinstrumente aus der Türkei wie die Langhalslaute Saz (Bağlama), Ney, eine aus einem Pfahlrohr hergestellte Flöte, oder Kanun, eine orientalische Form der Zither. Die kostenpflichtigen und in türkischer Sprache abgehaltenen Kurse sollen in erster Linie Jugendliche mit türkischen Wurzeln ansprechen. Die *ATIB*-Vereine sind direkt dem türkischen Religionsministerium (Diyanet Bakanlığı) unterstellt und werden von diesem auch in ihren religiösen und kulturellen Aktivitäten unterstützt. Sie vertreten explizit ein laizistisches Islamverständnis.

Alle drei Organisationen sind europaweit (insbesondere mit den Schwesterorganisationen in Deutschland) vernetzt und unterhalten intensive Kontakte zu Einrichtungen in der Türkei, die auf die lokalen Vereine großen Einfluss nehmen und etwa bei der Zuteilung von Imamen oder Funktionären eine große Rolle spielen. In unserem Zusammenhang sind sie insofern von Bedeutung, als sie nicht nur einen formalen Rahmen für die religiösen Praktiken der Türkinnen und Türken bieten, sondern sich explizit der Weitergabe kultureller Traditionen verpflichtet sehen.

Neben den großen islamischen Verbänden gibt es auch in der türkischen Community zahlreiche Vereine und Organisationen, in deren Zentrum die Weitergabe und Bewahrung kultureller Traditionen steht. So bieten u. a. der Verein *Eurasya*, das *Ägäische Kulturzentrum,* aber auch das *Alevitische Kultur Zentrum* immer wieder spezielle Kurse vor allem für Jugendliche an. Das Gleiche gilt für die eine oder andere politische Organisation. Eine besondere Rolle kommt in diesem Zusammenhang den kurdischen Vereinen zu, die sich neben ihrer politischen Tätigkeit auch der Pflege der kurdischen Sprache und Kultur angenommen haben. Die Aktivitäten in Österreich werden im *Verband der Kurdischen Vereine in Österreich (Feykom)* bzw. im *Verein für Kultur und Information Kurdischer Angelegenheiten,* dem ehemaligen *Kurdischen Informationsbüro (KIB)*, das im 15. Bezirk auch ein Vereinslokal betreibt, koordiniert.

Interkultur

Die bislang vorgestellten Organisationen richten sich in erster Linie an die eigene Community, und die Kurse werden auch in hohem Maße von den Zuwanderern genutzt. Gerade aber das Angebot der zuletzt genannten Vereine der türkischen Community wie auch das einiger südasiatischer und chinesischer Organisationen steht ebenso Mitgliedern anderer Communities und insbesondere der Mehrheitsgesellschaft offen. Die Kurse der indischen Schule *Balakairali* etwa wurden explizit auch Österreicherinnen und Österreichern angeboten. In den chinesischen Schulen werden chinesische Sprachkurse und auch Kalligrafie oder Kampfkunst für die Mehrheitsgesellschaft angeboten.

Daneben gibt es aber eine Reihe von Vereinen, die sich sehr speziellen Formen der Kulturausübung verschrieben haben und ihre Tätigkeit vor allem als Instrument des Dialogs mit anderen Kulturen betrachten. Eine der herausragendsten Vereinigungen ist der vom türkischen Saz-Virtuosen Mansur Bildik gegründete und geleitete *Saz-Verein Wien*. Dieser seit Anfang der 1990er-Jahre bestehende Verein organisiert Saz-Unterricht, Workshops und Konzerte. Das vorrangige Ziel des Vereins ist die Pflege der anatolischen Langhalslaute Saz (Bağlama). Darüber hinaus geht es auch darum, Österreicherinnen und Österreichern einige Aspekte der türkischen Kultur näherzubringen. Unter den Schülerinnen und Schülern befinden sich sowohl Angehörige der türkischen Community als auch Musikinteressierte aus unterschiedlichen Herkunftsländern und aus Österreich. Untergebracht ist der Verein im Haus der Kulturinitiative Spittelberg im 7. Wiener Gemeindebezirk.

„Botschafter der Saz" – Mansur Bildik als Lehrer und Vermittler

Mansur Bildik wurde im Jahr 1949 in Tunceli in Ostanatolien geboren. Inspiriert durch seinen Vater schlug Bildik eine Karriere als Saz-Spieler ein. Bei der Saz handelt es sich um eine Langhalslaute, die im Kulturleben Anatoliens einen zentralen Stellenwert einnimmt. Mansur Bildiks Konzert-Tourneen führten ihn bereits in den 1970er-Jahren quer durch Europa, bis er 1980 in Wien landete: „In erster Linie war es also die Musik, die mich nach Österreich führte: Bei Konzerten wurde ich häufig von türkischen Musikliebhabern angesprochen, weil es damals in Wien noch einen Mangel an Saz-Spielern gab."[9] In seiner neuen Heimat verdiente Bildik zunächst seinen Lebensunterhalt, indem er auf türkischen Festen und in türkischen Lokalen spielte. 1984 begann er im Franz-Schubert-Konservatorium sowie an einer Volkshochschule Saz zu unterrichten. Seine Schülerinnen und Schüler waren am Anfang Kinder türkischer Einwanderer. Im Laufe der Zeit erfreute sich dieses anatolische Musikinstrument auch außerhalb der türkischen Community großer Beliebtheit. 1993 gründete Bildik gemeinsam mit türkischen und österreichischen Kunstliebhaberinnen und -liebhabern den *Saz-Verein Wien*, der Unterricht, Workshops und Konzerte organisiert.

9 Aus einem Vortrag von Mansur Bildik im Rahmen des Symposiums „Echo der Vielfalt. Musik aus der Türkei in der Welt" am 23./24. 11. 2007 an der Universität für Musik und darstellende Kunst Wien.

Als Lehrer legt Mansur Bildik nicht nur besonderen Wert auf die Vermittlung musikalischer Fertigkeiten, sondern auch auf außermusikalische Ziele wie Menschlichkeit, Respekt und Toleranz. Letztere zeigt sich insbesondere in Bildiks Bereitschaft zur innovativen Grenzüberschreitung über die traditionelle türkische Musik hinaus. Als „Botschafter der Saz", wie er häufig und gerne genannt wird, verschaffte Mansur Bildik nicht nur dem Instrument und der damit verbundenen musikalischen Tradition große Aufmerksamkeit, Anerkennung und Bekanntheit, sondern es gelang ihm auch, durch seine grenzüberschreitende Tätigkeit als Saz-Spieler und -Lehrer die Musikszene Wiens maßgeblich zu bereichern: Einige seiner Schüler wie zum Beispiel Hasan Öksüz mit seiner Band *Südbahnhof* nehmen einen wichtigen Platz in der österreichischen World-Music-Szene ein. Im Februar 2008 wurde Mansur Bildik das Goldene Verdienstzeichen des Landes Wien verliehen (siehe Abbildung auf Seite 121).

Während der *Saz-Verein* vor allem an volksmusikalische Traditionen anknüpft, ist der Verein *Makamhane* ausschließlich der türkischen Hofmusik verpflichtet. Der Vereinsname geht auf den Begriff „Makam" zurück. Eine bestimmte Makam wird theoretisch mit einem modalen Tonleitersystem assoziiert. Die Makam-Musik ist aber nicht nur ein Tonleitersystem, sondern auch die musikalische Umsetzung der Ästhetik Zentralasiens (vorwiegend des arabischen, persischen und türkischen Raums). Diese Art, Musik zu organisieren, weicht von jener des in Westeuropa bekannten temperierten Systems ab und klingt dadurch für abendländische Ohren fremd. Zu den Lehrerinnen und Lehrern zählt unter anderem Tassavuf Müziği, der sich um die Vermittlung mystisch-religiöser Musik aus der Türkei bemüht. Instrumentalunterricht (Ud, Ney, Rebab), Veranstaltungen zur Musiktheorie, Workshops, Konzerte, Vorträge, Kooperationen und Vernetzung sowie die Zusammenarbeit mit Universitäten sind die Schwerpunkte und Zielsetzungen des Vereins. Außerdem möchte der Verein ein Informationszentrum und eine Begegnungsstätte sein.

Speziellen musikalischen Traditionen ihres Herkunftslandes sind auch die folgenden Vereine der chinesischen Community verpflichtet, wenngleich bei ihnen der Schwerpunkt weniger auf der Lehre als vielmehr auf der Pflege und Aneignung dieser Traditionen liegt. Auch sie richten sich nicht nur an die eigenen Landsleute. Der *Verein Peking-Oper* wurde 1995 von Taiwanesinnen und Taiwanesen gegründet und vor zwei Jahren von Song Jian, einem Einwanderer aus Peking, übernommen (siehe Abbildung auf Seite 22). Die Mitglieder des Vereins treffen sich monatlich, um einzelne Stücke einzustudieren, und treten hin und wieder auch bei offiziellen Anlässen auf. Dies trifft auch auf den *Taiwan-Chor* zu, der großen Wert auf die Pflege traditioneller taiwanesischer Volkslieder, die oft im fukianesischen Dialekt gesungen werden, legt. Ein weiterer informeller Zusammenschluss von Musikliebhaberinnen und -liebhabern ist der traditionellen chinesischen Instrumentalmusik gewidmet. Dieses als *Wiener Künstlergruppe für traditionelle chinesische Musik* auftretende Ensemble spielt sowohl bei privaten

Feiern als auch im Rahmen öffentlicher Veranstaltungen. Je nach Anlass variiert die Besetzung: Erhu, ein Streichinstrument, und Dizi, eine Querflöte, sind als chinesische Standardinstrumente immer dabei, zuweilen besteht das Ensemble aber aus bis zu zehn Instrumentalisten.

Trotz aller Bemühungen um einen interkulturellen Dialog gewann die chinesische Kultur in der österreichischen Mehrheitsgesellschaft nie größere Popularität. Etwas anders erging es der indischen Kultur, die sich seit der Alternativbewegung der 1970er-Jahre im Westen einer gewissen Beliebtheit erfreute. Körper- und Meditationstechniken wie Yoga werden schon seit Jahrzehnten praktiziert. Mit dem Wellness-Boom der 1990er-Jahre stieg auch das Interesse an der traditionellen indischen Heil- und Ernährungslehre Ayurveda und an Vaastu, der indischen Lehre von der idealen Wohnkultur. Etwa seit 2004 führte die Popularisierung des Bollywood-Kinos – nicht zuletzt durch deutsch synchronisierte Versionen, die auf RTL 2 gesendet wurden – zu einer neuen Welle der Indien-Begeisterung. Hier folgte der deutsche Sprachraum einem von Großbritannien ausgehenden internationalen Trend. 2002 berichteten Medien ausführlich über den „indischen Sommer" in London, wo das Musical „Bombay Dreams" mit großem Erfolg im West End lief und alles Indische angesagt war. 2003 stürmte ein Bhangra-Remix des aus Coventry stammenden *Punjabi MC* auch in Österreich die Charts: Der Song „Mundian ton bach ke" war zwar bereits fünf Jahre vorher veröffentlicht worden, nun aber wurde er plötzlich auf Ö3, in Diskotheken und sogar in Kaufhäusern gespielt. Von dieser Indienwelle profitieren insbesondere jene Einrichtungen, die indischen Tanz unterrichten. Hier ist grundsätzlich zwischen klassischem Tanz und populären, filmisch inspirierten Formen zu unterscheiden.

Die Vermittlung klassischer indischer Tanztraditionen (dazu zählen insbesondere die Tanzstile Kathak, Bharatanatyam und Odissi) setzte in Wien bereits lange vor dem Bollywood-Boom ein, wurde aber von der Öffentlichkeit kaum wahrgenommen, im Gegensatz zu populären Tanzstilen, hinter denen gewaltige Kulturindustrien wie Bollywood oder die transnationale Bhangra-Industrie stehen. Klassische indische Tanztraditionen wurden (etwa am Universitätssportinstitut und im Rahmen von südasiatischen Kulturvereinen) schon seit den 1980er-Jahren vermittelt und mehrheitlich von Österreicherinnen, wohl auch von einigen Migrantinnen, praktiziert. Zu wichtigen Zentren des klassischen Tanzes wurden dann aber vor allem die *Indische Tanzschule für klassischen südindischen Tempeltanz Bharatanatyam* und *Natya Mandir.*

Dr. phil. Radha Anjali – Natya Mandir

Die wahrscheinlich erste Österreicherin, die eine klassische indische Tanzausbildung erhielt, ist unter ihrem indischen Tanznamen Radha Anjali bekannt. Seit ihrer Kindheit erhielt sie Unterricht in westlichem Ballett, aber auch in Modern Dance. 1978 wurde sie durch Kama Dev auf den indischen Tanz aufmerksam, den sie dann in Chennai (Südindien) bei Kama Dev, Kalanidhi Narayanan und Adyar K. Lakshman studierte. Ihre eigene Tanzschule *Natya Mandir* eröffnete sie im Dezember 1983 in Wien. Radha Anjali, die Kultur- und Sozialanthropologie studiert hat, betont, dass Indien-Aufenthalte für ein ernsthaftes Studium des indischen Tanzes unumgänglich seien, da der tänzerische Ausdruck eine Vertrautheit mit indischer Kultur voraussetze.

Das erste Soloprogramm einer Tänzerin wird in einem „Arangetram" genannten Ritual gefeiert. Im Zeitraum von 1988 bis 2007 gaben bereits 31 (mehrheitlich österreichische) Schülerinnen Radha Anjalis ihr Arangetram. Anlässlich dieser Zeremonie dürfen Künstlerinnen einen Tanznamen wählen. Auf dieser Ebene findet hier eine symbolische „Indisierung" statt, viele Tänzerinnen sind nur unter ihren indischen Tanznamen bekannt. Veranstaltungsorte waren das *Interkulttheater* (in den überwiegenden Fällen) und beispielsweise auch das *Theater des Augenblicks*, das Afro-Asiatische Institut und das *Natya Mandir Studio*, nachdem dort 1999 ein eigener Tanzsaal eingeweiht worden war. Einzelne Absolventinnen erteilen mittlerweile selbst Tanzunterricht. Aus diesem Kreis fortgeschrittener Schülerinnen setzt sich auch die *Natya Mandir Dance Company* zusammen.

Auch als Veranstalterin leistete Radha Anjali Pionierarbeit in Zusammenarbeit mit der *Österreichisch-Indischen Gesellschaft* (deren derzeitige Präsidentin sie ist): Seit 1990 organisiert sie die „Indischen Nächte", ein Kulturprogramm mit Musik und Tanz, das die ganze Nacht umfasst. Seit 1996 bemüht sie sich in ihren *Samgama-Tanzprojekten* um eine innovative Synthese unterschiedlicher Kulturen. Dabei löst sie sich von der strengen indischen Tradition und schafft eine moderne Interpretation indischer Tänze. Tanzkostüme und Schmuck werden schlichter gestaltet, um den Blick auf das Wesentliche zu lenken und zu verhindern, dass klassischer indischer Tanz als exotischer „Volkstanz" wahrgenommen wird. Das moderne Tanzerlebnis wird durch die nicht traditionelle Begleitmusik des gleichfalls 1996 gegründeten *Natya Mandir Music Ensembles (NMME)* unter der Leitung von Thomas Navratil verstärkt.

Von den Bollywood-Filmen geprägte Tanzformen – „Cinematic Dance" – spielten bei Kulturveranstaltungen der südasiatischen Einwanderercommunities stets eine große Rolle. Der Bollywood-Boom erzeugte seit 2004 eine große Nachfrage nach entsprechenden Tanzkursen, auf die auch Tanzstudios wie z. B. *Tanzstudio Funtastic* oder *Mänada,* Fitnessstudios und einige Wiener Volkshochschulen reagierten. So gibt es zurzeit bereits mehr Angebote für Bollywood-Tanz als für klassischen indischen Tanz. Den Ausgang für diesen Boom nahm nicht zuletzt die Etablierung einer regen migrantischen Clubbing- und Remix-Kultur in Großbritannien: In den 1990er-Jahren entstanden in Birmingham neue Formen hybrider britisch-asiatischer Jugendkultur: Bhangra- und Bollywood-Remixe, die für die Jugendlichen der südasiatischen Diaspora eine symbolische Auseinandersetzung mit der Kultur der Elterngeneration darstellten. Die britisch-asiatischen Clubbings lenkten die mediale Aufmerksamkeit erstmals auf eine asiatische Szene. Die „Desi Clubbings" wurden einerseits als ein Symbol des Selbstbewusstseins asiatischer Jugendlicher erkannt, anderseits aber als etwas Kurioses präsentiert, wobei der Aspekt überbetont wurde, dass derartige Veranstaltungen häufig an Nachmittagen stattfanden, um sie auch den Mädchen aus konservativen Familien zugänglich zu machen.[10] Diese migrantische Clubbing-Szene breitete sich innerhalb der weltweiten südasiatischen Diaspora aus und wurde z.B. nach New York, Vancouver und Toronto übertragen. Umgekehrt beeinflusste die Diaspora-Jugendkultur auch die südasiatischen Film- und Musikindustrien in Indien selbst nachhaltig.

In Wien entsteht aus der lokalen Rezeption der Jugendkultur der südasiatischen Diaspora ein nur noch eingeschränkt migrantisches Phänomen. Wohl gibt es Initiativen von Migrantinnen und Migranten: So organisierten schon zu Silvester 1993 indische Kaufleute eine Bhangra-Disco; oder Punjabi-Migranten veranstalteten zehn Jahre später eine „Diwali Nite", zu der sie den berühmten Bhangra-Star Jazzy B aus Vancouver einluden, mit dem sie den ursprünglichen Heimatort Nawanshahar teilen. Anderseits gelangt Kultur der südasiatischen Diaspora, „Desi Culture", nach Wien – auch als ein Bestandteil des kulturellen Mainstreams, ein allgemeines Element globalisierter Jugendkultur. Wegbereiter sind nicht nur indische Migrantinnen und Migranten, sondern auch Kosmopoliten wie Hans Kulisch, der sich als einer der Ersten in den 1990er-Jahren um eine lokale Vermarktung von „Desi Sounds" bemüht hat. Österreicherinnen gründeten mehrere Tanzgruppen, die regelmäßig bei indischen Kulturveranstaltungen auftreten und Tanzvideos produzieren. Sophie Fürnkranz leitet die *Indische Tanzgruppe Padma*, die stilistisch zwischen Folk Dance und Bollywood Dance angesiedelt ist. Elisabeth Lengheimer initiierte sowohl die *Ranjana Bollywood Dancers* als auch die Fusion-Tanzgruppe *Pagal Hai*, in der Deepak Prashar Bhangra-Tänze einbringt. Bhangra ist im Punjab üblicherweise ein Männertanz. Punjabi-Migranten gründeten auch in Wien Tanzgruppen wie die *Five Continents Bhangra Group* und die *Star Bhangra Group*. In der nicht indischen Tanzszene wird Bhangra vorwiegend von Frauen übernommen. Die Österreicherin Chandni gründete die Gruppe *Neelam*, die Geschwister Theresa und Katharina Perkonig treten zusammen als *Takanand* auf. Die österreichische Schauspielerin Babsy Artner nahm Tanzunterricht bei Neha Kapdi, drehte Tanzvideos und bemüht sich seit Jahren – inzwischen erfolgreich –, an einer echten Bollywood-Produktion mitzuwirken: 2008 wirkte sie im Film „London Dreams" mit Salman Khan und Ajay Devgan mit.

10 Dudrah (2007).

Neha Kapdi – Von der indischen Klassik zu Bollywood

Neha Kapdi wurde in Mumbai geboren. Ihre Mutter, eine begeisterte Tanzliebhaberin, weckte bereits sehr früh das Interesse am indischen Tanz. Im Alter von sechs Jahren begann Kapdi klassischen indischen Tanz (Kathak, eine erzählende Tanzsprache) und indischen Volkstanz zu lernen. Bereits ihre Aufführungen in der Schule begeisterten das Publikum. Durch ihren Schwiegervater Murlidhar Kapdi, einen bekannten Filmemacher in Indien, hat Neha Kapdi einen persönlichen Zugang zur indischen Filmindustrie. Doch dachte sie nie im Ernst daran, selbst in Filmen mitzuwirken. Nach ihrem Wirtschaftsstudium wanderte Kapdi mit ihrem Ehemann nach Österreich aus. Seit 1991 lebt sie in Wien.

Anfang der 1990er-Jahre war indischer Tanz in Österreich dem breiten Publikum noch weitgehend unbekannt. Erst mit der steigenden Popularität des Bollywood-Films in Europa fanden indische Musik und indischer Tanz einen Platz in der österreichischen Mainstream-Kulturszene. Dies ermöglichte Neha Kapdi, ihrer Tätigkeit als Tänzerin nachzugehen und ihr Talent zu entfalten. Seit dem Jahr 2000 unterrichtet die indische Migrantin indischen Tanz und nimmt österreichweit an Tanzprojekten teil. Sie gilt als eine beliebte Lehrerin des Kathak und des modernen indischen Tanzes und ist die Meisterin einiger junger Tänzerinnen und Tänzer der indischen Tanzszene in Österreich. In den letzten Jahren beschäftigt sich Neha Kapdi verstärkt mit dem Genre Bollywood-Tanz, das als Mix aus klassischen indischen Tänzen, Bauchtanz, Jazz, Rock 'n' Roll und Hip-Hop beschrieben werden könnte. Durch eine DVD wurde sie inspiriert, die sportliche Seite des Tanzes in speziellen Bollywood-Workout-Seminaren zu betonen. Im Jahr 2006 wurde Neha Kapdi von der indischen Botschaft in Wien im Rahmen der Jubiläumsveranstaltung „Zehn Jahre Balakairaly" für ihr künstlerisches Schaffen geehrt. Momentan nimmt Neha Kapdi an dem von Sandeep Kumar geleiteten englischsprachigen Filmprojekt „Kesariya Balam" im Bollywood-Stil teil. Sie ist nicht nur die Choreografin (neben ihr tanzen einige ihrer Schülerinnen sowie andere Tanzlehrerinnen mit), sondern spielt auch die Hauptrolle in diesem Spielfilm (siehe Abbildung auf Seite 180).

Einen gewissen Aufschwung, obwohl nicht in dem Maße wie der Tanzunterricht, erfuhren auch die Unterweisungen im Spiel der traditionellen Musikinstrumente Indiens. So unterrichtet etwa der Inder Jatinder Thakur am Afro-Asiatischen Institut Tabla, Sitar und indischen Gesang, Sita Subramaniam erteilt Veena-Unterricht in der Schule *Balakairaly*, und die Obfrau des Vereins *Ganesha*, Amita Lugger, unterrichtet Sitar. So wie beim Bollywood-Tanz finden sich auch in der indischen Musikszene verhältnismäßig viele Nicht-Inder – einige von ihnen erhielten Unterricht von Meistern in Indien wie z. B. der Amerikaner Daniel Bradley.

Er ist ein gesuchter Sitar-Spieler und Lehrer in reiner klassischer Hindustani-Tradition. Oder Alokesh und Rina Chandra, die den Verein *Alankara* (Verein zur Förderung klassischer indischer Musik) gründeten und klassische indische Musik lehren. Thomas Navratil (*Natya Mandir Music Ensemble*) und Christian Weiss sind Schüler von Jatinder Thakur. Beide erteilen selbst Tabla-Unterricht, Christian Weiss betreibt zudem die *Plattform für indische Musik und Tanz.*

Viele der in diesem Kapitel zur „Interkultur" vorgestellten Vereine und Kulturschaffende sind im akademischen Milieu angesiedelt und pflegen gute Kontakte zu Angehörigen von Universitätsinstituten. Auch diese spielen bei der Weitergabe kultureller Traditionen eine wichtige Rolle. Zu denken ist dabei nicht nur an die jeweiligen philologischen Institute wie das Institut für Orientalistik, das Institut für Südasien-, Tibet- und Buddhismuskunde und das Institut für Ostasienwissenschaften, sondern auch an das Konfuzius Institut[11] an der Universität Wien, das Institut für Europäische Ethnologie, wo sich einzelne Mitarbeiterinnen und Mitarbeiter schwerpunktmäßig mit der Kultur von Migrantinnen und Migranten befassen, das Institut für Volksmusikforschung und Ethnomusikologie der Universität für Musik und darstellende Kunst Wien, das neben der Erforschung europäischer und außereuropäischer Musikkulturen immer wieder spezielle Instrumentalkurse anbietet, sowie das schon erwähnte Universitätssportinstitut. In diesem Zusammenhang gilt es auch den Verein *Initiative Minderheiten* zu erwähnen, der an der Schnittstelle zwischen Wissenschaft, Politik und Kultur angesiedelt ist. Als Plattform verschiedener Minderheiten zielt er vor allem auf die Durchsetzung gesellschaftspolitischer Anliegen ab. Die Vermittlung der spezifischen Lebenswelten der Einwanderer zwischen Tradition und Moderne spielt dabei eine nicht unbedeutende Rolle.[12]

Feste feiern

Religiöse Feste

Religiöse Feste sind in den von uns untersuchten Migrantengemeinschaften von recht unterschiedlicher Bedeutung. Die Mehrzahl der chinesischen Einwanderer ist ohne Bekenntnis. Gleichwohl gibt es kleine katholische, evangelische, buddhistische und taoistische Gemeinden von Migrantinnen und Migranten aus China, Hongkong und Taiwan, die regelmäßig zu religiösen Zeremonien zusammenkommen und neu Zugewanderten Unterstützung anbieten. Zweifellos größeren Stellenwert haben religiöse Zusammenkünfte und Feiern in der türkischen Community. Im letzten Kapitel wurde bereits auf die Bedeutung der Moscheen als Orte

---

11 Am Tag der offenen Tür im September 2007 wurde etwa der *Verein Peking-Oper* eingeladen, um einige Musikstücke vor einem österreichischen Publikum aufzuführen.

12 Siehe dazu auch den Abschnitt *Massenmedial verbreiten.*

der Begegnung, des Lernens und der Geselligkeit hingewiesen. Die zahlreichen Moscheen und Gebetsräume in Wien bieten aber vor allem einen Rahmen für die liturgische Alltagspraxis und die Feiern im Jahreszyklus. Beim Freitagsgebet wie auch zu besonderen Anlässen wie der Kadir Gecesi[13] oder zu Mohammeds Geburtstag versammeln sich die Gläubigen in der Moschee, um den Koranrezitationen, den Gebeten und Predigten der Imame beizuwohnen. Zuweilen dürfen auch Schüler aus den Koranschulen ihr Können unter Beweis stellen und Ilahis vortragen. Die religiösen Feiern haben manchmal den Charakter konservativ-sunnitischer Großveranstaltungen. So lud etwa der von der türkischen Religionsbehörde finanzierte gemäßigte Dachverband *ATIB* im April 2008 zum „Kutlu Doğum Haftası" in die Wiener Stadthalle. Es handelte sich dabei um eine der größten Veranstaltungen der konservativ-sunnitischen Community in Wien. Neben Koranrezitationen und religiösen Musikvorführungen wurden dort auch Reden gehalten, die Fragen über Religion, Integrationsprobleme in Österreich und die Rolle der Sprache in der Integration zum Thema hatten. Das Publikum bestand vorwiegend aus Mitgliedern der türkischen Community, dennoch wurden alle Reden und Koranrezitationen auf der Leinwand ins Deutsche übersetzt. Dass diese Community auf die Ausbildung sehr viel Wert legt, war durch die große Anzahl an Ständen verschiedener Buchläden, Verlage und Schulen zu erkennen.

Neben den sunnitischen Zeremonien spielen in Wien aber auch die Feiern der alevitischen Gemeinde eine wichtige Rolle. Schätzungen der Community zufolge gehören rund zwanzig Prozent der in Wien lebenden türkischen Einwanderer der alevitischen Glaubensrichtung an. Alevitinnen und Aleviten zeichnen sich durch eine wesentlich größere Liberalität in ihrer religiösen Haltung aus. Sie wenden sich gegen eine strenge Auslegung des islamischen Gesetzes und vertreten eine explizit laizistische Islamauffassung. Die regionalen Akteure sind in der *Föderation der Alevitengemeinden in Österreich*, die auch ein eigenes Zentrum im 21. Bezirk betreibt (*Kulturverein der Aleviten in Wien*), zusammengeschlossen und unterhalten gute Kontakte zur europäischen Dachorganisation. Alevitinnen und Aleviten finden sich gelegentlich zu religiösen Zeremonien (Cem) zusammen. Der Leiter der Versammlungen, der Dede, trägt begleitet von der Langhalslaute Saz Hymnen und Gebete vor. Ein wichtiges Element dieses Ritus ist der mystische Reigentanz Semah, der von Frauen und Männern gemeinsam aufgeführt wird.[14] Cems spielen neben verschiedenen Jahresbräuchen wie etwa dem 1.-Mai-Fest oder dem Bayram[15] in der alevitischen Gemeinde eine wichtige integrative Rolle. Darüber hinaus sind sie aber auch ein Forum für Musik und Tanz, in dem in der regelmäßigen Ausübung kulturelle Kompetenzen vertieft werden können.

13 Bei dieser Feier wird jener Nacht gedacht, in der Mohammed den Koran empfing.

14 Sie dazu auch Kaplan (2004, 65ff.) und Hemetek, Sağlam und Bajrektarević (2006, 120ff.).

15 Bayram ist die Bezeichnung für religiöse Festtage des Islam.

Infolge der unterschiedlichen Herkunft der südasiatischen Einwanderer ist deren religiöses Leben viel stärker ausdifferenziert als in der vergleichsweise homogenen türkischen Community. Visitkarten indischer Unternehmer tragen meist auf der Vorderseite ein Devotionalienbild und auf der Rückseite einen Kalender, der die wichtigsten Feiertage von Hindus, Sikhs, Muslimen und Christen sowie die nationalen indischen Feiertage auflistet. Hierin ist auch ein Hinweis auf den Stellenwert dieser Feste für südasiatische Migrantinnen und Migranten zu erkennen. Grob kann zwischen vier unterschiedlichen religiösen Gruppierungen unterschieden werden, die aber selbst noch einmal in Untergruppen zerfallen: Sikhs aus dem indischen Punjab, Musliminnen und Muslime aus Pakistan und Bangladesch, christliche Keralesinnen und Keralesen, und Hindus aus allen Teilen Indiens und aus Nepal. Sikhs trafen einander anfangs in Privatwohnungen zum gemeinsamen Gebet, später wurde ein Kellerlokal angemietet. Als dieses zu klein wurde, eröffnete man 1993 einen Gurdwara, einen Sikh-Tempel, im 22. Bezirk. Zu diesem Zweck wurde auch ein Verein gegründet, *Gurdwara Nanaksar – Gemeinschaft geselliger Kreis zum Andenken Guru Nanak*. Der Tempel wurde inzwischen groß ausgebaut. Seit dem Jahr 2000 existiert ein weiterer Gurdwara im 12. Bezirk. Mit der Größe der Gemeinde wuchs auch die Zahl der Tempel. Die indischen Tempel in Wien folgen unterschiedlichen Traditionen, die mit differenter Kastenzugehörigkeit im Zusammenhang stehen. So geht auch der Anschlag auf den Tempel der Wiener Ravidassi-Community im Mai 2009, bei dem der indische Guru Ram Anand ermordet wurde, auf soziale Konflikte unterschiedlicher-Gruppierungen zurück. Für die Entscheidung, welchen Tempel jemand besucht, ist aber manchmal auch nur die verkehrsmäßige Erschließung beziehungsweise die räumliche Nähe zum Wohnort verantwortlich. Umgekehrt ist die Existenz religiöser Institutionen für zusätzlichen Zuzug im Umfeld verantwortlich und führt auch zur Ansiedlung weiterer Infrastruktur wie etwa Geschäfte. Dasselbe gilt für die pakistanischen Moscheen. Beispielsweise siedelten sich in der Nähe der Bilal-Moschee im 15. Bezirk pakistanische Geschäfte und ein Punjabi-Imbisslokal an.

Wie ganz allgemein zeigt sich auch im südasiatischen Islam die Anhängerschaft der Mystiker, der Sufis, besonders offen für Musik und Tanz, und hier entstand mit dem Qawwali eine Musikkultur, die mittlerweile auch in der World-Music-Szene bekannt ist.[16] Der prominenteste Vertreter des modernen Qawwali war der 1997 verstorbene Nusrat Fateh Ali Khan, dessen Musik auch in Hollywood-Filmen Verwendung fand. Es waren tolerante Sufi-Orden wie die Chishtiyya, die im 12. Jahrhundert mit der Einfachheit ihrer Lehre, der Schönheit ihrer Musik und Poesie und der ansteckenden Emotionalität ihrer religiösen Hingabe am stärksten zur Ausbreitung des Islam in Südasien beitrugen. Der Name Qawwali leitet sich vom arabischen „qawl“ ab, was „etwas sagen“ bedeutet. Es geht um die Vermittlung religiöser Botschaften durch Gesang. Als Instrumente sind Harmonium, Tabla und Dholak

16 Burckhardt Qureshi (1995), Frembgen (2008), Pannke und Friedrichs (1999).

verbreitet. Händeklatschen ist ebenso ein wichtiger Bestandteil der Rhythmusgruppe. Qawwali integrierte Prinzipien der klassischen indischen Musik und ist offen für Einflüsse aus der modernen Populärkultur. Die Qawwal genannten sufistischen Sänger entstammen traditionsreichen Musikerfamilien und sind professionelle Musiker. Diese überaus populäre Musik wird in den südasiatischen Communities in Wien gerne auch von Amateuren interpretiert.

Auch die Keralesinnen und Keralesen finden sich regelmäßig zu religiösen Feiern ein. Die ersten Malayalam-Gottesdienste wurden in der Kapelle im Afro-Asiatischen Institut und in der Votivkirche abgehalten. Mittlerweile finden monatlich Gottesdienste in Malayalam in mehreren Wiener Kirchen statt. Onam, das wichtigste Fest der Keralesinnen und Keralesen neben Weihnachten und Ostern, ist hinduistischen Ursprungs, wurde aber zu einem verbindenden Element aller Malayalis. Hier wird die Geschichte des mystischen Königs Mahabali theatralisch aufgeführt, wobei der Traum von einem Goldenen Zeitalter Keralas beschworen wird. Die Onam-Feste sind Veranstaltungen mit Livemusik, Tanz und Theater.

Die Situation der Hindus schließlich ist mit jener der Sikhs vergleichbar: Auch hier ist eine Entwicklung von privaten Zusammenkünften hin zur Schaffung einer formalen religiösen Infrastruktur festzustellen. Allerdings sind religiöse Versammlungen und kollektive Andachten nicht unbedingt zentrales Element im Alltag des traditionellen Hinduismus, der stärker individuell beziehungsweise in den Familien praktiziert wird. 1980 wurde im Afro-Asiatischen Institut im 9. Bezirk der erste Hindutempel eingerichtet, der gerade fünf Personen fassen konnte. Heute steht den Hindus in demselben Gebäude ein größerer Raum zur Verfügung. 1991 wurde die *Hindu Mandir Gesellschaft* gegründet, deren Ziel die Errichtung eines „richtigen" Hindu-Tempels in Wien ist. Sie stellt die Dachorganisation aller hinduistischen Organisationen in Österreich dar. Angestrebt wird ein eigenes Gebäude in indischer Tempelarchitektur, wenn möglich in Donaunähe. Anfangs trafen die Gläubigen einander in dem Kellerlokal eines bengalischen Kulturvereins in der Nähe des Naschmarkts, dann im Nebenraum eines Chinarestaurants im 7. Bezirk. Beide Orte wurden als Kompromisslösungen betrachtet, da dort nicht die erforderliche rituelle Reinheit gewährleistet war. Seit 1999 ist der Mandir in einem Wohnhaus im 8. Bezirk untergebracht.

In den religiösen Versammlungen von Hindus und auch von Sikhs spielt das Singen religiöser Lieder, Kirtan, eine zentrale Rolle. Im Zentrum des Sikh-Gottesdienstes stehen die Verehrung des heiligen Buches „Guru Granth Sahib" und die Lesung daraus. Als Hauptinstrument in der religiösen Musik findet heute das indische Harmonium Verwendung, in einem Hindu-Tempel auch ein Keyboard. Zur Begleitung werden bisweilen auch eine automatische elektronische Tabla und Tanpura eingesetzt. Die wichtigsten Elemente der hinduistischen Andacht sind Darshan, die Verehrung des göttlichen Bildes, des Anblicks der Gottheit, und das Singen von Bhajans, religiösen Hymnen. Der aus Kolkata (früher: Kalkutta) stammende Niranjan Das ist neben seinem Hauptberuf als Grafiker der Hauptsänger im Tempel im 8. Bezirk, war jahrelang der Kulturreferent des Tempels und besitzt Diplome in Kunst und „Light Classical Vocal Music". Niranjan Das nahm auch in Indien Tonträger mit professionellen Studiomusikern auf. Vor allem die CD mit seinen Hindi-Bhajans, „Meera Chali Brijdhaam" (2003), ist sehr beliebt und wird in indischen Läden vertrieben.

In den 1980er-Jahren waren indische Veranstaltungen noch ein Geheimtipp, heute streben Inderinnen und Inder immer mehr von der Peripherie in das Zentrum der Aufmerksamkeit. Südasiatische Feste präsentieren sich als medienfreundliche Großveranstaltungen. Österreicherinnen und Österreicher wie auch Angehörige anderer migrantischer Communities sind gern gesehene Gäste – und sogar zunehmend auf der Bühne vertreten. Zu einem festen Bestandteil des Wiener Kulturlebens wurden mittlerweile die beiden großen Jahresfeste der Inder. Diwali, das Lichterfest im November, wird seit einigen Jahren von der *Hindu Mandir Gesellschaft* in der Lugner City ausgerichtet. Im Frühjahr findet ebenfalls in der Lugner City das große Vaisakhi-Fest, ein Punjabi-Frühlingsfest, statt. Dieses wird vom *Indischen Kulturverein* (*ICAV – Indian Cultural Association Vienna*) organisiert.

Das Einkaufszentrum als Veranstaltungsort für das indische Jahresfest Diwali

Das größte Hindu-Fest in Wien ist Diwali, das Lichterfest im November, das auch gerne mit Weihnachten verglichen wird, weil viele Lampen angezündet werden. Es ist gleichzeitig ein Neujahrsfest. Verehrt wird insbesondere Lakshmi, die Göttin des Wohlstands und des Reichtums. Für ein Fest mit engem Bezug zum Wirtschaftleben ist ein moderner Konsumtempel durchaus ein passender Ort. Diese Andacht entspricht dem Streben der Migrantinnen und Migranten, die in den Westen aufgebrochen sind, um am Wohlstand des Westens teilzuhaben, aber auch selbst zu dessen Mehrung beizutragen. Dahinter steht nicht so sehr individuelles Profitstreben, denn der ökonomische Erfolg ist mit Verpflichtungen gegenüber der Verwandtschaft in der Heimat verbunden. Ein weiteres Motiv des Diwali ist die Rückkehr des Gottes Ram aus seiner vierzehnjährigen Verbannung – ein Schicksal, mit dem sich gerade Migrantinnen und Migranten identifizieren können. Die von der *Hindu Mandir Gesellschaft* organisierte Veranstaltung anlässlich des Diwali-Festes findet seit einigen Jahren in der Lugner City statt und ist einfach ein Großereignis für alle Südasiatinnen und -asiaten, an dem sich nicht nur Hindus beteiligen. Bei dieser Bühnenveranstaltung werden vorwiegend (aber nicht ausschließlich) indische Tänze – vom klassischen Bharatnatyam über Bhangra bis Bollywood – und auch Livemusik aufgeführt. Die Hindu-Gemeinde singt meist einige religiöse Hymnen (Bhajans), begleitet vom Harmonium und von indischen Perkussionsinstrumenten. Auch Mitglieder der *ISKCON (International Society of Ksna-Consciousness)* tragen mit religiöser Musik zu diesem Fest bei. Abgesehen von kurzen Ansprachen und Gebeten steht die Religion bei dieser

Veranstaltung jedoch eher im Hintergrund. Vorrangig ist hier der Unterhaltungsaspekt, eine rein religiöse Feier wird im Tempel abgehalten. Meist wird zu Playback-Musik gesungen, um die technischen Umbaupausen zu verkürzen. Im Parterre des Einkaufszentrums sind Stühle aufgestellt. Das Publikum fluktuiert sehr stark. Weitere Attraktionen sind das Buffet und die Tombola. Bei Diwali-Feiern in Indien werden wie bei uns zu Neujahr Feuerwerkskörper entzündet. Hier symbolisiert ein Leuchter das Lichterfest.

Ähnliche auf den Jahreszyklus bezogene Feste gibt es natürlich in allen Communities, auch wenn Religion sonst kaum eine Rolle spielt: Vor allem den Feiern zum Jahresbeginn wird als Ausdruck einer kollektiven Identität von vielen Einwanderergemeinschaften eine große Bedeutung beigemessen. Das Newroz-Fest der Kurden am 20. oder 21. März, das eher von linksstehenden Organisationen ausgerichtet wird und der Artikulation politischer Anliegen durch Musik, Tanz und Reden dient, wie auch das chinesische Neujahrsfest, das im Jänner oder Februar stattfindet, haben häufig den Charakter großer, medienwirksamer Spektakel, die nicht nur von den Leuten aus der jeweiligen Gruppe besucht werden.[17]

Lebensbräuche

Anlässe zum mehr oder weniger ausgelassenen Feiern gibt es im Laufe des Lebens genug. So auch in den drei von uns untersuchten Einwanderergemeinschaften. Geburtstage und Hochzeiten werden von allen in der einen oder anderen Art gefeiert. Dazu kommen noch communityspezifische Bräuche wie etwa die Beschneidungsfeste, das erste Turbantragen bei Sikh-Knaben oder die türkischen Hennanächte[18]. Da viele dieser Feiern in privatem Rahmen stattfinden, wurden sie in unserer Untersuchung nur am Rande berücksichtigt. Musik und Tänze spielen dabei eine zentrale Rolle, sie werden aber in der Regel nicht nur von professionellen Ensembles dargeboten, sondern auch von den feiernden Amateuren selbst. Gerade in der türkischen Community entwickelte sich allerdings um diese Feste herum eine regelrechte Industrie, die einen wichtigen Bestandteil der migrantischen Kreativwirtschaft darstellt. Als Anbieter treten insbesondere kommerzielle Hochzeitssaalbetreiberinnen und -betreiber auf.

Diese Feste sind zwischen Tradition und Unterhaltung angesiedelt. Dementsprechend gemischt ist auch das kulturelle Angebot in diesem Rahmen, das in der

---

17 Siehe dazu den Abschnitt *Kultur auf- und vorführen*.

18 Hennanacht ist die Bezeichnung für die Nacht vor der Hochzeit. In der Nacht vor dem großen Fest versammeln sich traditionell die weiblichen Verwandten und Freundinnen im Haus der Braut, um sich von ihr zu verabschieden. (In der Diaspora wird dieses Fest in den Hochzeitsälen gefeiert.) Dabei wird mit Wasser geknetete Henna auf einem mit Kerzen geschmückten Tablett gereicht und unter den Gästen und der Braut verteilt, weshalb dieses Fest als Hennanacht bezeichnet wird.

Regel von professionellen Ensembles vorgetragen wird. Hennanächte, Hochzeiten und Beschneidungsfeste sind in Ablauf und Rahmenprogramm sehr ähnlich. Eine zentrale Rolle spielen dabei sogenannte Davul-Zurna-Ensembles – eine Kombination aus der großen Trommel Davul und Zurna, einer Schalmei bzw. türkischen Oboenart –, zu deren Klängen stundenlang Halay, der beliebte anatolische Reigen, getanzt wird.[19] Zusätzlich kommen aber auch „moderne" Gruppen zum Einsatz, die in der Regel Gesang mit Keyboard, Schlagzeug und Elektrosaz kombinieren und eine Mischung aus traditionellen Volksliedern, der türkisch-orientalischen Arabesk-Schlagermusik und zuweilen auch Pop spielen. Die Feste konservativer Sunniten sind in der Regel deutlich weniger ausgelassen. Sie integrieren viel stärker Elemente der islamischen Liturgie, Gebete, geistliche Gesänge und Reden von Imamen, während Musik und Tanz eine untergeordnete Rolle spielen.

Organisiert werden diese Feste häufig von professionellen Veranstalterinnen und Veranstaltern. So bietet etwa der *Kulturverein der Aleviten* in Wien mit dem Hochzeitssaal *Mozaik Düğün Salonu* nicht nur religiöse Zeremonien, sondern auch einen Rahmen für diverse Feste der Aleviten. Ein eigenes Ensemble, die *Group Eflatun*, steht für die musikalische Untermalung der Feiern zur Verfügung. Daneben kümmern sich mittlerweile fast zehn kommerzielle Hochzeitssaalbetreiberinnen und -betreiber um die professionelle Abwicklung von Hochzeiten und anderen Feiern. Sie stellen nicht nur die Räumlichkeiten, die bis zu 3.000 Gäste fassen, zur Verfügung, sondern sorgen auch für das Catering und das musikalische Rahmenprogramm. Interessanterweise wird dieses Angebot nicht nur von türkischen Einwanderern genutzt, sondern zunehmend auch von Migrantinnen und Migranten aus dem ehemaligen Jugoslawien, von den Philippinen oder aus Korea, wie uns von den Betreibern berichtet wurde. Angesiedelt sind diese Einrichtungen in der unwirtlichen Peripherie Wiens, da die Kosten für Immobilien dort deutlich geringer sind als in den inneren Bezirken. Ein Beispiel für einen typischen Hochzeitssaal ist der *Dilan Düğün Sarayı*, der im Jahr 1999 von Fatima Mecit und ihrem mittlerweile verstorbenen Ehemann Hasan Mecit adaptiert wurde. Der *Dilan Düğün Sarayı* befindet sich im 11. Bezirk, am südöstlichen Stadtrand Wiens. Organisiert werden durchschnittlich drei bis vier Veranstaltungen pro Woche, darunter Hochzeiten, Beschneidungen und Hennanächte, bei denen auch für leibliches Wohl und musikalische Unterhaltung gesorgt wird. Die übrigen von Migrantinnen und Migranten aus der Türkei betriebenen Hochzeitsäle entsprechen in ihrem Angebot in etwa diesem Konzept. Die *Taj Banquet Hall* im 22. Bezirk ist ein vergleichbarer Betrieb, der sich an die südasiatischen Communities richtet.

Im Lebenslauf der (vor allem männlichen) Hindus gibt es zahlreiche Übergangsriten, die auch in Wien in Familienfesten begangen werden. Die wichtigsten Rituale werden hingegen nach wie vor bevorzugt im Herkunftsland gefeiert, wie zum Beispiel das erste Turbantragen bei Sikh-Knaben oder auch südasiatische

19 Siehe dazu auch Hemetek, Sağlam und Bajrektarević (2006, 134ff.).

Hochzeiten generell. Ananda, ein Keyboard-Spieler aus Sri Lanka, warb im Rahmen indischer Veranstaltungen mit Flugblättern für seine „indische Musik bei Partys, Geburtstagsfeiern und Hochzeiten". Übergangsriten der südasiatischen Communities besitzen hier in Wien jedoch keine große ökonomische Bedeutung, auch für kreative Unternehmen. Dagegen besteht in Großbritannien ein florierender Markt für DJs und Wedding Brass Bands, die auf asiatische Hochzeiten spezialisiert sind.

Raum für Partys: Diskotheken, Karaoke-Bars, Clubs und Clubbings

Die kulturellen Praktiken mögen zu einem großen Teil an den Traditionen des Herkunftslandes orientiert sein. Nichtsdestotrotz spielen insbesondere in den jungen, erlebnisorientierten Einwanderermilieus der zweiten und dritten Generation Partys eine bedeutende Rolle. Die Orte, die ihnen dabei zur Verfügung stehen, werden oft fast ausschließlich von Leuten aus der jeweiligen Community genutzt. Diese weichen nicht zuletzt auch deshalb auf diese „Ghettoangebote" aus, weil ihnen der Zutritt zu Einrichtungen der österreichischen Mehrheitsgesellschaft manchmal verwehrt bleibt.[20] Allenthalben finden sich in diesem Segment aber auch Angebote, bei denen die Grenzen zwischen den Communities überschritten werden. Clubs und Lokale wie das *Café Berfin*, die *Music Lounge* oder das *Kaunitz* werden auch von Österreicherinnen und Österreichern genutzt. Davon später noch mehr.

Der Besuch diverser türkischer Clubbings und Disconächte zählt zu den beliebtesten Freizeitaktivitäten der sogenannten zweiten Generation türkischer Einwanderer. [21] Zum Zeitpunkt unserer Untersuchung wurden in Wien zwei türkische Großdiskotheken betrieben. Daneben existieren einige kleinere Lokale, in denen ebenfalls regelmäßig Livemusik gespielt wird. Zu ihnen zählen das *Orange* im 10., die *Ezgi-Bar* im 20., das *Derwisch* und das *Etap* im 16. Bezirk. Die bislang größte austrotürkische Diskothek war das *Pasha*, das jedoch seit Herbst 2008 geschlossen ist. Das an einer Ausfahrtsstraße im 23. Wiener Bezirk gelegene Lokal fasste bis zu 3.000 Besucherinnen und Besucher und war ein wichtiger Treffpunkt der zweiten Generation. Etwas kleiner und im Preis moderater ist die Disco *Oxyd* im 10. Bezirk, die ihre Clubbings seit 2008 im 1. Bezirk in der Biberstraße 8 veranstaltet. Der ursprüngliche Veranstaltungsort im 10. Bezirk existiert unter dem Club-Namen *Moody* weiter. Die Betreiber all dieser Diskotheken treten auch als Veranstalter auf und bringen regelmäßig türkische und türkisch-deutsche Sängerinnen und Sänger nach Wien.[22] Sie bieten zudem türkischen DJs Einkunftsmöglichkeiten. Neben amerikanischem und türkischem Hip-Hop, Popmusik,

20 Vgl. http://www.zara.or.at/presse/presseaussendungen/pressetexte/2005-03-report.pdf

21 Einen Überblick über türkische Clubs bietet die Internet-Plattform http://www.cingene.at, http://www.clubbodrum.at.

22 Siehe dazu den Abschnitt *Kultur vor- und aufführen.*

R'n'B, Arabesk und Electronic findet man auch Volkslieder aus Anatolien, die von den szenebekannten Musikern DJ Silver, DJ Ege, DJ Sky oder DJ Silo neu abgemischt wurden. DJ Silver ist einer der momentan bekanntesten DJs in türkischen Discos in Wien. Mittlerweile arbeitet er nicht nur in Wiener Discos (wie *Oxyd, Moody, Nachtwerk*), sondern auch in Discos in Deutschland und in der Türkei. Er ist in Österreich geboren und zweisprachig aufgewachsen. Seine Laufbahn als DJ begann erst in den Balkan-Discos in Wien, in denen er bis heute auflegt. Auf seinem Plattenteller sind vorwiegend türkische Popmusik, Hip-Hop, Electronic, Arabesk und türkische Volkslieder zu finden. Die genannten Diskotheken werden fast ausschließlich von der zweiten Generation der Einwanderer, meist Kindern sogenannter Gastarbeiter, genutzt, der Altersdurchschnitt liegt zwischen 16 und 25 Jahren. Sowohl die jungen Männer als auch die Frauen sind modern und gepflegt gekleidet. Die Jugendlichen haben die Kultur und Sprache ihrer Eltern nur mangelhaft erlernt, den Volkstanz jedoch können alle sehr gut tanzen, weshalb er für diese Generation ein wichtiges Identitätsmerkmal darstellt.

Dass es sich bei Diskotheken durchaus um riskante Unternehmungen handelt, bezeugt die Tatsache, dass sie relativ häufig den Eigentümer wechseln, den Namen ändern oder gar von heute auf morgen den Betrieb einstellen. Diesbezüglich gibt es Parallelen zu den Karaoke-Bars der Chinesinnen und Chinesen, die zwar wesentlich kleiner sind als die Diskotheken in der türkischen Community, aber ebenso flüchtig und unbeständig. Karaoke-Bars, die oft als Teil eines Chinarestaurants betrieben werden, haben in der chinesischen Community den gleichen Stellenwert wie Diskotheken in der türkischen. Karaoke-Singen ist eine der wenigen populären Unterhaltungsformen von Chinesinnen und Chinesen. Manche Familien haben zu Hause ihre eigene Karaoke-Anlage und laden oft Freunde zum privaten Karaoke-Abend ein. Im Jahr 2005 gab es sogar einen vom *Chinesischen Kulturverein in Österreich* veranstalteten Karaoke-Wettbewerb für chinesische Migrantinnen und Migranten. In Wien gibt es zurzeit vier oder fünf Karaoke-Bars, die vorwiegend chinesische Besucherinnen und Besucher als Zielgruppe ansprechen, wie zum Beispiel die Karaoke-Bar *Tian Shang Ren Jian* im 7. Bezirk. Ein paar andere richten sich in erster Linie an österreichisches Publikum, wie etwa das Bar-Restaurant *Mai Kai* in der Lugner City oder auch die *Soho Karaoke & Cocktailbar* in der Millennium City. Die Chinesinnen und Chinesen gehen in Karaoke-Bars, um sich zu unterhalten und Beziehungen zu knüpfen, aber auch um einen Geburtstag zu feiern. Die Bandbreite der gesungenen Lieder reicht von Mandarin-Oldies aus den 1960er- und 1970er-Jahren bis zu den aktuellen Popsongs. Ein Beispiel ist einer der beliebtesten Mandarin-Popsongs der 1970er-Jahre, „The Moon Represents My Heart" von Teresa Tang aus Taiwan, der mehrmals von späteren Sängerinnen und Sängern neu interpretiert wurde. Außer Mandarin-Liedern werden gelegentlich auch Lieder auf Kantonesisch und Fukienesisch gesungen, wie zum Beispiel der unvergängliche Kanton-Schlager „Thousands of Songs" von Priscilla Chan aus Hongkong.

Auch in den südasiatischen Communities konnten sich im Laufe der Jahre einige Lokale als Orte für Partys etablieren, die fast ausschließlich von Mitgliedern dieser Einwanderergruppen besucht werden. Doch grundsätzlich sind diese Lokale offen für alle Menschen. Beispielsweise finden in den Restaurants *Namasthe* im 7. Bezirk und *Sargam* im 4. Bezirk ab und zu Zusammenkünfte indischer Amateurmusikerinnen und -musiker statt, die unter dem Motto „Old is Gold" bevorzugt alte Filmsongs interpretieren. Fast ausschließlich Migrantinnen und Migranten kommen jedoch in den Tempeln zusammen. Die Gastronomie hat gewöhnlich die Mehrheitsgesellschaft als Zielpublikum. *Summerstation*, ein indisches Restaurant auf der Donauinsel, bietet Vorführungen indischer Filme und entsprechende Tanzdarbietungen sowie Bollywood- und Goa-Clubbings an. Ein nepalesisches „Kulturlokal" ist z. B. das Restaurant *Yak & Yeti*. Dort finden auch Konzerte und Feste der Community statt, das Publikum ist aber immer sehr gemischt. Indische Partys werden nicht nur in indischen Restaurants, sondern ebenso in Pizzerias mit indischen Inhabern und in Chinarestaurants der aus Indien stammenden Chinesen abgehalten.

Mit dem Bollywood-Boom entstand auch jenseits der Community eine beträchtliche Nachfrage nach indischer Popkultur, die zum einen zu einer Öffnung der bereits bestehenden, zum anderen jedoch auch zur Etablierung einer Reihe neuer Angebote führte. Interessanterweise ging die Initiative oft von Österreicherinnen und Österreichern aus, was nicht heißt, dass sich die Veranstaltungen nicht auch unter den Einwanderern großer Beliebtheit erfreuen. Hans Kulisch war zusammen mit Tom Koch in Wien bereits in den 1990er-Jahren der Pionier der Desi-Clubbing-Szene. Auch die ersten Bollywood-Remix-CDs wurden von den Österreichern Kulisch und Vana aufgenommen. Als Veranstalterin von Bollywood-Clubbings sowie Betreiberin der österreichischen Bollywood-Plattform *chandni.at* hat sich die aus Wien stammende Tänzerin Chandni in dieser Szene einen Namen gemacht.

Eine nicht rein „indische" Angelegenheit: Veranstaltung von Bollywood-Clubbings in Wien

Hans Kulisch initiierte 1993 in Wien indische Clubbings unter dem Namen „Delhi Delights" (Veranstaltungsort war meist das Lokal *Wirr* in der Burggasse). Auch in anderen Clubs und Lokalen wie *B.A.C.H.*, *Flex* und *Ra'mien* führte er als DJ Kulisch Bhangra- und Bollywood-Remixe ein, wobei er meist bewusst darauf verzichtete, ausschließlich indisches Repertoire zu spielen, um das Publikum nicht zu „überfordern". Umgekehrt fühlte er sich oft durch die Punjabi-Szene unter Druck gesetzt, die nur noch Bhangra hören wollte. 2005 begannen österreichische Studierende mit der Organisation von Bollywood-Clubbings, zuerst unter dem Titel „Pure Bollywood". In den Jahren 2005 bis 2007 erreichten derartige Veranstaltungen einen Höhepunkt. Erste Veranstaltungsorte waren die Passagengalerie beim Künstlerhaus und das orientalische Restaurant *Aux Gazelles* im 6. Bezirk. Später etablierte sich der *Ost Klub* im 4. Bezirk zu einer beliebten Location. Am 21. 3. 2008 fand die „Bollynight" – laut Selbstbeschreibung „Austria's Biggest Bollywood Party" – in der Cocktail Bar *The Office* im 1. Bezirk statt.

Indische Veranstalter sind Satish Gandhi, Betreiber einer Videothek und Bollywood-Mode-Boutique, und Nithin Thomas, hauptberuflich in der Werbebranche tätig, nebenbei Partymanager und Organisator der „Bollywoodnight". Die Veranstalterinnen und Veranstalter von Bollywood-Clubbings sind jedoch in der Mehrheit Österreicherinnen und Österreicher. Österreichische Veranstalterinnen wie Chandni begreifen die Akzeptanz durch indisches Publikum aber als einen Beweis ihrer „Authentizität". Aus der indischen Community besuchen fast nur Männer diese Clubbings, beim österreichischen Publikum und den anderen migrantischen Communities sind die Frauen in der Mehrheit. Frauen, die in indischer Kleidung erscheinen, bekommen ermäßigten Eintritt und ein Willkommensgeschenk. Mit Männern in indischer Kleidung wird eigentlich gar nicht gerechnet. Viele Europäerinnen tragen Bindis (Schmuck, der auf die Stirn geklebt wird), einige die Hosen-Tunika-Kombination Shalwar Kameez und sogar Sari. Die Räumlichkeiten sind mit Filmplakaten, Postern indischer Stars und manchmal auch mit hinduistischen Devotionalienbildern dekoriert. Räucherstäbchen und indische Imbisse, manchmal auch die indischen Billigzigaretten Beedis, sorgen für „indische Atmosphäre". Beliebt sind Projektionen von Bollywood-Tanzszenen – allerdings wird hier das Visuelle vom Akustischen entkoppelt, denn gleichzeitig spielen die DJs andere Musik – original Filmmusik oder Bollywood-Remixe, ebenfalls beliebt ist Bhangra.

Nicht nur das südasiatische Clubangebot öffnet sich gegenüber der einheimischen Mehrheitsbevölkerung, auch in der chinesischen und türkischen Community finden sich zunehmend Anbieter, die mit „Ethnopop" explizit auch Mitglieder der Mehrheitsgesellschaft ansprechen. Asiatische Trendlokale wie etwa das *Ra'mien* oder das *On* bieten nicht nur ein exzellentes asiatische Essen, sondern auch zuweilen spezielle DJ-Lines, bei der manchmal auch chinesische Popmusik zu hören ist. Diese Lokale werden von der zweiten Generation chinesischer Einwanderer geführt und wenden sich an ein interethnisches, junges, urbanes Publikum. Die zum gleichnamigen Restaurant gehörende *Ra'mien Bar* bietet zwar nicht ständig chinesische Musik an, aber ein chinesisches Ambiente mit Buddhastatue, roten Laternen und chinesischen Möbelstücken. In der Bar werden regelmäßig Chinaabende mit der aus Peking stammenden und als DJ tätigen Künstlerin Pinie Wang veranstaltet. Darüber hinaus wurde die WU-Absolventin im Rahmen der Ausstellung „China – Facing Reality" im Mumok 2007 für DJ-Lines engagiert, wofür sie mit der Compilation „China WearHouse Pop" eine Auswahl chinesischer elektronischer Musik zusammenstellte. Zu erwähnen ist schließlich auch der aus Hongkong stammende und in Manchester aufgewachsene Musiker Michael Ho, der als DJ Beware nicht nur durch seine Tätigkeit beim Radiosender FM4 bekannt ist, sondern darüber hinaus einen festen Platz in der internationalen DJ-Szene eingenommen hat.

In der Wiener DJ-Szene ist aber auch eine Reihe von Musikern mit türkischem Migrationshintergrund zu finden. Interessanterweise ist zu beobachten, dass viele von diesen nicht der zweiten Generation zuzurechnen sind, sondern zum Studieren nach Wien kamen. Erst hier in Wien trafen sie die Entscheidung, eine Karriere als DJ anzustreben. DJ Melih und DJ Yusuf Sümbültepe sind zwei der wichtigsten Namen in dieser Szene.

DJ Melih lebt seit über 25 Jahren in Wien. Zurzeit führt er ein Lokal namens *Music Lounge* im 6. Bezirk. Mit seinem Konzept und seiner Musik spricht er sowohl die mittlere und obere Schicht der türkischen Zuwanderinnen und Zuwanderer als auch Österreicherinnen und Österreicher dieser Milieus an. Im Lokal selbst wird vorwiegend Jazz, Blues, World Music (gemeint sind damit diverse Musikarten u. a. aus Griechenland, der Türkei, Lateinamerika oder Afrika) und Popmusik gespielt. Yusuf Sümbültepe geht seinem Beruf als DJ in unterschiedlichen Lokalitäten nach wie z. B. im *Café Leopold,* im *Café Berfin* und im *Café Europa.* Mit seinem Projekt „camelange arabian funk – Turkish Soul" hat er bereits ein beachtliches Stammpublikum jenseits ethnischer Grenzen für sich gewinnen können.

Nicht selten findet ein solches Musikschaffen an der Schnittstelle zwischen Kunst und Exotismus statt. Denn die Vermarktung stellt häufig eine Gratwanderung zwischen künstlerischer Darbietung und ethnischer Etikettierung dar. Zwar vermag diese Nische vielen Musikerinnen und Musikern mit Migrationshintergrund als gute Möglichkeit dienen, ihre Produkte zu präsentieren und zu verkaufen; auf der anderen Seite gibt es Kulturschaffende, die sich dadurch diskriminiert fühlen, weil sie nicht wegen der Qualität der Musik, sondern (nur) aufgrund ihrer ethnischen Herkunft beachtet und geschätzt werden. Zu erwähnen ist in diesem Zusammenhang das Elektronik-Pop-Trio *Coup de Bam*, das in seiner Präsentations- und Vermarktungsstrategie Hinweise auf die Herkunft seiner Mitglieder vermeidet und immer wieder die Etikettierung seiner Musik als „ethnische Popularmusik" scharf kritisiert.

Qualität statt Ethnokitsch: Die Musikgruppe Coup de Bam

Coup de Bam ist der Name einer Band, die sich vor einigen Jahren einen wichtigen Platz in der österreichischen Musikszene verschafft hat. Zwei Musiker dieser Gruppe stammen ursprünglich aus der Türkei: Metin Yılmaz und Özden Öksüz (der dritte, Wilko Gorinay, stammt aus Kroatien). Die Debüt-CD „Coup de Bam" wurde 2005 beim Label *Couch Records* veröffentlicht. Alle drei Künstler leben seit ihrer Kindheit in Wien. Die Musik von *Coup de Bam* kann als „Elektronik mit orientalischem Touch" definiert werden. Ein gezielter Multikulturalismus ist kein zentrales Vorhaben der Musiker. Sie beschreiben ihre Vorstellungen hinsichtlich Musik im folgenden Zitat sehr klar: „Wir sind also nicht zusammengekommen, um eine gute Mischung, sondern um gute Musik zu machen."[23] Diese in Wien sozialisierten Musiker wollen, dass man ihre Musik nicht als Musik von Einwanderern oder als etwas Exotisches wahrnimmt. Özden Öksüz meint dazu, dass in der Musik von *Coup de Bam* Einflüsse von tausendundeiner Kultur zusammenkommen, aber niemand brauche ein Foto von einer Darbuka oder Bilder von „Gastarbeitermusikern", um diese Mischung zu erkennen. Die Musiker wollen so vermeiden, dass ihre Musik als „Ethnokitsch" vermarktet wird. Sie gehören zur zweiten Generation der in Wien lebenden Migrantinnen und Migranten und haben eine neue musikalische Sprache entwickelt, die sie jenseits der gängigen Klischees präsentieren.

Kultur vor- und aufführen

Musik in bürgerlichem Rahmen

Alle bisher genannten Einrichtungen, Vereine und Unternehmen treten in der einen oder anderen Form auch als Veranstalter von Konzerten, Theateraufführungen oder Tanzperformances auf. Einige werden auch in diesem Kapitel noch einmal Erwähnung finden, wobei es hier nun ausschließlich um ein live dargebotenes Angebot geht, das öffentlich zugänglich ist und dessen Zweck einzig und allein das Vor- und Aufführen von Kultur ist. Inhalt und Kontext dieser Veranstaltungen variieren beträchtlich. Während etwa die chinesischen Neujahrskonzerte im bürgerlichen Ambiente des Musikvereins stattfinden, das eine kontemplative und konzentrierte Rezeptionsform nahelegt, haben die Konzerte populärer türkischer Musikerinnen und Musikern, die häufig in Hochzeitssälen auftreten, eher den Charakter von Volksfesten, bei denen die Aufmerksamkeit mehr den kulinarischen Genüssen als den Auftretenden gilt. Dazwischen gibt es eine Vielfalt von Angeboten, die entweder still und andächtig oder aber recht ausgelassen und körperbetont rezipiert werden. Das erste chinesische Konzert im Musikverein fand im Jahr 1998 als „Chinesisches Neujahrskonzert" statt. Organisiert wurde diese Veranstaltung von der transnational agierenden Agentur *Wu Promotion*; die Patronanz übernahm der damalige Wiener Bürgermeister Helmut Zilk. Seither wurden diese Veranstaltungen nicht nur zu einem Fixpunkt des Wiener Kulturlebens, sondern auch zu einem transnationalen Symbol der hohen chinesischen Kultur und des chinesischen Stolzes. Seit dem ersten großen Erfolg im Jahr 1998 wird der Goldene Saal in den Medien in China als der heilige Tempel für Musik verkauft und auch als jene Plattform dargestellt, wo die Renaissance der chine-

23 „Wiener Zeitung", 14. Januar 2006.

sischen traditionellen Musik und deren Auftritt auf der Weltbühne stattfindet.[24] Der Wiener Musikverein wurde nicht zuletzt auch deshalb zu einer attraktiven Sehenswürdigkeit für chinesische Touristinnen und Touristen in Wien.

Jährlich kommen ungefähr zehn bis 15 chinesische Orchester, Musikgruppen oder einzelne Musikerinnen und Musiker – nicht nur zum chinesischen Neujahr, sondern über das ganze Jahr verteilt – nach Wien, um den chinesischen Migrantinnen und Migranten, aber auch einem österreichischen Publikum im Musikverein ihre Kunst darzubieten. Das Repertoire erstreckt sich von traditioneller chinesischer Musik bis zu westlicher klassischer Musik, aber auch populärer Musik aus China. 2003 und 2006 fanden etwa Konzerte der beiden Sängerinnen Song Zuying und Tan Jing statt, die sich in der VR China großer Beliebtheit erfreuen; als weitere Beispiele können das Solokonzert der Sängerin Wang Ying im Jahr 2007 und der Auftritt des klassischen Musikers Liao Chang Yong im Jahr 2008 genannt werden. Für die chinesischen Künstlerinnen und Künstler ist ein Auftritt im Goldenen Saal mit enormem Prestige verbunden, das ihnen in ihrer beruflichen Karriere in China weiterhilft. Die Konzerte werden in China im Fernsehen übertragen und manchmal auch als CDs und DVDs vertrieben.

Chinesische Konzertveranstalter und der Wiener Musikverein

Viele Wienerinnen und Wiener kennen das chinesische Neujahrskonzert, das alljährlich im Goldenen Saal des Wiener Musikvereins stattfindet. Weniger bekannt ist, dass ähnliche chinesische Konzerte auch während des sonstigen Jahres organisiert werden, und ebenso wenig bekannt sind die Besonderheiten, die mit der Kulturökonomie in China verbunden sind. Am 27. Januar 1998 brachte die in Peking ansässige Kulturagentur *Wu Promotion* traditionelle chinesische Musik im Rahmen des ersten chinesischen Neujahrkonzerts in den Goldenen Saal des Wiener Musikvereins. Zum ersten Mal wurde traditionelle chinesische Musik in voller Orchestrierung in Österreich aufgeführt. Gespielt von dem *China National Traditional Orchestra*, wurde das Konzert von ORF und CCTV (China Central Television) übertragen. Millionen Menschen in China sowie in der chinesischen Diaspora saßen vor den Fernsehgeräten und sahen und hörten zu. Publikum und Kritik waren begeistert.

Seither wurde das chinesische Neujahrskonzert eine unverwechselbare Marke des Wiener Musiklebens. Während *Wu Promotion* den Erfolg in anderen europäischen Städte wie zum Beispiel München, Berlin und Kopenhagen wiederholte, traten im Wiener Musikverein neue Akteure auf den Plan. Zu

24 Berichte über die Konzerte im Goldenen Saal des Wiener Musikvereins fanden sich in den chinesischen Zeitschriften „Epoch Times" 2002, „Beijing Youth Net" 2003, „Youth Times" 2005.

diesen gehören erfahrene Kulturveranstalter, chinesische Reisebüros sowie chinesische Vereine in Wien. Meistens arbeiten sie eng mit den chinesischen Eliten aus Wirtschaft und Politik zusammen, die auch als Sponsoren fungieren. Dazu zählen sowohl private Firmen wie zum Beispiel *Lifan Industry Corporation* als auch staatliche Unternehmen wie die *China National Petroleum Corporation* oder die *Song and Dance Troup* der Volksbefreiungsarmee. Manchmal finanzieren die Musikerinnen und Musiker sich selbst, um auf der Bühne des Goldenen Saals auftreten zu können. Mithilfe dieser unterschiedlichen Unterstützungen aus China erweitern die chinesischen Kulturveranstalter in Wien die Programmpalette von Neujahrkonzerten bis zu vielfältigen Solo- oder auch Schülerkonzerten.

Das im Jahr 2006 gegründete Reisebüro *Sun Light China (SLC)* organisiert in erster Linie Reisen in Europa und Österreich für chinesische Beamte. 2008 brachte *SLC* ein Jugendorchester für eines der mehreren chinesischen Neujahrkonzerte nach Wien. Kooperationspartner in China war ein Kulturverein, der der kommunistischen Jugendliga untergeordnet war. Das Reisebüro veranstaltete nicht nur das Konzert, sondern auch ein anschließendes touristisches Programm in Österreich und Deutschland für die ca. 140 Personen umfassende Künstlergruppe (Künstlerinnen und Künstler samt Begleitung). Konzertkarten wurden nicht verkauft, sondern durch die verschiedenen Netzwerke verschenkt. Hier wird deutlich, dass es bei diesem Unternehmen keineswegs um den unmittelbaren ökonomischen Erfolg ging – weder für das Reisebüro noch für die Künstlergruppe. Wichtig für *SLC* war der Werbeeffekt in China, zumal Chinesinnen und Chinesen die hauptsächliche Zielgruppe des Geschäfts darstellen. Und für die Künstlerinnen und Künstler war der Auftritt im prestigeträchtigen Goldenen Saal des Wiener Musikvereins von großer Bedeutung für ihren Lebenslauf.

Viele chinesische Vereine bemühen sich um die Aufrechterhaltung von Beziehungen zum Herkunftsland bzw. zu den Herkunftsregionen. Sie fungieren zuweilen ganz offiziell als Vermittler zwischen China und Österreich, laden Kultur- und Wirtschaftsdelegationen aus China ein und organisieren Reisen nach China. Bei den feierlichen Empfängen spielen Darbietungen regionaler Künstlerinnen und Künstler eine große Rolle. Diese Aktivitäten bedeuten nicht nur sozialen Status innerhalb der chinesischen Communities in Wien, sondern auch Anerkennung und eventuell auch ökonomischen Erfolg im Heimatland.

Auch indische Musiker treten allenthalben in bürgerlichem Rahmen auf. So fand etwa am 20. Mai 2008 im Gläsernen Saal des Wiener Musikvereins in Kooperation mit der indischen Botschaft das Konzert „Indische Impressionen" statt. Marialena Fernandes (Klavier), Jatinder Thakur (Tabla) und Peter Wiesinger (E-Gitarre) traten als ein Fusion-Trio auf, dessen Improvisationen das zum Großteil nicht indische Publikum auch ohne Erklärungen faszinierten. Die klassische Pianistin Marialena Fernandes improvisierte über populäre Melodien aus Goa. Die portugiesisch geprägte Musik dieser Region wählte sie als ein Bindeglied zwischen Europa und Indien, auch um hier ihren eigenen kulturellen Hintergrund zu ergründen. Sie stammt aus Mumbai und wirkt seit 2004 an der Musikuniversität Wien als außerordentliche Professorin. 2008 wurde sie mit dem „MIA Award für Kunst und Kultur" ausgezeichnet, dies ist eine Ehrung für besondere Leistungen in Österreich lebender Frauen mit Migrationshintergrund. Der in Wien lebende Musiker Jatinder Thakur gilt als einer der besten indischen Tabla-Spieler in Europa. Thakur stammt aus Mandi, einer kleinen Stadt im nordindischen Bundesstaat Himachal Pradesh. Er unterrichtete am Ali Akbar College in Basel, vor allem aber etablierte er im Afro-Asiatischen Institut eine Schule für klassische indische Musik, *Sangeet Kala Mandir*. Die jährlichen Konzerte mit seinen Schülerinnen und Schülern sind ein Publikumsmagnet und demonstrieren mittlerweile eindrucksvoll den gewaltigen Fortschritt seiner langjährigen Schülerinnen und Schüler.

Projekte mit türkischen Musikerinnen und Musikern im Musikverein oder Konzerthaus finden hingegen selten im Rahmen von Kulturveranstaltungen der türkischen Republik statt. Jene freischaffenden Künstlerinnen und Künstler aus der Türkei, welche eine internationale Karriere anstreben, erhalten bei entsprechender Qualifikation immer wieder Auftrittsmöglichkeiten an beiden Veranstaltungsorten. Die Musikerinnen und Musiker präsentieren sich als individuelle Künstlerinnen und Künstler und werden auch als solche vermarktet. Die abendländische Kunsttradition scheint jener Bereich zu sein, in dem sich die Künstlerinnen und Künstler am leichtesten einer Festlegung auf ihre Rolle als Anbieter ethnischer Kultur entziehen können. Viele der Akteure im Theater- und Filmbereich, aber auch Musikerinnen und Musiker wie zum Beispiel der türkische Pianist Sabri Tuluğ Tırpan, die in Mumbai geborene Pianistin Marialena Fernandes oder der aus Taiwan stammende Komponist Jie Shih finden jenseits der ethnischen Nischen Anerkennung, selbst wenn sie in ihrer Arbeit immer wieder auf Traditionen ihrer Herkunftsländer Bezug nehmen. Schließlich haben es Musiker wie Zubin Mehta, Lang Lang, Ferhan-Ferzan Önder oder Fazıl Say im klassischen Fach zu Weltruhm gebracht – eine Möglichkeit, die in der Popularmusik nicht in gleicher Weise gegeben ist.

Jie Shih: Zeitgenössische Musik für den Konzertsaal

Der aus Taipeh stammende Komponist Jie Shih kam als 24-Jähriger nach Wien, um hier Komposition und Harfe an der Universität für Musik und darstellende Kunst zu studieren. Seit 1984 ist er als freischaffender Komponist und Musiklehrer tätig. Es folgten mehrere internationale Aufführungen seiner Werke, 1994 erhielt er für seine Kammeroper „Vatermord" den Kompositionspreis „Blaue Brücke" des Dresdner Zentrums für zeitgenössische Musik.

Seine Kompositionen, die sich nur schwer einem eindeutigen Stil zuordnen lassen, stehen zwar in der Tradition abendländischer Kunstmusik, doch stellt chinesisches Gedankengut stets eine wichtige Inspiration für seine Werke dar: „Meine Musik ist nicht traditionell, wohl aber traditionsverbunden. Der Komponist ist ein Teil einer langen Tradition. Er steht in dieser Tradition und muss sich mit der Tradition auseinandersetzen. Natürlich kann ich mich zurückziehen, die Tradition verabschieden und mich ganz dem Experiment hingeben. Aber dann vereinsamt man rasch, nicht nur menschlich, sondern auch künstlerisch. Es ist notwendig, sich der langen kulturgeschichtlichen Vergangenheit bewusst zu sein, um zu einer künstlerischen, d. h. individuellen Gegenwart zu gelangen."[25]

Seit 2002 leitet Jie Shih das Pacific Youth Orchestra Vienna, das seine Mitglieder aus taiwanesischen, koreanischen und japanischen Musikstudierenden rekrutiert und das jedes Jahr im Rahmen der Wiener Bezirksfestwochen zu hören und zu sehen ist.

Veranstaltungen auf Bezirksebene

Wesentlich kleiner, aber den Konzerten im bürgerlichen Rahmen verwandt sind jene Veranstaltungen, die in unregelmäßigen Abständen in den Häusern der Begegnung oder in den Bezirksämtern von verschiedenen Vereinen und Initiativen angeboten werden. Diese richten sich zwar nicht ausschließlich, aber doch vorwiegend an die eigene Community. In diesem Segment besonders stark vertreten ist die chinesische Community. Ausführende sind entweder chinesische Musikstudierende oder eingeladene Künstlerdelegationen aus China. Im Allgemeinen kann das Repertoire als eine Mischung aus traditioneller und moderner chinesischer Musik gekennzeichnet werden. Ein Beispiel ist die Neujahrsvorführung eines gemischten chinesischen Volkskunst-Ensembles im Bezirksfestsaal im 12. Bezirk im Februar 2008. Am gleichen Ort war vor zwei Jahren im Rahmen der China-Tibet-Kulturwoche 2006 eine Show mit musikalischen Darbietungen zu sehen. Diese Kulturwoche wurde von der *UNIART Production* organisiert und von den chinesischen Behörden für Kulturaustausch in China unterstützt. Da sie hauptsächlich Chinesinnen und Chinesen als Zielpublikum ansprechen, fanden diese beiden Veranstaltungen erst um 23 Uhr statt, nachdem die meisten Chinarestaurants bereits geschlossen sind.

Innerhalb der türkischen Community finden nur selten Veranstaltungen auf Bezirksebene statt. Ein Beispiel sind die von dem Saz-Spieler Mansur Bildik jährlich veranstalteten Konzerte mit Künstlerinnen und Künstlern aus verschiedenen Ländern und seinen Schülerinnen und Schülern in den Festsälen der Bezirksvorstehungen. Im Rahmen von Festen der Plattform *Asien in Wien* traten

25 Zitiert in: Baier (2000, 3).

auch indische Künstlerinnen und Künstler in Festsälen der Magistrate auf. Der Kulturverein *Ganesha* veranstaltet Multikultur-Feste in Bezirksämtern. Häuser der Begegnung und Pfarrsäle wurden anfangs hauptsächlich für Diwali-Feste gebucht. Heute finden dort auch Veranstaltungen der Communities aus Bangladesch, Pakistan und Nepal statt. Auch die keralesischen Feste werden an solchen Orten abgehalten.

Theater

Die migrantische Theaterszene ist von Theatermacherinnen und -machern türkischer Herkunft geprägt. Die drei größten Theaterhäuser bzw. Theatergruppen, die von Künstlerinnen und Künstlern türkischer Herkunft geleitet werden, sind das *Theater des Augenblicks*, das *Interkulttheater* sowie das Ensemble *Tiyatro Brücke*.[26]

Das *Theater des Augenblicks* ging aus einer Reihe von Projekten der Anfang der 1980er-Jahre nach Wien emigrierten Türkin Gül Gürses hervor. Seit 1990 existiert unter ihrer Leitung eine eigene Spielstätte in der Edelhofgasse im 18. Wiener Gemeindebezirk. Im Vordergrund des Kunstverständnisses dieses Theaters steht die hochwertige künstlerische Zusammenarbeit mit internationalen Künstlerinnen und Künstlern, wobei besonderes Augenmerk auf die Kooperation mit türkischen Kulturschaffenden gelegt wird. Die Eigenproduktionen des Theaters haben „Laborcharakter" und verstehen sich als „Erforschung der Möglichkeiten von körperlichen Darstellungsformen".

Eine andere Zielsetzung verfolgt das *Interkulttheater*, das sich als „Begegnungsstätte verschiedener Kulturen in Wien" versteht und sich zur Aufgabe gemacht hat, „durch seine Arbeit dazu beizutragen, die gegenseitige Akzeptanz in Wien zu maximieren". Das Repertoire reicht von Sprech- und Tanztheater über Konzerte bis hin zu Vernissagen, Lesungen und Filmvorführungen. Leiter des *Interkulttheaters* ist der aus Istanbul stammende Regisseur Aret Güzel Aleksanyan, der bereits in den 1980er-Jahren mit seinem Ensemble *Tü-Theater* Auftritte in türkischer Sprache für ein türkisches Publikum organisierte. 1992 übernahm er das erst wenige Jahre zuvor gegründete *Yu-Theater* und machte daraus das *Interkulttheater*. Neben Eigenproduktionen kamen im Laufe der Zeit immer wieder Auftritte von Kulturschaffenden unterschiedlicher Herkunft hinzu. Durch die inhaltliche Vielfalt spricht das Haus in der Fillgradergasse in Mariahilf recht unterschiedliche Migrantencommunities, aber auch unterschiedliche gesellschaftliche Schichten an: „Durch diese Vielfalt und den schnellen Wechsel der Programme wird das *Interkulttheater* jeden Tag von einem Publikum anderer ethnischer Zugehörigkeit, anderer Kultur, anderen Alters, anderer sozialer Gruppen und anderer ökonomischer Verhältnisse besucht. Die interkulturelle Dynamik, die dabei entsteht, bildet die Grundlinie des *Interkulttheaters*."

26 Ausführlich dazu siehe Hüttler (2003).

Keine eigenen Räumlichkeiten stehen dem Ensemble *Tiyatro Brücke* zur Verfügung. Die Aufführungen finden in unterschiedlichen Veranstaltungsräumen in Wien statt. Gegründet wurde die Theatergruppe im März 1998 unter der Leitung des aus der Türkei stammenden Schauspielers Hakan Yavaş. Ursprüngliches Ziel war es, die kulturellen Bedürfnisse der türkischen Migrantinnen und Migranten zu befriedigen, weswegen in den ersten Jahren hauptsächlich türkisches Theater für türkisches Publikum gemacht wurde. Mittlerweile werden auch Stücke in deutscher Sprache gespielt, womit sowohl österreichisches Publikum als auch deutschsprachig aufgewachsene Menschen mit Migrationshintergrund angesprochen werden sollen. Inhaltlich setzt sich das Ensemble mit den Themen Migration, Integration und Fremdsein auseinander. Ebenso wie das *Theater des Augenblicks* und das *Interkulttheater* geht es auch der Gruppe *Tiyatro Brücke* um die Förderung eines interkulturellen Dialogs zwischen den Kulturen und des Zusammenlebens von Menschen unterschiedlicher Herkunft.

Auch Einwanderer aus Bangladesch führen mehrere Theatergruppen. Theater und hohe Kunst gehören – nicht zuletzt dank Rabindranath Tagore – zum Autostereotyp der Bengalen. Diese distanzieren sich gerne vom kommerziellen Bollywood und betonen ihre Vorliebe für „Art Movies". Anfang der 1990er-Jahre nützte eine bangladeschische Theatergruppe das *Interkulttheater* für die Aufführung eines Stücks über das Leben von Migrantinnen und Migranten aus Bangladesch in Wien. Diese einmalige Sonntagnachmittagsvorstellung richtete sich ausschließlich an die bengalische Gemeinde. Inzwischen ist man zur Aufführung von Dramen anerkannter bengalischer Autoren übergegangen.

Ein anderer Künstler mit südasiatischem Migrationshintergrund, der als Schauspieler an die Öffentlichkeit trat, ist Ramesh Nair. Er wirkt an der Wiener Volksoper, u. a. als Choreograf des Musicals „Guys and Dolls". Bekannt wurde er jedoch als „der Inder" des Werbespots einer Mobiltelefon-Firma. Diese orientalistische, klischeehafte Figur eines „weisen" Inders mit Turban ist, trotz der ironischen Stereotypisierung, auch als ein Hinweis auf die Popularität Indiens zu betrachten. Nair wuchs als Kind keralesischer Einwanderer in Deutschland auf, beide Eltern sind im Pflegeberuf tätig, und er lebt seit zehn Jahren in Österreich. Der Werbeauftritt verschaffte ihm ungeheure Popularität, weshalb er im Jahr 2009 auch für die ORF-Show „Dancing Stars" ausgewählt wurde.

Film

Tendenziell hochkulturell sind schließlich auch Initiativen, die dem Filmschaffen ausländischer, aber auch migrantischer Filmemacherinnen und Filmemacher gewidmet sind. Sieht man einmal von den türkischen und indischen Blockbustern ab, die in den letzten Jahren auch in Österreichs Multiplexen[27] zu sehen waren, handelt es sich bei den gezeigten Filmen in der Regel um Dokumentationen, Independent- und Art-House-Produktionen. Diese Festivals finden auch ausschließlich in Programmkinos statt.

Einen festen Platz in der Wiener Kulturlandschaft haben mittlerweile die kurdischen Filmtage eingenommen. Unter dem Titel „Sercavan" werden seit 1999 in zweijähriger Periode eine Woche lang Werke von Filmemacherinnen und Filmemachern kurdischer Herkunft gezeigt. Veranstaltet wird dieses Festival vom Verband der kurdischen Vereine (*Feykom*) in Kooperation mit dem Votiv-Kino. Das Label „kurdisches Kino" ist als Abgrenzung gegenüber türkisch geprägtem Filmschaffen zu verstehen, wobei die Unterschiede in der Art der Musik und in der Darstellung der Charaktere lokalisiert werden. Als großes Vorbild für kurdische Filmschaffende gilt der Schauspieler und Regisseur Yılmaz Güney, der mit seinen Werken „Die Herde" (1978/79) und „Der Weg" (1981) die Grundlage für kurdisches und türkisches Kino schuf.

Eine gänzlich andere Zielsetzung verfolgt das im April 2007 erstmals veranstaltete türkische Frauenfilmfestival. Gezeigt wurden Filme von türkischen Künstlerinnen wie Emel Çelebi, Yeşim Ustaoğlu, Berke Baş und Belma Baş sowie von in Wien wirkenden türkischen Filmkünstlerinnen wie Nilbar Güreş, Kumru Uzunkaya und Deniz Sözen. Ziel der im Top-Kino gezeigten Filme war es, einen Blick auf bislang in der Gesellschaft tabuisierte Themen zu richten, wie zum Beispiel die familiäre Unterordnung und finanzielle Abhängigkeit der Frau, die Bekleidungsvorschriften für türkische Frauen oder der Umgang mit Frauenrechten in der Türkei. Das Festival wurde vom eigens dafür gegründeten Verein *Kadin Film Ferayn* organisiert. Als Vorbild galten die Aktivitäten des in Istanbul ansässigen Frauenkollektivs *filmmor*, das seit über fünf Jahren ein Frauenfilmfestival veranstaltet und seine Aufgabe darin sieht, Aufklärungsarbeit zu betreiben.

Im Rahmen der türkischen Kulturwochen in Wien (4. November 2008 – 1. Februar 2009), die unter dem Motto „Türkei im Augenblick. Aspekte der Alltagskultur" standen, gab es eine eigene Filmreihe. Im Filmhaus Kino Spittelberg wurden fünf aktuelle türkische Filme gezeigt, darunter der Film „Ulak" („The Messenger") des Regisseurs Çağan Irmak.

---

27 Das UCI Millennium bezieht laut telefonischer Anfrage vom 6. Juni 2008 die türkischen Filme direkt von der UCI-Zentrale in Bochum. Die größten in Deutschland aktiven Vertriebe türkischer Filme sind *Maxximum* (http://www.maxxcine.com) und *Kinostar* (http://www.kinostar.com).

Zu erwähnen sind schließlich noch die themenspezifischen Programmschienen einzelner Kinos, die immer wieder dem Kulturschaffen einzelner Länder oder Genres gewidmet sind und sehr häufig einen Bezug zu den in Österreich lebenden Migrantencommunities aufweisen. Exemplarisch dafür kann das Sommerkinofestival des Filmcasinos genannt werden, das bereits mehrmals indische und chinesische Schwerpunkte setzte. So wurden im Rahmen der Filmreihe „Tribute to Shah Rukh Khan" einige bislang in Österreich nicht gezeigte Werke des wohl bekanntesten Schauspielers Bollywoods präsentiert. Das „Hong Kong Film Panorama" zeigte anlässlich des zehnjährigen Jubiläums der Wiedervereinigung mit China eine Reihe von Filmen, die das Leben in Hongkong zum Thema haben. Das Österreichische Filmmuseum widmet schon seit langem Veranstaltungen immer wieder auch dem indischen Film, zuletzt 2006 eine Retrospektive des Filmemachers Guru Dutt. Die Städtische Bücherei Erdberg rief im Jahr 2006 – Indien war das Gastland der Frankfurter Buchmesse – einen Indien-Schwerpunkt ins Leben und präsentierte Romane, Sachbücher, Kinderbücher, indische Filme auf DVD, Filmmusik auf CD, Literatur in englischer Sprache und Zeitschriften. Ergänzend werden in Kooperation mit dem English Cinema Haydn Vorführungen indischer Filme organisiert. Der tatsächliche Anteil der Einwandererunternehmer an Präsentationen indischer Filme in österreichischen Kinos ist rückläufig. Für große Multiplex-Kinos, die auch indische und türkische Filme in ihr Programm aufnehmen, ist das unternehmerische Risiko viel geringer als für Kleinunternehmer, die nur Einzelvorstellungen als Fremdveranstaltungen in angemieteten Kinosälen anbieten können.

Die großen Pop-Acts und Kulturspektakel

Mehrmals im Monat werden, wie schon erwähnt, in den Diskotheken Livekonzerte mit türkischen Sängerinnen und Sängern aus der Türkei oder Deutschland veranstaltet. Im Unterschied zu Österreich, wo sich türkische Pop-Acts bislang nicht etablieren konnten, gibt es in Deutschland mittlerweile eine Reihe von Künstlerinnen und Künstler mit migrantischem Hintergrund (z. B. *CanKan*, *Cartel*, *Azra*), die sich einer großen Popularität über die Grenzen Deutschlands hinweg erfreuen. Ebenso finden sich Musikerinnen und Musiker, die ihre Karriere in der Türkei begonnen haben, in weiterer Folge aber aufgrund ihres Erfolgs in der türkischen Diaspora die Kooperation mit deutsch-türkischen Künstlerinnen und Künstlern forcieren. Zu den prominentesten, weit über die türkischen Grenzen hinaus berühmten Musikern zählt der türkische Rapper Ceza, der immer wieder auch in Wien Auftritte absolviert.

●●●●●●●●●●●●

Crossing the Bridge: Rapstar Ceza und türkisch-deutsche Verflechtungen

Breitenfurter Straße 175: An der südwestlichen Peripherie Wiens, zwischen Industrieanlagen und Fabriksgeländen, befand sich bis Sommer 2008 die Diskothek *Pasha*, eines der Vergnügungszentren für die sogenannte „zweite Generation" türkischer Einwandererjugendlicher. Das Angebot umfasste nicht nur DJ-Musik, sondern immer wieder auch Live-Auftritte von mehr oder weniger berühmten türkischen Popmusikerinnen und Popmusikern wie z. B. Burak Kut, Demet Akalın, Yıldız Tilbe, Berdan Mardini und eben Ceza, auf Deutsch: „Die Strafe".

Sobald man die strengen Kontrollen durch die Türsteher passiert hat, steht man inmitten einer großen Halle, in der bereits ein DJ türkisch klingende Popmusik auflegt. Langsam füllt sich die Halle – und die Spannung im fast ausschließlich österreichisch-türkische Jugendliche umfassenden Publikum steigt. Gegen halb zwölf wird es unruhig, einige Zuhörerinnen und Zuhörer platzieren sich direkt vor der Bühne. Es handelt sich dabei um den Fanclub einer aus österreichisch-türkischen Jugendlichen bestehenden Rap-Formation, die das Vorprogramm bestreitet. Um Ceza zu hören, bedarf es noch einiger Geduld. Erst gegen halb eins betritt der Star die Bühne.

Ceza zählt sowohl in der türkischen als auch in der deutsch-türkischen Hip-Hop-Szene zu den ganz Großen. Der im Jahr 1977 in Istanbul als Bilgin Özçalkan geborene Musiker begann seine Karriere gegen Ende der 1990er-Jahre gemeinsam mit dem Rapper Fuchs in der Rap-Formation *Nefret*. Der Durchbruch gelang ihm mit seinem dritten Solo-Album „Rapstar". Die Single-Auskopplung „Holocaust" verschaffte ihm, nicht zuletzt durch seinen Leinwandauftritt in Fatih Akins Musikdokumentation „Crossing the Bridge – The Sound of Istanbul", auch im deutschsprachigen Raum Bekanntheit. Daraufhin folgten Kooperationen mit unterschiedlichen türkischen, aber auch deutschen Musikerinnen und Musikern wie den *Massiven Tönen*, Eko Fresh, Samy Deluxe oder der berühmten Sängerin Sezen Aksu. Für Jugendliche mit Migrationshintergrund ist Ceza nicht nur Symbol für den Kampf um Anerkennung in der Einwanderungsgesellschaft, sondern auch der produktiven transnationalen Verflechtung zwischen der Türkei und dem deutschsprachigen Raum.

Abgesehen von diesen fast exklusiv der zweiten Generation zugehörigen Discoveranstaltungen werden zwei- bis dreimal im Jahr prominente Popsängerinnen und -sänger aus der Türkei eingeladen, um in jenen Lokalitäten aufzutreten, die auch von der Mehrheitscommunity besucht werden. Im Jahr 2008 gastierten etwa zwei türkische Popstars in Österreich: Die berühmte Sängerin Sezen Aksu trat im November 2008 in der Stadthalle auf, und der Sänger Tarkan war im Dezember desselben Jahres in der Pyramide Vösendorf zu sehen. Diese Konzerte werden oft von lokalen Vereinen oder Unternehmerinnen und Unternehmern unterstützt. Sezen Aksus Konzert sponserte etwa *SimA – Der Verein zur Förderung von Kunst, Kultur, Bildung*. Auch einige der in Wien sesshaften Firmen unterstützen solche Musikveranstaltungen (u. a. *eety, X-Mobile, Kent, DenizBank AG*).

Als großes Kulturevent für Chinesinnen und Chinesen, aber auch für Österreicherinnen und Österreicher, präsentierte sich die Musik- und Tanzshow „Shen Yun – Chinese Spectacular". Es handelt sich dabei um ein Produkt der chinesischen Künstlergruppe *Divine Performing Arts* aus New York. Begonnen im Jahr 2004, hat die Künstlergruppe ein weltweites Netzwerk aufgebaut. Mit Unterstützung des österreichischen Vereins *Falun Dafa* sowie des Kulturvereins *ArsCara* fanden im März 2008 zwei Aufführungen in der Wiener Stadthalle statt. Gezeigt wurden klassische chinesische Tänze und Musik, mit dem Ziel, „das Wesen und den Geist der traditionellen chinesischen Kultur auf zeitgemäße Weise festzuhalten".[28]

Das Genre des Bollywood-Musicals („Bollycal") und der Bollywood-Tanzshow wurde 2002 durch „Bombay Dreams" von Andrew Lloyd Webber, A. R. Rahman und Shekar Kapur geprägt, wobei zu berücksichtigen ist, dass auch indische Filme für gewöhnlich Musicals sind. In der südasiatischen Diaspora sind seit langem Shows beliebt, in denen Bollywood-Filmstars Tänze zu bekannten Filmsongs aufführen. Heute nehmen auch zahlreiche westliche Fans eine weite Anreise für derartige Veranstaltungen in Kauf und scheuen keine Kosten. Solche Tourneen indischer Stars sind aber riskante Unternehmungen; es kam bereits mehrmals zu kurzfristigen Absagen. Die Stornierung der Show „Temptation Reloaded 2008" in Berlin, München und Frankfurt zog einen Rechtsstreit mit großem medialem Echo nach sich. Das Publikum erhielt die Eintrittspreise nicht rückerstattet und unterstellte dem Einwandererunternehmer Syed Qasim Ali von *SensAsian Media* betrügerische Absicht.[29] In dieser Show sollte der Superstar Shah Rukh Khan auftreten.

In der Wiener Stadthalle lief 2006 „Bharati – The Show"[30] mit großem Erfolg, eine Kooperation des israelischen Produzenten Gashash Desha und der *Sahara India Pariwar*, eines indischen Multi-Business-Konglomerats, hinter dem auch die größten Persönlichkeiten der Bollywood-Filmindustrie stehen. Diese Produktion auf Welttournee zeichnete sich besonders durch ihre Livemusik auf traditionellen indischen Instrumenten aus. Die Lieder entstammen populären Filmen. Es handelt sich um ein großartiges Spektakel mit Tanzdarbietungen, Liedern und akrobatischen Einlagen wie Vorführungen der südindischen Kampfkunst Kala-

28 Vgl. Programmheft „Shen Yun – Chinese Spectacular" 2008, S. 3.

29 Http://www.ishq-magazin.de/index.php/20090207318/Konzert/Temptation-Reloaded-zusammengefasst.html.

30 Http://www.bharatitheshow.com.

rippayat. Die simple Handlung – mit großer Ähnlichkeit zu populären Filmen – berichtete von der Heimkehr des verwestlichten Auslandsinders Siddharta, der in Indien seine wahre Identität und seine Heimat entdeckt, wo er auch die Liebe seines Lebens findet. Um das Thema der Liebe des Konflikts bzw. der Versöhnung mit der Moderne kreist auch „Bollywood – The Show“[31]. Diese Produktion ist mit 500.000 Besucherinnen und Besuchern weltweit die erfolgreichste Bollywood-Show. 2007 und 2008 gastierte sie jeweils eine Woche lang in der Wiener Stadthalle. In der Selbstdarstellung wird betont, dass es sich um „die Originalproduktion aus der Filmmetropole Bombay“ handelt. Darin wird (keineswegs realistisch) die Geschichte der Künstlerfamilie Merchant erzählt – diese Filmdynastie hat seit über 80 Jahren bis in die Gegenwart die indische Filmindustrie geprägt.

Kleinere populäre Veranstaltungen

Kulturvereine wie das *Ägäische Kulturzentrum*, das *Alevitische Zentrum*, *Feykom* und *KIB* sowie die Betreiber von Hochzeitssälen treten auch oft als Veranstalter auf. Diese Veranstaltungen sind von Einwanderern für Einwanderer gemacht, und das Publikum setzt sich oft aus Angehörigen eines bestimmten sozialen Milieus der Community zusammen. So wurde z. B. die „Egeliler Gecesi“ („Ägäische Nacht“) am 3. 10. 2008 im *Köşk Düğün Sarayı* vom *Ägäischen Kulturzentrum* organisiert. Sie richtet sich vorwiegend an Arbeitsmigrantinnen und -migranten aus dem ägäischen Raum. Bei diesen Veranstaltungen kommen die Menschen einer bestimmten Region der Türkei zusammen, um gemeinsam regionsspezifische Musik zu hören sowie Tänze und Essen zu genießen. Solche Feste können auch politischen oder musikgenrebedingten Themen gewidmet sein: z. B. Halay-Nächte, Volkslieder-Nächte („Türkü Şöleni“) oder Istanbul-Nächte. Daneben gibt es immer wieder auch kleinere Konzerte und DJ-Lines in Lokalen wie z. B. *Orange, Ezgi-Bar, Derwisch, Etap, Café Berfin* oder *Aspendos*.

Aspendos – Kulturcafé Kaiserstraße 93, 1070 Wien

Das Café *Aspendos* wurde 2007 von Atila Akkaya gegründet. Seit 2008 werden im Lokal zahlreiche Livekonzerte mit Musikerinnen und Musikern aus der Türkei sowie aus Wien (vorwiegend mit migrantischem Hintergrund) veranstaltet. Mittlerweile werden regelmäßig Rocknächte und Livemusik organisiert, etwa mit Azra, einer der etabliertesten und beliebtesten Sängerinnen türkischer Herkunft. Das Zielpublikum des Lokals ist eindeutig die türkische Community. Es werden Backgammon-Turniere, Türkei-Filmtage und Silvesterfeste speziell für die türkische Community veranstaltet. Atila Akkaya, der mit dem ehemaligen Geschäftsführer der Diskothek *Oxyd* zusammenarbeitet,

31 Http://www.gobollywood.de/, http://www.semmel.de/bollywood-the-show.html.

ist durch seine Kulturaktivitäten bekannt und zudem Obmann des Kulturvereins *Internationales Kultur- und Kommunikationszentrum (IKKZ)*, das seit sechs Jahren das „Festival der Klänge“ veranstaltet und den „World-Music-Preis“ vergibt. Obwohl das Kulturcafé *Aspendos* erst seit etwa zwei Jahren geöffnet ist, stellt es bereits einen wichtigen Treffpunkt für die in Wien lebenden Türkinnen und Türken verschiedener sozialer Herkunftsmilieus dar.

Konzerte in der südasiatischen Community finden viel seltener statt. Sie sind nichtsdestotrotz von großer Bedeutung für die hier lebenden Migrantinnen und Migranten. Am 5. Mai 2007 trat der bekannte Punjabi-Sänger und -Filmstar Harbhajan Mann in Wien im Theatersaal der Volkshochschule Meidling auf. Er hatte dort bereits 1997 anlässlich des fünfzigsten Jubiläums der indischen Unabhängigkeit ein Konzert gegeben, und seine Filme wurden vom *Indischen Kulturverein (ICAV)*, der als ein lokaler Promoter dieses Punjabi-Stars auftritt, mit großem Erfolg im Kino in der Shopping City Nord gezeigt. Dieses Event richtete sich ausschließlich an die Punjabi-Community, die Moderation wurde in der Sprache Punjabi gehalten.

Harbhajan Mann in Meidling

Konzerte in der Punjabi-Community zeichnen sich durch eine besondere Dynamik aus. Für das Publikum ist es sehr wichtig, sich während der Veranstaltung dem Star zu nähern, um Geld auf die Bühne zu werfen. Der private Sicherheitsdienst war anfangs durch dieses Verhalten irritiert und versuchte die Fans zurückzudrängen. Doch der lokale Veranstalter setzte sich dafür ein, dass diese Begegnung zwischen Star und Fan stattfinden konnte. Harbhajan Mann posierte sogar mitten in einem Lied geduldig für gemeinsame Fotos mit dem Publikum.

Diese Praxis ist auch im Kontext von Qawwali verbreitet. Die übliche Bezeichnung ist der Urdu-Begriff „Nazrana“ – damit wird der Umstand beschrieben, dass man einer verehrungswürdigen Persönlichkeit ein Opfer darbringt, um ihren Segen zu erbitten. Bei diesem Konzert ließen sich vielfältige Formen des Spendens beobachten, z.B. wurden Geldscheine auch vor dem Künstler gekreist, in anderen Fällen über dem Haupt eines Freundes, mit dem man sich gemeinsam der Bühne näherte. Der Anstand gebietet eine demutsvolle Form der Annäherung, weshalb häufig ein Begleiter denjenigen sanft drängen musste, der Harbhajan Mann seine Bewunderung bezeugen wollte.

Nachdem sich der Künstler verabschiedet hatte, endete das dreistündige Konzert – im Vergleich zu westlichen Veranstaltungen – überraschend – ohne Schlussapplaus. Das hierzulande übliche Ritual, Zugaben „erzwingen“ zu wollen, gibt es in diesem Kontext nicht. Man zeigt sich zufrieden mit der Darbietung und macht sich auf den Heimweg. Doch zahlreiche Besucher suchten noch im Künstlerzimmer den persönlichen Kontakt mit Harbhajan Mann. Dieser Künstler berührt in seinen Songs und Filmen immer wieder die Migrationsthematik. Da er selbst den Großteil seiner Schulzeit in Kanada verbrachte, wird er auch als eine authentische Stimme zu dieser Thematik wahrgenommen. Seine ersten Tonträger nahm er in Vancouver auf, doch stellte er fest, dass der wichtigste Markt, die effektivste Infrastruktur und das Kapital für die Punjabi-Kulturindustrie heute nicht in der Diaspora, sondern im Punjab liegen. Allerdings entwickelte er eine transnationale Lebensweise mit einem Haus in Vancouver und einem in Indien sowie jährlichen Welt-Tourneen.

Seit chinesische Studentinnen und Studenten in größerer Zahl in Wien – insbesondere an der Musikuniversität – studieren, werden auch in der chinesischen Community häufiger popularmusikalische Konzerte organisiert. Es formieren sich sogar aus der lokalen Szene heraus junge professionelle Gruppen. Die Band *Freedom Street* besteht aus sechs Studierenden und spielt gelegentlich Gigs im Rahmen chinesischer Veranstaltungen und in Bars. Ein Beispiel sind die „Asia Night"-Konzerte, die im Juni 2008 in der von Chinesen betriebenen Bar *Babu* im 9. Wiener Gemeindebezirk stattfanden. Die gespielte Musik erstreckt sich von westlichem Rock bis zu chinesischen Popsongs.

Jugendzentren und lokale Hip-Hop-Szene

Während sich in Deutschland bereits Anfang der 1990er-Jahre eine rege Hip-Hop-Szene migrantischer Jugendlicher bildete, setzte diese Entwicklung in Österreich mit deutlicher Verspätung ein. Erst seit einigen Jahren erfreuen sich die Kulturformen Breakdance, Graffiti und Hip-Hop in der türkischen Community großer Beliebtheit. Diese Entwicklung zeigt sich nicht zuletzt auch in den musikalischen Aktivitäten insbesondere der Jugendlichen mit Migrationshintergrund der zweiten Generation in Wien: Zu den bekanntesten Rap-Formationen in Wien zählen *Sua Kaan* (Mevlut Khan, Gjana Khan, Aquil und Shino) und die Rapper von *Stonepark 12* (Alis S., Jean Türk, Ray, Luji, Amir Beats, Musabi, Gültu, Platinum Tongue und Chiko Baba), die sich mit ihrem Bandnamen auf einen Park in ihrem Herkunftsbezirk Wien-Meidling beziehen.[32] Daneben gibt es eine ganze Reihe von Solo-Rappern, die ihre Tracks lediglich über Internetplattformen wie MySpace vertreiben und deren Bekanntheit sich oft auf das eigene Grätzel beschränkt. Ihre Karriere starten diese Musiker sehr häufig in den Jugendzentren der Stadt Wien, die sich bereits seit den 1970er-Jahren aktiv für die Talenteförde-

32 Vgl. Cucujkić und Gaul (2008, 36–40).

rung jugendlicher Migrantinnen und Migranten einsetzte.[33] Um zu rappen, bedarf es keines teuren Equipments, meistens reichen ein Mikrofon und ein Computer aus, um einen Hip-Hop-Track zu produzieren. Unterstützung kommt dabei von den Sozialarbeiterinnen und Sozialarbeitern, die die Jugendlichen ermutigen, selber Texte zu schreiben, diese mit Hip-Hop-Beats zu unterlegen, diese Tracks aufzunehmen und übers Internet zu verbreiten. Darüber hinaus bieten sie den Jugendlichen durch die Organisation von Festen, Konzerten oder Rap-Battles die Möglichkeit, ihre Werke öffentlich darzubieten.

Die Texte sind fast ausschließlich in deutscher Sprache verfasst und handeln zumeist von den Lebensbedingungen migrantischer Jugendlicher, ihrer hybriden Identität „zwischen den Kulturen" oder aber den Bezirksrivalitäten zwischen sich anfeindenden Rap-Gangs. Mit ihrer Anlehnung an US-amerikanischen Gangsta-Rap sorgten die österreichisch-türkischen Rapper Mevlut Khan und Platinum Tongue weit über die eigene Community hinaus für großes Aufsehen – ihr Track „Balkanaken" rief sogar den Wiener Boulevard und auch die FPÖ auf den Plan. So lautet eine Textzeile: „Tschuschen von überall, das sind meine Jungs / das hier ist Balkanaken-Rap, Gettorap / bist du keiner von uns, nehmen wir dein Handy weg / komm, folge mir / dein ist mein Bezirk, meine Heimat, ich lebe hier / 1160 Wien, ich bin hier aufgewachsen / das sind meine Droogs, meine Parks, meine Straßen."[34]

Als Vorbilder dienen insbesondere die Musiker der türkischen Hip-Hop-Szene in Deutschland wie Eko Fresh oder die Formation *Cartel*, die aus den Projekten *Da Crime Posse*, *Erci-E.* und *Karakan* entstand und deren Musik als Ausdrucksform einer diskriminierten und marginalisierten Minderheit gesehen wird. Als zentrale Referenzpunkte dienen dabei der Mythos der Entstehung von Hip-Hop in den schwarzen Ghettos der USA und die damit einhergehende Stilisierung dieser Musikform als Artikulation von Unterdrückung, Widerstand und Protest.[35] In den Texten der österreichisch-türkischen Hip-Hopper in Wien spielt auch das „Ghetto" eine zentrale Rolle: Gemeint ist damit der Wiener Gemeindebezirk, in dem die Jugendlichen aufgewachsen sind und die meiste Zeit verbracht haben. Die starke Identifikation mit der Herkunft spiegelt sich sowohl in den Bandnamen als auch den Texten der Hip-Hop-Tracks wider. Dies kommt besonders deutlich bei R-Kan zum Ausdruck, der in seinen Texten immer wieder die Verbundenheit mit dem 10. Bezirk betont.

33 Vgl. Betz (1994, 65).

34 Cucujkić und Gaul (2008, 36).

35 Vgl. dazu ausführlich Caglar (1998, 41).

R-Kan: „Wien macht mich berühmt!"

„Ich bin der Junge, den jeder hasste / keiner wollte mich featuren, obwohl mein Rap passte / ich bin weit gekommen, denn ich geh meinen Weg / Dersim 62, das ist meine Mentalität / Ich weiß, woher ich komme, bleib, wo ich bin / Otto Probst 7, das ist mein Lebenssinn."

So lautet eine Textpassage des Songs „Wien 10!" des türkisch-österreichischen Rappers R-Kan, mit dem er in der Szene bekannt geworden ist. Es handelt sich dabei um eine Liebeserklärung an Favoriten, den 10. Wiener Gemeindebezirk – jenen Bezirk, in dem R-Kan als Sohn türkischer Einwanderer in den 1990er-Jahren aufgewachsen ist. In seinen Songs werden immer wieder die spezifischen Lebensbedingungen von Einwandererjugendlichen angesprochen sowie das Leben zwischen zwei kulturellen Identitäten thematisiert. R-Kans Tracks entstehen im Jugendzentrum Otto Probst – dort stehen engagierten Textschreiberinnen und -schreibern Computer und Mikrofon zur Verfügung. Verbreitet werden die fertigen Tracks vor allem auf der Internetplattform MySpace, mittlerweile aber auch auf der eigenen Homepage. Zu seinen Vorbildern zählen unter anderen auch Rap-Künstler wie 2pac und Formationen wie *Cartel* oder *Nefret*. R-Kan träumt von einer Karriere als Rap-Star, was er unmissverständlich in seinen Texten zum Ausdruck bringt. Der Refrain des Tracks „Wien 10!" lautet: „Dieses Jahr, dieses Jahr / werd ich Star, werd ich Star. / Wien macht mich berühmt / ich bin ein guter Junge. / Es wird hart, es wird hart / ich bleib stark / ich bleib stark. / Wien macht mich berühmt / ich bin ein guter Junge."

Im Jahr 2007 gründete die in Wien geborene, aus einer keralesischen Familie stammende Sharon Pallikunnel aka SharyAnn gemeinsam mit der aus dem Iran geflohenen Aida Karimi aka L-QaiDa die Formation *Shahid*. In diesem Namen parodieren sie die Terminologie islamischer Fundamentalisten. „Shahid", die bekannte Bezeichnung für Märtyrer, erklären sie als „Zeuge" und „jemand, dem der Platz im Paradies gesichert ist". L-QaiDa wird als „das Fundament", „die Basis" übersetzt. Das Duo kombiniert Rap und R'n'B, SharyAnn singt im Soul-Stil und L-QaiDa rappt dazu. In ihre Musik versuchen sie auch ihre persönliche Erfahrung und ihre kulturellen Hintergründe einzubringen.[36] Sharon Pallikunnel ist die Tochter des Malers und Kunsterziehers John Chacko Pallikunnel, zusammen mit ihrer Schwester Shanon ist sie schon seit früher Kindheit an tänzerische Auftritte in der indischen Community gewöhnt. Sie unterrichtet auch indischen Tanz.

---

36 Http://www.cycamp.at/partycamp/ressorts/hiphop/go/5796/, http://profile.myspace.com/index.cfm?fuseaction=user.viewprofile&friendid=85632157, http://profile.myspace.com/index.cfm?fuseaction=user.viewprofile&friendid=215023945.

World Music, World Culture

Der Begriff „World Music" (mit seinen Synonymen „World Beat" und „Weltmusik") ist ebenso wie der Begriff „World Culture" aus dem gegenwärtigen Kulturleben nicht mehr wegzudenken. Erstmals wurde die Bezeichnung World Music zu Beginn des 20. Jahrhunderts von dem Musikwissenschaftler Georg Capellen verwendet, um die Fusion verschiedener Musikkulturen zu beschreiben. In der (zunächst amerikanischen) Ethnomusikologie fand der Terminus vor dem Hintergrund des zunehmenden Interesses an diversen lokalen Musikkulturen in den frühen 1960er-Jahren Eingang in den akademischen Diskurs. Seit Mitte der 1980er-Jahre fungiert der Begriff World Music als bedeutsame Marketingkategorie für jegliche kommerzielle und massenmedial verfügbare Musik nicht westlicher Herkunft sowie aller musikalischer Ausdrucksformen ethnischer Minderheiten in der westlichen Welt. Darüber hinaus wird diese Bezeichnung auch für alle gegenwärtigen Fusionen von lokaler „traditioneller" und „westlicher" (Popular-)Musik verwendet.[37]

Die Nutzung des Begriffs World Music als Strategie zur Vermarktung „nicht westlicher" Musikkulturen war und ist Brennpunkt zahlreicher Kritiken. Die Etikettierung einer Musik als World Music birgt stets die Gefahr der Ethnisierung: So finden sich im CD-Geschäft unter der Kategorie World Music die CDs eines türkischen Popsängers ebenso wie die Aufnahmen eines Saz-Spielers oder einer kurdischen Jazzmusikerin – ohne Berücksichtigung der Stilunterschiede dieser musikalischen Acts. Andererseits ermöglicht die Etablierung des Labels World Music den Kulturschaffenden eine gute Möglichkeit, ihre Produkte zu vermarkten, zumal sich die Nische World Music insbesondere in ökonomischer Hinsicht als sehr erfolgreich erwiesen hat.

Seit Ende der 1990er-Jahre gewinnt die World-Music-Szene auch in Österreich an Stellenwert. Sie ist sehr stark geprägt von den Musiktraditionen der Einwanderer. Besonders Künstlerinnen und Künstler aus dem Balkan haben das Wiener Musikgeschehen nachhaltig beeinflusst und mit ihrem Mix aus traditioneller Balkan-Musik und Jazz („Balkan-Jazz") eine Nische im Kulturleben Österreichs etabliert. Generell ist eine Durchmischung der Stile und Musikrichtungen zu beobachten (traditionelle Musik, Klassik, Jazz, Rock etc.). Musikerinnen und Musiker mit Migrationshintergrund treten hier zusammen mit österreichischen Kolleginnen und Kollegen auf, wobei verschiedenartigste musikalische Fusionen entstehen. Viele der Künstlerinnen und Künstler in dieser Szene haben eine akademische Ausbildung (Universitätsstudium in Wien oder Lehrgänge einer vergleichbaren Einrichtung in ihrem Heimatland)

---

37 Zu den Begriffen „World Music" und „Weltmusik" siehe u. a. Feld (2004); Taylor (1997); Manuel (1988); Brusila (2003); Connell und Gibson (2004); Bohlmann (2002). Kritische Auseinandersetzungen mit dem Begriff „World Music" finden sich u. a. bei Erlmann (1995), Frith (1997) und Hutnyk (2000).

und sind nach Wien gekommen, um ihre Karriere weiterzubetreiben. Da die Balkan-Musikerinnen und -Musiker beim Wiener Publikum gut ankamen, reagierten auch verschiedenste Clubs und Veranstaltungshäuser (u. a. *Szene Wien, Porgy & Bess, Sargfabrik, Birdland, Ost Klub*) auf die wachsende Nachfrage, und so ist gegenwärtig das Angebot an musikalischen Fusionen, die unter den Begriff World Music fallen, sehr groß. Der eigens dafür ins Leben gerufene Wettbewerb um den „Österreichischen World-Music-Preis“ zählt zusammen mit zwei weiteren Festivals, „Salam Orient“ und „Balkan Fever“, zu den mittlerweile wichtigsten Musikveranstaltungen in diesem Bereich. Künstlerinnen und Künstler sind etwa Alp Bora mit seiner Band *Nim Sofyan, Fatima Spar & The Freedom Fries* oder *Serjiani. Nim Sofyan* und *Fatima Spar & The Freedom Fries* zählen zu den bekannten jungen Musikgruppen Wiens. Beide verdanken einen Teil ihre Popularität der Verleihung des „World-Music-Preises“. Heute werden sie weltweit gebucht und haben sich in Wien ein Stammpublikum erarbeitet, das vorwiegend aus Mitgliedern der Mehrheitsgesellschaft besteht.

World-Music-Preis beim „Festival der Klänge“

Seit 2003 organisiert das *Internationale Kultur- und Kommunikationszentrum (IKKZ)* die Verleihung des „World-Music-Preises“ im Rahmen des „Festivals der Klänge“. Diese Veranstaltung findet jedes Jahr im Dezember im renommierten Jazzclub *Porgy & Bess* statt. Der Wettbewerb eröffnet vor allem jungen Musikerinnen und Musikern eine Möglichkeit, ihr Können auf der Bühne unter Beweis zu stellen. Die Künstlerinnen und Künstler treten in drei Sparten an: Es gibt den „Österreichischen World-Music-Preis“, der mit etwa 2.000 Euro dotiert ist, den „ Österreichischen World-Music-Förderpreis“ – er rangiert bei ca. 1.500 Euro – und den „ Österreichischen World-Music-Publikumspreis“, der aus einem Sachpreis (Funkmikrofon-Set) besteht. Den Gewinnern des Musik-Förderpreises winkt außerdem eine weitere Auftrittsmöglichkeit auf der Weltmusikbühne beim Donauinselfest.

Das „Festival der Klänge“ ist mittlerweile ein wichtiger Bestandteil des Wiener Musiklebens geworden und bietet vielen Musikerinnen und Musiker gute Aufstiegsmöglichkeiten innerhalb ihres Genres. Die sorgfältig formulierte Definition des Begriffs World Music auf der Homepage des Festivals zeigt den liberalen Zugang der Veranstalter zu Diversität und Multikulturalismus: „Unter World Music verstehen wir ein denkbar breites musikalisches Feld, das in alle Genres hineinragen kann, eine Gemeinsamkeit jedoch darin findet, in der einen oder anderen Weise in ethnischen Traditionen verwurzelt zu sein oder sich explizit darauf zu berufen, ganz gleich, ob diese Traditionen bewahrt, weiterentwickelt oder überwunden werden. Der World-Music-Preis ist keine Exotik-Revue, sondern soll verdeutlichen, mit welcher künstlerischen

Selbstverständlichkeit Verschiedenheit gelebt werden kann."[38] Zu den Gewinnerinnen und Gewinnern der letzten Jahre zählen u.a. Alp Bora und seine Band *Nim Sofyan* (2004), *Fatima Spar and The Freedom Fries* (2004), *Jazzta Prasta* (2006) und *Hotel Palindrone* (2005). Ihnen allen hat die Auszeichnung österreichweit einen höheren Bekanntheitsgrad eingebracht, weil sie dadurch auch von den Medien stärker beachtet wurden.

Wenngleich die World-Music-Szenen in Wien von der Balkan-Musik dominiert ist, so gibt es dennoch Musiker aus den anderen von uns untersuchten Communities, die in diesem Segment reüssieren. Zu erwähnen ist etwa die Reggae-Band *Jayasri,* die im Jahr 2003 den World-Music-Preis gewann und deren Mitglieder aus Sri Lanka, Bangladesch, Nigeria und Österreich stammen. Die Texte ihrer Songs sind singhalesisch. Die Band ist in Sri Lanka sehr erfolgreich. 1998 trat sie auch im Rahmen des „Hallamasch"-Festivals auf. Dieses Event ist ebenfalls ein Meilenstein in der österreichischen World Music. Das Konzept von „Hallamasch" ist das einer multikulturellen Parade. An diesem Event nahmen mehrere südasiatische Künstlerinnen und Künstler teil. Jatinder Thakur ist eine der bedeutendsten Persönlichkeiten in der World-Music-Szene. Von Beginn an, also schon seit 1982, wirkt er beim Festival „Klangwelten" zusammen mit dem deutschen Harfenisten Rüdiger Oppermann. Im Bereich Jazz und World Music musizierte er unter anderem auch zusammen mit Dhafer Youssef, Wolfgang Puschnig und Peter Wiesinger. Mit dem Ensemble *Free Winds* spielt er „Indojazz-Fusion". Aber auch Künstlerinnen und Künstler aus der chinesischen Community reüssieren allenthalben in diesem Segment. Ein Beispiel ist der taiwanesische Geigenspieler Wang-Yu Ko, der mit ein paar Musikerinnen und Musikern mit anderen kulturellen Hintergründen die Gruppe *Saitnswinger* gegründet hat und österreichische Volksmusik spielt.

Fatima Spar and the Freedom Fries: „Österreichische Weltmusik" zwischen Istanbul und Wien

„Heiße Grooves und hemmungslos spontaner Spielwitz, guter alter Swing, Balkan-Brass und orientalischer Pop schmelzen im Hochofen der *Freedom Fries* zu stets frisch und feurig servierter Tanzmusik zusammen."[39] Diese und ähnliche Beschreibungen der 2004 gegründeten Band *Fatima Spar and the Freedom Fries* sind keine Seltenheit. Bekannt wurde das Sextett beim „Festival der Klänge" im Jahr 2004 durch die Verleihung des „World-Music-Preises". Seit diesem Zeitpunkt gilt das Schaffen dieser „multikulturellen" Band – die Musikerin-

38 Http://www.worldmusicaward.eu (12. 12. 2008).

39 Http://www.malagueta-music.com.

nen und Musiker haben österreichische, türkische, bulgarische, ukrainische und serbische Wurzeln – als Paradebeispiel „österreichischer World Music". Mit ihrer Musik, die zwischen Jazz, Balkan-Folklore und anatolischer Popularmusik angesiedelt ist, eroberten Frontfrau Fatima Spar und ihre Musiker sehr rasch die Wiener Clubszene, in der sich bereits in den Jahren zuvor der sogenannte „Balkan-Boom" mit den tanzbaren Beats von Künstlerinnen und Künstlern wie Shantel oder Formationen wie *!DelaDap* bemerkbar gemacht hatte.

Der Durchbruch gelang *Fatima Spar and the Freedom Fries* mit ihrem vom Österreichischen Musikfonds geförderten Debütalbum „Zirzop" (2006), das nicht nur in szenenahen Printmedien (wie z. B. „Falter" und „Concerto") hoch gelobt wurde, sondern auch für den in kommerzieller Hinsicht relevanten „Amadeus Award" nominiert war (Kategorie „Jazz/Blues/Folk-Album des Jahres national").

Im Mittelpunkt der Band steht die Frontfrau Fatima Spar – mit bürgerlichem Namen Nihal Şentürk –, eine türkischstämmige Sängerin, die in Vorarlberg aufwuchs und erst vor wenigen Jahren nach Wien gezogen ist. Dort traf sie auf den Schlagzeuger Erwin Schober und den Bassisten Philipp Moosbrugger. Ergänzt wurde das Trio durch drei in Wien lebende Musiker unterschiedlicher Herkunft: den Saxofonisten Andrej Prosorov (Ukraine), den Trompeter Alexander Wladigeroff (Bulgarien) und den Akkordeonisten Milos Todorovski (Serbien).

Gemanagt wird die Band von dem in Wien lebenden Belgier Jeroen Siebens mit seiner Agentur *fritspecial*, die unter anderem auch *(dunkelbunt)* oder die *Amsterdam Klezmer Band* unter Vertrag hat. Mittlerweile machen *Fatima Spar and The Freedom Fries* internationale Karriere: Ihre Tourneen führen sie quer durch Europa, in den letzten Jahren fanden auch Auftritte in New York, Tunis und Kairo statt. Kürzlich ist das neue Album „Trust" erschienen.

Massenmedial verbreiten

Musik- und Filmproduktion

Die türkische, chinesische und südasiatische Kultur wird nicht nur live aufgeführt, sondern auch auf Ton- und Bildträgern aufgezeichnet und massenhaft verbreitet – und das auch in Wien. Sicherlich, die im Handel erhältlichen CDs und DVDs mit Musik und Filmen aus den Herkunftsländern der Migrantinnen und Migranten werden größtenteils auch dort produziert, wenngleich es in Ländern wie zum Beispiel Deutschland oder Großbritannien, in denen viele Einwanderer leben, mittlerweile große Firmen gibt, die für Migrantinnen und Migranten, aber auch für den Markt in deren Herkunftsländern produzieren. In Österreich stecken diese Kulturindustrien im engeren Sinne noch in den Kinderschuhen. Eine Ausnahme soll in diesem Zusammenhang allerdings Erwähnung finden: Der indische Topmanager Sandeep Kumar versucht als Spielfilmproduzent in Österreich Fuß zu fassen. Derzeit arbeitet er an einem von der Bollywood-Ästhetik inspirierten Spielfilm, in dem er auch selbst die Hauptrolle spielt.

Sandeep Kumar lernte schon als Teenager Deutsch, weil sein Vater Deutschprofessor ist. Englisch war in der Familie die erste Sprache, Hindi lernte er als zweite Sprache. Mit 18 Jahren ging er für Studienzwecke nach Deutschland. Später studierte er auch in den USA, kehrte wieder nach Deutschland zurück, wo er in Hamburg in der Airbus-Industrie arbeitete. Schließlich zog er 1989 nach Österreich, wo er in einem internationalen Unternehmen tätig ist. Sandeep Kumar besuchte die katholische St. Columba's School in Neu-Delhi. Zusammen mit einem anderen Schüler, dem heute führenden Bollywood-Star Shah Rukh Khan, brachte er in einem Schulprojekt Shakespeare auf die Bühne. Damals gab es keine Filmschule, meint Kumar: „Die Hindi-Filmindustrie war damals nicht so begehrt – nur Schulaussteiger und Mädchen aus nicht so gutem Hause sind in die Filmindustrie gegangen …" Ein Onkel von Sandeep Kumar produzierte die Fernsehserie „Fauji", mit der Shah Rukh Khan berühmt wurde. Durch diesen Onkel und die Bekanntschaft mit dem Filmstar hat er auch heute gute Kontakte zur indischen Filmindustrie.

Hier in Wien hatte Sandeep Kumar Ende der 1990er-Jahre ersten Kontakt mit einer südindischen Filmproduktion, die zu Dreharbeiten nach Österreich gekommen war. Er nahm sich zwei Monate frei, begleitete das Team, um die Praxis der Filmproduktion von A bis Z zu lernen. Später fand er auch Aufnahme in einem lokalen Filmclub, dessen Mitglieder ihn auch technisch, z. B. als Kameramänner, unterstützen. Die Popularität Bollywoods regte ihn schließlich an, in seinem ersten Spielfilm „Kesariya Balam" die hiesige Tanzszene einzubinden.

Das Entstehen einer migrantischen Musikindustrie im engeren Sinne zeichnet sich in den von uns untersuchten Communities nicht ab, wenngleich mit *Couch Records* vor zehn Jahren ein Musiklabel ins Leben gerufen wurde, das zu einer Plattform für vor allem im Electronic- und Nu-Jazz-Bereich tätige Musikerinnen und Musiker mit Migrationshintergrund wurde. Das von Vlado Dzihan und Mario Kamien gegründete und mittlerweile von Letzterem gemanagte Label vermeidet aber bewusst die Identifikation als ethnische Ökonomie oder World-Music-Label. Es etablierte sich international als eine der avanciertesten österreichischen Unternehmungen für zeitgenössische Popmusik. Neben den beiden Acts *Coup de Bam* und Cay Taylan, die sich zuweilen auch um die Integration türkischer und anatolischer Elemente in eine globale Musiksprache bemühen, produzieren unter diesem Label auch Künstlerinnen und Künstler, deren Herkunft für ihre musikalische Praxis ohne Bedeutung ist. Jüngst stieß die junge Steirerin Anja Plaschg mit ihrem Projekt *Soap & Skin* dazu. *Couch Records* sind auch bekannt für umfangreiche Marketingaktionen und Kooperationen mit großen Firmen (*T-Mobile-Electronic-Beats, Bombay Sapphire Gin*).

Buch-, CD- und DVD-Handel, Videotheken

Die nach wie vor einfachste und bequemste Form für Migrantinnen und Migranten, ein Stück Heimat in der neuen Umgebung zu pflegen, ist der Kauf eines Buchs, einer CD oder DVD mit Literatur, Musik oder Filmen aus dem Herkunftsland. Und wem das noch zu teuer ist, der kann dies alles auch entlehnen. Büchereien und Videotheken spielen daher ebenso wie der Handel mit Büchern, CDs und DVDs in den Migrantengemeinschaften eine wichtige Rolle. Das türkische Branchenverzeichnis *sarisayfalar.at* listet Mitte 2008 drei Buchhandlungen und drei CD- bzw. DVD-Geschäfte auf. Ton- und Bildträger werden aber auch in einigen der türkischen Supermarkt-Ketten angeboten.

Im 10. Bezirk befindet sich das Geschäft *Divan Kitabevi*, ein Buchladen, in dem vorwiegend türkische Bücher verkauft werden. Die im 16. Bezirk angesiedelte Buchhandlung *Bizim Kitabevi*, in der vor allem religiös orientierte Türkinnen und Türken ihre Bücher und DVDs bezogen, sperrte aufgrund sinkenden Umsatzes vor wenigen Monaten zu. Gleich gegenüber befindet sich das Geschäft *Akdeniz*, in dem vorwiegend CDs und DVDs für die türkische Community verkauft werden. Ein CD-Laden im 20. Bezirk musste vor einigen Monaten den Betrieb einstellen. Der Betreiber beklagt im Interview die große Konkurrenz durch neue Vertriebswege im Internet. Vor allem Jugendliche würden sich türkische Popularmusik, die in den österreichischen Großmärkten kaum erhältlich ist, vorwiegend im Internet herunterladen. DVDs und CDs werden mittlerweile aber auch von den großen türkischen Supermärkten in eigenen Abteilungen angeboten.

Chinesinnen und Chinesen beziehen Bücher, CDs und DVDs vor allem in den Geschäften rund um den Naschmarkt oder von den chinesischen Straßenhändlerinnen und Straßenhändlern. Von großer Bedeutung ist das in der Kettenbrükkengasse gelegene Geschäft *China Books*, das von dem aus Peking stammenden Unternehmer Wang Gan betrieben wird und als erste und einzige chinesische Buchhandlung in Wien nicht nur chinesische Literatur, sondern auch CDs und DVDs zum Kauf anbietet. Seit 2003 haben Chinesinnen und Chinesen zudem die Möglichkeit, über eine in Wien gegründete Internetplattform chinesischsprachige TV-Serien und Spielfilme zu kaufen und über das Internet zu konsumieren.[40]

Bollywood-Filme und Bollywood-Filmmusik hatten natürlich schon vor dem großen Boom einen hohen Stellenwert in den südasiatischen Communities. Dementsprechend häufig verkauften oder verliehen indische Lebensmittelhändler seit langem auch entsprechende CDs, Videos und DVDs. Mit dem Boom begannen sie aber gezielt neue Käuferschichten anzusprechen. Umgekehrt kam die Konkurrenz des Mainstream-Angebots hinzu, als plötzlich Medien-Diskonter qualitativ hochwertige Bollywood-DVDs anboten, wo das Menü sogar eine deutsch synchronisierte Version bereitstellte. Zu den bekanntesten indisch-pakistanischen Videotheken und

---

40 Http://www.51vod.tv.

Video- und DVD-Geschäften zählen *Bollywood Gandhi Video* (16.), *Dhaliwal Cash & Carry & DVD Point* (16.), *Indian Music House* (7.) und *Lahore Video* (3.). In den 1980er-Jahren boten Lebensmittelgeschäfte und Boutiquen oft nebenbei Videos zum Verleih an, um damit ihren Laden attraktiver zu machen. Die meisten Geschäfte sind auch heute multifunktionale Lebensmittelgeschäfte, die ebenso audiovisuelle Medien anbieten. Dazu zählen u. a. die Geschäfte *Asien Basar* oder *Oriental House.*[41]

Ganz besonders „indisch" und Bollywood: Gandhi Video und Fashion

Der gebürtige Inder Satish Gandhi eröffnete 2001 seine erste Bollywood-Videothek in der Burggasse im 7. Bezirk. Gandhi stammt aus der Stadt Fatehabad im indischen Bundesstaat Haryana und lebt seit 1991 in Wien. Wie viele andere Migranten aus südasiatischen Ländern war auch Gandhi in seiner allerersten Migrationsphase als Zeitungskolporteur tätig. Später arbeitete er als Tankwart. Heute betreiben Gandhi und seine Frau Sujata Gandhi das Geschäft *Bollywood Gandhi Video und Fashion* in der Herbststraße, in einer sogenannten „Little India"-Gegend Wiens in der Nähe vom Urban-Loritz-Platz. Mehr als die Hälfte der Kundschaft sind in Österreich lebende Inderinnen und Inder. Um die vielfältigen indischen Communities abzudecken, bietet Gandhi eine große Auswahl an indischen Filmen in sechs Sprachen an: Hindi, Tamil, Malayalam, Bengali, Punjabi und Telugu. Andere Kundinnen und Kunden kommen aus Österreich, der Türkei, dem ehemaligen Jugoslawien und auch aus Rumänien.

Das Bollywood-Fieber in Europa bedeutet für die Familie Gandhi einerseits mehr Konkurrenz, anderseits auch neue Möglichkeiten. Neben DVD-Verleih und -Verkauf erweiterte Familie Gandhi vor zwei Jahren das Geschäft um Bollywood-Mode und Bollywood-Schmuck. Außerdem veranstaltet sie Bollywood-Modeshows und Bollywood-Partys, die bei den Bollywood-Fans außergewöhnlich gut ankommen. Am 15. 6. 2007 organisierte Gandhi im *Reigen* im 14. Bezirk ein Bollywood-Live-Event mit Modeshow, Tanzvorführungen und der Liveband *Bollywood Hungama.* Herr Gandhi träumt von einem Bollywood-Café-Restaurant, das vorwiegend indische Kundinnen und Kunden ansprechen soll. Es soll ein Standort für die indischen Familien sein, wo sie gemütlich Musik hören, frisches und richtiges indisches Essen und Getränke genießen und miteinander plaudern können. „Ganz besonders indisch" soll das neue Lokal sein.

41 In den 1990er-Jahren wurden aufgrund der steigenden Konkurrenz Kooperationsversuche unternommen. Informell wurde eine Indian Shopkeepers Association gegründet, die Preisabsprachen traf, aber schließlich damit gescheitert ist. Doch de facto findet eine enge Kooperation zwischen den südasiatischen Läden statt, die durch wechselseitige Abhängigkeit von Importeuren und Großhändlern miteinander vernetzt sind. Kleine Läden sind nicht in der Lage, selbst zu importieren. Siehe dazu Fuchs (1998b).

Zeitungen, Radio, Fernsehen und Internet

Printmedien und elektronische Medien spielen in der Kreativwirtschaft eine zentrale Rolle. Sie fungieren nicht nur als Informationsplattformen, auf denen über kulturelle Veranstaltungen vor Ort informiert wird, sondern auch als Medien der Verbreitung kultureller Güter. „Sounds and images", also jene symbolischen Texte, die im Zentrum unseres Interesses stehen, werden wesentlich über Radio, Fernsehen und das Internet distributiert und rezipiert. In den großen österreichischen Medienanstalten wie etwa dem öffentlich-rechtlichen ORF, aber auch bei den großen Zeitungsverlagen, sind die Migrantinnen und Migranten und deren Kultur deutlich unterrepräsentiert.[42] Der ORF ist zwar in §5 des Rundfunkgesetzes *in der Fassung von* 2001 verpflichtet, „angemessene Anteile in den Volksgruppensprachen jener Volksgruppen, für die ein Volksgruppenbeirat besteht, zu erstellen", für die Gruppe der Neuzugewanderten gibt es allerdings keine derartigen Regelungen. Die wenigen Angebote für Einwanderer, wie z. B. die halbstündige Sendung „Heimat, fremde Heimat", finden sich auf relativ schlechten Sendeplätzen. In den anderen Programmen sind Migrantinnen und Migranten ohnehin so gut wie nicht präsent. Mit der im April 2009 gestarteten Jugendserie „Tschuschen:Power" versucht der ORF erstmals dem Umstand gerecht zu werden, dass sein Programm unter den Zuwanderern nur dann breite Akzeptanz finden wird, wenn diese auch als Redakteure und Darsteller Eingang finden.[43]

Die Migrantinnen und Migranten greifen nicht zuletzt auch aufgrund dieses Defizits häufig auf das Angebot transnational agierender Konzerne des Heimatlandes zurück, deren Programme über Satellit auch in Österreich empfangen werden können. Wenn Chinesinnen und Chinesen Nachrichten, Informationen und Unterhaltungsprogramme auf Chinesisch haben möchten, installieren sie einen „Wok" auf dem Dach, um ca. zehn TV- und Radio-Kanäle aus China inklusive des staatlichen chinesischen TV-Senders *CCTV*, des in Hongkong stationierten Fernsehbetreibers *Phoenix Chinese Channel* und auch des Senders *New Tang Dynasty Television* aus New York über Satellit zu empfangen. Satellitenempfang ist natürlich auch in den anderen Communities von großer Bedeutung. Türkischen Einwanderern stehen in Österreich auf 79 Frequenzen über 200 Programme zur Verfügung, darunter *Show TV*, *Lig TV*, *Türk Max*, *TRT Int*, *Power TV*, *Kalan D* und *NTV*. Zu den wichtigsten in Österreich empfangbaren Satellitenprogrammen in südasiatischen Sprachen zählen *Bangla TV*, *Channel Punjab*, *Geo TV*, *PTV Global*, *SET Asia*, *STAR One*, *Sunrise TV* und *Zee TV*. Radioprogramme wie das britisch-asiatische *Sunrise Radio* oder regionale südasiatische Sender können auch über das Internet empfangen werden. Die Berichterstattung eines dieser transna-

42 Vgl. Schnötzinger (1996), Kogoj (1999), Volf und Bauböck (2001, 125ff.), Böse, Haberfellner und Koldas (o. J.).

43 Vgl. http://tv.orf.at/tschuschenpower/.

tionalen ethnischen Medien über lokale Veranstaltungen in Wien befördert das Prestige eines Events und der daran beteiligten Kulturschaffenden, Vereine und Unternehmen enorm.

Seit der Liberalisierung des österreichischen Rundfunkmarktes, die in Österreich verglichen mit anderen europäischen Ländern relativ spät erfolgte, ist es neben den öffentlich-rechtlichen Anstalten auch Privaten erlaubt, Radio- und Fernsehprogramme anzubieten. 1998 gingen in Wien die ersten privaten Radios auf Sendung.[44] Für die Einwanderercommunities von Relevanz sind vor allem die nicht kommerziellen Anbieter, die sogenannten freien Radiostationen. *Radio Orange* (früher: *Freies Radio Wien*) stellt eines der wichtigsten Medien dar, das u. a. Programme von und für Migrantinnen und Migranten anbietet. Als nicht kommerzielles privates Radio bemüht sich *Radio Orange* darum, für medial unterrepräsentierte Themen und Gruppen ein Forum zu schaffen. So gibt es u. a. spezielle Programme von und für Rezipientinnen und Rezipienten mit türkischem bzw. kurdischem Migrationshintergrund: Die Sendungen „ada vapuru“ und „Merhaba FM“ richten sich in erster Linie an in Wien lebende Türkinnen und Türken. „Anatolien Radio“ widmet sich vor allem politischen und sozialen Aspekten in der Türkei. Als Beitrag zum Dialog der in Österreich lebenden Menschen mit unterschiedlicher Sprache, Religion, Nationalität und Kultur versteht sich die Sendung „Selam“, die in Deutsch, Türkisch und Kurdisch ausgestrahlt wird. „Radio Dersim“ berichtet über kulturelle und politische Ereignisse in Österreich sowie über Kurdistan und wird in kurdischer Sprache gesendet. Die Jugendsendung „Roj FM“ bietet Talkshows, Nachrichtensendungen, Dokumentationen und Ratgebersendungen, darüber hinaus beinhaltet das Programm kurdische Musik verschiedener Stilrichtungen.

Ebenfalls auf *Radio Orange* sendet die *Initiative Minderheiten* ihr multiethnisches Radiomagazin „Stimme“: In der einstündigen Sendung wird jede zweite Woche zu den Themen Minderheiten, Mehrheiten und Machtverhältnisse berichtet.

Ein ähnliches Konzept wie *Radio Orange* verfolgt der Fernsehsender *Okto*. Dieses nicht kommerzielle Privatfernsehen versteht sich als Community-Medium und mediale Plattform für eine urbane pluralistische Gesellschaft. Der vorwiegend durch die Stadt Wien geförderte TV-Kanal bietet auch migrantischen Communities die Möglichkeit, Beiträge zu produzieren und zu senden. Davon machen vor allem kurdische und türkische Migrantinnen und Migranten Gebrauch: Die Sendung „So Be“ von Eren Kılıç zeigt unterschiedliche Aspekte des kurdischen Lebens in Wien; präsentiert wird unter anderem auch kurdische Musik. Das „Viyana Magazin“ zeigt Wien von seiner türkischen Seite und richtet seine Aufmerksamkeit auf den Alltag und die Kultur von in Wien lebenden Türkinnen

44 Das Regionalradiogesetz wurde zwar bereits 1993 im Nationalrat beschlossen. Da einige nicht zum Zuge gekommene Bewerber Beschwerde beim Verfassungsgerichtshof einlegten, verzögerte sich der Start nochmals um einige Jahre. Lediglich in Salzburg und der Steiermark gingen bereits 1995 private Anbieter auf Sendung. Vgl. Zink, Ragetté und Hofstetter (2003).

und Türken. Um den Dialog zwischen Türken und Österreichern bemüht sich die Sendung „A-Turka“ durch Beiträge zu Wissenschaft, Sport, Kultur und Fremdenverkehr. Für Unterhaltung sorgt die zweisprachige „Mehmet Keser Show“, in der Tanz, Musik und Gespräche mit berühmten Studiogästen aus der türkischen Tanz- und Musikszene geboten werden. Chinesische oder südasiatische Initiativen finden sich bislang keine.

Während die klassischen elektronischen Medien Radio und Fernsehen bislang eine Domäne der großen Communities blieben, sind im Printbereich auch die kleineren Einwanderergemeinschaften recht aktiv. Die Herausgabe von Zeitungen ist neben der Vernetzung im wirtschaftlichen Bereich und dem Betreiben von Schulen überhaupt eine der zentralsten Aktivitäten in der chinesischen Community, wobei die Herausgeber häufig transnational agieren. Zurzeit existieren drei chinesischsprachige Wochenzeitungen in Österreich: „Europe Weekly“, „Europe Huaxinbao Newspaper“ und „Chinesen“. Der Verband der Chinesen in Österreich wurde 1991 mit dem Ziel der Herausgabe des chinesischsprachigen Magazins „Aohua“ (Österreich/China) gegründet, das, wie uns der Herausgeber mitteilte, das erste seiner Art in ganz Europa war. Dieses Magazin wurde später durch die Zeitung „Ouhua“ (Europa/China) ersetzt und 2006 nach einer Umstrukturierung in „Europe Weekly“ umbenannt. Während „Europe Weekly“ die Putonghua sprechende chinesische Gruppe adressiert, konzentrieren sich die anderen beiden Zeitungen auf die aus Zhejiang stammenden Chinesinnen und Chinesen. Die Gründung von „Europe Huaxinbao Newspaper“ und „Chinesen“ geht auf Initiativen des *Vereins der Landsleute aus Qingtian* zurück. Fast in jedem Chinarestaurant findet man eine oder zwei dieser Zeitungen, und in allen chinesischen Lebensmittelgeschäften in Wien werden sie verkauft. Alle drei Zeitungen verfügen im Übrigen auch über ein elektronisches Format. Neben diesen drei Zeitungen werden auch in Wien ausländische chinesische Tageszeitungen verkauft, und zwar am Karlplatz und am Westbahnhof: Dazu zählen die in Frankreich herausgegebene „Nouvelles d’Europe“ und die aus England stammende „Sing Tao Daily“. Das Informationsangebot im Internet nimmt insgesamt an Bedeutung zu. Die im Jahre 2005 ins Leben gerufene „China-Austria“-Website ist mittlerweile eine unverzichtbare Informationsdrehscheibe für chinesische Geschäfte, Vereine und Einzelpersonen. Sie informiert über chinesische Aktivitäten jeglicher Form in Österreich – nicht zuletzt auch über das chinesische Kulturleben in Wien.

„Europe Weekly“ & China Books: Wang Gan

Neben vielen asiatischen Restaurants and Lebensmittelgeschäften befindet sich am Naschmarkt auch *China Books*, die erste und bislang einzige chinesische Buchhandlung in Wien. Hier werden nicht nur chinesische Bücher und Magazine verkauft, sondern auch audiovisuelle Produkte wie CDs und DVDs. Außerdem befindet sich hier der Verlagssitz der chinesischen Zeitung „Europe Weekly“.

Wang Gan ist der Besitzer dieser Buchhandlung und auch des Verlags (siehe Abbildung auf Seite 137). Nach seinem Journalismus-Studium Anfang der 1980er-Jahre – in einer Zeit der Öffnungspolitik Chinas – wollte Herr Wang die Welt bereisen. Der aus Peking stammende junge Chinese ergriff die Möglichkeit, 1985 nach Deutschland auszuwandern. In Mainz studierte er weiter, seit 1990 lebt er in Österreich. Schon in seinen ersten Monaten in Österreich vor 18 Jahren beschäftigte sich Herr Wang mit der Herausgabe des chinesischen Nachrichtenjournals „Aohu" („Österreich/China"). 2006 gründete Herr Wang den österreichischen Ableger der französischen Zeitung „Europe Weekly". Gedruckt in Bratislava in A3-Format mit 40 Seiten, wird „Europe Weekly" jeden Montag herausgegeben. Die Zeitung, die eine Leserschaft nicht nur in Österreich, sondern auch in den benachbarten Ländern sowie bei den Reisenden in den Air-China- und AUA-Flügen gewonnen hat, verfügt über eine Auflage von 3.000 Stück.

Bereits in den 1990er-Jahren leitete Herr Wang eine Bibliothek im Chinazentrum, bei der in Österreich lebende Chinesinnen und Chinesen Bücher, CDs und Videos aus ihrer Heimat ausleihen konnten. Im Jahr 2004 eröffneten Wang Gan und seine Frau das Geschäft *China Books* in der Kettenbrückengasse. Das Publikum ist vielfältig: Besucht wird der Buchladen von einheimischen Sinologinnen und Sinologen und Kundinnen und Kunden, die Interesse an chinesischer Musik oder Büchern über Traditionelle Chinesische Medizin haben. Immer wieder kommen auch Touristinnen und Touristen vorbei. Das meiste Geschäft machen Herr und Frau Wang allerdings mit chinesischen Migrantinnen und Migranten, die hier Magazine und Serien aus China kaufen können.

In der südasiatischen Community gibt es derzeit keine lokal publizierten Printmedien – allerdings werden eine Reihe von Zeitungen und Magazinen importiert.[45] Daneben existieren einige Online-Angebote, wie zum Beispiel das Online-Magazin für Keralesinnen und Keralesen in Englisch und Malayalam, „www.kaumudi.com", oder die vom *Kashmir Culture Center* betreute Online-Zeitung „www.voiceofvienna.org".

Ganz anders sieht die Situation in der türkischen Community aus. Alle großen türkischen Tageszeitungen wie „Milliyet" und „Hürriyet" erscheinen in Regionalausgaben auch in Österreich. Die Redaktionen befinden sich in der Regel in Deutschland, in Wien werden sie von der türkischen Agentur *Turklook* vertreten. *Turklook* bemüht sich nicht nur um lokale Anzeigenkunden, sondern liefert auch den einen oder anderen Bericht über Aktivitäten in Wien. Wahrscheinlich von noch größerer Relevanz sind aber die zumeist gratis in Geschäften aufliegenden oder versandten Monatszeitschriften. Sie werden in Wien produziert, über Anzeigen von in

45 Eine Ausnahme stellt die Punjabi-Zeitschrift „Rabta" dar, von ihr sind allerdings nur zwei Nummern erschienen.

der Regel türkischen Unternehmen finanziert und informieren über Politik, Kultur und das gesellschaftliche Leben in Österreich. Zu den derzeit wichtigsten (deutsch-) türkischen Zeitungen zählen „Ajan", „Avusturya Günlüğü", „Deva", „Post", „Yeni Hareket", „Yeni Vatan Gazetesi" und die Österreich-Ausgabe von „Zaman". Sie unterscheiden sich durchaus in Inhalt, Aufmachung und Ausrichtung.

„Zaman" (auf Deutsch: „Zeit") ist eine Tageszeitung, die seit 1986 in der Türkei und seit 1992 in 13 europäischen Ländern und in insgesamt 14 Sprachen erscheint. Die Europa-Zentrale der *Zaman*-Mediengruppe hat ihren Sitz in Deutschland. Die österreichische Wochenausgabe von „Zaman", „Zaman Österreich", erscheint seit Jänner 2008. Die erste deutsch-türkische Wochenzeitung hat sich zum Ziel gesetzt, Integration und Zusammenleben in Österreich zu unterstützen. Wöchentlich werden 5.000 Ausgaben innerhalb von Österreich verteilt.

„Yeni Hareket" (auf Deutsch: „Neue Bewegung") ist eine monatliche Zeitung, die in einer Auflage von 15.000 Stück erscheint. Dieses kostenlose Blatt in türkischer Sprache liegt österreichweit in türkischen Vereinen, Kaffeehäusern, Jugendzentren und Friseursalons auf. Die Finanzierung ist in erster Linie durch Inserate von Lebensmittelmärkten, Handyfirmen und Restaurants gewährleistet. Die politische Richtung der Zeitung könnte als konservativ-religiös beschrieben werden.

„Ajans", „Post" und „Dewa" sind auch Zeitungen, die türkische Migrantinnen und Migranten des „Gastarbeiter"-Milieus ansprechen. Bis auf „Dewa", in der auch deutschsprachige Artikel veröffentlicht werden, erscheinen diese Blätter in türkischer Sprache. Die monatliche Auflage von „Post" beträgt 555.000 Stück, die von „Dewa" und „Ajans" je 10.000. Die „Yeni Vatan Gazetesi" (auf Deutsch: „Neue Heimat") erscheint ebenfalls in einer Auflagenhöhe von 10.000 Stück und wird kostenlos an 1.600 Vertriebspunkten verteilt (u. a. türkische Geschäfte, Moscheen, Vereine und Stände). „Avusturya Günlüğü" existiert seit vier Jahren und wird von Adil Elmas herausgegeben, der eine gleichnamige Sendung im Fernsehen (Kanal 7) gestaltet. Im Gegensatz zu den anderen erwähnten Zeitungen lässt sich „Avusturya Günlüğü" als ein sehr liberales und laizistisches Printmedium beschreiben.

Wie in den anderen Communities werden Informationen zunehmend auch im Internet angeboten. Im türkischen Online-Branchenverzeichnis *www.sarisayfalar.at* etwa finden Türkinnen und Türken die wichtigsten Anbieter aus der Community, von der Bank bis zum Hochzeitssaalbetreiber, von der Moschee bis zum türkischen Getränkegroßhändler. Um all diese Medien herum entstand in den letzten Jahren ein eng geflochtenes Netz von türkischen Dienstleistern wie Werbeagenturen, Grafikbüros, Webdesignern, Druckereien und Kopierdiensten, die, wenn sie vielleicht auch nicht alle unmittelbar der Kreativwirtschaft zuzurechnen sind, so doch eine zentrale Rolle bei der Produktion und Verbreitung von Kultur spielen. Die größeren unter ihnen, wie zum Beispiel der *Yeni Vatan Verlag* oder *Turklook*, verbinden zudem ihre kommerziellen Aktivitäten mit integrationspolitischen Anliegen und bemühen sich um die Vermittlung zwischen Einwanderercommunities und der österreichischen Mehrheitsgesellschaft.

Josef Senel und Turklook

Der an der Schwarzmeerküste aufgewachsene Josef Senel hatte schon in seinen früheren Jahren einen Bezug zu Österreich. Er besuchte das österreichische Gymnasium in Istanbul, das St.-Georgs-Kolleg, bevor er Betriebswirtschaft studierte. Nach dem Studium arbeitete Herr Senel zuerst in Deutschland; im Jahr 1988 kam er nach Österreich. Schon am Anfang seines Aufenthalts in Wien beschäftigte er sich mit dem Thema des „ethnischen Unternehmertums“: Für seine Abschlussarbeit an der WU Wien hatte er 50 türkischstämmige Klein- und Mittelbetriebe interviewt.

Vor sieben Jahren gründete Herr Senel mit seinem Partner, einem erfahrenen Journalisten, die Medien- und Werbeagentur *Turklook*. Die Agentur befindet sich in einem Wohnhaus an der Grenze der zwei Wiener Bezirke Rudolfsheim-Fünfhaus und Ottakring, wo es eine Konzentration türkischer Migrantinnen und Migranten gibt. Der Schwerpunkt wurde auf das Spezialgebiet „Ethnisches Marketing und interkulturelle Werbung“ gelegt. Mit dem Ziel, eine Brücke zwischen Österreich und der Türkei zu bilden, bietet *Turklook* Dienstleistungen in diversen Formen an. Dazu gehört in erster Linie die Beratungsarbeit für österreichische oder auch deutsche Unternehmen wie zum Beispiel Mercedes und VW, die türkischstämmige Konsumentinnen und Konsumenten ansprechen möchten. Mit der Sprache aus ihrem Heimatland, so Senel, könne man die Herzen der Zielgruppe erreichen und ihre Emotionen ansprechen. Außerdem ist es für ihn besonders wichtig, die kulturellen Nuancen wie religiöse und moralische Werte im Ethnomarketing nicht außer Acht zu lassen. So wurde zum Beispiel für die ins Türkische übersetzte Broschüre einer Gesundheitskampagne das abgebildete Schweinefleisch durch ein anderes Gericht ersetzt.

Jahrelang organisierten Josef Senel und sein Team die interkulturelle Woche in der Lugner City, die sowohl Unternehmen als auch Non-Profit-Organisationen eine Möglichkeit bot, sich zu präsentieren. Bühnenprogramm mit Musik und Tanz aller Länder spielt dabei eine wesentliche Rolle in der interkulturellen Arbeit: „Musik und Kunst sind das beste Mittel, die Leute einander näherzubringen.“

Obwohl Wien als sein Lebensmittelpunkt eine große Bedeutung hat, ist Herr Senel mit Istanbul emotionell noch sehr verbunden. Jedes Jahr fliegt er mindestens ein- bis zweimal dorthin, um mit seiner Familie zusammen zu sein und Freunde zu besuchen. Die Luft, die Möwenstimmen, die Schiffshupen und die Geräusche der historischen Metropole sind für ihn unverzichtbar.

Im integrationspolitischen Engagement treffen sich die genannten Medien mit einer Reihe anderer Projekte, die allerdings im Unterschied zu den bislang erwähnten nicht in erster Linie spezifische Communities bedienen, sondern von Anfang an multiethnisch ausgerichtet waren und auch viel mehr auf die interessierte deutschsprachige Leserschaft in der Mehrheitsgesellschaft abzielen.

So versteht sich die seit 2008 existierende Stadtzeitung „biber" als transkulturelles Magazin, das sich in erster Linie an Wienerinnen und Wiener der zweiten und dritten Generation richtet. Im Türkischen und Serbokroatischen bezeichnet das Wort „biber" Paprika und Pfeffer: Denn zeigen möchte die „erste Stadtzeitung mit scharf", so die Selbstbeschreibung auf der Homepage, „jene spannenden und scharfen Facetten Wiens, die bisher in keiner deutschsprachigen Zeitschrift zu sehen waren. Der ‚biber' reflektiert das Lebensgefühl einer neuen Generation, schwingt dabei aber nicht die moralische Integrationskeule."

Inhaltlich bietet das deutschsprachige und (bislang) kostenlose Magazin eine Mischung aus Lifestyle und Gesellschaftspolitik, wobei großes Augenmerk auf die Rolle von Migrantinnen und Migranten gelegt wird. Das von der „biber"-Journalistin Ivana Cucujkic und „Kurier"-Redakteur Simon Kravagna koordinierte Team besteht aus jungen Journalistinnen und Journalisten mit und ohne Migrationshintergrund.

Die seit 1991 publizierte Zeitschrift „Stimme von und für Minderheiten" versteht sich als eine mediale Plattform für Minderheiten. Herausgegeben wird das vierteljährlich erscheinende Periodikum von der *Initiative Minderheiten*, einem Verein, der sich für die Anliegen der Volksgruppen, Migrantinnen und Migranten, Behinderten, Homosexuellen und anderen diskriminierten Gesellschaftsgruppen einsetzt und die Förderung des Zusammenlebens von Minderheiten und Mehrheiten zum Ziel hat. Jedes Heft ist einem thematischen Schwerpunkt gewidmet. Die Texte stammen vorwiegend von Minderheitenangehörigen. Rezipiert wird die „Stimme" fast ausschließlich von Abokundinnen und -kunden; Zielgruppe sind Menschenrechts- und Minderheitenorganisationen, aber auch interessierte und/oder betroffene Einzelpersonen.

Zu erwähnen ist schließlich noch die „Bunte Zeitung", eine Straßenzeitung, die Asylwerberinnen und -werbern, Flüchtlingen und Migrantinnen und Migranten in schwierigen Lebenssituationen die Möglichkeit bietet, durch Kolportage Geld zu verdienen. Inhaltlich widmet sich die „Bunte Zeitung" migrationspolitischen, internationalen und kulturellen Themen, wobei das Hauptaugenmerk auf die Anliegen jener Menschen gerichtet ist, die aufgrund ihrer kulturellen und nationalen Herkunft am Rande der Gesellschaft leben. Das Redaktionsteam der seit dem Jahr 2000 alle sechs Wochen erscheinenden Zeitung besteht aus Menschen unterschiedlicher Herkunft.

Am 11. und 12. September 2008 fand am Campus der Universität Wien die erste „Wiener Medienmesse Migration" statt, bei der sich die meisten der hier erwähnten Medien präsentierten und Probleme der Medienarbeit von Einwanderern diskutiert wurden. Die Vielfalt der dort vertretenen Medien verdeutlicht noch einmal die Dimensionen migrantischer Kultur- und Medienarbeit. Sie findet im Spannungsfeld zwischen Tradition und Sponaneität, zwischen Machtnähe und Marginalisierung, zwischen „bonding“ und „bridging“, zwischen Lokalität und Transnationalität statt. Sie ist aber zweifellos immer ein Beitrag zur regionalen Wirtschaft *und* eine Bereicherung des kulturellen Lebens in Wien.

Teil II:
Analysen und Befunde

Ziel des Forschungsprojekts zu den Randzonen der Kreativwirtschaft war nicht bloß die Darstellung der Vielfalt unterschiedlicher kultureller Aktivitäten von Migrantinnen und Migranten, sondern auch die Beantwortung analytischer Fragen, die sich aus der wissenschaftlichen Beschäftigung mit migrantischer Kulturarbeit ergeben. Dabei knüpften wir sowohl an soziologische als auch ethnologische bzw. ethnomusikologische Theorietraditionen an. In einer soziologischen Tradition stehen vor allem jene Fragen, die auf die Klärung der strukturellen Bedingungen von Kulturarbeit abzielen. Wissenschaftlerinnen und Wissenschaftler, die sich mit ethnischen Ökonomien beschäftigen, betrachten migrantisches Unternehmertum als Ergebnis der Interaktion spezifischer Nachfragebedingungen in den ethnischen Nischen, des regulativen Rahmens und jener Ressourcen, die Migrantinnen und Migranten bei ihrer Tätigkeit zur Verfügung stehen. Auf die Unterschiede in der Nachfrage wurde schon im ersten Teil dieser Publikation hingewiesen: Größe und soziodemografische Zusammensetzung der Community haben einen wichtigen Einfluss auf das Angebot. Dazu kommen noch Moden wie z. B. Bollywood-Filme oder Balkan-Musik, die auch in der Mehrheitsgesellschaft zu einer gesteigerten Nachfrage nach Produkten der ethnischen Industrie führen. Diese Bedürfnisse versuchen die Anbieterinnen und Anbieter der migrantischen Kreativwirtschaft zu befriedigen. Der rechtliche Rahmen kann dabei unterstützend, aber auch behindernd wirken. Dieser Frage ist der Beitrag von Kim Kwok gewidmet. Sie spürt den Neuerungen im Fremden- und Aufenthaltsrecht bzw. in der Gewerbeordnung nach und bewertet sie im Hinblick auf ihre Auswirkungen auf migrantische Kulturarbeit. In gleicher Weise analysiert Michael Parzer die Unternehmens- und Kulturförderpolitik in Österreich. Beide kommen zu dem Schluss, dass es für kommerzielle Anbieter zwar Verbesserungen gab, die Situation der Kunstschaffenden aber durch die Novelle 2005 deutlich verschlechtert wurde und migrantische Kulturarbeit von den Fördergebern nach wie vor vernachlässigt wird.

Einen anderen strukturellen Aspekt beleuchtet Andreas Gebesmair in seinem Beitrag. In der Migrationsforschung findet die Annahme breite Zustimmung, dass Migrantinnen und Migranten aufgrund der vielfältigen Benachteiligungen in der Aufnahmegesellschaft auf Unterstützung aus dem unmittelbaren Umfeld angewiesen sind. Für die migrantische Kreativindustrie in Wien lässt sich dieser Zusammenhang allerdings nicht nachweisen. Im Gegenteil: Familiäre Ressourcen werden vor allem von jenen mobilisiert, die über hohe Bildung und gute Kontakte zur Mehrheitsgesellschaft verfügen. Was dabei zum Ausdruck kommt, ist, dass sogenannte Klassenressourcen, d. h. eine solide finanzielle Basis und spezifische für die unternehmerische Tätigkeit notwendige Kompetenzen, von größerer Bedeutung sind als die Unterstützung aus der eigenen Community.

Stärker ethnologisch bzw. ethnomusikologisch orientiert sind die beiden anderen Artikel des zweiten Teils. Kim Kwok und Michael Parzer zeigen, wie ethnische Markierungen als Mittel der Vermarktung von Kultur eingesetzt werden. Sie knüpfen dabei an Gedanken an, die mittlerweile als Common Sense ethnologischer Forschung betrachtet werden können: Ethnische Charakterisierungen sind nicht vorweg gegeben, sondern Gegenstand von zuweilen recht konfliktuösen Aushandlungsprozessen. Die migrantischen Anbieterinnen und Anbieter verfolgen dabei recht unterschiedliche Strategien: von der Verwendung ethnischer Stereotype bis hin zur Verweigerung jeglicher ethnischer Zuordnung.

Hande Sağlam und Ursula Hemetek schließlich illustrieren an Beispielen aus der türkischen Musikszene in Wien, wie traditionelle Praktiken an veränderte Rahmenbedingungen angepasst werden. Damit kommen diesen kulturellen Formen nicht nur neue Bedeutungen zu, sie werden auch sukzessive verändert. In Übereinstimmung mit den Einsichten aus der Urban Ethnomusicology wird traditionelle Musik nicht als ein für alle Mal fixiert betrachtet, sondern als etwas, das einem permanenten, wenngleich subtilen Transformationsprozess unterliegt.

Die lokale Rap-Formation Stonepark 12 in der Disco Pasha (Wien 23), 28. 03. 2008, Foto: H. Sağlam

Dem Saz-Spieler Mansur Bildik wird von Stadträtin Sandra Frauenberger das Goldene Verdienstzeichen der Stadt Wien verliehen (Wien 1), 26. 02. 2008, Foto: H. Sağlam

Türkische Hochzeit im konservativen Milieu im Dilan Düğün Sarayı (Wien 11), 22. 03. 2008, Foto: K. Kwok

Pinie Wang in der China WearHouse Pop Party im Mumok (Wien 7), 24. 01. 2008, Foto: K. Kwok

Rechtliche Rahmenbedingungen migrantischer Kulturarbeit in Österreich[1]

Von Kim Kwok

Kulturarbeit von Migrantinnen und Migranten unterliegt einer Reihe gesetzlicher Rahmenbedingungen. Von primärer Bedeutung sind fremdenrechtliche Bestimmungen, welche die Rechte und Pflichten von Zuwanderinnen und Zuwanderern regeln. Die wichtigsten davon sind das Niederlassungs- und Aufenthaltsgesetz (NAG), das Staatsbürgerschaftsgesetz (StbG), das Ausländerbeschäftigungsgesetz (AuslBG) und das Asylgesetz (AsylG).[2] Wird Kulturarbeit als selbstständige Erwerbsarbeit ausgeübt, müssen darüber hinaus gewerberechtliche Bestimmungen berücksichtigt werden. Häufig finden kulturelle Aktivitäten im Rahmen von Vereinen statt, in diesem Fall stellt das Vereinswesen eine weitere relevante Rechtsmaterie dar. Im Folgenden wird zunächst ein allgemeiner Überblick über das Fremdenrecht mit besonderem Augenmerk auf die Rechtslage für drittstaatsangehörige selbstständig Erwerbstätige sowie Künstlerinnen und Künstler dargestellt. Anschließend werden der gewerberechtliche Rahmen und das Vereinsrecht erläutert.

Fremdenrechtlicher Überblick

Aufenthaltsrecht

Das Inkrafttreten des Aufenthaltsgesetzes 1992 stellt den Beginn der Zuwanderungskontrolle in Österreich dar. Der bis dahin flexible Zuwanderungsansatz des Gastarbeitersystems wurde durch ein Quotensystem und andere restriktive Regelungen ersetzt (z.B. Erstantragstellung eines Aufenthaltstitels im Ausland und das Verlangen des Nachweises einer „ortsüblichen Unterkunft" bei Verlängerungsantrag). Der Grundgedanke war, dass die Zuwanderung sich an den Bedürfnissen der österreichischen Bevölkerungs- und Arbeitsmarktentwicklungen ausrichten sollte.[3] In den letzten 16 Jahren wurde das Fremdenwesen vor dem

---

1 Dieser Text profitiert von einer Reihe von Diskussionen mit Michael Parzer und von seinen Anregungen.

2 Vgl. Schumacher und Peyrl (2007, 15).

3 Vgl. König und Stadler (2003, 228–229), Waldrauch und Sohler (2004, 84–89), Schumacher und Peyrl (2007, 38).

Hintergrund des Wandels österreichischer Innenpolitik sowie der EU-Integration Österreichs mehrmals geändert und reformiert. Seit 1992 wurden die Änderungen hauptsächlich durch das Integrationspaket 1997 (Fremdengesetz 1997 und Novelle des Ausländerbeschäftigungsgesetzes 1997), das Fremdenrechtspaket 2002 (Novelle zum Fremdengesetz 2002, zum Ausländerbeschäftigungsgesetz und zum Asylgesetz) und das Fremdenrechtspaket 2005 (Niederlassungs- und Aufenthaltsgesetz 2005, Fremdenpolizeigesetz 2005, Asylgesetz 2005 und Novelle zum Staatsbürgerschaftsgesetz 2005) durchgeführt. Darüber hinaus existieren zahlreiche Verordnungen und Nebengesetze.

Seit Inkrafttreten des NAG (des Niederlassungs- und Aufenthaltsgesetzes) am 1. Jänner 2006 wird in Österreich zwischen zwei Arten von Aufenthaltsgenehmigungen unterschieden: Während die *Niederlassungsbewilligung* für Personen mit beabsichtigter dauerhafter Niederlassung im Bundesgebiet erteilt wird, ist die *Aufenthaltsbewilligung* (wurde vor dem NAG 2005 „Aufenthaltserlaubnis" genannt) für Personen mit vorübergehendem Aufenthalt vorgesehen. Die in den meisten Fällen mit Quotenpflicht verbundenen Niederlassungsbewilligungen werden in erster Linie für Familiennachzug von Drittstaatsangehörigen und qualifizierte „Schlüsselkräfte" vergeben. Aufenthaltsbewilligungen sind quotenfrei und können u. a. von Studierenden, Saisoniers oder Künstlerinnen und Künstlern beantragt werden. Der Wechsel von der Aufenthaltsbewilligung zu einer Niederlassungsbewilligung ist theoretisch unter bestimmten Voraussetzungen möglich, allerdings aufgrund der existierenden Quotenregelungen in den meisten Fällen nicht realistisch.[4]

Zuwanderinnen und Zuwanderer haben neben allgemeinen Voraussetzungen (z. B. Nachweis eines gesicherten Unterhalts, einer „ortsüblichen Unterkunft" sowie einer Krankenversicherung) die im Jahr 2002 eingeführte „Integrationsvereinbarung" zu erfüllen. Diese Vereinbarung verpflichtet Zugewanderte zum Erlernen der deutschen Sprache. Mit dem Niederlassungs- und Aufenthaltsgesetz 2005 wurde der Kreis der dazu verpflichteten Personen auf Familiennachzug von österreichischen Staatsbürgerinnen und Staatsbürgern ausgedehnt. Darüber hinaus wurden die vorgeschriebenen Stunden für Sprachunterricht von 100 auf 300 erhöht (§§ 14ff. NAG).

Der Titel „Daueraufenthalt"[5] kann lediglich jenen Zuwanderinnen und Zuwanderern erteilt werden, welche die allgemeinen Voraussetzungen sowie die Integrationsvereinbarung erfüllt haben und mindestens fünf Jahre in Österreich niedergelassen sind. Mit diesem Titel wird Migrantinnen und Migranten freier Zugang zum Arbeitsmarkt im gesamten Bundesgebiet gewährt.

---

4 Vgl. Haberfellner (2007, 19).

5 Dabei handelt es sich um eine Reformierung der Aufenthaltstitel „unbefristete Niederlassungsbewilligung" (vor 2002) bzw. „Niederlassungsnachweis" (2002–2005) (§45, §48 NAG).

Die folgende Tabelle gibt einen Überblick über die im Rahmen des NAG 2005 vorgesehenen Aufenthaltstitel und deren Bedeutung hinsichtlich eines Zugangs zum Arbeitsmarkt:

Tabelle 1: Titel der Aufenthaltsberechtigungen (NAG 2005)

Aufenthaltstitel	Zweck	Quotenpflicht	Zugang zum Arbeitsmarkt
Niederlassungsbewilligungen	NB Schlüsselkraft NB beschränkt NB unbeschränkt NB ausgenommen Erwerbstätigkeit NB Angehöriger	quotenpflichtig	mit Schlüsselkraftverfahren nur mit Arbeitmarktdokument freier Zugang ohne Zugang ohne Zugang
Aufenthaltsbewilligungen	Rotationsarbeitskräfte Selbstständige Künstler Sonderfälle unselbstst. Erwerbstätigkeit Schüler Studierende Forscher etc.	quotenfrei	mit Arbeitsmarktsdokument grundsätzlich möglich; Forscher sind vom AuslBG ausgenommen
Aufenthaltstitel Familienangehöriger	Familienangehörige von Österreichern	quotenfrei	freier Zugang
Daueraufenthaltstitel	Daueraufenthalt EG Daueraufenthalt Familienangehöriger	quotenfrei	freier Zugang

Arbeitsrecht

Hinsichtlich des Zugangs zum Arbeitsmarkt stellt das seit den 1970er-Jahren existierende Ausländerbeschäftigungsgesetz die Grundlage dar. Aufenthalts- und Beschäftigungsrecht waren und sind zum Teil noch immer separat geregelt. Ein Aufenthaltstitel beinhaltet grundsätzlich kein automatisches Arbeitsrecht. Das bedeutet, dass sich einwanderungswillige Drittstaatsangehörige[6] nicht nur um aufenthaltsrechtliche Verfahren, sondern auch um ein Verfahren zum Erwerb einer Beschäftigungsberechtigung kümmern müssen.[7]

Hauptprinzip des Ausländerbeschäftigungsgesetzes ist ein dreistufiges Bewilligungsprozedere mit den Stationen „Beschäftigungsbewilligung", „Arbeitserlaubnis" und „Befreiungsschein". Dieses System reguliert die Berechtigungen der

6 Der Begriff „Drittstaatsangehöriger" ist ein Rechtsbegriff der Europäischen Gemeinschaft. Drittstaatsangehörige sind Personen, die weder EU- bzw. EWR-Bürger noch Schweizer sind. Dieser Terminus ist in der Migrations- und Asylpolitik von besonderer Bedeutung.

7 Vgl. Schumacher und Peyrl (2007, 228–230).

ausländischen Beschäftigten in einer Art und Weise, dass sie schrittweise mehr Freiheit am österreichischen Arbeitsmarkt erreichen.[8] Die Beschäftigungsbewilligung ist auf einen bestimmten Arbeitsgeber sowie eine bestimmte Tätigkeit beschränkt und ein Jahr befristet (§§4ff. AuslBG). Eine Arbeitserlaubnis berechtigt eine/n Drittstaatsangehörige/n zur Aufnahme jeder Beschäftigung innerhalb eines Bundeslandes und wird für die Dauer von zwei Jahren ausgestellt. Voraussetzung für eine Arbeitserlaubnis ist eine insgesamt 52-wöchige Beschäftigung im Bundesgebiet innerhalb der letzten 14 Monate (§§14a AuslBG). Ein Befreiungsschein berechtigt eine/n Drittstaatsangehörige/n, im gesamten Bundesgebiet ohne Einschränkung zu arbeiten. Voraussetzung dafür ist eine mindestens fünfjährige Beschäftigung im Bundesgebiet während der letzten acht Jahre (§§15ff. AuslBG). Ausnahmen von der Bewilligungspflicht des AuslBG bestehen u.a. für Familienangehörige von österreichischen und EWR-Staatsbürgerinnen und Staatsbürgern sowie für Personen mit wissenschaftlicher oder seelsorgerischer Tätigkeit (§1 Abs. 2). Sonderbestimmungen gibt es für türkische Arbeitnehmerinnen und Arbeitsnehmer (§4c AuslBG).

Die Zahl aller unselbstständig beschäftigten und arbeitslosen Drittstaatsangehörigen unterliegt seit 1990 einer gesamtösterreichischen Höchstgrenze (= Bundeshöchstzahl oder BHZ). Diese wurde zunächst mit zehn Prozent des Gesamtarbeitskräftepotenzials festgesetzt und Ende 1994 auf acht Prozent reduziert (§12a AuslBG). Daneben gibt es die Landeshöchstzahlen (LHZ) für die einzelnen Bundesländer, die der Sicherung der Bundeshöchstzahl dienen sollen (§13 AuslBG). Wenn die jeweiligen Höchstzahlen überschritten sind, wird eine Erteilung der Beschäftigungsbewilligung erschwert; insgesamt darf die absolute Grenze von neun Prozent des österreichischen Gesamtarbeitskräftepotenzials nicht überschritten werden.

Einbürgerungsrecht

Hinsichtlich der Einbürgerung herrscht in Österreich das Prinzip des *ius sanguinis* (Bestimmung der Staatsbürgerschaft aufgrund der Abstammung). Die Einbürgerung ist in der Regel erst nach einer zehnjährigen rechtmäßigen und ununterbrochenen Niederlassung möglich, wenn die allgemeinen Voraussetzungen wie z.B. Unbescholtenheit (keine Vorstrafen, keine laufenden Strafverfahren) und gesicherter Lebensunterhalt erfüllt sind. Es liegt grundsätzlich im Ermessen der Behörden, ob die Staatsbürgerschaft verliehen wird; Rechtsanspruch haben Personen, die sich seit mindestens 15 Jahre in Österreich aufhalten. Es bestehen besonders berücksichtigungswürdige Gründe für die Verkürzung der geforderten Aufenthaltsdauer von zehn auf sechs Jahre (z.B. Geburt in Österreich, Familienangehörige von Österreicherinnen oder Österreichern und Asylgewährung) (§§7, 10, 11a, 12 StbG).

8 Vgl. Schumacher und Peyrl (2007, 230).

Mit der Staatsbürgerschaftsnovelle 2005 wurde eine umfassende Überprüfung der Deutschkenntnisse und des Wissens über die demokratische Ordnung und Geschichte Österreichs sowie die Geschichte des jeweiligen Bundeslandes eingeführt. Darüber hinaus kam es zu einer Erhöhung der Einkommenssätze, die als gesicherter Lebensunterhalt für die vergangenen drei Jahre lückenlos nachgewiesen werden müssen (§§10, 10a, 11 StbG).

Verschärfungen und Verbesserungen

Es lässt sich beobachten, dass die allgemeinen Entwicklungen des österreichischen Fremdenwesens eine Verschärfung der Zuwanderungsbestimmungen, der Einbürgerungsvoraussetzungen sowie des Zugangs zum Arbeitsmarkt gebracht haben.[9] Beispiele sind die Beschränkung der Neuzuwanderung zum Zweck der Erwerbstätigkeit auf hoch qualifizierte „Schlüsselkräfte" und die Einführung der „Integrationsvereinbarung", welche die Erteilung eines Niederlassungstitels an den Nachweis der deutschen Grundsprachkenntnisse knüpft (Novelle zum FrG 2002). Hinzu kommen u.a. restriktive Maßnahmen gegen Adoptionen von Erwachsenen, die Anhebung der Unterhaltssätze im Vergleich zur früheren Rechtslage (NAG 2005) sowie die Einführung der Staatsbürgerschaftsprüfung (Novelle zum StbG 2005).

Die rechtliche Absicherung mit zunehmender Aufenthaltsdauer durch ein System der „Aufenthaltsverfestigung" sowie die Verknüpfung des Aufenthaltsrechts und des Arbeitsrechts stellen die wenigen wichtigen Verbesserungen der Fremdenrechtslage dar.

Ein Modell der stufenweisen Aufenthaltsverfestigung wurde eingeführt, indem das Integrationspaket 1997 ein Recht auf Verlängerung befristeter Aufenthaltstitel und auf Erteilung eines unbefristeten Titels nach fünf Jahren brachte. Außerdem wurde Drittstaatsangehörigen, die seit mindestens fünf, acht bzw. zehn Jahren ununterbrochen mit einer Niederlassungsbewilligung in Österreich lebten, in zunehmendem Maße ein Schutz gegen Ausweisungen eingeräumt (§§55 FPG). Der mit der Novelle zum FrG 2002 eingeführte Aufenthaltstitel „Niederlassungsnachweis" verknüpfte die Aufenthaltsberechtigung und die Arbeitsberechtigung von Drittstaatsangehörigen, die seit fünf Jahren dauernd in Österreich niedergelassen sind und über ein regelmäßiges Einkommen verfügen.[10] Damit wurde zum ersten Mal eine Teilharmonisierung von Aufenthalts- und Beschäftigungsrecht verwirklicht. Mit einem „Niederlassungsnachweis" hatte ein/e Drittstaatsangehörige/r bundesweit freien Zugang zum Arbeitsmarkt, ohne die zusätzlichen Genehmigungen im Rahmen des Ausländerbeschäftigungsgesetzes einholen zu müssen. Mit dem NAG 2005 wurde der „Niederlassungsnachweis" durch den Aufenthalts-

9 Vgl. König und Hintermann (2003, 20–26), Schumacher und Peyrl (2007, 15).

10 Vgl. König und Hintermann (2003, 26), Haberfellner (2007, 17).

titel „Daueraufenthalt“ ersetzt. Aufenthaltssicherheit und freier Zugang zum Arbeitsmarkt für Personen mit „Daueraufenthalt“ werden nach wie vor gewährt.

In der folgenden Tabelle ist die Entwicklung des österreichischen Fremdengesetzes seit 1992 zusammengefasst:

Tabelle 2: Fremdenrechtliche Übersicht 1990–2005

	Gesetze	Wichtige Bestimmungen
Vor 1992	Ausländerbeschäftigungsgesetz (AuslBG) 1975	dreistufiges System: Beschäftigungsbewilligung (BB), Arbeitserlaubnis (AE) und Befreiungsschein (BS) Quotensystem mit Bundeshöchstzahlen (BHZ) und Landeshöchstzahlen (LHZ) seit 1990
	Staatsbürgerschaftsgesetz 1985	Ermessenseinbürgerung nach zehn Jahren Aufenthalt und Rechtsanspruchseinbürgerung nach 30 Jahren Aufenthalt
Reform 1992	Aufenthaltsgesetz 1992	Einführung des Quotensystems für Aufenthaltstitel Einführung der Frist für Verlängerungsanträge Nachweis einer „für Inländer ortsüblichen Unterkunft“
Integrationspaket 1997	Fremdengesetz 1997	Stufenweise Aufenthaltsverfestigung Einführung einer humanitären Aufenthaltserlaubnis
	Novelle zum AuslBG 1997	Ermöglichung des Zugangs zu legaler Beschäftigung für Personen mit mindestens achtjähriger Niederlassung
Novelle zum Staatsbürgerschaftsgesetz	Novelle des Staatsbürgerschaftsgesetzes 1998	Deutschkenntnisse als Integrationsmerkmal für Einbürgerung Rechtsanspruch auf Einbürgerung nach 15 Jahren Aufenthalt
Fremdenrechtspaket 2002[1]	Novelle zum Fremdengesetz 2002	Einführung des Niederlassungsnachweises (NN) Beschränkung der erwerbstätigen Zuwanderung auf „Schlüsselkräfte“ und Saisonarbeitskräfte Einführung der Integrationsvereinbarung (IV)
	Novelle zum AuslBG 2002	
Fremdenrechtspaket 2005[2]	Niederlassungs- und Aufenthaltsgesetz (NAG) 2005	Einführung des Titels „Daueraufenthalt“ (ersetzt Niederlassungsnachweis) Ausdehnung des Kreises der verpflichteten Personen für Integrationsvereinbarung und Erhöhung der Sprachkursstunden von 100 auf 300 Anhebung der Unterhaltskriterien
	Novelle des Staatsbürgerschaftsgesetz 2005	Einführung der Staatsbürgerschaftsprüfung Anhebung der Unterhaltskriterien

1 Dazu gehört auch die Novelle zum Asylgesetz 2002.

2 Dazu gehören auch das Fremdenpolizeigesetz 2005 und das Asylgesetz 2005.

Auswirkungen auf drittstaatsangehörige selbstständig Erwerbstätige

Die Einführung des „Niederlassungsnachweises" und des „Daueraufenthaltes" verbesserte die Rechtslage der selbstständig erwerbstätigen Drittstaatsangehörigen. Ihr Ausstieg aus der Selbstständigkeit und die anschließende Rückkehr in eine unselbstständige Beschäftigung wurden maßgeblich erleichtert. Zuvor hatten selbstständig erwerbstätige Drittstaatsangehörige aufgrund der permanent ausgeschöpften Quoten für Beschäftigungsbewilligungen kaum eine Chance am Arbeitsmarkt, einer Beschäftigung nachzugehen, auch wenn sie in Österreich schon lange rechtmäßig niedergelassen waren. Um ihren Lebensunterhalt und auch die weitere Aufenthaltsberechtigung zu sichern, blieben viele Drittstaatsangehörige trotz Geschäftsmisserfolg in ihrer selbstständigen Erwerbstätigkeit. Vermutlich war u.a. diese restriktive Rechtslage ein Grund dafür, dass sich viele selbstständige Drittstaatsangehörige in den 1990er-Jahren oft in einer prekären Situation befanden. Mit den Aufenthaltstiteln „Niederlassungsnachweis" bzw. „Daueraufenthalt" haben nun selbstständig erwerbstätige Drittstaatsangehörige de facto eine Einstiegs- oder Rückkehrmöglichkeit in den Arbeitsmarkt, da sie nicht mehr auf das dreistufige Bewilligungssystem des Ausländerbeschäftigungsgesetzes angewiesen sind.[11] Trotz dieser Änderung kann die Situation von selbstständigen Drittstaatsangehörigen, die noch keinen fünfjährigen Aufenthalt in Österreich belegen können, nach wie vor schwierig sein. Uns wurde berichtet, dass ein negatives Betriebsergebnis zum Anlass genommen wird, einen „Daueraufenthalt" zu verweigern.

Auswirkungen auf drittstaatsangehörige Künstlerinnen und Künstler

Der Aufenthaltsstatus für drittstaatsangehörige Künstlerinnen und Künstler wurde in den letzten Jahren schrittweise verschlechtert.[12] Im Zeitraum von 1993 bis 1997 wurde durch das Aufenthaltsgesetz 1992 geregelt, dass drittstaatsangehörige Künstlerinnen und Künstler keine Bewilligung brauchen, „sofern ihr Unterhalt durch das Einkommen gedeckt wird, das sie aus ihrer künstlerischen Tätigkeit beziehen, und sie in Österreich keine andere Erwerbstätigkeit ausüben" (§1 Abs. 3 Z 5 AufG 1992). Von 1998 bis 2005 war im Fremdengesetz 1997 festgelegt, dass die Erteilung einer Erstniederlassungsbewilligung an drittstaatsangehörige Künstlerinnen und Künstler keiner Quotenpflicht unterliegt (§19 Abs. 2 Z 2 FrG 1997). Die Rechtslage von drittstaatsangehörigen Künstlerinnen und Künstlern wurde allerdings vom bewilligungsfreien Aufenthalt zum bewilligungspflichtigen Aufenthalt degradiert.

---

11 Vgl. Haberfellner (2007 16–17).

12 Vgl. Haberfellner (2007, 24–26).

Eine weitere Verschlechterung erfolgte mit dem Inkrafttreten des NAG 2005. Die maßgebliche Änderung für drittstaatsangehörige Künstlerinnen und Künstler nach diesem Gesetz ist die Abschaffung der quotenfreien Niederlassungsbewilligung (§61 NAG). Damit sind drittstaatsangehörige Künstlerinnen und Künstler auf eine Aufenthaltsbewilligung (früher „Aufenthaltserlaubnis") angewiesen. Dies gilt auch für all jene Künstlerinnen und Künstler, die vor 1. Jänner 2006 eine „Niederlassungsbewilligung Künstler" besessen haben, da es im Zuge dieses Gesetzes zu einer Aberkennung sämtlicher ausgestellter Niederlassungsbewilligungen von in Österreich lebenden migrantischen Künstlerinnen und Künstlern kam.[13] Während eine Niederlassungsbewilligung für Personen mit beabsichtigter dauerhafter Niederlassung im Bundesgebiet erteilt wird, ist für Personen mit vorübergehendem Aufenthalt eine Aufenthaltsbewilligung vorgesehen. Mit dem neuen Gesetz wird plötzlich davon ausgegangen, dass drittstaatsangehörige Künstlerinnen und Künstler sich nur vorübergehend in Österreich aufhalten (wollen?) und nach einer bestimmten Aufenthaltsdauer das Land verlassen werden. Mit der Aufenthaltsbewilligung ist es unmöglich, den Titel „Daueraufenthalt" zu erhalten. So ist die Aufenthaltsverfestigung und der damit verbundene freie Zugang zum Arbeitsmarkt den drittstaatsangehörigen Künstlerinnen und Künstlern weitgehend verweigert. Ein Umstieg von einer Aufenthaltsbewilligung auf eine Niederlassungsbewilligung dürfte derzeit aufgrund mangelnden Quotenplatzes so gut wie unmöglich sein.[14] Außerdem können unselbstständige Künstlerinnen und Künstler nur wiederholt die einjährige Beschäftigungsbewilligung bekommen, da die Ausstellung einer Arbeitserlaubnis an den Besitz einer Niederlassungsbewilligung gekoppelt ist (§14a Abs. 1a Z 5 AuslBG). Diese aufenthaltsrechtliche Zurückstufung von Künstlerinnen und Künstlern erschwert auch ihren Zugang zur Staatsbürgerschaft. Wenn drittstaatsangehörige Künstlerinnen und Künstler keine „besonderen Leistungen" erbringen, sind sie auf den üblichen Ablauf (§§10, 10a, 11a, 12 StbG) angewiesen. Auf Basis einer Aufenthaltsbewilligung gelten sie nicht als niedergelassen; deshalb ist für sie eine Einbürgerung nach zehnjährigem Aufenthalt unmöglich. Einbürgerungswerberinnen und Einbürgerungswerber mit zehnjährigem Aufenthalt müssen davon zumindest fünf Jahre niedergelassen sein (§10 Abs. 1 Satz 1 StbG). Drittstaatsangehörige Künstlerinnen und Künstler müssen eine Mindestaufenthaltsdauer von 15 Jahren vorweisen.[15]

13 Vgl. Haberfellner (2007, 25) und Einwallner (2006a).

14 Vgl. Haberfellner (2007, 25), Schumacher und Peyrl (2007, 80–82), Einwallner (2006a). Die Chance auf eine Niederlassungsbewilligung wäre theoretisch nur dann möglich, wenn eine Änderung des Zwecks des Aufenthalts vorgenommen wird, also z.B. eine Niederlassungsbewilligung als „Schlüsselkraft" beantragt wird. Aufgrund der hohen Anforderungen an diesen Titel (z.B. hohes Einkommen) ist dies für den Großteil der in Österreich lebenden drittstaatsangehörigen Künstlerinnen und Künstler lediglich eine theoretische Möglichkeit.

15 Vgl. Haberfellner (2007, 26–27).

Mehmet D.[16], ein türkischer Musiker, der vor zehn Jahren als Student nach Österreich kam und sich inzwischen selbstständig gemacht hat, berichtet über seinen unangenehmen aufenthaltsrechtlichen Zustand:

> *„Ich habe mittlerweile einen Künstlerstatus, aber mit dem neuen Aufenthaltsgesetz hat man mir das Leben zur Hölle gemacht. (...) Jedes Jahr muss ich das Visum verlängern. Und sie verlangen auch, dass ich eine Steuererklärung mache, (...) ich mache das natürlich, (...) aber falls ich irgendwann nicht genug verdienen kann, was weiß ich, was passieren wird (...) das ist so ein unangenehmes Gefühl."*

Mehmet D. ist als Musiker sehr erfolgreich in Österreich, das ihm zur zweiten Heimat wurde. Paradoxerweise verweigert diese ihm seit der Gesetzesänderung im Jahr 2006 die aufenthaltsrechtliche Sicherheit.

Diese Schlechterstellung wurde und wird immer wieder auch von unterschiedlichen Stellen kritisch kommentiert. Befürchtet wird, dass sich der prekäre Aufenthaltsstatus negativ auf die Qualität des Kulturschaffens auswirken könnte:

> *„Ein aufenthaltsrechtlich unsicherer, lediglich vorübergehender Status wirkt sich aber zweifellos negativ auf das künstlerische Schaffen aus. Müssen sich Künstlerinnen und Künstler künftig etwa davor scheuen, zu kritische, provokative Kunst zu machen, um nicht als Gefährdung der öffentlichen Ordnung oder Sicherheit eingestuft zu werden? Müssen sie sich davor fürchten, dass die Verlängerung ihrer Aufenthaltsbewilligung mit dem Argument verweigert wird, sie seien schon zu lange in Österreich, von einem vorübergehenden Aufenthalt könne man nicht mehr ausgehen? Befinden sie sich somit auf einem permanenten Schleudersitz?"*[17]

Für kurzfristig kunstausübende Drittstaatsangehörige besteht die Möglichkeit, ein Visum D + C (§20 FPG) zu erhalten. Diese Regelung gilt für Personen, die zum Beispiel kurzfristig selbstständig oder im Rahmen eines Konzerts, einer Vorstellung oder einer Filmproduktion in Österreich beschäftigt sind. Dieses Visum erlaubt die Ausübung einer Erwerbstätigkeit nicht länger als sechs Monate innerhalb eines Jahres. Dies stellt eine andere aufenthaltsrechtliche Degradierung dar. Vor dem NAG 2005 wurde kurzfristig aufhältigen Künstlerinnen und Künstlern eine Aufenthaltserlaubnis mit der Option auf Verlängerung erteilt. Mit einem Visum D + C sind drittstaatsangehörige Künstlerinnen und Künstler nur zu einem maximal sechsmonatigen Aufenthalt in Österreich berechtigt – und dies ohne Möglichkeit auf Verlängerung.

16 Pseudonym.

17 Einwallner (2006b). Siehe dazu auch die Initiative „Abgesagt" der IG World Music Austria (http://www.abgesagt.net).

Eine Erleichterung der Rechtslage lässt sich durch die Sonderstellung der Künste beobachten, auf die das AuslBG aufgrund der verfassungsrechtlich geschützten Kunstfreiheit Bezug nimmt. Drittstaatsangehörige Künstlerinnen und Künstler genießen dadurch einen erleichterten Zugang zur unselbstständigen Beschäftigung. Dieser Zugang darf nur verwehrt werden, wenn öffentliches Interesse verletzt wird. Weder ein Urteil über den Wert der künstlerischen Tätigkeit noch über die künstlerische Qualität der Künstlerin / des Künstlers darf bei der Versagung einer Beschäftigungsbewilligung maßgebend sein (§4a AuslBG).[18]

Studierende

Ausländische Studierende können eine „Aufenthaltsbewilligung für Studierende" erhalten, wenn die allgemeinen Voraussetzungen und der Zugang zu einem Studium vorhanden sind. Wenn ein/e Studierende/r einer Erwerbstätigkeit nachgehen möchte, gilt für diese Person auch das Ausländerbeschäftigungsgesetz. Ein Antragsverfahren auf eine Beschäftigungsbewilligung ist notwendig, außer wenn die Tätigkeiten vom sachlichen Geltungsbereich des AuslBG ausgenommen sind. Bei dieser unselbstständigen Erwerbstätigkeit darf aber die Geringfügigkeitsgrenze (2009: € 357,74 brutto) nicht überschritten werden, da das Studium der Hauptzweck des Aufenthalts in Österreich bleiben soll. Eine Tätigkeit über die Geringfügigkeitsgrenze in der vorlesungsfreien Zeit ist allerdings zulässig. Selbstständige Erwerbstätigkeit ist erlaubt, wenn diese innerhalb der gleichen Einkommensgrenzen ausgeübt wird. Wichtig bei einem Verlängerungsantrag ist, dass ein Studienerfolg nachgewiesen werden kann.[19]

Ebenso wie Künstlerinnen und Künstler können auch Studierende kein dauerhaftes Aufenthaltsrecht erwerben. Arbeitsrechtliche Verfestigung wird ihnen nicht gewährt. Eine Arbeitserlaubnis oder ein Befreiungsschein werden nicht für eine/n Studierende/n mit „Aufenthaltsbewilligung" erteilt, da diese/r nicht im Sinne des Gesetzes niedergelassen ist. Gewährt wird lediglich eine Beschäftigungsbewilligung.

Der gewerberechtliche Rahmen

Die zentrale gesetzliche Regelung für selbstständige Erwerbstätigkeiten ist die Gewerbeordnung (GewO). Die Gewerbeordnung gilt für alle gewerbsmäßig orientierten Tätigkeiten, die regelmäßig, selbstständig und mit Ertragsabsicht ausgeübt werden (§1 GewO). Bezüglich des Zugangs zum Gewerbe unterscheidet die GewO „freie" Gewerbe, die bei Erfüllen der allgemeinen Voraussetzungen ohne Befähi-

18 Vgl. Haberfellner (2007, 25).

19 Vgl. Schumacher und Peyrl (2007, 125–126).

gungsnachweis ausgeübt werden dürfen, und „reglementierte“ Gewerbe, für deren Ausübung Befähigungsnachweise erforderlich sind. Die meisten Gewerbe gehören vorwiegend zu den freien Gewerben, darunter auch einige Beispiele aus der „Kreativbranche“ (z.B. Herstellung und Vervielfältigung von Tonträgern, Beschallungs- und Dekorationstätigkeiten für Film, Fernsehen, Theater und Veranstaltungen, Bemalen von diversen Gegenständen wie Holz oder Seide, Grafiker, Künstleragentur). Beispiele für reglementierte Gewerbe sind traditionelle Handwerke wie Kleidermacher und Bäcker, aber auch Fremdenführer oder Fotografen.

Die Gewerbeordnung ist für einige Bereiche nicht anzuwenden. Literarische Tätigkeit, Privatunterricht, Ausübung der schönen Künste und Theater und Lichtspieltheater fallen z.B. nicht in den Geltungsbereich der Gewerbeordnung (§2 GewO). Dies bedeutet, dass für schöpferische künstlerische Tätigkeiten keine Gewerbeberechtigung erforderlich ist. Ein türkischer Musiker braucht beispielsweise für seinen Unterricht und seine Konzerte keinen Gewerbeschein. Wenn er aber einen Schritt weiter geht, indem er seine CDs verkauft, verlässt er die „gewerbescheinfreie“ Zone. Er benötigt für den Verkauf ein Gewerbe für Handel.

Die Novelle der Gewerbeordnung 2002 war von großer Bedeutung für Drittstaatsangehörige. Der Zugang zu unternehmerischer Tätigkeit wurde wesentlich erleichtert, indem das Erfordernis der Gleichstellung gestrichen wurde. Die Gewerbeordnung vor 2002 erlaubte die Ausübung eines Gewerbes von Drittstaatsangehörigen nur, wenn es eine Vereinbarung im Staatsvertrag gab oder wenn eine Gleichstellung durch die Bezirksverwaltungsbehörde ausgesprochen wurde. Diese Gleichstellung wurde nur dann erteilt, wenn die Ausübung des Gewerbes durch eine/n Drittstaatsangehörige/n im volkswirtschaftlichen Interesse lag und nicht den sonstigen öffentlichen Interessen zuwiderlief. Aufgrund der Bürokratie und des Ermessens der Behörden führte diese Regelung in der Praxis dazu, dass viele Drittstaatsangehörige von selbstständiger Erwerbstätigkeit ausgeschlossen wurden.[20] Möglicherweise als Folge davon und als Ausweg gründeten Drittstaatsangehörige häufig eine Gesellschaft (z.B. KEG oder GmbH), wobei meistens ein/e österreichische/r Staatsbürger/in die Aufgabe eines/r gewerberechtlichen Geschäftsführenden übernahm. In einer Studie wurde festgestellt, dass diese/r „ausgeborgte“ oder „gemietete“ gewerberechtliche Geschäftsführende in der Realität an der Geschäftsführung kaum Mitwirkung hatte und nur die gesetzliche Anforderung erfüllte.[21]

Mit der Novelle der Gewerbeordnung 2002 wurden neue Grundlagen für die selbstständige Erwerbstätigkeit von Migrantinnen und Migranten geschaffen. Die wichtigste Voraussetzung ist das Aufenthaltsrecht. Drittstaatsangehörige natürliche Personen dürfen nun Gewerbe wie Inländer ausüben, „wenn sie sich nach den für sie in Betracht kommenden Rechtsvorschriften zur Ausübung einer Er-

20 Vgl. Haberfellner (2007, 8–9), Beratungszentrum für Migranten und Migrantinnen 2002.

21 Vgl. Haberfellner (2000).

werbstätigkeit bereits in Österreich aufhalten dürfen" (§ 14 Abs. 1 GewO). Das Recht zur Ausübung eines Gewerbes wird vom legalen Aufenthalt in Österreich abhängig gemacht.

Eine der Auswirkungen der Novelle scheint die Zunahme von Einzelunternehmen zu sein. In einer 2007 veröffentlichten Studie wurde nachgewiesen, dass sich die Zahl der Einzelunternehmen, die von aus dem ehemaligen Jugoslawien und aus der Türkei stammenden Selbstständigen gegründet wurden, im Zeitraum von 2000 bis 2005 verzehnfacht bzw. verzwanzigfacht hatte.[22]

Der aus Anatolien stammende Hakan S.[23] eröffnete Anfang der 1990er-Jahre ein CD-Geschäft in Wien, obwohl er keinen Gewerbeschein besaß. Seine damaligen Erfahrungen beschreibt er wie folgt:

> *„Früher zahlte ich für einen Gewerbeschein extra Geld für lange Zeit. (...) Eigentlich habe ich einen Antrag gestellt für einen Gewerbeschein beim Magistrat, sie haben Nein gesagt, (...) weil wir Ausländer waren, deshalb haben sie das nicht akzeptiert. Sie haben gesagt: ‚Wir bevorzugen Inländer.'"*

„Gleichstellung" bedeutete für Herrn S., so wie für viele andere Drittstaatsangehörige, direkte Diskriminierung. Herr S. ist seit 2001 österreichischer Staatsbürger und besitzt einen Gewerbeschein.

Vereinsrecht und Gewerbeordnung

Unsere Untersuchung zeigt, dass die Pflege der Herkunftskultur und Folklore eine der wichtigsten Tätigkeiten vieler Migrantenvereine ist. Dies wurde in einer anderen Studie über migrantische Selbstorganisation auch empirisch festgestellt und gilt besonders für asiatische Vereine (indische, chinesische, philippinische und iranische).[24] Die Gründung eines Vereins ermöglicht einerseits eine gewisse Stabilität für eine bestimmte Gruppe von Menschen, andererseits erlangt diese Gruppe dadurch eine Rechtspersönlichkeit (siehe unten § 1 Abs. 1 Vereinsrecht), die u. a. für Vertragsschließungen und Förderungsanträge notwendig ist.

Sandra K.[25], eine indische Musikerin, präsentiert seit einigen Jahren bei verschiedenen Festen und Veranstaltungen traditionelle Hindi-Musik. Um ihre Musik besser zu vertreten und vielfältige Kulturveranstaltungen organisieren zu können, gründetet sie im Jahr 2003 einen Kulturverein.

> *„So habe ich mich entschieden, einen Verein zu gründen. Ich habe mir gedacht, wenn ich irgendwo alleine hingehe, dann ist das nicht so einfach.*

22 Vgl. Enzenhofer et al. (2007).

23 Pseudonym.

24 Vgl. Waldrauch und Sohler (2004, 542–553).

25 Pseudonym.

Dann habe ich mit meinem Mann gesprochen, und er hat gesagt: ‚Na ja, dann machen wir einen Verein, dann kannst du dich mehr mit der Kultur beschäftigen.'"

Unterstützung bekam bzw. bekommt dieser Verein vom mittlerweile aufgelassenen Integrationsfonds, der MA 7[26], der MA 17[27] und den Bezirksämtern für die Organisation kultureller Veranstaltungen.

Drittstaatsangehörige können in gleicher Weise Vereine gründen und Mitglied werden wie österreichische Staatsangehörige. In dem 1951 festgelegten und 2002 novellierten Vereinsrecht wird ein Verein folgendermaßen definiert:

„Ein Verein im Sinn dieses Bundesgesetzes ist ein freiwilliger, auf Dauer angelegter, aufgrund von Statuten organisierter Zusammenschluss mindestens zweier Personen zur Verfolgung eines bestimmten, gemeinsamen, ideellen Zwecks. Der Verein genießt Rechtspersönlichkeit (§1 Abs. 1)."

Ein Verein darf nicht auf Gewinn ausgerichtet sein (§1 Abs. 2). Dem Vereinszweck untergeordnete wirtschaftliche Tätigkeiten sind dadurch aber nicht ausgeschlossen. An dieser Stelle sei auf die Gewerbeordnung verwiesen, die explizit Bezug auf die Gewinnerzielungsabsicht von Vereinen nimmt. Gemäß Vereinsgesetz §1 Abs. 6 liegt Gewinnabsicht vor, wenn die Vereinstätigkeit das Erscheinungsbild eines einschlägigen Gewerbebetriebs aufweist und diese Tätigkeit auf die Erlangung vermögensrechtlicher Vorteile für die Vereinsmitglieder gerichtet ist. Es kommt nicht selten vor, dass Vereine beispielsweise Cafés betreiben oder Feste mit Essen und Getränken organisieren. Dieser gastronomische Teil der Vereinstätigkeiten könnten u. U. der Gewerbeordnung unterliegen. Eine klare Grenze ist schwierig zu ziehen, es kann also lediglich im Einzelfall entschieden werden.

Fazit

Es lässt sich resümieren, dass sich die rechtlichen Rahmenbedingungen für selbstständige Drittstaatsangehörige durch die Gewerbeordnung Novelle 2002 und das NAG 2005 verbessert haben, wenngleich die aufenthaltsrechtliche Lage für nicht aufenthaltsverfestigte Selbstständige nach wie vor schwierig ist. Im Gegenteil zu selbstständigen Personen hat sich die rechtliche Lage für drittstaatsangehörige Künstlerinnen und Künstler massiv verschlechtert, indem der Gesetzgeber dieser Gruppe keine Perspektive für einen dauerhaften Aufenthalt anbietet. Drittstaatsangehörige Künstlerinnen und Künstler gelten nunmehr als vorübergehend aufhältige Personen in Österreich und genießen keinen aufenthaltsverfestigten Schutz nach fünf Jahren.

---

26 Wiener Magistratsabteilung für Kultur.

27 Wiener Magistratsabteilung für Integrations- und Diversitätsangelegenheiten.

Insgesamt ist das österreichische Fremdenrecht eine schwierige und komplexe Materie. Verantwortlich dafür sind auch die ständigen Gesetzesänderungen und die zahlreichen Detailregelungen. Ein weiterer wichtiger Grund ist das Fehlen eines klaren Gesamtkonzepts, das der Realität entsprechende Lösungen für die heutige Migrationproblematik anstrebt. Die Komplexität der fremdenrechtlichen Bestimmungen führt zu einer Überforderung nicht nur für die unmittelbar Betroffenen, sondern auch für Beratungseinrichtungen (Rechtsanwaltschaften, NGOs etc.). Eine wenig überraschende Auswirkung ist, dass die permanenten Gesetzesänderungen und die Gesetzesverschärfungen seit 1992 zu einer kollektiven Verunsicherung der in Österreich lebenden Migrantinnen und Migranten beigetragen haben.[28] Diese Verunsicherung betrifft auch Angehörige der untersuchten Communities – insbesondere die selbstständigen Drittstaatsangehörigen sowie Künstlerinnen und Künstler – besonders stark.

Während dieser Beitrag geschrieben wird, ist bereits ein Entwurf für Änderungen des Niederlassungs- und Aufenthaltsgesetzes 2005, des Asylgesetzes 2005 und des Fremdenpolizeigesetzes 2005 in Bearbeitung. Viele der in Österreich lebenden Migrantinnen und Migranten haben sich gerade erst mit dem Fremdenrechtspaket 2005 vertraut gemacht – und geraten nun schon wieder in die Situation, sich mit Gesetzesänderungen auseinandersetzen zu müssen. Zusätzliche Unsicherheitsgefühle und Ängste entstehen, zumal die voraussehbaren Änderungen nicht auf eine Verbesserung der gegenwärtigen Situation hoffen lassen.

28 Vgl. Schumacher und Peyrl (2007, 15–17).

Die Sängerin Ujjala de Rosario aus Bangladesch im Afro-Asiatischen Institut (Wien 9), 27. 07. 2008, Filmstill: B. Fuchs

Der Verleger und Unternehmer Wang Gan in seinem Geschäft am Naschmarkt (Wien 4), 12. 06. 2008, Filmstill: M. Leimstättner

Der Veranstalter Pawan Kumar mit dem Punjabi-Sänger und Filmstar Harbhajan Mann (Wien 12), 05. 05. 07, Foto: K. Kwok

Junge Volkstanzgruppe bei einer Hochzeit der türkischen Community im Dilan Düğün Salonu (Wien 11), 23. 03. 2003, Foto: H. Sağlam

Migrantische Kulturarbeit in der österreichischen Unternehmens- und Kulturförderpolitik

Von Michael Parzer

Kulturarbeiterinnen und Kulturarbeiter sind im Rahmen ihrer Tätigkeit mit einer Reihe von Schwierigkeiten konfrontiert. Gesetzliche Bestimmungen, bürokratische Hürden sowie die Finanzierung und Kapitalbeschaffung stellen sowohl für Unternehmen als auch für Kulturschaffende und Vereine eine große Herausforderung – oder sogar eine (unüberwindbare) Hemmschwelle – dar.

Der Bedarf an Unterstützung reicht von Beratung hinsichtlich rechtlicher und institutioneller Rahmenbedingungen bis hin zu konkreter materieller Förderung. Zumeist stellt das unmittelbare persönliche Umfeld eine wichtige Auskunftsquelle und Unterstützung dar – wenngleich in vielen Fällen professionelle Hilfe unabdingbar ist. Dies gilt vor allem für Migrantinnen und Migranten, die mit den österreichischen Regelungen, Richtlinien und Institutionen wenig vertraut sind und/oder aufgrund sprachlicher Barrieren von wichtigen Informationsflüssen ausgeschlossen bleiben.

Ausgehend von der Annahme, dass staatliche Förderpolitik – neben einer Reihe weiterer v. a. fremdenrechtlicher Bestimmungen – einen maßgeblichen Einfluss auf kreativwirtschaftliche und kulturelle Aktivitäten von Migrantinnen und Migranten haben kann, werden im Folgenden eine Reihe von staatlichen und halbstaatlichen Unterstützungsangeboten hinsichtlich ihrer Zugänglichkeit für und Nutzung durch migrantische Kulturarbeiterinnen und -arbeiter einer Analyse unterzogen.

Grundsätzlich kann Kulturarbeit als gewinnorientierte Tätigkeit oder aber im Non-Profit-Bereich stattfinden. Dieser Trennung folgend werden zuerst konkrete Maßnahmen für Unternehmerinnen und Unternehmer mit Migrationshintergrund[1] erläutert, bevor in einem zweiten Schritt die Situation für migrantische Vereine (und damit im weitesten Sinn auch für Kulturschaffende) dargestellt wird.[2]

1 Hier wird die Situation für Unternehmen im Allgemeinen dargestellt, zumal es kaum spezifische Förderprogramme für Kulturunternehmen gibt.

2 Dabei kann kein Anspruch auf Vollständigkeit erhoben werden. Ausgewählt wurden die bekanntesten öffentlichen und halböffentlichen Unterstützungsleistungen unter besonderer Berücksichtigung zielgruppenspezifischer Angebote für Zugewanderte.

Unterstützungsangebote für Unternehmerinnen und Unternehmer mit Migrationshintergrund

Zuwanderer als potenzielle Unternehmerinnen und Unternehmer blieben in der öffentlichen Wahrnehmung lange Zeit weitgehend unberücksichtigt. Der türkische Bäcker ums Eck, die chinesische Lokalbesitzerin oder der indische CD-Händler galten als Selbstständige, denen zwar eine wichtige soziokulturelle, jedoch kaum eine ökonomische Relevanz zugesprochen wurde. Diese Marginalisierung des migrantischen Ein-Personen-Unternehmens als Randerscheinung eines Einwanderungslandes täuscht allerdings darüber hinweg, dass sich in den letzten Jahrzehnten eine Entwicklung vollzogen hat, die sich als sehr bedeutend sowohl für die Politik als auch für die Wirtschaft erweisen sollte: Im Zeitraum von 1981 bis 2001 stieg der Anteil der Selbstständigen mit nicht österreichischer Staatsbürgerschaft von 3,2 Prozent auf 7,1 Prozent.[3] In Wien haben mittlerweile 16.000 Unternehmerinnen und Unternehmer Migrationshintergrund, das ist beinahe ein Drittel der Einzelunternehmen in der Bundeshauptstadt.[4]

Die Vernachlässigung selbstständig Erwerbstätiger mit Migrationshintergrund spiegelt sich auch in der österreichischen Unternehmensförderlandschaft wider. Ein Blick auf die gegenwärtig in Österreich angebotenen öffentlichen und halböffentlichen Instrumente zur Unternehmensförderung zeigt, dass erst vor kurzer Zeit damit begonnen wurde, Unterstützungsmaßnahmen zu implementieren, die den Bedürfnissen von Migrantinnen und Migranten Rechnung tragen. Wenngleich sich auch die ökonomischen Effekte solcher Minoritätenförderungsprogramme nur schwer abschätzen lassen, stellen solche Bemühungen in symbolischer Hinsicht wichtige Maßnahmen in einer Einwanderungsgesellschaft dar.[5]

Im Folgenden sollen zunächst einige der bekanntesten allgemeinen Förderinstrumente hinsichtlich ihrer Zugänglichkeit für und Nutzung durch Migrantinnen und Migranten beschrieben werden. Danach werden jene Unterstützungsleistungen dargestellt, die sich speziell an die Zielgruppe migrantischer Unternehmen richten.

Allgemeine Unterstützungen für Unternehmen

Grundsätzlich lassen sich zwei Arten der Unterstützung für (potenzielle) Selbstständige unterscheiden: Am häufigsten werden *Beratungsleistungen* angeboten. Dazu zählen insbesondere Auskünfte über rechtliche Rahmenbedingungen der Unternehmensgründung und Finanzierungsmöglichkeiten, aber auch Unterstützungen, die auf eine längerfristige Begleitung insbesondere im Gründungsprozess abzie-

3 Vgl. Schmid et al. (2006, 30).

4 Vgl. Enzenhofer et al. (2007, 15).

5 Vgl. Aldrich und Waldinger (2000, 275).

len und/oder konkrete Hilfestellungen im Unternehmensalltag bieten. Als *konkrete Förderungen* gelten finanzielle Maßnahmen wie geförderte Kredite, Gründungszuschüsse, Gebührenbefreiungen, Preise, Jungunternehmerförderungen, Stipendien etc. sowie Angebote kostengünstiger Unternehmensberatung bzw. Infrastruktur. Einige Institutionen bieten auch beide Formen der Unterstützung an.

Zu den bekanntesten Fördermaßnahmen im Bereich der Unternehmensgründung zählt das *Gründerservice der Wirtschaftskammer Österreich (WKO)*. Angeboten werden Informationen speziell für Start-ups in Form von (Web-)Broschüren, Workshops sowie telefonische und persönliche Beratung.

Einen besonderen Stellenwert nimmt auch das *Unternehmensgründungsprogramm des Österreichischen Arbeitsmarktservice (AMS)* ein. Zielgruppe sind arbeitslose Menschen, die sich selbstständig machen wollen. Die Teilnahme am Unternehmensgründungsprogramm gewährleistet eine professionelle Begleitung in der Gründungsphase durch eine Unternehmensberaterin bzw. einen Unternehmensberater.

Ebenfalls im Bereich der Gründerförderung ist der *Wiener Wirtschaftsförderungsfonds (WWFF)* tätig. Neben klassischer Gründungsberatung stellt der *WWFF* auch Büroflächen für Gründerinnen und Gründer, Jungunternehmerinnen und -unternehmer, Einpersonenunternehmen, Kleinstbetriebe und Neue Selbstständige kostengünstig zur Verfügung. Unter der Dachmarke *Mingo Bueros* werden seit 2007 nicht nur Kleinbüros, sondern auch umfangreiche Unternehmensbetreuung und Unternehmens-Coaching angeboten. Darüber hinaus wurde im Mai 2009 der „Mingo Award" verliehen, der die besten Projekte von Wiener Unternehmen mit 5.000 Euro auszeichnet. In der Ausschreibung wurden neben Gründerinnen und Gründern sowie Einpersonenunternehmen auch Selbstständige mit Migrationshintergrund zur Bewerbung eingeladen.

Zu weiteren Anbietern im Bereich der geförderten Unternehmensberatung zählt das *Wirtschaftsförderungsinstitut (WIFI)* mit dem Programm „Unternehmensentwicklung", das eine finanzielle Erleichterung durch die Übernahme von Beratungskosten bewirken soll. Beratung und Unterstützung für Akademikerinnen und Akademiker bietet das *Gründerservice InITS*.

Als unmittelbarer Ansprechpartner für organisatorische Fragen vor allem in der Gründungsphase fungieren darüber hinaus die *Magistratischen Bezirksämter der Stadt Wien,* die in regelmäßigen Abständen Projektsprechtage für Klein- und Mittelbetriebe anbieten. Ein Team aus Expertinnen und Experten (Baubehörde, Wirtschaftskammer, Arbeitsinspektorat etc.) beraten zu Fragen der Betriebsgründung (bzw. Betriebsveränderung). Zusätzlich werden im „virtuellen Amt" Informationen zu Gewerbeanmeldung, Gründungen, Genehmigungen etc. bereitgestellt.

Finanzielle Förderungen vergibt u. a. das *austria wirtschaftsservice (AWS)*, das als Institution des Bundes unternehmensbezogene Wirtschaftsförderung betreibt. Angeboten werden eine Reihe von Maßnahmen wie z. B. Jungunternehmerförderung, geförderte Darlehen oder Mikrokredite. Eine finanzielle Erleichterung bei Neugründung oder Betriebsübernahme bewirkt das im Jahr 2000 beschlossene Neugründungsförderungsgesetz (NeuFöG), durch das angehende Unternehmerinnen und Unternehmer von bestimmten Gebühren (z. B. Stempelgebühren, Bundesverwaltungsabgabe etc.) befreit werden.

Mit seinen Angeboten zur Personalvermittlung und Weiterbildung zählt auch der *Wiener ArbeitnehmerInnen Förderungsfonds (waff)* zu einer wichtigen Einrichtung unternehmensspezifischer Unterstützung.

Zu erwähnen sind schließlich auch die Fördertöpfe der *Österreichischen Forschungsförderungsgesellschaft (FFG)* sowie des *Zentrums für Innovation und Technologie (ZIT)*, mithilfe derer innovative Ideen an der Schnittstelle von Wirtschaft, Technologie und Forschung unterstützt werden. Speziell an Unternehmen in kreativwirtschaftlichen Branchen richten sich die Fördereinrichtung *departure* (*WWFF* und Stadt Wien) und das vom Bundesministerium abgewickelte Förderprogramm *Impuls*.

An der Schnittstelle zur staatlichen Kulturförderung bietet der *Österreichische Musikfonds* als Initiative zur Förderung professioneller österreichischer Musikproduktionen finanzielle Mittel für Produzentinnen und Produzenten sowie Musikerinnen und Musiker, aber auch für Tonstudios, Musikverlage und Labels. Die Fördernehmerin oder der Fördernehmer muss die österreichische Staatsbürgerschaft besitzen und ihren/seinen ständigen Wohnsitz im Inland haben. Migrantinnen und Migranten kommen also nur teilweise in den Genuss dieser Unterstützungsleistung.

Anhand des uns zur Verfügung stehenden Datenmaterials zeigt sich, dass diese Angebote von migrantischen Unternehmen kaum in Anspruch genommen werden. Dies deckt sich mit den Befunden einer Reihe von aktuellen Studien, die den Anteil der Anträge von Zugewanderten gering einschätzen.[6] In einer Untersuchung selbstständig erwerbstätiger Migrantinnen und Migranten in Wien gaben 37 Prozent der Befragten an, eine Gründerberatung in Anspruch genommen zu haben; der Anteil der finanziell geförderten Unternehmerinnen und Unternehmer liegt bei 19 Prozent.[7] Die Gründe für die geringe Inanspruchnahme von Unterstützungsleistungen sind vielfältig: Grundsätzlich können dafür die Mobilisierung sozialer Ressourcen im communityspezifischen Netzwerk, Informationsdefizite der Zugewanderten sowie die fehlende Berücksichtigung der Bedürfnisse von Migrantinnen und Migranten in den bestehenden Fördereinrichtungen verantwortlich gemacht werden.

---

6 Siehe dazu u. a. Leicht (2005, 4), Schmid et al. (2006, 93–96), Enzenhofer et al. (2007, 103).

7 Vgl. Enzenhofer et al. (2007, 103). Leider gibt diese Studie keinen Aufschluss darüber, wie hoch der Anteil der Fördernehmer unter Unternehmerinnen und Unternehmern ohne Migrationshintergrund ist, weswegen bei der Bewertung dieser Zahlen Vorsicht geboten ist. Einer deutschen Studie zufolge ist unter Deutschen die Zahl der mit staatlichen Mitteln geförderten Selbstständigen ca. dreimal so hoch wie bei Zugewanderten. (vgl. Leicht 2005, 4).

Unterstützung im Community-eigenen Netzwerk

„Wir möchten lieber alles selbst organisieren“, lautet die Antwort eines indischen Geschäftbesitzers auf die Frage, ob er im Zusammenhang mit seinem Unternehmen jemals Unterstützungsleistungen des Staats in Anspruch genommen habe – und meint damit die Hilfe durch seine Familie.

Generell tendieren Selbstständige mit Migrationshintergrund zur Inanspruchnahme informeller Unterstützungen aus dem Community-eigenen Netzwerk.[8] In einer aktuellen Untersuchung migrantischer Unternehmen in Wien gaben 63,7 Prozent der Befragten an, in erster Linie Unterstützung aus dem unmittelbaren sozialen Umfeld (Familie/Verwandte/Freunde/Bekannte) bekommen zu haben.[9] Diese Solidarisierung innerhalb der eigenen Community beruht auf ethnischen Sozialstrukturen, die durch verwandtschaftliche und freundschaftliche Netzwerke gekennzeichnet sind und sich im Zuge von Migrationsbewegungen in einem Einwanderungsland herausbilden.[10]

Die starken Bindungen innerhalb der eigenen Community, insbesondere wenn es um Fragen der Informations- sowie der Kapitalbeschaffung geht, zeigen sich auch in unseren Interviews. Das für die Gründung benötigte Geld wurde in zahlreichen Fällen von Familienmitgliedern, Verwandten oder befreundeten Bekannten ausgeliehen, und in vielen unternehmerischen Belangen orientierte sich der Großteil der Befragten – wenngleich nicht ausschließlich – an den Erfahrungsberichten von bereits länger in Österreich lebenden Verwandten und/oder Bekannten.

Häufig werden staatliche Unterstützungen von migrantischen Unternehmerinnen und Unternehmern mit Skepsis betrachtet. Negative Erfahrungen mit österreichischen Behörden sowie Angst vor Kontrolle tragen oft zu einer zusätzlichen Verunsicherung bei. Dagegen wird den Kontakten in der eigenen Community großes Vertrauen entgegengebracht; das Motto „Lieber alles selbst organisieren“ gilt häufig als Leitbild der Unternehmensführung. So meint ein von Konkurs bedrohter türkischer Unternehmer auf die Frage nach der Inanspruchnahme von Förderungen: „Wir werden selber versuchen, uns zu retten (…)“

Tatsächlich bietet der Rückgriff auf ethnische Ressourcen große Vorteile für migrantische Unternehmerinnen und Unternehmer. So zeigt sich, dass ko-ethnische Solidarität von zentraler Bedeutung für die Entwicklung migrantischer Ökonomien war und ist. Zugleich sind damit aber auch negative Konsequenzen verbunden:[11] Problematisch ist, dass aufgrund der komplexen Materie, mit der Unternehmen insbesondere in der Gründungsphase konfrontiert sind, teilweise

---

8 Vgl. Haberfellner (2000, 144), Schmid et al. (2006, 83), Enzenhofer et al. (2007).

9 Vgl. Enzenhofer et al. (2007, 81).

10 Vgl. Aldrich und Waldinger (2000, 265).

11 Auf die in der Forschung lange Zeit vernachlässigten negativen Konsequenzen von Sozialkapital weist Portes (1998, 15f.) hin.

unvollständige Auskünfte kursieren. Es lässt sich beobachten, dass sogar falsche Informationen – z. B. hinsichtlich des Zusammenhangs von Gewerberecht und Aufenthaltsgesetz – im Umlauf sind. Dabei können gerade Versäumnisse, etwa beim Einholen bestimmter Genehmigungen, hohe Kosten verursachen, beispielsweise Strafen infolge von Informationsmangel.[12] Insbesondere vor dem Hintergrund der ständig in Veränderung begriffenen Fremdengesetze stellt sich die Frage, ob ko-ethnische Informationsflüsse der tatsächlichen Rechtslage nicht zwangsläufig hinterherhinken – und blindes Vertrauen in das eigene Netzwerk sich als großer Nachteil entpuppen kann.

Fehlendes Wissen über Unterstützungsleistungen

Ein Großveranstalter mit türkischem Migrationshintergrund erzählt uns, er habe bislang keine Förderung der Wirtschaftskammer in Anspruch genommen, weil er davon nichts gewusst habe: „Hab ich nie gehört – nie was mitbekommen."

Viele der von uns befragten Kulturarbeiterinnen und Kulturarbeiter sind wenig bis gar nicht über die existierenden Förderinstrumentarien informiert. Insbesondere Maßnahmen, die finanzielle Zuschüsse gewähren, sind weitgehend unbekannt. Auch diese Beobachtung findet ihre Bestätigung in den quantitativen Daten einer Reihe von aktuellen Untersuchungen.[13] So geben 40 Prozent der Wiener Unternehmerinnen und Unternehmer mit Migrationshintergrund an, nichts über die vorhandenen Angebote gewusst zu haben.[14]

Der Grund für diese Informationsdefizite liegt vermutlich in der bislang spärlichen Sichtbarkeit dieser Angebote, zum anderen aber auch im fehlenden Engagement der Unternehmerinnen und Unternehmer selbst: „Wir haben uns nicht darum gekümmert", lautet die Antwort eines türkischen Händlers auf die Frage nach der Nutzung von Unterstützungsangeboten. Sich darum zu kümmern heißt in erster Linie, sich zu informieren – und zwar außerhalb des Community-eigenen Netzwerks. Welche Gründe können für die fehlende Informationsbereitschaft verantwortlich gemacht werden? Unsere Ergebnisse deuten darauf hin, dass letztendlich auch Defizite der fördernden Institutionen im Umgang mit migrantischen Bedürfnissen den Zugang zu Unterstützungsleistungen erschweren.

12 Vgl. Haberfellner et al. (2000, 144–146).

13 Vgl. Schmid et al. (2006, 93) und Enzenhofer et al. (2007, 94, 105f.).

14 Vgl. Enzenhofer et al. (2007, 94, 105f.). Siehe auch Schmid et al. (2006, 93). Damit ist noch nichts darüber gesagt, wie gut Selbstständige ohne Migrationshintergrund informiert sind. Für eine seriöse Interpretation müsste freilich die Situation für österreichische Unternehmen herangezogen werden.

Unzureichende Berücksichtigung der Bedürfnisse von Migrantinnen und Migranten

Letztendlich spricht einiges dafür, dass die geringe Inanspruchnahme auch daran liegt, dass diese Angebote zu wenig auf die spezifischen Bedürfnisse von Migrantinnen und Migranten abgestimmt sind. Ein Großteil der angebotenen Beratungsleistungen findet (bislang) ausschließlich in deutscher Sprache statt. Dies stellt ein großes Hindernis vor allem für Zugewanderte der ersten Generation dar oder für Menschen, die sich noch nicht lange in Österreich aufhalten. In vielen Fällen reichen zwar die sprachlichen Kompetenzen für den alltäglichen Geschäftsalltag aus – wenn es allerdings um komplexe Materien wie z. B. die rechtlichen Rahmenbedingungen oder Förderprogramme geht, können sprachliche Defizite zur oft unüberwindbaren Hürde werden. In einer Untersuchung aus dem Jahr 2000 wird in diesem Zusammenhang festgestellt, dass sich viele migrantische Unternehmerinnen und Unternehmer für ihre schlechten Deutschkenntnisse schämen und daher keine Beratungs- und Förderstellen aufsuchen.[15] Vor diesem Hintergrund stellen auch bürokratische Angelegenheiten für Migrantinnen und Migranten eine besonders große Hürde im Unternehmensalltag dar. Dazu kommt häufig ein generelles Misstrauen gegenüber staatlichen Einrichtungen. In unseren Interviews wurde immer wieder die Bürokratie als große Schwierigkeit genannt. Ämter, Banken, aber auch Beratungsstellen werden oft als undurchschaubare und irrational agierende Kontrollinstanzen gesehen, die den Unternehmensalltag unnötig erschweren. Letztlich ist auch die Geldbeschaffung insbesondere für muslimische Unternehmen mit Schwierigkeiten verbunden, da sich die in Europa übliche Kreditvergabe nicht mit islamischen Glaubensgrundsätzen vereinbaren lässt.[16]

Angesichts der Defizite der bisherigen Unternehmensförderung wurden in den letzten Jahren verstärkt Maßnahmen gefordert, die den Bedürfnissen von Migrantinnen und Migranten in größerem Ausmaß Rechnung tragen und dadurch zu einem Wachstum sowie zu einer positiven Entwicklung migrantischen Unternehmertums beitragen sollen.

Tatsächlich lässt sich gegenwärtig ein Sensibilisierungsprozess beobachten, der von einer Reihe von Institutionen stetig vorangetrieben wird. Dies zeigt sich in der Zunahme von Informationsveranstaltungen, die sich explizit an Migrantinnen und Migranten richten; der Verbreitung mehrsprachiger Beratungs- und

15 Vgl. Haberfellner et al. (2000, 143). Neuere Studien, wie zum Beispiel Enzenhofer et al. (2007), messen Sprachbarrieren hinsichtlich der Nutzung von Beratung einen geringeren Stellenwert bei.

16 Vgl. Haberfellner et al. (2000, 148). Unter „Islamic Banking" werden Bemühungen verstanden, Bankgeschäfte mit den religiösen Richtlinien des Islam und der Scharia (v. a. Zinsverbot, Spekulationsverbot und Glücksspielverbot) in Einklang zu bringen.

Infobroschüren; der Einstellung geschulter Mitarbeiterinnen und Mitarbeiter, die sich speziell um die Anliegen der migrantischen Unternehmen kümmern, sowie der Implementierung zielgruppenspezifischer Unterstützungs- und Fördermaßnahmen. Letztere sollen im Folgenden dargestellt werden.

Zielgruppenspezifische Unterstützungs- und Fördermaßnahmen

Zu einer relativ jungen Initiative zählt das Förder- und Beratungsprogramm *Mingo Migrant Enterprises,* das im Mai 2008 vom *Wiener Wirtschaftsförderungsfonds (WWFF)* in Zusammenarbeit mit der Stadt Wien als Servicestelle für Unternehmerinnen und Unternehmer mit Migrationshintergrund ins Leben gerufen wurde. *Mingo Migrant Enterprises* stellt eine Erweiterung des bereits bestehenden Angebots der *Mingo Bueros* dar und richtet sich speziell an Gründerinnen und Gründer von Klein- und Mittelbetrieben. Angeboten werden kostenlose mehrsprachige Erstberatung, Unterstützung bei der Umsetzung betrieblicher Wachstums- und Innovationsschritte, Informationen über bestehende Förder- und Beratungsangebote der Stadt Wien, Unterstützung beim Umgang mit Ämtern und Behörden sowie Hilfe bei der Vernetzung mit den Wirtschaftsinstitutionen der Stadt Wien. In einem Interview bestätigte uns die Leiterin Nilgül Raeke, dass dieses Service auf großes Interesse bei Unternehmen aus unterschiedlichsten Branchen und migrantischen Communities stoße. Im ersten Halbjahr wurden über 200 Gespräche mit potenziellen Selbstständigen geführt. Vertreten sind neben traditionellen Gewerben auch Dienstleistungsbetriebe aus dem IT- und Multimedia-Bereich.

Darüber hinaus fanden im Jahr 2008 in Kooperation mit *Mingo Enterprises* bzw. dem *WWFF* in der *Volkshochschule Ottakring* kostenlose Kurse zu betriebswirtschaftlichen Grundlagen zur Gründung von Einzelunternehmen für Migrantinnen und Migranten statt. Die Kurse wurden in deutscher Sprache gehalten; vertiefende Fragen wurden von den zweisprachigen Kursleiterinnen und -leitern in Türkisch und Polnisch beantwortet. Laut Nilgül Raeke sind weitere projektspezifische Maßnahmen geplant.

Relativ jung ist auch das von der *Wirtschaftskammer Österreich (WKO)*, dem *Österreichischen Integrationsfonds (ÖIF)* und dem *Arbeitsmarktservice (AMS)* ins Leben gerufene Programm „Mentoring für MigrantInnen". Ziel dieser Initiative ist, qualifizierten Migrantinnen und Migranten den Einstieg in den Beruf zu erleichtern. Im Rahmen dieses Projekts wird auch die Gründung eines eigenen Unternehmens maßgeblich unterstützt.

Weiters zu nennen ist die *MigrantInnenakademie* des Vernetzungsbüros der *Wiener Integrationskonferenz,* die regelmäßig Workshops zu unternehmerisch relevanten Themen wie Öffentlichkeitsarbeit, Eventmanagement oder Unternehmensgründung anbietet.

Neben den genannten Förderprogrammen gibt es immer wieder Informationsveranstaltungen, die es zum Ziel haben, migrantischen Unternehmerinnen und

Unternehmern die unterschiedlichen Unterstützungsangebote vorzustellen. Dazu zählt u. a. die vom *Wiener ArbeitnehmerInnen Förderungsfonds (waff)* organisierte Veranstaltung „Unternehmen INTERKULT" am 6. Oktober 2008, im Rahmen derer in mehreren Sprachen über die Angebote der Wirtschaftskammer, des Arbeitsmarktservice, des Wiener Wirtschaftsförderungsfonds sowie der MA 17 informiert wurde. Die Wirtschaftskammer organisiert laufend spezielle Informationsveranstaltungen, die unterschiedliche Aspekte der Unternehmensgründung behandeln.

Gerade im Kulturbereich finden Tätigkeiten oft an der Schnittstelle zwischen Unternehmertum und Vereinstätigkeit statt. Für den Großteil der Kulturarbeiterinnen und -arbeiter sind es weniger die Angebote zur Unterstützung von Unternehmensgründung als klassische Programme der staatlichen Kultur- und Kunstförderung, die in Anspruch genommen werden (können).

Kultur- und Kunstförderung für migrantische Vereine

Kulturarbeit erfolgt nicht nur im Rahmen gewinnorientierter unternehmerischer Tätigkeit – vielmehr findet kulturelles und künstlerisches Engagement häufig auch weitgehend jenseits profitorientierten Wirtschaftens statt. Vereine und Kulturinitiativen sowie freischaffende Künstlerinnen und Künstler nehmen in der Kulturlandschaft einen zentralen Stellenwert ein.[17] Die häufig ehrenamtlich tätigen Kulturarbeiterinnen und Kulturarbeiter und sogenannten „Neuen Selbstständigen", die oft unter prekären Arbeitsbedingungen ihren Beruf ausüben, sind zumeist auf Förderungen der öffentlichen Hand angewiesen.

Die Probleme von Vereinen unterscheiden sich grundsätzlich kaum von jenen der Unternehmen. Zu den dringlichsten Aufgaben zählt 1.) die Geldbeschaffung, zumeist also die Akquirierung von Subventionsgeldern, damit verbunden sind häufig 2.) bürokratische Hürden (z. B. Vereinsgründung und Förderansuchen) und 3.) letztendlich auch Schwierigkeiten im Zusammenhang mit gesetzlichen Angelegenheiten (z. B. rechtliche Regelungen, welche die Organisation von Veranstaltungen betreffen). Für migrantische Vereine kommen neben sprachlichen Barrieren insbesondere auch fremdenrechtliche Rahmenbedingungen als zusätzliche Erschwernis hinzu. Zum einen sind drittstaatsangehörige Künstlerinnen und Künstler seit Inkrafttreten des Niederlassungs- und Aufenthaltsgesetzes (NAG) im Jahr 2006 mit einer Prekarisierung ihres Aufenthaltsstatus konfrontiert, zum anderen haben sich die Bedingungen auch für kurzfristig kunstausübende Drittstaatsangehörige (z. B. Konzertmusikerinnen und -musiker) verschärft.[18] Dazu kommen schließlich

17 Diese Form von migrantischer Kulturarbeit in Österreich ist mittlerweile Gegenstand einer Reihe von wissenschaftlichen Untersuchungen, u. a. von Waldrauch und Sohler (2004), Köchl, Patulova und Yun (2007), Lechner, Philipp und Thanner (2007) und Educult (2008).

18 Siehe dazu den Beitrag „Rechtliche Rahmenbedingungen migrantischer Kulturarbeit in Österreich" von Kim Kwok in diesem Band.

noch Informationsdefizite: Fehlendes Wissen über die Institutionen und Strukturen österreichischer Kulturverwaltung und rechtliche Rahmenbedingungen (Vereinsrecht und veranstaltungsrechtliche Bestimmungen), aber auch unzureichende Informationen über konkrete Förder- und Beratungsmaßnahmen sind keine Seltenheit unter migrantischen Kulturarbeiterinnen und -arbeitern. Häufig sind es diese Wissenslücken, die – gepaart mit der Angst vor der Antragstellung – dazu führen, dass Förderansuchen (zu) spät oder überhaupt nicht gestellt werden.

An wen können sich migrantische Vereine wenden? Und vor allem: Welche Möglichkeiten gibt es, Geld für künstlerische Aktivitäten zu akquirieren? Im Folgenden werden einige der bekanntesten zielgruppenspezifischen Unterstützungsleistungen der Stadt Wien sowie des Bundes kurz dargestellt, bevor im Anschluss daran einige der unerwünschten Nebenwirkungen dieser Förderpraxis erläutert werden.

Kunst- und Kulturförderung der Stadt Wien

Die *Kulturabteilung der Stadt Wien* (MA 7) gilt als wichtigste Förderstelle für migrantische Kulturvereine in der Bundeshauptstadt. Das 1998 ins Leben gerufene *Referat für interkulturelle und internationale Aktivitäten* fördert Vereine, die kulturelle Veranstaltungen von und für Migrantinnen und Migranten organisieren, welche die kulturelle Vielfalt der in Wien lebenden Zugewanderten präsentieren oder Initiativen zur Förderung des Zusammenlebens verschiedener Bevölkerungsgruppen setzen.[19] Im Jahr 2007 wurden insgesamt 220 Vereine unterstützt. Ermöglicht wird dadurch die Durchführung von Festivals wie z. B. „Salam Orient“, „Balkan Fever“ oder das „World Music Festival“, um nur einige der größeren geförderten Veranstaltungen zu nennen.

Darüber hinaus sieht sich die MA 7 als Beratungsstelle für Kulturarbeit. Zielgruppe sind insbesondere Kulturschaffende ohne Erfahrung mit der Kulturverwaltung – dazu zählen u. a. Migrantinnen und Migranten, die häufig nur sehr spärlich mit den Institutionen und Strukturen der österreichischen Kultur- und Kunstförderung vertraut sind. Für kleinere Veranstaltungen auf Bezirksebene stehen die dezentralen *Kulturbudgets der Bezirke* zur Verfügung. Antragsberechtigt sind gemeinnützige Institutionen wie Vereine, Religionsgemeinschaften oder Schulen. Subventioniert werden u. a. „traditionelle Veranstaltungen von ortsansässigen Bezirkskulturvereinen“ sowie „multikulturelle Projekte, die Integrationscharakter besitzen, das Miteinander mit fremdsprachigen Mitbürgern fördern, fremde Kulturkreise vorstellen und gegen Fremdenhass beziehungsweise Ausländerfeindlichkeit aktiv sind“.[20]

---

19 Siehe dazu: http://www.wien.gv.at/amtshelfer/kultur/kulturabteilung/foerderungen/interkulturell.html (9. 10. 2008)

20 http://www.magwien.gv.at/amtshelfer/kultur/kulturabteilung/foerderungen/bezirk.html (9. 10. 2008).

Neben Förderprogrammen, die sich explizit (auch) an Zugewanderte richten, vergibt die Kulturabteilung der Stadt Wien auch Subventionen für künstlerische Tätigkeiten in den Bereichen Alltagskultur, bildende Kunst, darstellende Kunst, Film, Kino und Literatur.

Zu erwähnen ist in diesem Zusammenhang auch das bereits genannte *Vernetzungsbüro der Wiener Integrationskonferenz,* das regelmäßig Workshops veranstaltet, die sich speziell an migrantische Kulturschaffende und Veranstaltende an der Schnittstelle zwischen Vereinstätigkeit und Unternehmertum richten (z. B. Öffentlichkeitsarbeit, Eventmanagement oder Unternehmensgründung) und zum Teil in Kooperation mit *Mingo Enterprises* organisiert werden.

Weitere Unterstützung kultureller und künstlerischer Aktivitäten bieten eine Reihe von gemeinnützigen Einrichtungen wie zum Beispiel der *Verein Wiener Jugendzentren,* der bereits sehr früh insbesondere migrantischen Jugendlichen die Möglichkeit bot, künstlerische Fähigkeiten zu erwerben und/oder zu verbessern.[21]

Kunst- und Kulturförderung auf Bundesebene

Von besonderer Bedeutung für migrantische Kulturschaffende und Vereine auf Bundesebene ist die Abteilung II/8 (jetzt VI/7) „Regionale Kulturinitiativen".[22] Zu den Aufgaben dieser Abteilung zählen in erster Linie die Förderung regionaler Kulturinitiativen und -zentren sowie die Unterstützung interkultureller Aktivitäten und spartenübergreifender Projekte.[23] Als förderungswürdig erachtet werden u. a. „interdisziplinäre Kunst- und Kulturprojekte sowie multikulturelle Projekte, wobei insbesondere der Gesichtspunkt der Integration sozial benachteiligter Gruppen zu berücksichtigen ist".[24] Neben einer Reihe thematisch ungebundener Förderungen (Projektkostenzuschuss, Subventionierung Jahrestätigkeit, Investitionskostenzuschuss etc.) werden auch Preise für außergewöhnliche Leistungen zu bestimmten Schwerpunktthemen verliehen. Im Jahr 2008 wurde diesbezüglich der „Würdigungspreis für langjährige Projektarbeit im Bereich des interkulturellen Dialogs" (11.000 Euro) und ein „Förderungspreis für ein im Jahr 2008 realisiertes Projekt im Bereich des interkulturellen Dialogs" (7.500 Euro) vergeben. Die Ausschreibung lautete folgendermaßen:

---

21 Betz (1994, 65).

22 Von 1997 bis 2007 waren sowohl Ministerien als auch die Sektion II des Bundeskanzleramtes für Kultur- und Kunstförderung zuständig. Mit der Kompetenz-Neuordnung der Kulturagenden im März 2007 wurde diese Sektion als Sektion VI in das neu geschaffene Bundesministerium für Unterricht, Kunst und Kultur eingegliedert.

23 Die jährlichen Ausgaben für die Förderung von Kulturinitiativen im Zeitraum von 1998 bis 2006 liegen bei durchschnittlich 4,11 Mio. Euro (2006: 4,25 Mio. Euro). Es lässt sich allerdings anhand dieser Zahlen nicht eindeutig feststellen, wie hoch der Anteil ist, der für migrantische Kulturinitiativen ausgegeben wurde.

24 Vgl. Bundesministerium für Unterricht (2007, 34).

> *„Die zu honorierenden modellhaften künstlerischen und kulturellen Leistungen müssen unter aktiver Einbeziehung von in Österreich lebenden Menschen verschiedener Herkunftsländer die gegenseitige Wertschätzung, das wechselseitige Verständnis sowie den Dialog fördern, die positive Darstellung der kulturellen Kompetenz aller Mitwirkenden aufzeigen und deren nachhaltige gesellschaftliche Partizipation zum Ziel haben. Teilnahmeberechtigt sind gemeinnützige Kunst- und Kulturvereine, Künstlerinnen und Künstler sowie Kulturarbeiterinnen und Kulturarbeiter mit Sitz in Österreich."*[25]

Den Würdigungspreis erhielt das seit 1999 jährlich stattfindende Festival „Soho in Ottakring", das im Brunnenviertel – einem Gebiet, in dem überdurchschnittlich viele Menschen mit Migrationshintergrund leben – künstlerische sowie sozialpolitische Projekte im öffentlichen Raum präsentiert. Der Förderungspreis ging an den Verein M-Media (Verein zur Förderung interkultureller Medienarbeit), dessen Ziel es ist, die Bilder von Zugewanderten in den österreichischen Mainstream-Medien durch aktive Teilnahme der Betroffenen mitzugestalten.

Darüber hinaus subventioniert die Kunstsektion regelmäßig Tätigkeiten in den Bereichen bildende Kunst, Architektur, Design, Mode, Fotografie, Medienkunst, Musik, darstellende Kunst, Film, Literatur, Verlagswesen und bilateraler Künstleraustausch. Antragsberechtigt sind Einzelpersonen und Gruppen von Kunstschaffenden sowie Kunstinstitutionen. Migrantinnen und Migranten ohne österreichische Staatsbürgerschaft können allerdings nur dann eine Förderung beantragen, wenn der Mittelpunkt ihrer Lebensinteressen nachweislich seit mindestens drei Jahren in Österreich liegt.[26]

Beratung und Interessenvertretung

Darüber hinaus gibt es eine Reihe von staatlichen Institutionen und gemeinnützigen Organisationen, die sich der Unterstützung von Kulturschaffenden und Vereinen widmen und/oder als Interessenvertretung fungieren. Dazu zählen Organisationen wie die *IG Kultur Wien* (Interessenvertretung Wiener Kulturveranstalterinnen und -veranstalter), die *IG Kultur Österreich* (Interessenvertretung freier und autonomer Kulturarbeit in Österreich), die *IG Bildende Kunst*, die *IG Autorinnen und Autoren*, die *IG Freie Theaterarbeit*, die *IG Architektur*, die *IG World Music*, die *Musikergilde*, der *Dachverband der Österreichischen Filmschaffenden*, der *Kulturrat Österreich*, der *Österreichische Musikrat*, die Beratungsstelle für EU-Förderprogramme *Cultural Contact Point* oder das *Music Information Center Austria (MICA)*. Ein Großteil dieser Einrichtungen setzt sich in unterschiedlichen Belangen auch für migrantische Kultur-

25 Http://www.bmukk.gv.at/ministerium/vp/ots/20080701.xml (15. 10. 2008).

26 Http://www.bmukk.gv.at/kunst/foerderungen/index.xml (15. 10. 2008).

arbeiterinnen und -arbeiter ein – seit 2006 wird insbesondere deren aufenthaltsrechtliche Situation öffentlich kritisiert: So fordert z. B. der *Österreichische Musikrat*, der sich als Dachverband der im österreichischen Musikleben Tätigen und ihrer Interessenvertretungen versteht, die Wiederherstellung der vor 2006 geltenden gesetzlichen Möglichkeit einer Niederlassungsbewilligung für Künstlerinnen und Künstler.[27] Die *IG World Music* initiierte im November 2007 eine österreichweite Unterschriftenaktion gegen das geltende Fremdenrecht mit dem Titel: „Abgesagt! Keine Kunst ohne KünstlerInnen, keine Kultur ohne Kulturschaffende."[28]

Zielgruppenspezifische Förderung mit unerwünschten Nebenwirkungen

Lange Zeit galten der erschwerte Zugang zu Fördermitteln, die fehlende Mitbestimmung bei der Vergabe von Ressourcen sowie die innerorganisatorischen Schwierigkeiten der Kulturverwaltung im Umgang mit den Bedürfnissen der Zugewanderten als die größten Probleme im Bereich der Kunst- und Kulturförderung.[29] In den letzten Jahren brachten eine Reihe von Maßnahmen deutliche Verbesserungen für migrantische Kulturarbeit. Es zeigt sich, dass mittlerweile in den Kulturförderinstitutionen selbst Menschen mit Migrationshintergrund beschäftigt werden, wodurch die Sensibilität für migrantische Anliegen erhöht wird. So ist z. B. in der MA 7 der Referent für interkulturelle und internationale Aktivitäten türkischer Abstammung; Informationsbroschüren zur Antragstellung liegen laut Homepage in 15 Sprachen auf.[30]

Hinzu kommen Beratungseinrichtungen und Interessenvertretungen, die den Zugang (z. B. durch Hilfe bei der Antragstellung) erleichtern sollen. Und schließlich wurden zahlreiche Förderprogramme implementiert, die sich speziell an Migrantinnen und Migranten richten. Diese Förderung „interkultureller", „multikultureller" oder „internationaler" Kulturarbeit zielt – wenngleich nicht ausschließlich – auf die Unterstützung künstlerischer Tätigkeiten von Migrantinnen und Migranten ab. Als Hauptargument für diese Art zielgruppenspezifischer Kulturförderung wird zum einen die Gerechtigkeit im Zugang zu den Fördermitteln genannt, zum anderen aber auch die Sichtbarmachung „anderer" Kulturen.[31] Obwohl gezielte Kulturförderung, die speziell Personen mit Migrationshintergrund zugutekommt, aus kulturpolitischer Sicht sinnvoll erscheint, resultieren daraus eine Reihe von (unerwünschten) Nebenwirkungen, die im Folgenden erläutert werden.

---

27 Http://www.oemr.at (17. 11. 2008).

28 Http://www.abgesagt.net (17. 11. 2008).

29 Vgl. Betz (1994, 55, 63).

30 Vgl. http://www.wien.gv.at/amtshelfer/kultur/kulturabteilung/foerderungen/interkulturell.html (11. 11. 2008).

31 Vgl. Betz (1994, 36).

Unerwünschte Ethnisierung migrantischer Kulturschaffender

Programme, die auf die Förderung von kulturellen Aktivitäten Zugewanderter abzielen, rücken ihren Fokus auf die Kultur der jeweiligen Herkunftsländer. Nun ist es aber so, dass viele migrantische Kulturarbeiterinnen und -arbeiter ihre Arbeit nicht im Zusammenhang mit ihrer Herkunftskultur sehen (wollen) und sich auch gegen die dadurch bewirkte Etikettierung als „Migrantenkunst" oder „Migrantenmusik" etc. wehren. Durch diese Förderpraxis werden Kulturschaffende unabhängig von der Art ihres künstlerischen Schaffens und lediglich auf Basis ihrer ethnischen Herkunft in die „Ethno-Nische" gedrängt, ihre Arbeit wird als „multikulturell" bzw. „interkulturell" etikettiert und ihr künstlerisches Schaffen als „migrantisch" klassifiziert. Dies mag in vielen Fällen von Vorteil sein, zumal sich der Bezug auf die jeweilige Ethnizität als erfolgversprechende Vermarktungsstrategie einsetzen lässt.[32] Darüber hinaus kann zielgruppenspezifische Förderung als symbolische Anerkennung migrantischer Kulturschaffender gewertet werden. Allerdings besteht die Gefahr, dass diese Anerkennung weniger dem Kulturschaffen als der „Ethnizität" der Zugewanderten gilt. Dies führt mitunter dazu, dass Kulturschaffende das Gefühl haben, nur aufgrund ihrer Ethnizität, nicht aber wegen ihrer künstlerischen Fähigkeiten gefördert und damit auch gewürdigt zu werden. Befürchtet wird außerdem, dass den migrantischen Kulturschaffenden durch die Sonderbehandlung interkultureller Angelegenheiten andere (allgemeine) Fördertöpfe verwehrt bleiben.

Exotisierung migrantischen Kulturschaffens

Was aber heißt „multikulturell", „interkulturell" oder „international" im Zusammenhang mit Kultur- und Kunstförderung? Tatsächlich fällt die Abgrenzung nicht so leicht, zumal diese Termini im Rahmen der Förderprogramme nur selten erklärt werden. Dies problematisiert Mark Terkessidis folgendermaßen:

> *„Zum einen erscheint der Begriff ‚interkulturelle Kulturarbeit' als kaum geklärt und daher auch wenig hilfreich. In der Praxis (...) führt dieses Konzept mit ziemlicher Wahrscheinlichkeit dazu, (...) dass die kulturelle Praxis von MigrantInnen weiterhin als additives Element zur ‚deutschen Kultur' im weitesten Sinne betrachtet wird."*[33]

Dem Kulturschaffen von Migrantinnen und Migranten wird dadurch ein Platz *neben* der Kultur der Mehrheitsgesellschaft zugewiesen, wodurch aber die intendierte Sichtbarmachung „anderer" Kulturen zu einer ungewollten Akzentuierung

32 Siehe dazu den Beitrag „Ethnizität als Ressource" von Michael Parzer und Kim Kwok in diesem Band.

33 Terkessidis (2007, 15).

kultureller Unterschiede wird.[34] Häufig resultiert daraus eine „Folklorisierung" bzw. auch „Exotisierung", wodurch der kulturellen Praxis von Migrantinnen und Migranten erst recht der Status des „Fremden" zugeschrieben wird.

Kunst als integrationspolitische Maßnahme

Zielgruppenspezifische Kultur- und Kunstförderung unterstützt Bemühungen, welche die kulturelle Vielfalt von Zugewanderten präsentieren, die das Zusammenleben verschiedener Bevölkerungsgruppen fördern, die Integrationscharakter besitzen, die gegen Ausländerfeindlichkeit gerichtet sind oder die den Dialog zwischen Menschen verschiedener Herkunftsländer unterstützen.[35] Im Vordergrund steht dabei die Kunstausübung als pädagogisches Programm. Der „Kunst" wird dabei als „universelle Sprache" die Fähigkeit zugeschrieben, Menschen unterschiedlicher Kulturen, aber auch unterschiedlicher sozialer Schichten anzusprechen. Dadurch leiste die „Kunst" einen wesentlichen Beitrag zum friedlichen Nebeneinander in einer Einwanderungsgesellschaft. Nicht hinterfragt wird allerdings, ob Kunst überhaupt imstande ist, diese ihr zugeschriebenen Funktionen zu erfüllen. Zwei Gefahren sind damit verbunden: Indem ein eigener Bereich für Kunstprojekte von und für Migrantinnen und Migranten geschaffen wird, welche zumeist auch noch integrationspolitischen Zwecken dienlich sein sollten, werden sozialpolitische Aufgaben in den Bereich der Kulturpolitik verdrängt – und wird die Sozialpolitik womöglich sogar ihrer Aufgabe entledigt, Integrationsmaßnahmen zu implementieren. Dies wird schließlich noch verschärft, wenn es, so wie in Wien, keine institutionalisierte Zusammenarbeit zwischen den Ressorts Kunst und Kultur, Soziales und Migration gibt.[36]

Ein weiteres Problem ist, dass es durch die „Instrumentalisierung von Kunst zum sozialen Management" zur „sozialromantischen Verklärung gesellschaftlicher Widersprüche"[37] kommt. Sehr häufig gelten „multikulturelle" Veranstaltungen als Symbol und Indiz des friedlichen Zusammenlebens unterschiedlicher Kulturen, wodurch soziale Probleme in anderen Bereichen jenseits von Konzerthaus, Kino oder „Multikulti-Festival" unter den Tisch gekehrt werden. In ihrer Untersuchung multikultureller Veranstaltungen weist die Kulturanthropologin Gisela Welz darauf hin, dass durch diese Akzentuierung kultureller Differenzen sozioökonomische Ungleichheiten zwischen Mitgliedern der Mehrheitsge-

34 Vgl. Betz (1994, 36).

35 Vgl. die Ausschreibungstexte der Fördermaßnahmen der in Kapitel 2.1 und 2.2 beschriebenen Institutionen auf Stadt- und Bundesebene.

36 Vgl. Educult (2008, 36f.). Als Beispiel für „good practices" in diesem Zusammenhang wird die Stadt Amsterdam erwähnt, wo Migration, Kultur und Soziales in einem Verwaltungsressort zusammengefasst sind.

37 Radtke (1990, 7).

sellschaft und Zugewanderten vernachlässigt werden. Die hohe Bewertung von kultureller Kommunikation (auf der Ebene der Kunstförderung) würde dabei auf Kosten der Verbesserung der ökonomischen Chancen für soziale Randgruppen gehen. Und auch was die Wirkung des „kulturpädagogischen Angebots“ betrifft, gibt sich Welz skeptisch: Dessen Erfolg werde vor allem dadurch bestimmt, „ob es gelingt, Bevölkerungsgruppen anzusprechen, die nicht ohnehin fremden Kulturen gegenüber aufgeschlossen sind“.[38]

Resümee

Kulturarbeit von Migrantinnen und Migranten findet sowohl in Form von profitorientiertem Wirtschaften als auch im Rahmen ehrenamtlich ausgeübter Tätigkeiten im Non-Profit-Bereich statt. Beide Formen leisten einen wichtigen Beitrag sowohl in kultureller als auch in ökonomischer Hinsicht. Als migrantische Kulturunternehmen stellen diese Organisationen kulturelle Angebote sowohl für die Mehrheits- als auch für die Minderheitsgesellschaft bereit, zugleich ermöglichen sie zahlreichen Kulturschaffenden die Ausübung und Weiterentwicklung ihrer Künste. Aus der unserem Projekt zugrunde liegenden Forschungsperspektive ist die Produktivität migrantischer Kulturarbeit weder alleiniges Resultat künstlerischer Kreativität noch ausschließlich auf den Idealismus und das Engagement von Künstlerinnen und Künstlern zurückführbar. Vielmehr ist diese Arbeit auch von staatlichen Rahmenbedingungen abhängig. Dazu zählen nicht nur fremden- und gewerberechtliche Bestimmungen, sondern auch konkrete Unterstützungsleistungen des Staates. Mittlerweile existieren in Österreich sowohl für Unternehmen als auch für Vereine im Kulturbereich eine ganze Reihe von Fördertöpfen und Beratungseinrichtungen, die auch für Zugewanderte zunehmend an Attraktivität gewinnen. Darüber hinaus lassen sich – insbesondere im Unternehmensbereich – eine verstärkte Sensibilisierung gegenüber den Bedürfnissen von Migrantinnen und Migranten sowie die Schaffung eigener Unterstützungsmaßnahmen beobachten. Die nächsten Jahre werden zeigen, wie sich diese Maßnahmen sowohl auf das Angebot migrantischer Kulturökonomien als auch auf die Lebenssituation migrantischer Künstlerinnen und Künstler auswirken werden. Besonderes Augenmerk gilt es dabei auf jene Prozesse zu richten, die dazu beitragen, unbeabsichtigten Folgen der Förderpolitik für Migrantinnen und Migranten entgegenzuwirken.

38 Welz (2007, 224–226).

Werbung für den Volksmusik- und Arabesk-Star İbrahim Tatlıses im CD-Geschäft Akdeniz (Wien 16), 22. 02. 2007, Foto: H. Sağlam

In Österreich herausgegebene chinesische Zeitungen, 12. 04. 2008, Foto: K. Kwok

Freedom Street beim Asia-Night-Konzert in der Babu Bar (Wien 9), 15. 06. 2008, Foto: K. Kwok

Vor dem Tortenanschnitt durch den beschnittenen Jungen (rechts) bei seinem Beschneidungsfest im Dilan Düğün Salonu (Wien 11), 23. 03. 2008, Foto: H. Sağlam

„Embedded Industries“: Soziale und kulturelle Ressourcen migrantischer Kulturarbeit

Von Andreas Gebesmair

Unternehmerinnen und Unternehmer sind entgegen den Annahmen der klassischen Ökonomie nicht einsame Akteure, die ihre rationalen Entscheidungen unbeeinflusst vom unmittelbaren Umfeld fällen, sondern auf vielfältige Weise in soziale Netzwerke und spezifische Kulturen eingebunden. Das unternehmerische Handeln ist, wie Soziologinnen und Soziologen sagen, sozial und kulturell eingebettet. Informationen über lukrative Geschäftsfelder, neue Partner oder eine staatliche Fördermöglichkeit erreichen uns über nahe oder entfernte Bekannte, Freunde und Verwandte stehen mit Rat und Tat zur Seite und überbrücken Phasen der Geldknappheit allenthalben auch mit finanziellen Zuwendungen. In Gesprächen mit Branchenkollegen tauschen wir uns über Probleme des Alltags aus und vergewissern uns der Sinnhaftigkeit unseres Tuns. Normen und Standards regulieren das unternehmerische Handeln und sorgen für einen einigermaßen reibungslosen Ablauf der Geschäfte, denen wir einmal mit mehr, einmal mit weniger Erfolg nachgehen. Nicht unbedeutend sind dabei unsere persönlichen Fähigkeiten, wobei oft weniger die im Zuge der Berufsausbildung erworbene Kompetenz als das implizite, auf der Vertrautheit mit einer spezifischen Praxis verbundene Wissen von Relevanz ist.

Dies alles trifft nicht nur auf migrantische Kulturarbeit, sondern generell auf unternehmerisches Handeln zu. Die Frage der Einbettung bekommt aber aus zwei Gründen für unseren Forschungsgegenstand zusätzliches Gewicht: Zum einen weiß man aus der empirischen Forschung zur Kreativwirtschaft, dass Kulturarbeit in der Regel unter prekären Bedingungen geleistet wird und daher der informellen Unterstützung durch Familie, Freunde und Bekannte bedarf.[1] Zum anderen sind Einwanderer zusätzlich aufgrund der Barrieren in der Aufnahme-

1 Vgl. Gottschall und Henninger (2005), Papouschek, Schiffbänker und Reidl (2006), Angerer (2008).

gesellschaft auf ihr unmittelbares migrantisches Umfeld angewiesen.[2] Die tragfähigen Netzwerke und spezifischen Gruppennormen in den Einwanderercommunities kompensieren zuweilen die Benachteiligungen – sie können aber, worauf noch zurückzukommen ist, auch zu einer Belastung werden.

Fragen der sozialen und kulturellen Einbettung unternehmerischen Handelns in der migrantischen Kreativwirtschaft standen am Beginn unseres Forschungsprojekts, das auch den Titel „Embedded Industries“ trug. In diesem Beitrag sollen die zentralen Ergebnisse zusammengefasst werden. Im ersten Teil werden die wichtigsten Begriffe vor dem Hintergrund der soziologischen Theorien erklärt und anhand von Auszügen aus den Interviews illustriert. Hier ist zum einen zwischen sozialem und kulturellem Kapital und zum anderen zwischen ethnischen und klassenspezifischen Ressourcen zu unterscheiden. Der zweite Teil geht anhand der Daten einer standardisierten Erhebung der Frage nach, welche kulturellen und sozialen Ressourcen von welchen Akteuren in der türkischen, chinesischen und südasiatischen Kreativwirtschaft genutzt werden. Kompensieren ethnische Ressourcen wie z. B. enge Kontakte zur Community in der Tat Benachteiligungen in der Aufnahmegesellschaft? Und welche Rolle spielt kulturelles Kapital?

„Embeddedness“ – Zur sozialen und kulturellen Einbettung (kreativ-) wirtschaftlicher Tätigkeit

Soziales und kulturelles Kapital

Mit dem 1985 in einem renommierten Journal veröffentlichten Aufsatz „Economic Action and Social Structure: The Problem of Embeddedness“ gab der US-amerikanische Wirtschaftssoziologe Mark Granovetter der Debatte um das Vertrauensproblem in der Ökonomie eine neue Richtung, indem er auf den Umstand verwies, dass die Marktteilnehmerinnen und Marktteilnehmer einander in der Regel gut kennen und über längere Zeiträume in Kontakt bleiben.[3] Schon im 17. Jahrhundert warf der englische Moralphilosoph Thomas Hobbes die Frage auf, wie unter der Annahme, dass Menschen ihre eigenen Interessen verfolgen, überhaupt ein geordnetes und friedliches Zusammenleben zustande kommen könne. Wenn man wie in der Volkswirtschaftslehre davon ausgeht, dass Marktteilnehmerinnen und Marktteilnehmer danach trachten, den Profit zu maximieren, gibt es keinen Anlass zur Vermutung, dass diese nicht auch zu unlauteren Mitteln greifen, um ihre Ziele zu erreichen. Warum kann ich darauf vertrauen, dass der Zulieferer, von dem ich wichtige Komponenten beziehe, die Bank, von der ich Geld leihe, oder meine Mitarbeiterinnen und Mitarbeiter, auf deren Loyalität ich

2 Vgl. Portes (1995), Haug und Pointner (2007).

3 Granovetter (1985).

angewiesen bin, nicht hin und wieder betrügen? Ohne dieses Vertrauen kämen aber wirtschaftliche Transaktionen gar nicht zustande, da ich immer um meinen Vorteil fürchten müsste. Ökonominnen und Ökonomen betonen aus diesem Grund die Wichtigkeit staatlicher Institutionen wie Rechtsordnungen und Behörden, die für einen geregelten Ablauf sorgen. Granovetter hingegen meint, dass dauerhafte Beziehungen zwischen den Akteuren die Basis des Vertrauens schaffen – ganz ohne Verträge und Institutionen. Da Fehlverhalten die Reputation beschädigt, haben alle ein Interesse an einem reibungslosen Ablauf der Transaktionen. Damit lenkte Granovetter die Aufmerksamkeit auf die Einbettung des Wirtschaftslebens in soziale Netzwerke.

Form und Nutzen dieser Netzwerke sind Gegenstand zahlreicher theoretischer Abhandlungen und empirischer Untersuchungen. In der Soziologie werden Ressourcen, auf die man potenziell über persönliche Beziehungen zugreifen kann, auch als *soziales Kapital* bezeichnet. Dieses reicht von der Bekräftigung des Selbstbilds durch eine Gruppe Gleichgesinnter über den Zugang zu wichtigen Informationen bis hin zu materieller Unterstützung, sei es in Form von Dienstleistungen oder auch von finanziellen Zuwendungen.[4] Mittlerweile hat sich die Überzeugung durchgesetzt, dass manche Beziehungsformen bestimmten Zwecken besser dienen als andere. Drei unterschiedliche Aspekte seien hier erwähnt.

Zum einen stellt James S. Coleman auf die gegenseitige Kontrolle in sehr eng geflochtenen Netzwerken ab.[5] Wo Informationen über das Fehlverhalten von Personen schnell und zuverlässig diffundieren, können Gruppennormen viel leichter aufrechterhalten werden als in losen Verbindungen. Dies sei, so Coleman, der Grund dafür, dass jüdische Diamantenhändler in Brooklyn ohne vertragliche Abmachungen äußerst wertvolle Steine einander zur Begutachtung überließen. Die Händler würden durch Fehlverhalten den Anschluss an die durch familiäre Bande verflochtene jüdische Gemeinde riskieren. Die starke Integration von Gruppen schafft aber auch unabhängig von den Kontrollmöglichkeiten ein Gefühl von Solidarität, zumal unter jenen, die ein gemeinsames Schicksal eint. Die Ablehnung, die Migrantinnen und Migranten in der Aufnahmegesellschaft erfahren, kann sie in ihrer Bereitschaft, sich gegenseitig psychisch, aber auch materiell zu unterstützen, bestärken. Putnam nennt diese Form des sozialen Kapitals auch bindendes soziales Kapital („bonding social capital").[6]

So wichtig enge Bindungen auch sein mögen, sie haben den Nachteil, dass sie die Handlungsfreiheit einengen und den Zugang zu nicht redundanten Informationen und Innovationen verstellen. Wer immer die gleichen Leute trifft, die auch noch selbst untereinander bekannt sind, begibt sich der Möglichkeit, Alternativen

4 Einen Überblick bieten Portes (1998), Lin (2001), Franzen und Freitag (2007).

5 Coleman (1988).

6 Putnam (2000).

kennenzulernen. Ronald S. Burt betont daher zweitens das Potenzial, das in der Überbrückung sogenannter struktureller Löcher – der Lücken zwischen unverbundenen Netzwerken – liegt. Brückenbildendes soziales Kapital („bridging social capital“) verschafft nicht nur größere Autonomie im Handeln, sondern auch Zugang zu unvertrauten Regionen und damit auch zu nicht redundanter Information.[7] Neue Geschäftsfelder oder Produktionsformen tun sich eher für jene auf, die über diese Form sozialen Kapitals verfügen.

Neben dem Charakter der Beziehung und der Position im Netzwerk spielt aber drittens auch noch der Status der Personen im Netzwerk eine Rolle. Das Einkommen und der Beruf von Freunden, die beim Umzug helfen, sind ebenso wenig von Bedeutung wie das gesellschaftliche Ansehen meiner Sportpartner. Schnellen, günstigen und zuverlässigen rechtlichen Rat erhalte ich aber nur von befreundeten Rechtsanwälten und Informationen über vakante Stellen im Topmanagement von Personen, die selbst solche Positionen einnehmen. Für die Absicherung der sozialen Stellung bzw. für den sozialen Aufstieg sind Beziehungen zu statushöheren Personen unerlässlich. Pierre Bourdieu, der den Begriff des sozialen Kapitals in die Soziologie einführte, richtete seine Aufmerksamkeit nicht so sehr auf die Form des Netzwerks und den Charakter der Beziehungen, sondern auf die Position der Netzwerkpartnerinnen und -partner. „Der Umfang des Sozialkapitals, das der Einzelne besitzt, hängt (…) von der Ausdehnung des Netzes von Beziehungen ab, die er tatsächlich mobilisieren kann, wie auch von dem Umfang des (ökonomischen, kulturellen oder symbolischen) Kapitals, das diejenigen besitzen, mit denen er in Beziehung steht.“[8]

Wirtschaftliche Tätigkeiten sind aber auch kulturell eingebettet.[9] Unternehmerisches Handeln folgt nicht nur einem rationalen Kalkül, sondern auch kollektiv geteilten Vorstellungen von richtigem Unternehmertum und angemessenem Handeln. Dabei handelt es sich zum einen um explizite Kompetenzen, die es zu erwerben gilt, um erfolgreich wirtschaftlich tätig zu sein, zum anderen aber um implizite Regeln, Umgangsformen und Moden, die eine gewisse Vertrautheit mit dem Betätigungsfeld voraussetzen. In Analogie zum sozialen Kapital ist in Bezug auf diese Ressource auch von *kulturellem Kapital* die Rede. Pierre Bourdieu unterscheidet zwei unterschiedliche Erwerbsformen dieses kulturellen Kapitals, die

---

7 Burt (1992). Granovetter (1973) bringt mit seiner These von der Stärke schwacher Bindungen den gleichen Gedanken zum Ausdruck, wenngleich sein Ausgangspunkt nicht die Position im Netzwerk, sondern der Charakter der Beziehung ist. Er geht von der Beobachtung aus, dass Freunde, denen wir uns sehr verbunden fühlen, selbst oft eine starke Beziehung untereinander aufbauen. Dies führt zu geschlossenen Kreisen, die nur über sogenannte schwache Beziehungen („weak ties“) aufgebrochen werden. Granovetter konnte zeigen, dass lukrative Jobangebote häufig über schwache Beziehungen vermittelt werden.

8 Bourdieu (1983, 191).

9 Siehe dazu DiMaggio (1990), DiMaggio (1994).

auch in unserer Untersuchung eine wichtige Rolle spielen werden.[10] Zum einen wird kulturelles Kapital, sei es nun in der Form expliziten Wissens oder als beiläufig vermittelte Wahrnehmungs- und Handlungsweisen, in der Schule erworben. Das Kapitalvolumen steigt mit der Dauer der Ausbildung und der Qualität der durchlaufenen Bildungsinstitutionen. Davon zu unterscheiden sind die frühen familiären Aneignungsformen, die, in der Sichtweise Bourdieus, von nachhaltiger Wirkung sind. Denn nur wer in einem günstigen familiären Umfeld aufwächst, erwirbt jene Dispositionen, die für die Bewältigung der schulischen und beruflichen Herausforderungen von großer Wichtigkeit sind. Gerade die Selbstverständlichkeit, mit der Kinder aus „besserem Hause“ diese Kompetenzen erwerben, zeichnet sie vor jenen aus, die sich diese erst in einem langen schulischen Prozess aneignen müssen. Im Zuge dieser vorschulischen schichtspezifischen Sozialisation wird, wie Bourdieu sagt, Status vererbt. Und dies sei auch der Grund, warum sich die Nachkommen in Positionen wiederfinden, die schon ihre Eltern bekleideten.

Soziales und kulturelles Kapital sind wichtige Voraussetzungen für den Erfolg im Berufsleben. Sie erleichtern den Zugang zu Stellen und helfen die Positionen gegenüber Konkurrenten abzusichern. Dies trifft in einem besonderen Maße auf die Arbeit in der Kreativwirtschaft zu, wo Karrieremodelle schwach institutionalisiert sind, Kompetenzen wenig definiert und häufig außerhalb traditioneller Bildungseinrichtungen erworben werden. Die Konkurrenz ist groß und die Tätigkeit von hoher Unsicherheit geprägt. Kulturarbeiterinnen und Kulturarbeiter – die meisten von ihnen freiberuflich und selbstständig – sind daher in hohem Maße auf Unterstützung aus dem unmittelbaren Umfeld und auf feldspezifische Kompetenzen angewiesen – also auf das, was hier soziales und kulturelles Kapital genannt wird. In einer aktuellen Studie wurde auf die große Bedeutung freundschaftlicher Beziehungen zwischen Kolleginnen und Kollegen in der Kreativwirtschaft hingewiesen.[11] Die Autorin verweist vor allem auf die psychosoziale Komponente dieser Kontakte, die in einer von Unsicherheit geprägten Situation das Gefühl der Stabilität und Zuverlässigkeit vermitteln. Zudem erfüllen sie aber auch konkrete ökonomische Funktionen. In einer Branche, in der die Zuverlässigkeit der Kooperationspartner essenziell ist und wenig Mittel bereitstehen, diese zu erzwingen, stellt das Vertrauen eine wichtige Ressource dar. Die engen Beziehungen helfen Transaktionskosten zu sparen, da auf rechtliche Absicherung und aufwendige Kontrolle einfach verzichtet wird.

Überraschend ist der Befund insofern, als die Vorherrschaft freundschaftlicher Beziehungen als ein Indiz für die Redundanz des Netzwerks betrachtet wird. Es besteht die Gefahr des „Kochens in der eigenen Suppe“. Nur schwache, brückenbildende Kontakte eröffnen, so die Theorie, neue Chancen und den Zugang zu Inno-

---

10 Bourdieu (1987).

11 Angerer (2008).

vationen. Burt, der diese Sichtweise vertritt, hat dabei allerdings mehr das Management von Innovationen, das „Import-Export-Geschäft" der Durchsetzung neuer Ideen, wie er es im Anschluss an Schumpeter nennt, im Sinn als den eigentlichen kreativen Prozess.[12] Kreativ Schaffende finden im Gegensatz dazu in stabilen und engen Beziehungen offensichtlich größeren Rückhalt.

Auch die Wichtigkeit kulturellen Kapitals in der Kreativwirtschaft steht außer Zweifel. Der Anteil der Personen mit höherer Bildung ist im Vergleich zu anderen Branchen außergewöhnlich hoch.[13] Pierre Bourdieu hat allerdings mit viel Scharfsinn darauf hingewiesen, dass gerade die Kulturwirtschaft auch Personen mit geringerer formaler Bildung die Möglichkeit bietet, relativ hohes Ansehen zu erwerben.[14] Aufgrund der geringen Institutionalisierung und der ungenauen Anforderungsprofile sei sie eine Domäne all jener, denen der Weg in eine Führungsposition aus Mangel an adäquaten Abschlüssen zwar verwehrt ist, die aber aufgrund ihrer Herkunft über ausreichende kulturelle und soziale Ressourcen verfügen, um den unspezifischen Anforderungen und den Unsicherheiten in der Kreativwirtschaft gerecht zu werden. Wichtiger als das in Bildungseinrichtungen erworbene kulturelle Kapital sei für Kulturarbeiterinnen und -arbeiter, so Bourdieu, das in der frühen „bürgerlichen" Sozialisation erworbene Kapital. Zugespitzt formuliert: Was in der Kreativwirtschaft nützt, ist weniger das erworbene als das geerbte Kapital. Bevor wir uns diesen unterschiedlichen Formen sozialen und kulturellen Kapitals migrantischer Kulturanbieterinnen und -anbieter zuwenden, gilt es aber noch eine andere Unterscheidung zu treffen: die zwischen ethnischen Ressourcen einerseits und Klassenressourcen andererseits.

Klassenressourcen und ethnische Ressourcen

Migrantisches Unternehmertum ist in den klassischen Einwanderungsländern wie den USA oder Kanada seit Jahrzehnten Gegenstand sozialwissenschaftlicher Forschung. Dabei zeigte sich, dass die Einwanderergruppen in recht unterschiedlichem Ausmaß unternehmerischen Tätigkeiten nachgehen. Koreanische, chinesische und griechische Migrantinnen und Migranten etwa führen wesentlich häufiger ein eigenes Geschäft als Einwanderer aus West- und Mitteleuropa. Dies ist zum einen den spezifischen Benachteiligungen am Arbeitsmarkt und den jeweiligen Nachfragebedingungen für ethnische Angebote geschuldet, zum anderen aber auch Charakteristika der Einwanderergruppen. Diese unterscheiden sich hinsichtlich Motiv und Umstand der Einwanderung und können für ihre Anliegen recht unterschiedliche Ressourcen mobilisieren. Der US-amerikanische

---

12 Burt (2004).

13 Reidl und Steyer (2006, 32), Ratzenböck et al. (2004, 285f.).

14 Bourdieu (1987, 561ff.).

Soziologe Ivan Light schlägt vor, diesbezüglich zwischen ethnischen Ressourcen und Klassenressourcen zu unterscheiden.[15] Über Klassenressourcen verfügen Einwanderer aufgrund ihrer Zugehörigkeit zu einer Klasse[16], während ethnische Ressourcen allen Mitgliedern einer Einwanderergruppe zukommen. Nur ein kleiner Teil einer Community besitzt große Geldmengen, hohe Bildung, gute Kontakte und einen unternehmerischen Habitus. Die meisten Mitglieder einer Community aber sprechen die Sprache des Herkunftslandes, sind vertraut mit den communityspezifischen Gepflogenheiten und profitieren von der Solidarität, die häufig unter Migrantinnen und Migranten gleicher Herkunft herrscht. Soziales und kulturelles Kapital, von dem im letzten Abschnitt die Rede war, kann also sowohl als ethnische wie auch als klassenspezifische Ressource zur Verfügung stehen, wie die Übersicht 1 zeigt. Ökonomisches Kapital ist wohlgemerkt immer eine Klassenressource.

Übersicht 1: Beispiele für ethnische Ressourcen und Klassenressourcen

	Ethnische Ressourcen	Klassenressourcen
Soziales Kapital	Ethnische Solidarität, enge Kontakte in der Community, intraethnische Verwandtschaftsbeziehungen etc.	Mitglied einer Unternehmerfamilie, Kontakte zu Wohlhabenden und Eliten, brückenbildendes Sozialkapital etc.
Kulturelles Kapital	Sprache des Herkunftslandes, Vertrautheit mit ethnischen Traditionen, Gruppennormen, Werthaltungen etc.	Formale Bildung, Berufserfahrung klassenspezifischer Habitus etc.

In der Theorie wird angenommen, dass die gemeinsam erfahrene Ablehnung und Benachteiligung durch die Aufnahmegesellschaft die Bande zwischen den Mitgliedern einer Einwanderergemeinschaft stärkt und sie dazu motiviert, sich gegenseitig zu unterstützen. Diese als reaktive Solidarität bezeichnete Form *sozialen Kapitals* gewinnt zusätzlich durch die engen freundschaftlichen und verwandtschaftlichen Beziehungen in der Community an Wirksamkeit. Diese ermöglichen nicht nur die Kontrolle von Abmachungen, sondern bilden auch eine gute Basis für den Aufbau von Reputation. Damit ist aber ein weiteres Motiv für gegenseitigen Beistand und normkonformes Verhalten gegeben. In der Tat ist die Literatur zu ethnischem Unternehmertum voll von Zeugnissen formaler und

15 Vgl. Light (1987), Light und Karageorgis (1994), siehe auch Aldrich und Waldinger (1990).

16 Der Klassenbegriff wird hier sehr allgemein verwendet. Er umfasst nicht nur den Gegensatz von Bourgeoisie und Proletariat, sondern im Sinne Pierre Bourdieus Unterschiede in der Ausstattung mit ökonomischen, sozialen und kulturellen Ressourcen. Er steht dem soziologischen Schichtbegriff näher als dem Marxschen Klassenbegriff.

informeller Unterstützung durch die Community. Besondere Aufmerksamkeit erfuhren die sogenannten rotierenden Kreditassoziationen, die vor allem unter asiatischen Zuwanderern in den USA verbreitet waren. Dabei handelte es sich um informelle Zusammenschlüsse von Unternehmern, die sich abwechselnd mit größeren Geldbeträgen aushalfen. Für Einwanderer, die häufig am Kapitalmarkt benachteiligt sind, ist der Zugang zu alternativen Finanzierungsquellen in der Community oder in der Verwandtschaft essenziell. Das Vertrauen in Personen gleicher Herkunft und die Verpflichtung gegenüber der Community vereinfachen zudem die Transaktionen mit ko-ethnischen Zulieferern und erleichtern die Akquisition von Mitarbeiterinnen und Mitarbeitern.

Die Bedeutung ethnischer Ressourcen im Wirtschaftsleben der Migrantinnen und Migranten ist Gegenstand wissenschaftlicher Kontroversen.[17] In der Anfangsphase eines Unternehmens scheint die Unterstützung aus der Community essenziell zu sein, für den weiteren Erfolg zählen aber auch in der ethnischen Ökonomie vor allem die Klassenressourcen. Aldrich und Waldinger mutmaßen zudem, dass die Überbewertung ethnischer Ressourcen in der Forschung dem Mangel an Vergleichen mit der Mehrheitsgesellschaft geschuldet ist.[18] Was als communityspezifischer Ressourcenzugang erscheint, könnte sich im Vergleich als gängige Praxis von Unternehmern herausstellen und müsste insofern auch eher als Klassenressource denn als ethnische Ressource betrachtet werden. Auch in der Mehrheitsgesellschaft beziehen Unternehmerinnen und Unternehmer aus ihrem unmittelbaren Freundes- und Verwandtschaftsnetzwerk Unterstützung. Und diese wird ja nicht gewährt, weil die Empfängerinnen und Empfänger der gleichen Ethnie angehören, sondern weil sie Freunde sind.

Ähnliche Zweifel werden laut, wenn es um die Bedeutung *kulturellen Kapitals* geht.[19] Zwar sind Sprachkenntnisse und die Vertrautheit mit kulturellen Traditionen eine wichtige Voraussetzung, um in ethnischen Nischen zu reüssieren: Die Annahme aber, dass bestimmte Einwanderergruppen aufgrund ihrer ethnischen Herkunft mehr als andere für unternehmerisches Handeln generell oder für bestimmte Tätigkeiten im Speziellen prädisponiert seien, ist äußerst umstritten. Die Unterschiede in den unternehmerischen Aktivitäten und die augenscheinliche Konzentration einiger ethnischer Gruppierungen in bestimmten Branchen sind nur selten den kulturellen Traditionen geschuldet, sondern meistens das Ergebnis der Anpassung an die Gelegenheitsstruktur im Ankunftsland. Nichtsdestotrotz soll nicht geleugnet werden, dass etwa religiöse und kulturelle Normen oder spezifische Umgangsformen den Zusammenhalt ethnischer Communities und damit aber auch den Zugang zu Ressourcen befördern.

---

17 Light (2005, 664ff.), Fuchs (1998b).

18 Aldrich und Waldinger (1990).

19 Siehe dazu vor allem Aldrich und Waldinger (1990).

In diesem Zusammenhang gilt es auch die Schattenseiten der Einbindung in enge und geschlossene ethnische Netzwerke zu thematisieren.[20] Wie schon bei der Besprechung der unterschiedlichen Formen sozialen Kapitals erwähnt, geht mit jenen starken Bindungen, die für die Mobilisierung insbesondere von materieller Unterstützung unerlässlich sind, die Gefahr der Abschottung gegenüber lukrativen Alternativen oder Innovationen einher. Zudem werden die mit einer starken Gruppenintegration verbundenen Verpflichtungen zuweilen zur Belastung. Erfolgreichere Mitglieder der Community werden oft in hohem Maße um Unterstützung gebeten, die auszuschlagen ihnen der Anstand verbietet, obwohl sie damit sogar ihr eigenes Geschäft gefährden. Von vielen wird die Einbindung in enge Netzwerke als Einschränkung der persönlichen Freiheit erlebt, wenngleich der Verlust der solidarischen Unterstützung oft mehr wiegt als der Mangel an Gestaltungsmöglichkeiten.

Dass ethnische Ressourcen auch in der migrantischen Kreativwirtschaft Wiens eine Rolle spielen, steht außer Zweifel. In den Interviews, die wir im Laufe des Projekts durchführten, finden sich einige Hinweise auf die Unterstützung durch Freunde und Familie. So berichten etwa die indischen Besitzer eines Videoverleihs, dass sie Schwierigkeiten hatten, von einer Bank einen Kredit für die Anfangsinvestitionen zu bekommen. Schließlich halfen Freunde mit Darlehen aus. In der ersten Zeit unmittelbar nach der Einwanderung ist die Unterstützung aus der Community für alle essenziell. Ein Taiwanese, der im Alter von zwölf Jahren mit seiner Mutter nach Wien kam, um hier Musik zu studieren, und mittlerweile ein gefragter Musiker ist, beschrieb diese Zeit folgendermaßen:

> *„Also, am Anfang haben wir sie (die Unterstützung aus der Community A.G.) schon gebraucht, auch gesucht, weil wir hier niemanden kannten, und da mussten wir natürlich auf diese Leute zugehen. Es gab einige Studenten, die haben sehr geholfen, etwa bei der Inskription oder bei der Wohnungssuche und so weiter. Mit der Zeit haben wir natürlich auch einige andere, die halt schon länger da sind, z. B. Restaurantbesitzer, kennengelernt. Vor allem meine Mutter, durch ihre Tätigkeit in der chinesischen Schule. Nach zwei, drei Jahren hatten wir dann eigentlich schon weniger Kontakte zur Community.“*

Der Ausschnitt aus dem Interview verdeutlicht auch, wie schnell diese Bindungen an Bedeutung verlieren (können), zumal für Einwanderer, die über hohes Humankapital verfügen. Mittlerweile nennt der Musiker vor allem österreichische und internationale Kolleginnen und Kollegen, wenn er nach seinen sozialen Ressourcen befragt wird.

Künstlerinnen und Künstler sowie jene, die in den kulturellen Kernbereichen der Kreativwirtschaft administrativ tätig sind, vermögen durchaus Ressourcen jenseits der Community zu mobilisieren – sei es in interethnischen Netzwerken

20 Vgl. dazu vor allem die Ausführungen in Portes und Julia (1993) und Portes (1998).

oder bei offiziellen Fördergebern. Die mit einem Österreicher verheiratete Obfrau eines indischen Kulturvereins bekam für ihre Kulturprojekte von öffentlichen Stellen schon mehrmals Förderungen. Auf die Frage, ob es schwierig sei, Anträge auf Förderungen zu stellen, meinte sie: „Nein, nein, nein, nein. Herr X ist eine sehr nette Person, seine Assistentin auch, es ist wirklich nicht schwierig für mich, dort einen Antrag zu stellen.“ Ein türkischer Musiker, der sich im World-Music-Bereich einen Namen machen konnte, wurde sogar schon von offiziellen Stellen zu Programmen eingeladen, wenngleich er nicht unerwähnt lässt, dass die Antragstellung bei manchen Fördergebern zuweilen sehr mühselig ist. Beide, sowohl die indische als auch der türkische Kulturschaffende, verfügen über relativ hohe Bildung und gute Kontakte.

Etwas anders stellt sich die Situation für jene dar, die an der Peripherie der Kreativwirtschaft arbeiten. Ein türkischer Hochzeitsmusiker wurde immer nur von seinen Brüdern unterstützt. Auch der kurdische Rapper, der von uns interviewt wurde, baut vor allem auf die Unterstützung aus der eigenen Familie: „Mein Vater wird sogar meine CDs pressen lassen. Egal, was ich mache, er wird mich unterstützen, er hat mich immer schon unterstützt.“ Doch auch er weiß um die Grenzen der ethnischen Solidarität und die Zwänge enger familiärer Kontakte: Als eine seiner Schwestern einen Türken heiratete, gab es Kritik und Druck von einigen Familienmitgliedern, obwohl sein Vater die Heirat akzeptierte.

Diese Zitate machen deutlich, dass die relative Bedeutung ethnischer Ressourcen und Klassenressourcen mit der Position in der Gesellschaft und im Feld kultureller Produktion variiert. Akteure mit hohem kulturellem oder ökonomischem Kapital sind viel eher in der Lage, Ressourcen jenseits der Community zu mobilisieren. Daraus darf, wie wir noch sehen werden, aber nicht geschlossen werden, dass diese nicht auch Unterstützung aus dem unmittelbaren familiären Umfeld genießen. Diese Beziehungen zwischen den einzelnen Kapitalsorten sollen im Folgenden noch einer genaueren Analyse unterzogen werden. Im Zentrum steht dabei die Frage, inwieweit ethnische Ressourcen genutzt werden, um ökonomische Benachteiligungen zu kompensieren. Darüber hinaus soll gezeigt werden, in welchen Bereichen der Kreativwirtschaft welche Formen sozialen und kulturellen Kapitals zur Verfügung stehen.

Soziale und kulturelle Ressourcen migrantischer Kulturarbeit

Die Indikatoren

Die folgende Analyse beruht auf Daten, die im Herbst 2008 im Rahmen des Projekts erhoben wurden.[21] Befragungen in der migrantischen Kreativwirtschaft sind mit einer Reihe von Problemen konfrontiert, die es bei der Interpretation der Ergebnisse zu berücksichtigen gilt.[22] Erstens ist der Gegenstand der Untersuchung (die sogenannte Grundgesamtheit) sehr heterogen. Unsere breite Arbeitsdefinition für das Projekt – „kulturelle Unternehmungen von oder für türkische, chinesische und südasiatische Migrantinnen und Migranten in Wien“ – umfasst nicht nur sehr unterschiedliche Aktivitäten – von der Musikerin bis zum Zeitungsverleger, vom Mitglied eines Theatervereins bis zur Geschäftsführerin einer Diskothek –, sondern auch Personen mit und ohne Migrationshintergrund. Der Fragebogen musste daher sehr allgemein gehalten werden, um die unterschiedliche kreativwirtschaftliche Realität der einzelnen Akteure erfassen zu können. Zweitens sind Kontaktinformationen über die Akteure in diesem Feld schwer zugänglich. Es existiert kein Verzeichnis, das unseren Untersuchungsgegenstand adäquat abbildet. Zwar haben wir im Laufe unserer Recherchen eine Datenbank erstellt, in der Angaben zu 372 Personen und 334 Organisationen abrufbar sind, doch müssen wir davon ausgehen, dass weiterhin Lücken der Erfassung bestehen. Zudem stellten sich aufgrund der hohen Fluktuation in der Kulturarbeit viele Kontaktinformationen zum Zeitpunkt der Erhebung als nicht mehr aktuell heraus. Drittens waren wir mit einer relativen hohen Verweigerungsrate („unit non-response“) konfrontiert, die aber nicht untypisch ist – sowohl für Befragungen von Migrantinnen und Migranten als auch für Befragungen von Personen mit relativ hoher Bildung, wie es in der Kreativwirtschaft der Fall ist.[23] Viertens schließlich erwies sich die Frage nach den Netzwerken als zuweilen problematisch. Es gelang den Interviewerinnen nicht immer, Zweifel über die Anonymität der Auswertung zu zerstreuen, weshalb die Frage nach persönlichen Beziehungen in elf Fällen verweigert wurde („item non-response“). [24]

Aufgrund des hohen Aufwands persönlicher Befragungen und der budgetären Beschränkungen konnten lediglich 56 Interviews durchgeführt werden.[25] Bei dieser Stichprobe handelt es sich in keinem Fall um ein genaues, statistisch repräsen-

21 Die Befragung wurde von Silvija Rapa mit Unterstützung von Eva-Maria Schmidt und Ceyda Cankat durchgeführt.

22 Siehe dazu auch die Ausführungen in der Einleitung.

23 Vgl. Stadler (2009).

24 Sprachprobleme spielten hingegen nur eine untergeordnete Rolle.

25 Vier Befragte wurden ausgeschlossen, da es sich um Personen ohne Migrationshintergrund handelt.

tatives Abbild der Kreativwirtschaft in den drei von uns untersuchten Communities. Verallgemeinerungen auf die Grundgesamtheit sind daher nur unter großen Vorbehalten möglich. Nichtsdestotrotz erlaubt es der Datensatz, Annahmen über *Zusammenhänge* unterschiedlicher Variablen zu überprüfen, da deren Nachweis nicht an die Repräsentativität der Daten gebunden ist.[26]

Im Zentrum des Fragebogens stand die Erhebung egozentrierter Netzwerke. Dazu bedient man sich sogenannter Namensgeneratoren. Dabei handelt es sich um Fragen, die auf die Nennung konkreter Personen abzielen. Wir verwendeten zwei unterschiedliche Namensgeneratoren: einen, der der Erfassung des persönlichen Netzwerks diente („Mit wem sprechen Sie über persönliche Dinge?"), und einen, der das Arbeitsnetzwerk zum Inhalt hatte („Mit welchen Personen haben Sie im letzten halben Jahr am häufigsten kooperiert?"). Von den erinnerten Netzwerkpersonen (maximal sechs konnten genannt werden) wurden die Vornamen notiert und weitere soziodemografische Merkmale erhoben. Damit bekommt man zuverlässige Angaben über die Zusammensetzung des Netzwerks. Neben den Ego-Netzwerken interessierten uns aber auch die Ausrichtung der kulturwirtschaftlichen Tätigkeit und der soziale und kulturelle Hintergrund der Befragten.[27]

Tabelle 1 gibt einen Überblick über die in unserem Zusammenhang relevanten Indikatoren. Zur besseren Veranschaulichung wurden alle Variablen dichotomisiert, d. h. es gibt immer nur zwei Ausprägungen: die genannte und das jeweilige Gegenteil dazu, wobei immer nur eine der beiden Kategorien ausgewiesen ist. Als Maß für den Wohlstand (*ökonomisches Kapital*) der Befragten wurde die Wohnfläche pro Person errechnet. Da Auskünfte über das Einkommen in der Regel verweigert werden, bietet sich diese Alternative an, zumal die Wohnfläche hoch mit dem Einkommen korreliert. Indikatoren für das soziale Kapital wurden aus den Angaben zu den persönlichen Netzwerken gebildet. Ein sehr hoher Anteil an Maturantinnen und Maturanten im Freundeskreis und die Absenz von Arbeiterinnen und Arbeitern[28] deuten auf hohes *soziales Klassenkapital* hin. Wohlgemerkt beziehen wir uns hier nur auf die maximal sechs wichtigsten, von den Befragten im Interview genannten Netzwerkpersonen. Es ist nicht ausgeschlossen, dass Personen, die dem Bild widersprechen, ungenannt blieben. An der relativen Häufigkeit ändert sich dadurch nichts. Ho-

26 Diekmann (1995, 369). Um dies zu veranschaulichen, sei folgendes Beispiel erwähnt: Unsere Daten zeigen einen starken Zusammenhang zwischen der Bildung der Befragten und der Bildung der Personen in ihren persönlichen Netzwerken. Je höher der Abschluss, desto mehr Maturanten befinden sich unter den Freunden. Dieser Zusammenhang besteht unabhängig davon, ob die Zahl der höher Gebildeten in unserer Stichprobe nun dem Anteil in der Grundgesamtheit entspricht oder nicht.

27 Zusätzlich wurde auch der Versuch unternommen, ein Vollnetzwerk der migrantischen Kreativwirtschaft zu erheben. Aufgrund der geringen Zahl an Interviews konnte dieses nicht sinnvoll ausgewertet werden.

28 Dieser Klasse wurden auch Handelsangestellte zugeordnet.

hes *ethnisch bindendes soziales Kapital* besitzt, wer vorwiegend Leute aus der eigenen Community zu seinen Freunden zählt, *grenzüberschreitendes soziales Kapital* wurde mit dem Anteil der Österreicherinnen und Österreicher im Netzwerk operationalisiert. Diese beiden Indikatoren sind im Übrigen nicht komplementär, da auch Personen aus anderen Communities als Netzwerkpersonen genannt werden konnten. Für die Bewertung des kulturellen Kapitals stehen vier Maße zur Verfügung: Ein Maturaabschluss gilt als relativ hohes *erworbenes kulturelles Kapital.* Angaben über den Bildungsabschluss der Eltern dienen als Indikatoren für das, wie Bourdieu sagt, *ererbte kulturelle Kapital.* Eltern, die über keine höhere Bildung verfügen, sind häufig als Arbeitsmigrantinnen und Arbeitsmigranten nach Österreich eingereist. Ein Einreisealter über 16 Jahren verweist auf *ethnisches kulturelles Kapital.* Dieser Operationalisierung liegt die Annahme zugrunde, dass Personen, die spät nach Österreich kamen, vor allem in der Kultur des Herkunftslandes sozialisiert wurden und daher über eine große Vertrautheit mit dieser Kultur verfügen. Die Grenzziehung bei 16 Jahren ist zwar relativ willkürlich, erwies sich aber in der Analyse als aussagekräftig.

Zusätzlich zum Besitz sozialen und kulturellen Kapitals lässt unser Datenmaterial auch Rückschlüsse auf die *Mobilisierung des Kapitals* zu. Die Kulturarbeiterinnen und -arbeiter wurden gefragt, wer sie in ihrer kulturellen Tätigkeit bereits konkret unterstützt hat, wobei fünf Antwortmöglichkeiten zur Verfügung standen: Familie und Verwandte, Freunde und Bekannte, öffentliche Fördereinrichtungen (wie z. B. der Stadt Wien), staatliche Unternehmensförderung und Migrantenorganisationen. Die letzte Kategorie wurde für die gegenständliche Analyse ausgeschieden, da sie schwer in den theoretischen Rahmen zu integrieren war. Die Indikatoren zur Mobilisierung erwiesen sich als essenziell, da damit gezeigt werden kann, inwieweit das in Netzwerken, Bildung oder Herkunft angelegte Kapital, das ja immer nur potenziell verfügbar ist, in der konkreten Praxis auch tatsächlich zum Einsatz kommt. Schließlich wurden noch zwei soziodemografische Merkmale, das *Geschlecht* und das *Alter*, angefügt. Sie dienen dazu, das Bild abzurunden, spielen aber, wie wir sehen werden, bei der Klärung des Zugangs zu sozialem und kulturellem Kapital wie auch bei der Mobilisierung keine Rolle.

Die in der Zeile „Durchschnitt" der Tabelle 1 ausgewiesenen Werte bieten einen ersten Eindruck von der Verfügbarkeit sozialen und kulturellen Kapitals in der migrantischen Kreativwirtschaft Wiens. Wie gesagt: Rückschlüsse auf die Grundgesamtheit aller Kulturarbeiterinnen und Kulturarbeiter sind nur mit großen Vorbehalten zu ziehen, da es sich um keine statistisch repräsentative Erhebung handelt. Im Vergleich zu den soziodemografischen Merkmalen aller Einwanderer in den jeweiligen Communities[29] werden aber Charakteristika kulturellen Unternehmertums deutlich. Die sogenannten Klassenressourcen (öko-

29 Siehe dazu das Kapitel „Migrationshintergrund und ethnische Ökonomie" in Teil I.

nomisches Kapital, Beruf und Bildung der Freunde, Bildung der Befragten und deren Eltern) sind relativ hoch: Fast die Hälfte verfügt über eine Wohnfläche von mindestens 35 Quadratmetern, 68 Prozent nennen nur Maturantinnen und Maturanten als Freunde, 85 Prozent der Befragten haben selbst einen Maturaabschluss, die Hälfte kommt zudem aus einem gebildeten Elternhaus. Dieses Bild entspricht aber zumindest bezüglich des kulturellen Kapitals durchaus jenem, das wir aus anderen Untersuchungen zur Kreativwirtschaft kennen. Kulturarbeiterinnen und Kulturarbeiter verfügen in der Regel über hohe Bildung.[30]

Signifikante Unterschiede zwischen den Communities gibt es kaum.[31] Auffällig sind lediglich der deutlich geringere Anteil von Personen, deren Eltern über höhere Bildung verfügen, in der türkischen Community, die geringe Unterstützung durch öffentliche Fördereinrichtungen in der südasiatischen Community und die große Zahl türkischer Männer in der Kreativwirtschaft. Vor dem Hintergrund der spezifischen Migrationsgeschichte und Gruppencharakteristika erscheinen diese Differenzen aber durchaus plausibel. Kinder von Arbeitsmigrantinnen und -migranten finden sich vorwiegend in der türkischen Community, die klassischen Instrumente öffentlicher Kulturförderung werden dem Charakter der vielen kleinen Vereine und Bollywood-Initiativen der südasiatischen Kreativwirtschaft nur selten gerecht, und ein generell hoher Anteil von Männern in der türkischen Ökonomie wurde auch schon in anderen Studien festgestellt.[32]

30 Ratzenböck et al. (2004, 285f.) Vergleichsangaben zum ökonomischen Kapital und zu den Netzwerken stehen leider nicht zur Verfügung.

31 Hier wie auch im Folgenden werden nur Unterschiede thematisiert, die statistisch signifikant sind, d. h. dass die Unterschiede mit einer Irrtumswahrscheinlichkeit kleiner als fünf Prozent auch in der Grundgesamtheit existieren. Diese sind in der Tabelle grau unterlegt. Wie groß die Unterschiede tatsächlich sind, lässt sich allerdings nicht sagen. Da die Stichprobe sehr klein ist, können alle anderen ausgewiesenen Differenzen nicht als zuverlässige Ergebnisse interpretiert werden.

32 Schmid et al. (2006, 49f.).

Tabelle 1: Soziales und kulturelles Kapital in der türkischen, chinesischen und südasiatischen Kulturarbeit

	Ökon K.	Soziales Kapital				Kulturelles Kapital				Mobilisierung				Soziodemo.	
	35 m^2 und mehr Wohnfläche	Nur MaturantInnen im persönlichen Netzwerk	Keine ArbeiterInnen im persönlichen Netzwerk	Viele Communitymitglieder im pers. Netzwerk (über 50 %)	Viele ÖsterreicherInnen im pers. Netzwerk (über 40 %)	Maturaabschluss	Mutter mit Maturaabschluss	Vater mit Maturaabschluss	Einreisealter über 16 Jahre	Unterstützung durch Familie oder Verwandte	Unterstützung durch Freunde oder Bekannte	Unterstützung durch öffentliche Fördereinrichtungen	Unterstützung durch staatliche Unternehmensförderung	Männer	40 Jahre und älter
Türkisch	43 %	57 %	38 %	43 %	29 %	79 %	25 %	25 %	79 %	35 %	59 %	40 %	14 %	93 %	62 %
Chinesisch	67 %	81 %	64 %	36 %	36 %	92 %	85 %	85 %	69 %	31 %	62 %	69 %	23 %	62 %	39 %
Südasiatisch	44 %	78 %	11 %	44 %	33 %	90 %	67 %	80 %	80 %	70 %	60 %	20 %	0 %	50 %	50 %
Durchschnitt	49 %	68 %	39 %	42 %	32 %	85 %	48 %	51 %	77 %	40 %	60 %	42 %	14 %	77 %	54 %
N	49	41	41	41	41	52	50	51	52	52	52	52	52	52	52

Anmerkungen:

Ausgewiesen ist jeweils der Anteil von Personen mit der jeweiligen Eigenschaft in der Community. So verfügen etwa 43 Prozent der türkischen Befragten über eine Wohnfläche von 35 m^2 oder mehr. In der chinesischen Community liegt der Anteil bei 67 Prozent.

Nur die grau unterlegten Werte sind statistisch signifikant größer oder kleiner im Vergleich zu den Werten der anderen Communities (Chi-Quadrat-Test, $p<0,05$). Alle anderen Differenzen können aufgrund der kleinen Stichprobe auch zufällig auftreten und daher inhaltlich nicht interpretiert werden.

Der Zusammenhang von kulturellem und sozialem, ethnischem und Klassenkapital

Wenden wir uns nun der Frage zu, inwieweit ethnisches Kapital den Mangel an Klassenressourcen kompensiert. Die Beantwortung der Frage erfolgt in zwei Schritten. Zuerst überprüfen wir, ob es signifikante Zusammenhänge zwischen sozialem und kulturellem Kapital gibt. Im zweiten Schritt betrachten wir die Einflussfaktoren auf die Mobilisierung von Unterstützung. Erst diese macht deutlich, welche Ressourcen in der Kulturarbeit tatsächlich genutzt werden.

Tabelle 2: Die Einflussfaktoren auf das soziale Kapital

	Nur MaturantInnen im persönlichen Netzwerk	Keine ArbeiterInnen im persönlichen Netzwerk	Viele Communitymitglieder im pers. Netzwerk (über 50 %)	viele ÖsterreicherInnen im pers. Netzwerk (über 40 %)
35 m² und mehr Wohnfläche	95 %	53 %	26 %	47 %
Maturaabschluss	78 %	42 %	36 %	36 %
Mutter mit Maturaabschluss	85 %	40 %	30 %	50 %
Vater mit Maturaabschluss	86 %	41 %	32 %	50 %
Einreisealter über 16 Jahre	74 %	39 %	42 %	36 %
Mann	61 %	39 %	48 %	29 %
40 Jahre und älter	65 %	41 %	41 %	29 %
Durchschnitt	*68 %*	*39 %*	*42 %*	*32 %*

Anmerkungen:

Ausgewiesen ist jeweils der Anteil von Personen mit dem jeweiligen sozialen Kapital in der Eigenschaftsgruppe. 95 Prozent der Personen mit einer Wohnfläche von 35 m² und mehr haben nur Maturantinnen und Maturanten im persönlichen Netzwerk. Im Durchschnitt sind es lediglich 68 Prozent.

Die grau unterlegten Werte sind statistisch signifikant größer oder kleiner als die Werte in der komplementären Gruppe (Chi-Quadrat-Test, $p<0{,}05$).

Die grau unterlegten Werte in Tabelle 2 zeigen signifikante Unterschiede von Personen mit spezifischen Eigenschaften in Bezug auf ihr soziales Kapital. Deutlich zu sehen ist der Einfluss ökonomischer und kultureller Ressourcen sowohl auf das soziale Klassenkapital als auch auf die ethnische Grenzüberschreitung im persönlichen Netzwerk. Personen mit viel Wohnraum, Matura und einem bildungsnahen Elternhaus haben signifikant häufiger ausschließlich Maturantinnen und Maturanten, aber auch Österreicherinnen und Österreicher im Freundeskreis als die anderen. Das Einreisealter, das Geschlecht und das Alter spielen keine Rolle.

Interessant ist auch, dass der Mangel an ökonomischem Kapital die einzige Variable ist, die Unterschiede in der Ausstattung mit ethnisch bindendem Sozialkapital erklärt. Personen, die über mehr Wohnfläche verfügen, haben deutlich seltener viele Freunde in der eigenen Community. Umgekehrt heißt das: je geringer die ökonomische Ausstattung, desto größer die Anbindung an die Community. Auf den ersten Blick mag dies als Bestätigung der These erscheinen, dass ethnische Ressourcen ökonomische Benachteiligungen kompensieren. Die Inspektion der Ergebnisse in Tabelle 3 zeigt aber, dass dieser Befund zu relativieren ist. Denn gerade Personen mit einem hohen Anteil von Leuten aus der eigenen Community im persönlichen Netzwerk bekommen von den unmittelbaren Angehörigen seltener Unterstützung. Dieses überraschende Ergebnis steht im Widerspruch zu den Annahmen einiger Migrationsforscherinnen und -forscher, die auf die Bedeutung von Ressourcen aus dem unmittelbaren (ethnischen) Umfeld verweisen. Die starke Einbindung in die Community mag zwar im Alltag oder bei anderen Tätigkeiten eine Stütze sein, in der Kulturarbeit werden diese ethnischen Ressourcen aber nicht mobilisiert. Im Gegenteil: Personen, die aus einem bildungsnahen Elternhaus stammen, nutzen die familiären Ressourcen viel stärker. Damit wird das Primat von Klassenressourcen gegenüber ethnischen in der Kulturarbeit unterstrichen. Weitere multivariate Analysen hätten diesen Zusammenhang zu verifizieren, der im Übrigen hier auch nur sehr schwach ausgeprägt ist.

Etwas weniger überraschend sind die anderen signifikanten Ergebnisse. Ökonomisches und kulturelles Kapital erhöht die Wahrscheinlichkeit der Unterstützung durch öffentliche Fördereinrichtungen. Große Distanz zur Arbeiterschaft wirkt sich positiv auf die Unterstützung durch staatliche Unternehmensförderung aus. Auch dieser Zusammenhang bedarf weiterer multivariater Analysen. Die Netzwerkvariable könnte hier lediglich eine Nähe zum Unternehmertum und damit auch zur Unternehmensförderung indizieren, ließe sich aber auch als unmittelbare soziale Ressource interpretieren: Informationen über staatliche Fördereinrichtungen gelangen vor allem über soziale Netzwerke zu den Akteuren. Ein hoher Anteil von Personen in gehobenen Positionen könnte, entsprechend den Annahmen der Sozialkapitaltheorie, eine wichtige Ressource bei der Akquisition von Förderungen bedeuten.

Tabelle 3: Die Einflussfaktoren auf die Mobilisierung

	Unterstützung durch Familie oder Verwandte	Unterstützung durch Freunde oder Bekannte	Unterstützung durch öffentliche Fördereinrichtungen	Unterstützung durch staatliche Unternehmensförderung
35 m² und mehr Wohnfläche	38 %	63 %	54 %*	21 %
Nur MaturantInnen im persönlichen Netzwerk	32 %	61 %	46 %	14 %
Keine ArbeiterInnen im persönlichen Netzwerk	31 %	75 %	56 %	25 %
Viele Communitymitglieder im pers. Netzwerk (über 50 %)	18 %*	53 %	41 %	6 %
Viele ÖsterreicherInnen im pers. Netzwerk (über 40 %)	46 %	62 %	39 %	15 %
Maturaabschluss	43 %	61 %	48 %*	16 %
Mutter mit Maturaabschluss	54 %	71 %	58 %	21 %
Vater mit Maturaabschluss	54 %	69 %	54 %*	19 %
Einreisealter über 16 Jahre	40 %	55 %	43 %	15 %
Mann	35 %	55 %	38 %	13 %
40 Jahre und älter	36 %	50 %	50 %	18 %
Durchschnitt	*40 %*	*60 %*	*42 %*	*14 %*

Anmerkungen:

Ausgewiesen ist jeweils der Anteil von Personen, die spezifische Unterstützung erhalten, in der Eigenschaftsgruppe. 54 Prozent der Personen mit einer Wohnfläche von 35 m² und mehr haben Unterstützung von öffentlichen Förderstellen bekommen. Im Durchschnitt sind es lediglich 42 Prozent.

Die grau unterlegten Werte sind statistisch signifikant größer oder kleiner als die Werte in der komplementären Gruppe (Chi-Quadrat-Test, $p<0,05$).

*Diese Werte sind knapp nicht signifikant ($p<0,07$), werden aber hier inhaltlich interpretiert.

Soziales und kulturelles Kapital in unterschiedlichen Positionen der Kreativwirtschaft

Abschließend werden nun noch unterschiedliche Positionen im Feld kulturwirtschaftlicher Produktion in Bezug auf die Verfügbarkeit von Ressourcen verglichen. Der Gegenstand unserer Untersuchung ist von großer Heterogenität geprägt. Die migrantischen Kulturarbeiterinnen und Kulturarbeiter sind in sehr unterschiedlichen Bereichen und mit recht unterschiedlichen Ansprüchen und Motiven tätig. Im ersten Teil dieser Publikation berichteten wir über die Vielfalt unterschiedlicher Positionen und führten einige Dimensionen der Unterscheidung ein. In diesem Kapitel werden wir die kreativwirtschaftlichen Unternehmungen lediglich entlang von vier sehr allgemeinen Differenzierungsdimensionen analysieren (siehe Tabelle 4). Zuerst trennen wir Initiativen, die im *Kern* der Kulturökonomie stehen, von jenen, die eher *periphere Leistungen* erbringen.[33] Zum Kern gehören all jene Bereiche, die unmittelbar mit der künstlerischen Produktion befasst sind. Das sind zum einen die Künstlerinnen und Künstler selbst, aber auch Organisationen, die sich vorwiegend auf die Präsentation von Kunst und Kultur im engeren Sinne konzentrieren, wie zum Beispiel Konzertveranstalter, Theatervereine, Filmproduzenten. Die Peripherie umfasst Dienstleistungen, die zwar zur Kreativwirtschaft gezählt werden, aber nicht unmittelbar in die Produktion von Kultur involviert sind, wie zum Beispiel Verlage, Werbeagenturen, CD- und DVD-Händler oder Besitzer von Veranstaltungsräumen (Restaurants, Hochzeitssäle etc.). Zweitens gilt es innerhalb der Bereiche noch einmal jene isoliert zu betrachten, die *vorwiegend künstlerisch tätig* sind, und von jenen zu unterscheiden, die *vorwiegend administrativ tätig* sind. Diese und die vorhergehende Variable wurden nicht direkt aus den Befragungsdaten übernommen, sondern auf der Basis der qualitativen Untersuchung und des Recherchematerials nachkodiert.

Die beiden anderen Dimensionen indizieren die Einbindung in die jeweilige Community. Zum einen wurde danach gefragt, an wen sich die kulturellen Aktivitäten richten. Die Unternehmungen, die *vorwiegend die Community* ansprechen, werden jenen gegenübergestellt, die auch ein *Publikum jenseits der Community* finden. Aus dem Kooperationsnetzwerk wurde zudem eine Variable errechnet, die es erlaubt, die Konzentration auf Kooperationspartner aus der eigenen Community zu bewerten. Personen, die *vorwiegend mit Leuten aus der Community kooperieren,* wurden in einer Gruppe zusammengefasst und von jenen unterschieden, die auch *Arbeitspartner außerhalb der Community* wählen. Diese vier Dimensionen erwiesen sich in einer Korrespondenzanalyse als besonders aussagekräftig.

---

33 Siehe zu dieser Unterscheidung Throsby (2008) und die Ausführungen in der Einleitung.

Welche Ressourcen werden nun in welchen Positionen der migrantischen Kreativwirtschaft genutzt? Wir betrachten auch hier wieder nur jene Differenzen, die statistisch signifikant sind.

Kern und Peripherie unterscheiden sich wie auch künstlerische und administrative Tätigkeit vor allem in Hinblick auf den Zugang zu Klassenressourcen. Personen, die in den klassischen Kulturberufen oder selbst als Künstlerin oder Künstler tätig sind, kommen häufiger aus bildungsnahen Familien, haben selbst eher eine höhere Schule absolviert, verfügen im Durchschnitt über mehr Wohnraum und haben einen Freundeskreis von vorwiegend höher Gebildeten. Die persönlichen Netzwerke umfassen eher Personen der Aufnahmegesellschaft. Insbesondere Künstlerinnen und Künstler gelingt es viel mehr, soziales Kapital über die Grenzen der eigenen Community hinaus zu akkumulieren und – wie die Angaben zur Unterstützung durch Freunde oder Bekannte zeigen – auch zu mobilisieren.

Tätigkeiten in den peripheren Bereichen bzw. administrative Tätigkeiten zeichnen sich hingegen durch einen Mangel an diesen ökonomischen, sozialen und kulturellen Ressourcen aus. Die Netzwerke von Personen, die etwa mit kulturellen Gütern handeln, Veranstaltungsorte betreiben oder eine andere Dienstleistung im kulturellen Bereich erbringen, sind auf die Community konzentriert. Dieser Bereich findet auch deutlich seltener Unterstützung durch öffentliche Fördereinrichtungen.

Betrachten wir nun noch die beiden anderen Dimensionen, die in gewisser Weise die migrantische Nischenökonomie gegenüber stärker interkulturellen Aktivitäten abgrenzen. Kulturarbeit, die sich vorwiegend an die Community richtet, verfügt viel seltener über die Klassenressourcen, von denen auch oben schon die Rede war. Sie findet viel stärker im Milieu der zweiten Generation von „Gastarbeitern" statt, d. h. sie wird von Personen geleistet, die zwar selbst schon über relativ hohe Bildung verfügen – 71 Prozent haben eine höhere Schule abgeschlossen, der Unterschied zu den anderen ist nur schwach signifikant –, deren Eltern aber eine deutlich geringere schulische Ausbildung erfuhren. Akteure in dieser migrantischen Kulturökonomie im engeren Sinne haben auch deutlich mehr community-bezogene Netzwerke als stärker auf die österreichische Mehrheitsgesellschaft abzielende Anbieterinnen und Anbieter. Und auch hier zeigt sich noch einmal, dass diese potenzielle Ressource zumindest für die Kulturarbeit tendenziell (allerdings nicht signifikant) weniger genutzt wird als von allen anderen. Alarmierend ist der Unterschied bei der öffentlichen Unterstützung: Kulturunternehmungen, die sich vorwiegend an die Community richten, bekommen signifikant weniger Förderung als jene, die auch ein Publikum jenseits der Community ansprechen. Dies unterstreicht den Befund, dass die Kulturförderungsinstrumente nach wie vor wenig an die Realität einer migrantischen Kulturökonomie angepasst sind.[34]

34 Siehe dazu den Artikel „Migrantische Kulturarbeit in der österreichischen Unternehmens- und Kulturförderpolitik" von Michael Parzer.

Tabelle 4: Soziales und kulturelles Kapital in Abhängigkeit von Positionen in der migrantischen Kreativwirtschaft

	Ökon K.	Soziales Kapital				Kulturelles Kapital				Mobilisierung			
	35 m² und mehr Wohnfläche	Nur MaturantInnen im persönlichen Netzwerk	Keine ArbeiterInnen im persönlichen Netzwerk	Vorw. Communitymitglieder im pers. Netzwerk (über 50 %)	Vorw. ÖsterreicherInnen im pers. Netzwerk (über 40 %)	Maturaabschluss	Mutter mit Maturaabschluss	Vater mit Maturaabschluss	Einreisealter über 16 Jahre	Unterstützung durch Familie oder Verwandte	Unterstützung durch Freunde oder Bekannte	Unterstützung durch öffentliche Fördereinrichtungen	Unterstützung durch staatliche Unternehmensförderung
Kreativwirtschaftlicher Bereich†													
Kernbereich	70 %	85 %	46 %	31 %*	46 %	90 %	72 %	70 %	71 %	45 %	68 %	55 %	16 %
Peripherie	24 %	40 %	27 %	60 %*	7 %	76 %	14 %	24 %	73 %	33 %	48 %	24 %	10 %
Tätigkeit†													
Vorwiegend künstlerisch	65 %	86 %	48 %	29 %	48 %	96 %	75 %	75 %	83 %	42 %	75 %	54 %	17 %
Vorwiegend nicht künstlerisch	35 %	50 %	30 %	55 %	15 %	75 %	23 %	30 %	77 %	39 %	46 %	32 %	11 %
Zielpublikum													
Vorwiegend aus Community	31 %*	58 %	25 %	75 %	0 %	71 %*	19 %	18 %	82 %	24 %	47 %	18 %	6 %
Vorwiegend nicht aus Com.	59 %*	72 %	45 %	28 %	45 %	91 %*	64 %	70 %	74 %	47 %	68 %	53 %	18 %
Kooperation													
Vorwiegend in der Community	38 %	73 %	33 %	67 %	20 %	94 %	38 %	50 %	94 %	38 %	56 %	38 %	13 %
Vorwiegend außerhalb Com.	58 %	68 %	44 %	24 %	40 %	89 %	59 %	59 %	67 %	41 %	74 %	44 %	15 %
Durchschnitt	49 %	68 %	39 %	42 %	32 %	85 %	48 %	51 %	77 %	40 %	60 %	42 %	14 %

Anmerkungen:

Bei den zwei Ausprägungen jeder Dimension handelt es sich um dichotome Komplementärkategorien, d. h. die Befragten gehören entweder dem Kernbereich oder der Peripherie an etc. Ausgewiesen ist jeweils der Anteil in der jeweiligen Kategorie. So verfügen siebzig Prozent der Befragten im Kernbereich über 35 m² oder mehr Wohnraum, in der Gruppe der Peripherie nur 24 Prozent. Bei den grau unterlegten Werte handelt es sich um statistisch signifikante Unterschiede (Chi-Quadrat-Test, $p<0,05$).

* Die Werte sind knapp nicht signifikant ($p<0,07$), werden aber inhaltlich interpretiert.

† Diese Variablen wurden nicht direkt erhoben, sondern auf der Basis der qualitativen Recherchen nachkodiert.

Abschließend seien noch die Befunde aus dem Vergleich unterschiedlicher Kooperationsnetzwerke erwähnt. Neben dem relativ trivialen Ergebnis einer gewissen Ähnlichkeit von Freundschafts- und Arbeitsnetzwerk – diejenigen, die vorwiegend mit Personen aus der eigenen Community kooperieren, haben auch viele ko-ethnische Freunde – gilt es den einzigen signifikanten Effekt des ethnischen kulturellen Kapitals zu verzeichnen. Eine späte Einreise und damit in unserer Interpretation eine hohe Vertrautheit mit der Herkunftskultur findet sich vor allem bei jenen, die mit Personen aus der eigenen Community kooperieren. Interessant ist dabei vor allem, dass dieser Effekt bei der Frage nach der Ausrichtung der Tätigkeit auf ein bestimmtes Publikum offensichtlich keine Relevanz hat. Ethnische Ressourcen dieser Art spielen bei der Wahl des Zielpublikums eine untergeordnete Rolle. Auch Personen mit einer stärkeren kulturellen Verbundenheit mit der Herkunftskultur richten sich gerne an ein Publikum jenseits der Community. Bei der Wahl der Kooperationspartner ist es aber anders: Eine späte Einreise führt – sei es aufgrund der Ablehnung durch die Mehrheitsgesellschaft oder weil die gemeinsame Sprache und Kultur Interaktionen erleichtern – zu einer stärkeren Verortung der Arbeitsbeziehungen innerhalb der Community

Zusammenfassung

Soziales und kulturelles Kapital spielt in vielen Bereichen des gesellschaftlichen Lebens eine wichtige Rolle. Ohne die ideelle und materielle Unterstützung unserer Verwandten, Freunde und Bekannten, ohne Informationen über neue Möglichkeiten, die uns oft über verschlungen Wege erreichen, ohne das Wissen um die mehr oder weniger expliziten Spielregeln des Alltagslebens und die Fähigkeiten, die vielfältigen Herausforderungen zu meistern, blieben viele Vorhaben unverwirklicht. Soziales Kapital als die Gesamtheit aller Ressourcen, die über persönliche Netzwerke (potenziell) mobilisiert werden können, und kulturelles Kapital als alle im Zuge der familiären und schulischen Sozialisation erworbenen Kompetenzen sind neben der Ausstattung mit ökonomischem Kapital wichtige Indikatoren für sozialen Aufstieg und wirtschaftlichen Erfolg. Dies trifft auch auf die migrantische Kulturarbeit zu.

Von zentraler Bedeutung ist dabei die Frage, ob die unmittelbare Unterstützung durch Familie und Freunde ökonomische oder kulturelle Benachteiligungen, die Migrantinnen und Migranten zuweilen erfahren, kompensiert. In der vor allem US-amerikanischen Migrationsforschung ist die These weit verbreitet, dass die Solidarität unter den Einwanderern und die eng geflochtenen Familien- und Freundschaftsnetzwerke wesentlich zum Erfolg migrantischer Unternehmungen beitragen. Die starken Bindungen zur Community würden den Mangel an Unterstützung aus der Mehrheitsgesellschaft kompensieren. Diese Annahme konnten wir in unserer Untersuchung nicht bestätigen. Zwar zeigt sich auch in unserer Analyse eine stärkere ökonomische Benachteiligung jener Unternehmungen, die sich vor allem an die migrantische Community wenden. Die Benachteiligung führt aber nicht zu einer stärkeren Mobilisierung der Ressourcen im unmittelbaren migrantischen Umfeld. Im Gegenteil: Personen, deren Eltern über eine hohe Bildung verfügen, wie auch Personen, die Freunde auch jenseits der Community haben, werden viel eher von ihrer Familie unterstützt als Personen aus bildungsfernen Familien bzw. als diejenigen, die stark in ihre Community integriert sind. Dies macht deutlich, dass zumindest in der Kulturarbeit sogenannte Klassenressourcen, also Ressourcen, die jemandem aufgrund seiner oder ihrer sozialen Stellung zukommen, wichtiger sind als die Einbindung in ein migrantisches Netzwerk, die auch als ethnische Ressource bezeichnet wird.

Dies trifft insbesondere auf den Kern der migrantischen Kreativwirtschaft zu: Personen in den klassischen Kulturbereichen wie Musik, Theater oder Filmproduktion bzw. Künstlerinnen und Künstler sind im Durchschnitt wohlhabender und besser gebildet als Akteure in der Peripherie, die lediglich als Dienstleister in Erscheinung treten (Verleger, Werbeagenturen, CD- und DVD-Händler etc.). Erstere sind auch viel stärker in interkulturelle soziale Netzwerke eingebunden und vermögen viel mehr Ressourcen jenseits der eigenen Community zu mobilisieren.

Konzertankündigung des türkischen Rapstars Ceza, 26. 03. 2008, www.cingene.at

Sandeep Kumar und Neha Kapdi bei Dreharbeiten zu „Kesriya Balam" am Schwarzenbergplatz (Wien 3), 24. 05. 2008, Filmstill: A. Gromova

Ethnizität als Ressource? Zum Umgang mit kulturellen Differenzen in migrantischen Kulturökonomien

Von Kim Kwok und Michael Parzer

„Arabian Soul“, „Oriental Funk“, „Soul Shui“, „Balkanakenrap“, „World Music“, „Balkan Fever“, „polyglotter Sound“: Diese und ähnliche Begriffe, die sich im Promotionsmaterial migrantischer Kulturschaffender finden, geben Aufschluss über die Art und Weise, wie der Bezug zur Herkunftskultur eingesetzt wird, um kulturelle Produkte in einem Einwanderungsland zu präsentieren und zu vermarkten. Die Bandbreite reicht dabei von extensiver Zurschaustellung des „Exotischen“ und „Fremden“ über die subtile Akzentuierung kultureller Unterschiede bis hin zur radikalen Ablehnung ethnischer Etikettierungen.

Der Beitrag möchte diese unterschiedlichen Umgangsweisen in den Blick nehmen und hinsichtlich ihrer Relevanz für migrantische Kulturökonomien diskutieren. Zu erforschen gilt, welche Rolle Ethnizität in den Präsentations- und Vermarktungsstrategien migrantischer Kulturunternehmen spielt. Die zentrale Frage lautet: Wie werden in einer Einwanderungsgesellschaft kulturelle Differenzen aufgrund von Herkunft, Zugehörigkeit und Religion als Ressource zur Vermarktung kultureller Produkte genutzt? Dabei gehen wir davon aus, dass „kulturelle Differenzen“ nicht auf festgeschriebenen und dauerhaften Merkmalen beruhen, sondern ihre Bedeutung erst in der Interaktion zwischen Einwanderer- und Mehrheitsgesellschaft durch Zuschreibungsprozesse verliehen bekommen – und damit einer permanenten Transformation unterworfen sind. Grundlage von Ethnisierungsprozessen sind demnach „kulturelle Unterscheidungen“, verstanden als in einer Gesellschaft vorhandene Klassifizierungen bzw. Bilder und Vorstellungen von „ethnischen“ Unterschieden. Da es sich dabei nicht um fixe und unveränderliche Gebilde handelt, sondern um etwas Fragiles und ständig in Veränderung Begriffenes, erfordert die wissenschaftliche Betrachtung einen Blick auf jene Prozesse, in denen die Bedeutung ethnischer Kategorien ausgehandelt wird.

Anhand unserer empirischen Untersuchungen der migrantischen Kulturszene in Wien lässt sich zeigen, dass Ethnizität eine bedeutsame Ressource darstellt, die von Angehörigen der Einwanderercommunities in verschiedenen Situationen zu unterschiedlichen Zielen eingesetzt bzw. mobilisiert wird. Migrantischen Kulturunternehmen dient diese Ressource dazu, ihre ethnisch kodierten Produkte auf bestimmten Märkten zu positionieren. Dabei geht es – neben politischen und identitätspolitischen Ambitionen – primär um die Erzielung von Erfolg, sei es ökonomischer oder auch künstlerischer Art (Bekanntheit, Berühmtheit, Anerkennung).

Diese Konzeptionalisierung von Ethnizität als Ressource darf allerdings nicht darüber hinwegtäuschen, dass die Nutzung ethnischer Klassifizierung nicht losgelöst von spezifischen Rahmenbedingungen betrachtet werden kann. So ist die Art und Weise, wie mit kulturellen Differenzen in migrantischen Kulturökonomien umgegangen wird, sowohl von sozioökonomischen als auch von politischen Faktoren abhängig: Die Marktsituation und das Nachfrageverhalten spielen ebenso eine Rolle wie die in einer Einwanderungsgesellschaft kursierenden integrationspolitischen Diskurse. Gerade dort, wo die „Fremdheit" und „Andersartigkeit" der „anderen" gefeiert und die „Diversität" der multikulturellen Gesellschaft gepriesen wird, besteht auch die Tendenz zur Exotisierung bestimmter kultureller Praktiken. Manchmal resultiert daraus eine unerwünschte Etikettierung des Kulturschaffens als „Migrantenkunst", der sich Kulturanbieterinnen und -anbieter nur schwer entziehen können. Darüber hinaus besteht bei dieser Art der Ethnisierung die Gefahr einer unbeabsichtigten Akzentuierung und Perpetuierung kultureller Unterschiede.

Den Einstieg in unsere Analyse migrantischer Präsentations- und Vermarktungsstrategien im Kulturbereich bilden Theorien der Migrations- und Ethnizitätsforschung, die als Grundlage für unsere Betrachtung von Ethnizität als Ressource dienen. Im Anschluss daran präsentieren wir ein aus dem empirischen Material gewonnenes Modell, das unterschiedliche Umgehensweisen mit Ethnizität abbildet und die Grundlage für eine Typologie unterschiedlicher Vermarktungsstrategien migrantischer Kulturunternehmen darstellt. Wir unterscheiden die mischkulturelle, die interkulturelle, die intrakulturelle und die transkulturelle Vermarktungsstrategie, die hinsichtlich ihrer ökonomischen, aber auch politischen Bedeutung einer Analyse unterzogen werden.

Zum Begriff „Ethnizität"

Im Zeitalter der Globalisierung und transnationalen Migration werden Fragen des Zusammenlebens von Menschen unterschiedlicher Herkunft immer wichtiger. Thematisiert werden die Vermischung verschiedener Kulturen und die daraus resultierende Herausbildung neuer und hybrider Formen kultureller und sozialer Praxis. Nicht weniger bedeutsam ist die für westliche Einwanderungsgesellschaften typische Auseinandersetzung mit „kulturellen Differenzen", wobei deutlich wird, dass diese Differenzen weniger auf objektiv bestimmbare Merkmale zurückführbar, sondern vielmehr das Resultat von Aushandlungsprozessen sind. Letztendlich geht es dabei immer auch um Prozesse „ethnischer" Gruppenbildung. Was ist damit gemeint?

Lange Zeit dominierte in der Ethnizitätsforschung die Annahme, dass eine ethnische Gruppe durch substanzielle und in der Tradition einer Kultur verwurzelte Merkmale geprägt sei. Grundlegend dafür war die Annahme, dass Gruppenzugehörigkeit in erster Linie durch Geburt erlangt und das Gemeinschaftsgefühl durch Blutsverwandtschaft bestimmt werde. Diese Auffassung erfuhr im Laufe des 20. Jahrhunderts zahlreiche Relativierungen und Ergänzungen.

So thematisierte Max Weber bereits im Jahr 1922 die soziale Dimension ethnischer Gemeinschaftsbeziehungen. Nicht die faktische, sondern die gefühlsmäßige Zugehörigkeit zu einer Gruppe sei das zentrale Charakteristikum von Ethnizität: „Wir wollen solche Menschengruppen, welche auf Grund von Aehnlichkeiten des äußeren Habitus oder der Sitten oder beider oder von Erinnerungen an Kolonisation und Wanderung einen subjektiven Glauben an eine Abstammungsgemeinsamkeit hegen, (…) ‚ethnische' Gruppen nennen, ganz einerlei, ob eine Blutsgemeinsamkeit objektiv vorliegt oder nicht."[1] Die tatsächliche Herkunft ist für Weber kein entscheidender Faktor für die Formation einer ethnischen Gruppe. Vielmehr sind es die „starken Differenzen der ökonomischen Lebensführung" oder die geteilten Schicksale, die dem Glauben an die Bedeutsamkeit gemeinsamer Abstammung Plausibilität einräumen.[2]

Ein entscheidender Impuls für die Ethnizitätsforschung ging Ende der 1960er-Jahre von dem norwegischen Anthropologen Fredrik Barth aus, der auf die Rolle sozialer Interaktionen in Ethnisierungsprozessen hinwies:[3] Ethnische Gruppenbildung, so Barth, würde erst durch die Interaktion zwischen Kulturen stattfinden – Ethnizität entstehe in erster Linie durch den Selbstbezug der Gruppenmitglieder, die in der Auseinandersetzung mit einer anderen Kultur auf ihre eigene, ihnen vertraute Kultur zurückgreifen. Aus dieser Perspektive sind Grenzziehungen entlang ethnischer Kategorien nicht etwas Fixes und Unveränderliches, sondern permanenten Transformationen unterworfen. Mit dieser Auffassung von Ethnizität, die insbesondere der Dynamik der sozialen Konstruktion ethnischer Grenzziehungen gerecht wird, erteilt Barth insbesondere essenzialistischen, später auch „primordialistisch" genannten Ansätzen eine Absage. Zugleich wurde damit der Weg für konstruktivistische Perspektiven geebnet, die vor allem die mit Ethnisierungsprozessen verbundenen Machtaspekte in den Blick nehmen.[4]

1 Weber (1972, 237).

2 Weber (1972, 239–241).

3 Barth (1969).

4 Siehe dazu Bourdieu (1991), Jenkins (1994), Hall (1997).

Im deutschsprachigen Raum ist in diesem Zusammenhang die Etikettierungstheorie von Wolf-Dietrich Bukow und Roberto Llaryora[5] zu nennen, in der Ethnisierung als Resultat von Zuschreibungsprozessen durch die Mehrheitsgesellschaft konzipiert wird. Ihre konstruktivistische Perspektive legt nahe, dass kulturelle Unterschiede in modernen heterogenen und differenzierten Gesellschaften grundsätzlich keine Bedeutung (mehr) haben würden. Die spezifische Wahrnehmung durch Angehörige der Mehrheitsgesellschaft führe dazu, dass bestimmte Verhaltensweisen wie z. B. das Tragen eines Kopftuchs als fremd, außergewöhnlich und andersartig empfunden werden. Erst dadurch werde die Grenzziehung entlang ethnischer Kriterien sozial wirksam und die Soziogenese von Minoritäten vorangetrieben. Dazu kommt, dass sich Migrantinnen und Migranten selbst häufig den Klischees entsprechend verhalten würden: Diese Selbst-Ethnisierung könne, so Bukow und Llaryora, als Reaktion auf die Etikettierungsbestrebungen der Mehrheitsgesellschaft gesehen werden. Kritisiert werden Bukow und Llaryora für ihre radikal konstruktivistische Annahme, wonach kulturelle Unterschiede in erster Linie Konstruktionen seien und Ethnizität ausschließlich als ein Resultat von Klassifikationsprozessen in der Mehrheitsgesellschaft verstanden werden könne.[6]

Neuere Forschungen richten ihren Fokus auf die Frage, welche Rolle kulturelle Unterscheidungen auf Basis unterschiedlicher Herkunft im Alltagshandeln der Migrantinnen und Migrantinnen spielen. Zu untersuchen gilt, inwiefern Ethnizität auch zur Erreichung von Zielen eingesetzt wird, sei es im Sinne identitätsstiftender Prozesse oder aber, wie noch zu zeigen sein wird, zur Vermarktung kultureller Produkte. Für dieses Vorhaben empfiehlt sich eine Forschungsperspektive, die sowohl den spezifischen Ressourcen bestimmter Einwanderergruppen als auch den aus der Interaktion mit der Aufnahmegesellschaft resultierenden Klassifizierungen gerecht wird.

Ethnizität als Ressource

Ethnizität bildet eine Ressource, die in einer Einwanderungsgesellschaft genutzt werden kann, um ökonomischen Erfolg zu erzielen. Türkischer Kebap, indische Saris oder Peking-Oper sind nur ein paar Beispiele ethnisch kodierter Artefakte aus den Migrantengruppen, die am Markt als „ethnische“ Produkte positioniert und als solche vermarktet werden. Dies gelingt in erster Linie vor dem Hintergrund der weit verbreiteten Ethnisierung „anderer“ Kulturen in einer Einwanderungsgesellschaft (Fremdzuschreibung), aber auch durch die Selbst-Ethnisierung der Zugewanderten (Selbstzuschreibung). Besonders offensichtlich treten solche

5 Vgl. Bukow und Llaryora (1988).

6 Vgl. Treibel (2008, 204).

Vermarktungs- und Präsentationsstrategien im Bereich der Gastronomie zutage: Die Präsentation asiatischen Essens als „exotisch“, „authentisch“ oder „extra scharf“ ist ein hervorstechendes Beispiel für die Inszenierung von Ethnizität und kulturellen Differenzen.[7]

Auch im Bereich migrantischer Kulturindustrie lässt sich der Einsatz ethnischer Kategorien beobachten. Dies geht mit einem zunehmenden Interesse an ethnisch kodierten Produkten sowohl unter Einwanderern als auch unter Angehörigen der Mehrheitsgesellschaft einher. Dazu zählt die Musik des Balkans („Balkan-Boom“) ebenso wie das indische Bollywood-Kino, die türkische Langhalslaute Saz ebenso wie die chinesischen Konzerte im Wiener Musikverein. Migrantische Kulturanbieterinnen und -anbieter reagieren auf diese Nachfrage, indem sie verstärkt ihre ethnischen Ressourcen einsetzen, um ihre Produkte zu vermarkten. Zu diesen ethnischen Ressourcen zählen die Besonderheiten und Fähigkeiten einer Gruppe wie z. B. die Vertrautheit mit einer bestimmten Musiktradition oder auch das Beherrschen eines traditionellen Tanzes. Aber auch Weltanschauung, Religion, Sprache, Rituale, Symbole, Geschichten oder Kleidungsstile können dazu dienen, eine bestimmte „ethnische Herkunft“ zum Ausdruck zu bringen. Zum einen dienen diese Ressourcen als Basis für die Herausbildung einer Gruppenidentität, wodurch zugleich eine bedeutsame symbolische Grenze gegenüber Außenstehenden gezogen wird. Zum anderen stellen diese Ressourcen aber auch eine Art „Werkzeugkasten“[8] dar, dessen sich Kulturunternehmen bedienen, um ökonomischen (und/oder künstlerischen) Erfolg zu erzielen. Der Rückgriff auf diesen „Werkzeugkasten“, verstanden als Repertoire bestimmter kultureller Symbole und Verhaltensmuster, unterliegt allerdings einer Reihe von Rahmenbedingungen, die im Folgenden näher erläutert werden.

Rahmenbedingungen der Vermarktung von „Ethnizität“

Ethnische Gruppenbildung und Ethnizität entstehen in Interaktionsprozessen, in denen die Bedeutung ethnischer Kategorien kontinuierlich ausgehandelt wird. Diese Aushandlung findet jedoch nicht in einem Vakuum, sondern innerhalb eines institutionellen Rahmens statt. Ethnizität ist demnach keine zu allen Zeiten und für jede und jeden verfügbare Ressource, sondern von bestimmten miteinander verknüpften Faktoren abhängig.

Dazu zählen 1.) die Strukturen des Kulturmarkts (mit seiner Logik und seinen Zwängen), 2.) die daraus resultierenden Mittel der Vermarktung, 3.) die Ausstattung der Kulturanbieterinnen und -anbieter mit kulturellem und sozialem Kapital sowie 4.) die in einer Gesellschaft kursierenden integrationspolitischen Diskurse.

7 Zur wissenschaftlichen Beschäftigung mit der Ethnisierung fremden Essens siehe u. a. Hooks (1992), Pang (2002), Michaelsen (2003), Heldke (2003) und Fuchs (2007).

8 Vgl. Swidler (1986) sowie Light und Gold (2000, 107).

Offensichtlich ist, dass die Positionierung am Markt von der spezifischen Marktsituation bzw. dem Nachfrageverhalten der Konsumentinnen und Konsumenten abhängig ist (z. B. der Nachfrage nach World Music). Daraus ergibt sich die Orientierung an einem bestimmten Zielpublikum: Angesprochen werden entweder Angehörige der Mehrheitsgesellschaft, Angehörige der Community selbst oder beide. Dementsprechend findet die Vermarktung und Präsentation in Deutsch, in einer der Community-Sprachen oder überhaupt in englischer Sprache statt. Auch was die Bewerbung von Kulturprodukten betrifft, werden je nach Zielgruppe entweder communityspezifische Medien oder aber Medien der Mehrheitsgesellschaft genutzt. Damit verbunden ist die Wahl der Location, die insbesondere im Veranstaltungsbereich eine wichtige Rolle spielt: Handelt es sich dabei um für die Mehrheitsgesellschaft typische Räume, oder bevorzugen Kulturanbieterinnen und -anbieter eher Locations, die mit der spezifischen Community assoziiert werden? Bedeutsam ist schließlich auch die Ausstattung der jeweiligen Kulturunternehmerinnen und -unternehmer mit kulturellem und sozialem Kapital. Fähigkeiten wie Sprachkompetenz, Bildungsniveau und soziale Vernetzung (sowohl innerhalb als auch außerhalb der Community) können für den Einsatz von Ethnizität als Vermarktungsstrategie ausschlaggebend sein.

Nicht zuletzt sind Vermarktungsstrategien auch von den in der Einwanderungsgesellschaft kursierenden integrationspolitischen Diskursen bestimmt, die einen maßgeblichen Einfluss auf die Ausprägung von Märkten im Bereich der Kulturindustrie ausüben. So zählen die aus dem politischen Kontext stammenden Termini „Multikulturalität", „interkultureller Dialog", „Integration" und „Transkultur" mittlerweile zum gängigen Begriffsrepertoire der Marketingabteilungen in der Kulturökonomie.

Die unterschiedlichen Wechselwirkungen all dieser Faktoren bilden einen bestimmten Rahmen, der einerseits die Nutzung von „Ethnizität" fördert, aber anderseits auch eine Beschränkung darstellt. Denn ethnische Ressourcen sind keineswegs frei verfügbar und „wählbar", sondern können erst im Wechselspiel mit einer Reihe von Faktoren in einem bestimmten Rahmen als solche genutzt und damit wirksam werden.

Ethnizität in migrantischen Kulturökonomien: Ein Vier-Felder-Modell

Die empirische Analyse zeigt, dass es eine Reihe von unterschiedlichen Varianten gibt, wie mit Ethnizität in migrantischen Kulturunternehmen umgegangen wird, um beispielsweise eine CD, einen Film, ein Konzert oder eine Theaterperformance zu vermarkten. Zumeist lässt sich ein kreativer Umgang mit ethnischen Kategorien beobachten. Daraus resultieren unterschiedliche Modi, wie kulturelle Produkte und Events inszeniert werden, um „Anderssein" – oder auch nicht – zum Ausdruck zu bringen, Unterschiede zu markieren und symbolische Grenzen zu ziehen. Dieser Kreativität sind allerdings Grenzen gesetzt, zumal diese

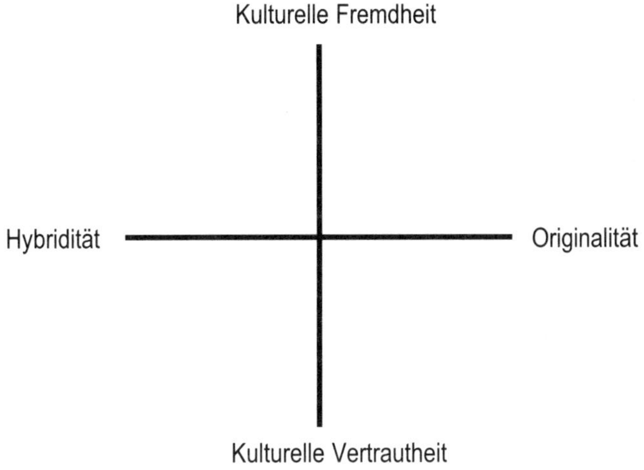

Abbildung 1: Dimensionen der Vermarktung

Inszenierungen erst durch ihre Korrespondenz mit gegenwärtig in einer Gesellschaft kursierenden Vorstellungen von kulturellen Differenzen wirksam werden.

Um den Umgang mit Ethnizität in den migrantischen Kulturökonomien zu verstehen, wurde in der Auseinandersetzung mit dem empirischen Material ein Modell konstruiert, das unterschiedliche Modi der Vermarktung und Präsentation entlang ethnischer Kategorien veranschaulicht. Der Fokus richtet sich dabei auf die Art und Weise, wie Angebote der migrantischen Kulturökonomien im Verhältnis zur kulturellen Praxis der Mehrheitsgesellschaft positioniert werden. Eine besondere Rolle spielt die Frage, wie mit den imaginierten Nähe- und Distanzverhältnissen (zwischen den Kulturen) umgegangen wird bzw. wie die daraus resultierenden symbolischen Grenzziehungen konstruiert, adaptiert, reproduziert, inszeniert, aber auch transformiert oder sogar negiert werden.

Die vertikale Achse illustriert unterschiedliche Umgangsweisen mit kulturellen Differenzen in migrantischen Kulturunternehmen (= Differenz-Achse). Im oberen Teil sind jene Vermarktungsstrategien angesiedelt, die ethnische Klassifizierungen in den Vordergrund rücken und damit kulturelle Unterschiede bzw. die „Andersartigkeit" und „Fremdheit" einer kulturellen Praxis in Relation zur Mehrheitskultur hervorheben. Dies kann unterschiedlich stark zum Ausdruck gebracht werden. Während viele migrantische Kulturunternehmerinnen und -unternehmer einen subtilen Umgang mit ethnischen Kategorien pflegen, gibt es eine Reihe von Kulturangeboten, die mit expliziten Ethnisierungsstrategien beworben werden. Das jeweilige kulturelle Produkt wird dabei als etwas Exotisches, Fremdes und Außergewöhnliches präsentiert, die Distanz zwischen Herkunfts- und

Mehrheitskultur betont. Am unteren Ende der Achse befinden sich jene Vermarktungsstrategien, die den Referenzpunkt Mehrheitskultur ausblenden und anstelle von „Distanz“, „Differenz“, „Alterität“ und „Exotismus“ Begriffe wie „Vertrautheit“ und „Familiarität“ ins Treffen führen. Kulturelle Differenzen werden hier keineswegs geleugnet – allerdings werden sie für die Vermarktung entweder für unnötig befunden, oder aber deren (große) Bedeutung in einer Einwanderungsgesellschaft wird problematisiert und zurückgewiesen.

Während die vertikale Achse unterschiedliche Umgangsweisen mit Differenzen in den Blick nimmt, repräsentiert die horizontale Achse (= Interaktions-Achse) unterschiedliche Arten, wie Produkte migrantischer Kulturunternehmungen in der Einwanderungsgesellschaft vor dem Hintergrund der Interaktion zwischen Minderheits- und Mehrheitskultur vermarktet werden. Wird das jeweilige Produkt als Resultat der Vermischung unterschiedlicher kultureller Traditionen dargestellt oder als Ergebnis autonomer und traditioneller kultureller Praxis des Herkunftslandes? Auf der einen Seite des Kontinuums lässt sich eine Betonung der Originalität und Ursprünglichkeit des angebotenen kulturellen Produkts beobachten. Dem zugrunde liegt die Vorstellung einer „reinen“ und „puren“ Kultur, die auf Traditionen des Herkunftslandes beruht, ein hohes Ausmaß an Autonomie besitzt und klar von der Kultur der Mehrheitsgesellschaft abgrenzbar ist. Auf der anderen Seite dieser horizontalen Achse lassen sich Strategien verorten, die sich durch die Akzentuierung des hybriden Charakters der angebotenen Produkte auszeichnen, also von einer Vermischung und Verschmelzung unterschiedlicher kultureller Einflüsse ausgehen.

Aus der für diesen Beitrag angelegten Forschungsperspektive geht es dabei nicht um den Nachweis, ob sich in dem kulturellen Produkt tatsächlich eine Fusion unterschiedlicher Traditionen nachweisen lässt oder nicht, sondern inwiefern im Vermarktungsprozess eher der hybride Charakter eines kulturellen Produkts oder aber dessen „Originalität“ betont wird.

Eine Typologie unterschiedlicher Vermarktungsstrategien migrantischer Kulturökonomien

Aus dem Modell resultieren vier unterschiedliche Strategien, wie mit kulturellen Unterscheidungen zum Zweck der Positionierung kultureller Produkte in migrantischen Kulturökonomien umgegangen wird. Dazu zählen 1.) die mischkulturelle,[9] 2.) die interkulturelle, 3.) die intrakulturelle und 4.) die transkulturelle Vermarktungsstrategie.

9 Der Begriff „Mischkultur“ stammt eigentlich aus der Gartenkunde, in der damit (im Gegensatz zur „Zwischenkultur“) der Anbau von verschiedenen Pflanzen in einer Reihe bzw. in einem Beet bezeichnet wird. Die Adaption dieses Terminus dient vor allem dazu, die imaginierte Hybridität kultureller Produkte sichtbar zu machen.

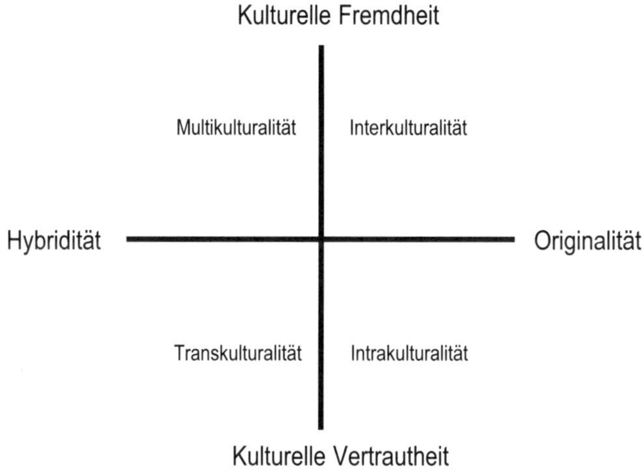

Abbildung 2: Vier-Felder-Modell zum Umgang mit kulturellen Differenzen in migrantischen Kulturökonomien

Wohlgemerkt handelt es sich dabei um eine aus dem empirischen Material gewonnene Typologie, die der Explikation ökonomischer Handlungen im Feld migrantischer Kulturökonomien dient, in der Realität aber nur bedingt diese Trennschärfe aufweist. Vielmehr ist davon auszugehen, dass sich verschiedene Strategien überlappen bzw. eine Reihe von ökonomischen Handlungen migrantischer Kulturunternehmungen nicht lediglich einer Strategie (bzw. einem Feld) zuordenbar sind.

Im Folgenden sollen die anhand des empirischen Materials identifizierten Vermarktungs- und Präsentationsstrategien dargestellt werden. Dabei werden ausgehend von je einem Fallbeispiel die zentralen Charakteristika der jeweiligen Strategie expliziert. Besondere Aufmerksamkeit gilt dabei der Positionierung am Kulturmarkt unter Berücksichtigung der Zielgruppe, den Mitteln der Vermarktung sowie den assoziierten integrationspolitischen Konzepten.

Feld 1: Mischkulturelle Vermarktungsstrategie

Fallbeispiel: Nim Sofyan als Botschafter der Weltmusik

Die Musikgruppe *Nim Sofyan* wurde im Jahr 2003 in Wien von dem türkischstämmigen Gitarristen Alp Bora gegründet. Als Gewinner des „Austrian World Music Award“ erlangten die Musiker rasch Bekanntheit und zählen mittlerweile zu den berühmtesten Vertretern von in Österreich produzierter World Music. In der Beschreibung der Musiker auf der Band-Homepage wird die personelle Zusammensetzung der Gruppe besonders betont und auf die Erfahrung und Vertrautheit der einzelnen Musiker mit unterschiedlichen musikalischen Kulturen hingewiesen: „Stabiles Zentrum der Band ist Gitarrist und Leadsänger Alp Bora aus Ankara mit seiner verführerisch purpurnen Oriental-Soul-Stimme, die Lieder von Armenien bis Mazedonien in die Seelen der Zuhörer zu tätowieren weiß."[10] Unterstützt wird Alp Bora von einem portugiesischen Querflötenspieler und einem aus dem Waldviertel stammenden Geiger, die beide „Erfahrungen aus dem irokeltischen Rhythm and Reel" einbringen; der Bassist biete „solide Ethno-Fusion", die aus Saxofon und Trompete bestehende Bläsersection kümmere sich um eine „würzige Mischung mit einer ordentlichen Prise Jazz", und ein „Halbfinne und World-Veteran" sei verantwortlich für die „vielfältige Percussion (von Spoons über Cajon bis Darbuka)". Der Bandname *Nim Sofyan* wird auf der Homepage beschrieben als „ein Begriff mit vielen Bedeutungen: In der Musik Anatoliens etwa bezeichnet er den 2/4-Takt, in der mitteleuropäischen World Music ist er der Name einer exzeptionellen Band, wie sie nur im multikulturellen Klima der nördlichsten Balkanmetropole Wien entstehen konnte."

Gegenübergestellt werden nicht nur zwei unterschiedliche Bedeutungen des Begriffes „Nim Sofyan", sondern auch zwei musikalische Welten, die in Wien aufeinandertreffen. Diese (hier als „Balkanmetropole" bezeichnete) Stadt biete durch ihre Beheimatung von Menschen unterschiedlicher Kulturen die Voraussetzung für die Vermischung musikalischer Traditionen. Das war auch der Grund dafür, dass Alp Bora sich in Wien niedergelassen hat: „Weil du nirgendwo sonst in Europa Orient und Okzident in so kultivierter Dichte finden und genießen kannst."[11] Über die Musik von *Nim Sofyan* heißt es auf der Homepage: „Mitreißende Musik des Balkans und Vorderen Orients, garniert mit den interessantesten Ideen auch mediterraner und westeuropäischer World Music plus ein paar wohl dosierte Spritzer Funk und Jazz."[12] Gemischt werden nicht nur unterschiedliche musikalische Stile, sondern Musik des „Ostens" mit Musik des „Westens", des „Orients" und des „Okzidents". Betont wird die Vermischung dieser musikalischen Traditionen mit dem Ziel, die Trennung zwischen „Orient" und „Okzident" durch die neu entstehende hybride Musik zu überwinden: Die Musiker, so heißt es schließlich, „werden nicht müde, mit ihren eindringlichen Darbietungen die künstlichen Grenzen zwischen Orient und Okzident vergessen zu lassen".

Im August 2007 gaben die Musiker ein Konzert im Theater am Spittelberg. Bereits eine halbe Stunde vor Konzertbeginn bildete sich vor der Kassa eine lange Schlange. Der etwa 150 Leute umfassende Konzertraum war binnen

10 Dieses und die folgenden Zitate über die Band stammen aus einer Beschreibung auf der Homepage: http://www.nimsofyan.com (22. 8. 2007).

11 Http://www.alpbora.net/alpboratrio.php (22. 8. 2007).

12 Siehe Fußnote 10.

kürzester Zeit voll mit gespannt auf *Nim Sofyan* wartenden Zuhörerinnen und Zuhörern. Unseren Einschätzungen zufolge bestand das Publikum vorwiegend aus jungen Menschen ohne Migrationshintergrund. Auffallend war, dass der Bandleader Alp Bora die Zuhörerinnen und Zuhörer siezte und um ein seriöses, zum Teil an Darbietungen im Kontext traditionell hochkultureller Praxis erinnerndes Auftreten bemüht war. Die Ansagen der zumeist in türkischer, aber auch in griechischer Sprache vorgetragenen Lieder erfolgten ausschließlich auf Deutsch. Mehrmals wurde auf die unterschiedliche ethnische Zusammensetzung der Musikgruppe aufmerksam gemacht sowie die jeweilige Tradition, aus der die Lieder ursprünglich stammten, erläutert.

Nim Sofyan ist lediglich ein Beispiel für migrantische Kulturschaffende, die sich ethnischer Kategorien und Klassifikationen bedienen, um ihre Produkte zu vermarkten. Eine Reihe weiterer Bands, aber auch (multikulturelle) Festivals und Kulturproduktionen wenden ähnliche Strategien an, um sich am Markt zu positionieren. Ausgehend von der Beobachtung, dass sich diese Art der Vermarktung sowohl durch die Betonung der Hybridität als auch durch die Akzentuierung kultureller Unterschiede auszeichnet, können folgende Charakteristika dieser „mischkulturellen" Vermarktungsstrategie identifiziert werden:

Melange der Kulturen

Das jeweilige kulturelle Produkt wird als Resultat der Vermischung und Verschmelzung unterschiedlicher kultureller Traditionen präsentiert. Im Aufeinandertreffen insbesondere „östlicher" und „westlicher" Kulturen entstehe etwas Neues, das sich sowohl durch „Bekanntes" als auch durch „Fremdes" auszeichne: Musik des Balkans wird mit westeuropäischer Popularmusik „garniert", indischer Tabla-Sound mit englischen Dub-Beats fusioniert oder chinesisches Interieur in den ursprünglich wienerisch dekorierten Tanzclub integriert. Dem Mischverhältnis wird dabei relativ wenig Bedeutung beigemessen, wichtig ist lediglich, dass der hybride Charakter des jeweiligen Produkts deutlich zum Ausdruck kommt und dadurch der Unterschied zwischen zwei kulturellen Traditionen betont wird. Dabei wird häufig auf gebräuchliche Dichotomien wie „Orient" und „Okzident", „East" und „West" zurückgegriffen und das Potenzial kulturübergreifenden Kunstschaffens betont. Ein aus der Türkei stammender DJ erläutert das Rezept seines Erfolgs folgendermaßen:

> *„(Es hat) eine große Rolle gespielt, dass man einfach die uralten, traditionellen Lieder mit okzidentalen, also mit europäischen Tönen gemischt hat. (...) Und das haben wir gut verkauft wahrscheinlich; dass wir eben in dieser World Music, von dieser Neuigkeit, auch etwas zu unserem Publikum rüberbringen konnten."*

World Music, Oriental Pop und Balkanakenrap

Um der Hybridität Ausdruck zu verleihen, wird häufig der Begriff World Music verwendet. Allerdings zeigt sich eine zunehmend inflationäre Verwendung dieses Terminus, was vermutlich ein Grund für neue Wortschöpfungen ist. Genreklassifikationen wie „Oriental Pop", „Arabian Funk", „Türkisch Pop", „Soul Shui" oder „Balkanakenrap" stellen lediglich ein paar von unzähligen neuen Namensgebungen dar, die auf die Hybridität der neu entstehenden kulturellen Formen hinweisen. So berichtet der bereits weiter oben zu Wort gekommene DJ über seine Vermarktungsstrategie: „Ich nenn das Arabian Funk, Türkisch Soul. Das war ein Gag. Es gibt so eine Richtung nicht. Das hab ich alles erfunden eigentlich."

Betonung der multikulturellen Wurzeln

Hybridität wird darüber hinaus signalisiert, indem die Herkunftskulturen der an einem Produkt bzw. Projekt beteiligten Kulturschaffenden Erwähnung finden. Die Analyse von Homepages, Flyern und Pressematerial zeigt, dass besonderer Wert auf die Wurzeln der Künstlerinnen und Künstler gelegt wird. Je vielfältiger die Zusammensetzung z. B. einer Musikgruppe hinsichtlich der Herkunftskulturen ihrer Mitglieder ist, desto glaubwürdiger – und auch „authentischer" – kann diese Musik als ethnische Musik vermarktet werden. So lautet die Selbstbeschreibung einer in der World-Music-Szene bekannten Musikgruppe:

> *„Jeder der Musiker hat seine eigenen kulturellen Wurzeln, doch gemeinsames Ziel aller ist es, durch intensive Ethno-Rhythmen, Elemente der Balkan-Musik, anatolische und orientalische Klänge eine interessante Mixtur verschiedener Musiktraditionen zu schaffen."*[13]

Vor allem bei Bandprojekten wird häufig betont, dass die Mitglieder (mit und ohne Migrationshintergrund) in Wien zueinander gefunden haben und hier künstlerisch aktiv sind. Die Stadt Wien wird dabei oft als „Weltstadt der Musik" und kreativer Pool migrantischer Einflüsse dargestellt. In den Interviews wurde immer wieder Wiens Attraktivität für kulturenübergreifende Musikprojekte genannt – dies spiegelt sich auch in Vermarktungsstrategien wider, die das „multikulturelle" Klima der Stadt betonen.

East meets West?

Neben der Hybridität werden auch kulturelle Differenzen akzentuiert: Durch die Gegenüberstellung von „East" und „West", „Orient" und „Okzident"– mit dem beabsichtigten Ziel, diese Dichotomie zu überwinden – werden zugleich Unter-

13 Http://www.suedbahnhof-band.at (2. 10. 2008).

schiede betont und diese auch zu Vermarktungszwecken genutzt. Insbesondere die Distanz zwischen zwei Kulturen wird hervorgehoben; letztendlich bildet sie ja die Voraussetzung für eine Vermischung unterschiedlicher Kulturtraditionen. Häufig bedienen sich migrantische Kulturanbieterinnen und -anbieter gewisser Exotisierungsstrategien, um diese Distanz noch stärker zum Ausdruck zu bringen. So finden sich zum Beispiel Bandnamen, die eine eindeutige Konnotation mit nicht westlicher Musik evozieren und „Andersartigkeit" und „Fremdheit" zum Ausdruck bringen sollen, wie z. B. *Nim Sofyan*, *MC Sultan*, *Gülay* oder *Serjiani*.

Zielgruppe Mehrheitsgesellschaft

Mischkulturelle Vermarktungsstrategien zielen insbesondere auf die bildungsnahen Mitglieder der Mehrheitsgesellschaft ab wie z. B. die sogenannten „kulturellen Allesfresser", die sich durch besondere Toleranz gegenüber vielen unterschiedlichen Genreformen auszeichnen und auch eine besondere Vorliebe für migrantische Kulturformen hegen.[14]

Die Vermarktung und Präsentation der kulturellen Produkte erfolgen dementsprechend in einer Art und Weise, die an die Rezeptionsweisen dieses Zielpublikums angepasst ist: Inserate finden sich in erster Linie in Qualitätsmedien der Mehrheitsgesellschaft („Standard", „Presse", „Falter" etc.). Die Hauptvermarktungssprache ist Deutsch. Auftrittsräume sind meist anerkannte Orte der Mehrheitsgesellschaft, die für World Music und multikulturelle Veranstaltungen bekannt sind, wie zum Beispiel das *Wiener Konzerthaus*, die *Szene Wien* oder der auf Balkan-Musik spezialisierte *Ost Klub*.

Multikulturalismus als Label der Kulturindustrie

Mit der Betonung von „kulturellen Differenzen" machen sich mischkulturelle Vermarktungsstrategien die integrationspolitischen Diskurse um Vielfalt und Diversität der Kulturen in Einwanderungsgesellschaften zunutze. Kunst und Kultur werden dabei als „völkerverbindende" und universale Sprache gesehen, die maßgeblichen Einfluss auf die Erosion ethnischer Grenzziehungen hat und damit das friedliche Zusammenleben von Menschen unterschiedlicher Herkunft fördert. „Multikulturalismus" wird dabei zum Label einer Kulturindustrie, die vor allem als eine Bereicherung für das heimische Kulturleben dargestellt wird. Der Konsum ethnisch kodierter Kulturprodukte – sei es der Kauf der World-Music-CD oder der Besuch eines multikulturellen Festivals – soll dazu dienen, die Interaktion zwischen den Kulturen zu begünstigen.

---

14 Siehe dazu Peterson (1992), Bryson (1996).

Feld 2: Interkulturelle Vermarktungsstrategie

Fallbeispiel: Chinesische Konzerte und Shows als Repräsentationen authentischer Kultur

Chinesische Konzerte im Goldenen Saal des Wiener Musikvereins zählen zu den Highlights des chinesischen Kulturlebens in Wien. Veranstaltet werden diese Konzerte von chinesischen Migrantinnen und Migranten, zumeist in Kooperation mit ihren Geschäftspartnern in China sowie unter dem Ehrenschutz österreichischer und chinesischer Politikerinnen und Politiker.

1998 hat – unterstützt durch den damaligen Bürgermeister Helmut Zilk – das erste chinesische Neujahrskonzert im Musikverein stattgefunden. Mittlerweile sind ähnliche Konzerte nicht nur zum jährlichen Ritual, sondern auch zu einem transnationalen Symbol des chinesischen Kulturerbes geworden. In den Medien in China wird der Wiener Musikverein als der „heilige Tempel" für Musik dargestellt und auch als jene Plattform präsentiert, wo die Wiederbelebung der chinesischen traditionellen Musik und deren internationale Präsentation stattfinden. Der chinesische Patron eines Neujahrkonzerts beschreibt die Ambitionen seiner Unterstützung folgendermaßen: „Wir (...) sind ein Unternehmen mit immer mehr Aktivitäten auf dem Weltmarkt und hoffen, dass die Weltöffentlichkeit durch dieses Konzert China und die reiche chinesische Kultur ein Stück besser kennenlernt."[15]

Neben der wichtigen Rolle der Vermarktung des chinesischen Kulturerbes dienen diese Konzerte auch als Schnittstelle für den kulturellen Austausch zwischen China und der westlichen Welt: „Music is the language without border (...) music has become the main media and bridge for mutual understanding and for promoting friendship among different peoples (...) the more ethnic it (Chinese music) is, the more it belongs to the world."[16]

Ein anderer Event, in dessen Rahmen vorgegeben wird, chinesische Kultur in ihrer „Reinform" zu präsentieren, war das in der Stadthalle dargebotene Spektakel „Shen Yun – Chinese Spectacular", eine in den USA produzierte Tanz- und Theaterperformance, die der Verein *Falun Dafa* nach Wien geholt hat. Die historischen Legenden über die nationalen Helden wurden in der 2008 erstmals in Wien gezeigten Show als ein essenzieller Teil der chinesischen Zivilisation dargestellt. Die in farbenfreudigen Kostümen gekleideten Tänzerinnen

15 Programmheft „Lobgesang auf China", Konzert am 15. Jänner 2008.

16 Programmheft „Das chinesische Konzert zum Frühlingsfest", Konzert am 19. Jänner 2008.

und Tänzer sowie Musikerinnen und Musiker präsentierten eine Performance, welche den Anspruch hatte, sowohl den Auslandschinesinnen und -chinesen als auch dem österreichischen Publikum die „originale“ und „authentische“ Kultur Chinas vor Augen zu führen. Moderiert wurde sowohl in chinesischer als auch in deutscher Sprache, was auf die Bedeutung interkulturellen Dialogs bzw. kulturellen Austauschs hinweist.

Die interkulturelle Vermarktungsstrategie zählt zu den am häufigsten anzutreffenden Umgangsweisen mit Ethnizität. Viele Vereine, die sich der Musik, Kunst und Kultur ihres Herkunftslandes widmen, berufen sich auf das Konzept des interkulturellen Austauschs. Im Folgenden sollen die zentralen Merkmale dieser Strategie beschrieben werden.

Originalität und Ursprünglichkeit der Kulturen

Im Gegensatz zur mischkulturellen Vermarktung werden in diesem Feld Strategien angewandt, welche die Einzigartigkeit und Originalität des jeweiligen Produkts bei gleichzeitiger Akzentuierung kultureller Unterschiede hervorheben. Nicht die Vermischung von Kulturen, sondern die Präsentation einer als mehr oder weniger „fremd“ dargestellten Kultur in ihrer imaginierten „Reinheit“ und „Ursprünglichkeit“ rückt dabei in den Vordergrund. Wichtig ist allerdings, dass diese „Reinheit“ vor dem Hintergrund ihrer Einbettung in die Einwanderungsgesellschaft betrachtet wird. Die Quintessenz der interkulturellen Vermarktung besteht ja gerade darin, dass Kulturen miteinander in Dialog treten. Anders als bei der mischkulturellen Vermarktungsstrategie handelt es sich dabei aber nicht um einen Mix unterschiedlicher Kulturen, sondern um den respektvollen Dialog zwischen Herkunfts- und Aufnahmegesellschaft. Besonders deutlich kommt dies in der Veranstaltung der chinesischen Konzerte im Goldenen Saal des Wiener Musikvereins zum Ausdruck: Hier wird Musik des Herkunftslandes an einem Ort aufgeführt, der zutiefst von österreichischer Kulturtradition geprägt ist. Dadurch entsteht eine interkulturelle Verbindung zwischen chinesischer und österreichischer Kultur bei gleichzeitiger Betonung der „Reinheit“ der jeweiligen kulturellen Traditionen. Im Vergleich zur mischkulturellen Vermarktungsstrategie ist hier keine Rede von „Vermischung“ oder „Verschmelzung“ von Kulturen; betont wird vielmehr die Existenz zweier eigenständiger Kulturen, die lediglich durch eine Brücke miteinander verbunden sind.

Authentizität

Interkulturelle Vermarktungsstrategien bedienen sich besonders häufig des Authentizitätsbegriffs: Ein kulturelles Produkt, z. B. ein Musikstück, gilt als authentisch, wenn angenommen wird, dass es die Originalität einer bestimmten Kultur repräsentiert. So heißt es im Programmheft der bereits erwähnten Show „Shen Yun“:

> *„Its (Shen Yun) mission is to explore and to rediscover the essence of true, traditional culture. (...). It will use the expression of Chinese classical dance, showcases the true traditional Chinese culture with pure truthfulness, pure compassion, and pure beauty (...).“*[17]

Und über die indische Show „Bharati“, die ebenfalls in der Stadthalle Wien präsentiert wurde, heißt es:

> *„Nie zuvor ist es gelungen, die Facetten einer jahrtausendealten Kultur so kurzweilig und gleichzeitig authentisch zu inszenieren. Die eindrucksvolle Show gleicht einem Fest der Vitalität, das den Blick auf die verborgenen Schätze eines weiten und rätselhaften Landes freigibt. Die exotische Extravaganza bietet eine ebenso unterhaltsame wie verführerische Mischung aus Tanz, Musik und Folklore.“*[18]

Gemischte Zielgruppen

Während mischkulturelle Vermarktungsstrategien fast ausschließlich Angehörige der Mehrheitsgesellschaft als potenzielles Publikum ansprechen, richtet sich die interkulturelle Vermarktungsstrategie sowohl an Angehörige der Mehrheitsgesellschaft als auch an Mitglieder der Minderheitsgesellschaft. Neben der deutschen Sprache spielt daher auch die Sprache des jeweiligen Herkunftslandes eine wichtige Rolle. Die Vermarktung erfolgt über Kanäle der Mehrheitsgesellschaft, nicht minder von Bedeutung sind aber auch migrantische Medien, die als wichtige Informationsplattform dienen. Bei Veranstaltungen werden häufig Locations gewählt, die in der Mehrheitsgesellschaft hoch angesehen sind (wie z. B. der Wiener Musikverein), über einen hohen symbolischen Wert verfügen und den dort auftretenden Kulturschaffenden einen hohen künstlerischen und sozialen Status gewähren. Häufig werden Veranstaltungen und Produkte auch transnational vermarktet (im Herkunftsland und in der Diaspora), wodurch diese migrantischen Kulturunternehmungen häufig an ökonomischer und politischer Bedeutung über die nationalstaatlichen Grenzen hinaus gewinnen.

Insgesamt lassen sich misch- und interkulturelle Vermarktungsstrategien als Reaktion auf zunehmendes Interesse für ethnisch kodierte Kulturangebote unter jungen Angehörigen bildungsnaher und urbaner Milieus verstehen. Die Vermarktungs- und Präsentationsstrategien stützen sich auf eine ganze Reihe von Ressourcen (wie z. B. Informationen, Geldquellen, Orte, Kontakte und Vernetzungen) sowohl der Mehrheitsgesellschaft als auch der jeweiligen Minderheitsgesellschaft.

---

17 Http://www.chinesespectacular.eu/page/30 (15. 9. 2008).

18 Http://www.indischekultur.at/subpages/bharati.htm (29. 11. 2008).

Diese interethnische wie auch intraethnische Einbettung unterscheidet sich von der mischkulturellen Vermarktungsstrategie, die vorwiegend in interethnischen sozioökonomischen und -politischen Kooperationsrahmen verankert ist.

Integration und interkultureller Dialog

Ebenso wie bei der mischkulturellen Vermarktungsstrategie werden Kultur und Kunst als „völkerverbindendes" Mittel gesehen, als universale Sprache, die Grenzüberschreitungen und damit Begegnung zwischen den Kulturen möglich macht und dadurch auch integrationsfördernd wirksam ist. So heißt es in der Selbstbeschreibung eines Musikvereins, der sich der türkischen Makam-Tradition widmet:

> *„Der Verein Makamhane bietet einen Raum, in dem mithilfe künstlerischer Mittel über kulturelle Grenzen hinweg Begegnung stattfindet. Die zugrunde liegende Geisteshaltung ist ganzheitlich orientiert und unterstützt die Vielfalt sowie das Verbindende zwischen den Kulturen und Menschen, wodurch Integration auf verschiedenen Ebenen möglich wird, auf der zwischenmenschlichen wie auch auf der individuellen."*[19]

Angenommen wird, dass sich diese Art des Umgangs mit kulturellen Differenzen positiv auf Integrationsbestrebungen auswirkt – sowohl seitens der Einwanderercommunities als auch hinsichtlich der Akzeptanz „fremder Kulturen" durch die Mehrheitsgesellschaft. Den Angehörigen der Minderheitsgesellschaft werde dadurch die Auseinandersetzung mit ihren Wurzeln ermöglicht. Diese stärke nicht nur das Selbstbewusstsein der Migrantinnen und Migranten, sondern bewahre auch vor dem kulturellen Identitätsverlust. Dem zugrunde liegt die Annahme, dass die Stärkung der kulturellen Identität von Einwanderern (z. B. Beherrschen der Muttersprache, Kennen der Herkunftskultur) maßgeblich für das Ausmaß der Integration verantwortlich sei: So lautet das Ziel des *Interkulttheaters* folgendermaßen:

> *„(...) Ziel ist es, die spezifische kulturelle Identität der in Wien lebenden Volksgruppen wahrzunehmen, deren kulturelles Selbstverständnis zu unterstützen, ihre Muttersprache zu pflegen, da sich das Interkulttheater dessen bewusst ist, dass ein kultureller Identitätsverlust auch den Verlust der pluralistischen Gesellschaft bedeutet."*[20]

19 Http://www.makamhane.com (15. 9. 2008).

20 Http://www.interkulttheater.at (17. 9. 2009).

Angehörige der Mehrheitsgesellschaft sollen hingegen die Chance bekommen, durch die Zurschaustellung „fremder" Kulturen und die Akzentuierung kultureller Differenzen diese Kulturen kennenzulernen. Dies erst ermögliche den interkulturellen Dialog, der, so eine weit verbreitete Annahme, zu einem besseren Zusammenleben zwischen Menschen unterschiedlicher Herkunft führe.

> *„Ebenso ist es das Ziel des Interkulttheaters, den Austausch zwischen der heimischen österreichischen Kultur und den fremden Kulturen in Wien zu fördern. Dieses Ziel wird von dem Gedanken getragen, dass Kenntnis und Verständnis Angst mindern und damit einen wesentlichen gesellschaftspolitischen Auftrag zu erfüllen helfen."*[21]

Feld 3: Intrakulturelle Vermarktung

Fallbeispiel: Harbhajan Mann und die Herstellung von Gemeinsamkeit in der Diaspora

Die *Indian Cultural Association* ist eine der wichtigsten Kulturplattformen für in Österreich lebende Menschen mit indischem Migrationshintergrund. Im Mai 2007 wurde ein Konzert mit Harbhajan Mann veranstaltet, der zu den berühmtesten Schauspielern des Punjabi-Films zählt und auch als Musiker tätig ist. Einen besonderen Stellenwert nimmt Harbhajan Mann in der indischen Diaspora ein, was vor allem seiner eigenen Biografie geschuldet sein mag – er startete seine Karriere in der indischen Community in Kanada. So beschreibt der Künstler auf dem Cover der CD „Lala lala lala" die Motivation für seine musikalische Produktion mit der „intention of keeping meaningful lyrics gelled with foot tapping and soul searching music which will keep our true traditions and culture alive". Und sein 2003 veröffentlichter Film „Jee Aayan Nu" („Welcome") wurde mit dem Werbespruch „a film about you … for you" vermarktet. Diese besondere Betonung von „wir" und „uns" bzw. der Suche nach den eigenen kulturellen Wurzeln kam auch in dem Konzert in Wien zum Ausdruck: Diese Veranstaltung, die im Haus der Begegnung in Wien-Meidling stattfand, wurde hauptsächlich von Mitgliedern der Wiener Punjabi-Community besucht. Harbhajan Mann begrüßte sein Publikum als „Brüder"; die Moderation fand auf Punjabi statt. Seine Lieder, die ebenfalls ausschließlich in dieser Sprache vorgetragen wurden, handeln von Migration, Heimweh, Familienzusammenhalt, Rückkehr, kulturellen Wurzeln und Religion. Das Konzert war gut besucht und ein großer Erfolg. Das Publikum nahm aktiv teil, indem mitgesungen und zur Musik getanzt wurde. Harbhajan Manns Musik und Texte sorgten allerdings nicht nur für gute Unterhaltung,

21 Ebd.

sondern sprachen auch die Bedürfnisse der indischen Migrantinnen und Migranten hinsichtlich ihrer Auseinandersetzung mit dem Heimatland und ihrer Punjabi-Identität an. Vermittelt wurde eine ganz spezifische Art der Vertrautheit, der Verbundenheit und der Gemeinschaft.

Im Rahmen unserer Feldforschung stießen wir auf zahlreiche Veranstaltungen und kulturelle Produkte, die sich (fast) ausschließlich an die eigene Community richten und deren Präsentation und Vermarktung durch die Akzentuierung von Vertrautheit und Familiarität gekennzeichnet sind. Dazu zählen die chinesischen (für Österreicherinnen und Österreicher kaum sichtbaren) Karaoke-Bars ebenso wie die türkischen Diskotheken, der migrantische CD-Händler ebenso wie die Konzerte in türkischen Hochzeitssälen. Einen hohen Anteil in diesem Feld haben auch religiöse Feste, deren Vermarktung, wenngleich nicht im „klassischen Sinn" beworben, auch durch eine Betonung intraethnischer Solidarität gekennzeichnet ist. Im Folgenden sollen die wichtigsten Charakteristika erläutert werden.

Bewahrung und Tradierung

Während misch- und interkulturelle Vermarktung durch eine Akzentuierung kultureller Unterschiede – und somit auch „kultureller Fremdheit" – gekennzeichnet sind, lässt sich die intrakulturelle Vermarktungsstrategie durch eine Betonung von Vertrautheit und Familiarität charakterisieren. Die Grenzziehung zwischen Minderheits- und Mehrheitsgesellschaft wird zwar aufrechterhalten, verliert aber an Bedeutung, indem die Herkunftskultur zum primären Referenzpunkt wird: Im Vordergrund stehen die Wünsche, Sehnsüchte und Bedürfnisse der Migrantinnen und Migranten. Kulturanbieter präsentieren sich sowohl als Institutionen zur Bewahrung und Tradierung der (Herkunfts-)Kultur als auch als Instanzen, die Schutz und Geborgenheit ermöglichen.

Schutz und Geborgenheit

Ziel ist es, den Migrantinnen und Migranten, die mit Fremdheitserfahrungen im Einwanderungsland konfrontiert sind, das Gefühl des „Zuhauseseins" zu vermitteln. Dies gelingt allerdings nicht, indem kulturelle Unterscheidungen getroffen und damit kulturelle Differenzen betont werden, sondern indem Nähe und Vertrautheit mit der eigenen Kultur hervorgehoben werden. Typisch sind Vermarktungsformen, in denen der Kultur des Herkunftslandes eine Art „Schutzfunktion" zugeschrieben wird. Die Bandbreite reicht von identitätsstiftenden Bestrebungen, wie zum Beispiel dem oben beschriebenen Konzert von Harbhajan Mann, bis hin zu einer starken, mitunter religiös motivierten Betonung der Bedeutung der Herkunftskultur für Migrantinnen und Migranten. Ein türkischer Anbieter von

Instrumentalunterricht sieht seine primäre Aufgabe darin, durch seine Vermittlung von Kunst vor der „Kulturkollision" zu bewahren:

> *„Wir arbeiten also dafür, dass sie (die jungen Migrantinnen und Migranten) ihre Kultur, ihren Glauben, ihr Land, ihre Eltern, ihre Tradition durchaus hinnehmen können, dass sie hier nicht verloren gehen innerhalb der österreichischen Gesellschaft, damit sie in dieser Kulturkollision nicht zugrunde gehen, deshalb leisten wir diese Arbeit. Unser primäres Ziel ist es, die Jugendlichen und die Kinder unserer Gesellschaft zu beschützen."*

Dieses Beispiel zeigt sehr anschaulich, wie Vertrautheit und Originalität der eigenen Kultur in Präsentations- und Vermarktungsprozessen eine Rolle spielen. Dabei handelt es sich um das Gegenteil von Misch- und Interkultur: Denn es geht weder um das „Vermischen" *von* noch um den „Dialog" *zwischen* Kulturen – vielmehr steht die jeweilige Vertrautheit mit der eigenen Herkunftskultur im Vordergrund.

Autonome Kulturpraxis

Charakteristisch für intrakulturelle Vermarktungsstrategien ist, dass die präsentierten und vermarkteten Produkte weitgehend abseits der Räume und Praktiken der Mehrheitsgesellschaft positioniert werden. Dies zeigt sich zum einen in der Wahl der Veranstaltungsräume und der Vertriebswege, aber auch darin, dass die Originalität der jeweiligen kulturellen Praxis betont wird. Migrantische Kultur wird demnach als autonome Kulturform dargestellt, die unangetastet von anderen Einflüssen Eigenständigkeit, Originalität, Einzigartigkeit und Authentizität repräsentiert.

Zielgruppe Minderheitsgesellschaft

Die intrakulturelle Vermarktungsstrategie richtet sich fast ausschließlich an Angehörige der jeweiligen Minderheitsgesellschaft. Dementsprechend werden hauptsächlich Medien der jeweiligen Community für Vermarktungszwecke herangezogen; die Bewerbung und Präsentation erfolgt in der Sprache des Herkunftslandes. Als Veranstaltungsräume dienen zumeist Locations jenseits des Kulturlebens der Mehrheitsgesellschaft wie zum Beispiel die oftmals an der urbanen Peripherie gelegenen türkischen Hochzeitssäle oder die in Seitengassen versteckten chinesischen Karaoke-Bars. Kontakte, Informationsfluss und Vernetzung finden dabei vorwiegend in intraethnischen sozioökonomischen Netzwerken statt, wenngleich diese nicht nur lokal, sondern auch transnational eingebettet sind. Diese Art von ethnischer Kulturproduktion hat eine starke „bonding"-Auswirkung, die die Mitglieder miteinander verbindet.

Kulturelle Vertrautheit als Reaktion auf Ethnisierung und Diskriminierung

Im Gegensatz zu misch- und interkulturellen Präsentationsstrategien steht bei der intrakulturellen Vermarktung nicht „kulturelle Fremdheit“ im Vordergrund, sondern „kulturelle Vertrautheit“, verstanden als Geborgenheit und Schutz gegenüber der Mehrheitsgesellschaft. Dabei wird diese „kulturelle Vertrautheit“ in Form einer Ethnizität dargestellt, die oft nicht freiwillig oder frei wählbar, sondern eine Reaktion auf Diskriminierung durch die Mehrheitsgesellschaft ist. Ethnizität erfüllt in diesem Zusammenhang eine wichtige Funktion für Migrantinnen und Migranten, die in ständiger Auseinandersetzung mit Fremdheitserfahrungen stehen sowie unter fehlender Anerkennung durch die Mehrheitsgesellschaft leiden. Migrantisches Kulturschaffen soll darüber hinaus zur Bewahrung und Tradierung der Herkunftskultur dienen. Kulturelle Produkte, die aus dem Herkunftsland stammen oder damit assoziiert werden, stellen deswegen als eine geschützte und vertraute „Heimat in der Fremde“ einen Raum der Sehnsucht und der Identitätsfindung dar. Nicht selten kommt es dabei zur Mythenbildung im Zusammenhang mit der Heimatkultur.

Feld 4: Transkulturelle Vermarktung

Fallbeispiel: Coup de Bam und der Widerstand gegenüber ethnischer Etikettierung

Couch Records ist der Name eines Wiener Labels, das eine ganze Reihe von migrantischen Musikschaffenden unter Vertrag hat. Dazu zählen der aus der Türkei stammende DJ Cay Taylan, das Musikproduzentenduo *dZihan & Kamien* mit dem aus Sarajewo stammenden Vlado Dzihan sowie die österreichisch-türkische Band *Coup de Bam*. Hinweise zur Herkunft dieser Musiker finden sich auf der englischsprachigen Homepage des Labels ebenso wenig wie die Begriffe „World Music“, „Ethno-Pop“ oder „Balkan-Beat“. Anstelle von „Ethno-Musik“ wird von „polyglotter“ Musik gesprochen: Die Zusammenarbeit von *Coup de Bam* wird vor dem Hintergrund ihres Ziels „to perfect their vision of a polyglot groove-pop music“[22] beschrieben. Diese Abstinenz jeglicher Klassifikationen entlang ethnischer Kategorien spiegelt sich auch in der Präsentation und Selbstvermarktung der Band wider. In einem Interview[23] mit zwei der Mitglieder wird kritisiert, dass Musikschaffende mit Migrationshintergrund häufig nur aufgrund ihrer Herkunft, nicht aber wegen ihrer Musik in der Öffentlichkeit wahrgenommen werden. Dagegen fordern sie eine

22 Http://www.couchrecords.com (7. 6. 2008).

23 Bei den wiedergegebenen Textpassagen handelt es sich um von den Musikern autorisierte Aussagen, weswegen auf eine Anonymisierung verzichtet wird.

> Wertschätzung und Anerkennung ihrer Musik jenseits ethnischer Kategorien: „Du kannst als Türke, Kurde, Afghane oder was auch immer höchstens einen exotischen Wert haben. Ich will beurteilt werden aufgrund der Musik, die ich mache. (…) egal, woher ich komm, ob ich Kurde, Türke, Afrikaner oder irgendetwas bin."

Dieses Beispiel zeigt sehr deutlich, wie versucht wird, Musik migrantischer Kulturschaffender jenseits von Herkunft, Nation und Ethnizität zu vermarkten – mit dem Ziel, übertriebenen Exotisierungstendenzen entgegenzuwirken. Im Vordergrund soll die Qualität der Musik stehen, die unabhängig von der Herkunft der Musikerinnen und Musiker vermarktet und einem transnationalen Publikum präsentiert wird. Diese „transkulturelle" Vermarktungsstrategie – die zugleich die unauffälligste Art und Weise der Vermarktung in migrantischen Kulturökonomien darstellt – soll im Folgenden näher erläutert werden.

Ablehnung ethnischer Grenzziehungen

Typisch für eine transkulturelle Präsentations- und Vermarktungsform ist die bewusste Ablehnung von Klassifikationen auf Basis der Herkunft der Kulturschaffenden. Dadurch sollen die Ethnisierung der Kulturschaffenden sowie eine übertriebene Exotisierung des Kulturschaffens vermieden und die Qualität des Produkts unabhängig von ethnischen Markern betont werden. Zugleich wird dadurch kulturellen Differenzen ein geringer Stellenwert beigemessen. Unterscheidungen hinsichtlich ethnischer Kategorien spielen entweder keine Rolle oder aber werden ganz explizit abgelehnt. Stattdessen verorten sich Kulturarbeiterinnen und Kulturarbeiter im kosmopolitischen Feld transnationaler Kulturproduktion. Einflüsse aus unterschiedlichen Kulturen finden als gleichberechtigte Elemente ihren Niederschlag in bestimmten Musikstücken, Filmen oder Veranstaltungen; die Dichotomisierung von „Osten" und „Westen" oder „Orient" und „Okzident" wird abgelehnt. Ziel ist es, das Zusammenleben von Menschen unterschiedlicher Kulturen in einem Einwanderungsland weder als besonders wünschenswert (im Sinne einer Bereicherung der „einheimischen" Kultur) noch als problematisch (im Sinne von Gefahr und Bedrohung) darzustellen.

Transkulturalität und Globalkultur

Stattdessen zeigen diese Kulturunternehmen ein klares Bekenntnis zur globalisierten Kultur, die sich durch die Selbstverständlichkeit hybrider Formen und das Nebeneinander unterschiedlicher Traditionen auszeichnet. Vermarktungsstrategien bedienen sich einer Rhetorik der Bekanntheit und Familiarität; im Vordergrund steht die Vertrautheit mit der globalisierten Kulturlandschaft. Dies soll der Begriff „transkulturell" zum Ausdruck bringen. Durch die Erosion symbolischer

Grenzziehungen entlang ethnischer Kriterien kommt es zur Entstehung einer Globalkultur:

> *„Die Austauschprozesse zwischen den Kulturen lassen nicht nur das alte Freund-Feind-Schema als überholt erscheinen, sondern auch die scheinbar stabilen Kategorien von Eigenheit und Fremdheit. (...) Anstelle der separierten Einzelkulturen von einst ist eine interdependente Globalkultur entstanden, die sämtliche Nationalkulturen verbindet und bis in Einzelheiten hinein durchdringt.“*[24]

Ziel ist es nicht nur, ethnische Grenzziehungen zu überwinden, sondern migrantische Kultur nicht mehr als additives Element zur Mehrheitsgesellschaft zu sehen. So fordert Metin Yılmaz von der Band *Coup de Bam*:

> *„Es ist wichtig, einfach als ein Teil der Kultur gesehen zu werden; die Menschen leben hier, natürlich, die haben ihre Wurzeln, aber wichtig ist das Produkt, das sie rausbringen. Zu sagen: Saz und so, ja, sehr schön, das ist eine Bereicherung für unserer Multikulti-Gesellschaft, das akzeptieren wir nicht.“*

Gemischte Zielgruppen und kosmopolitische Elite

Während die intrakulturelle Vermarktungsstrategie darauf abzielt, ausschließlich Angehörige der eigenen Minderheitsgesellschaft zu adressieren, spricht die transkulturelle Präsentations- und Vermarktungsstrategie sowohl die Mehrheits- als auch die Minderheitsgesellschaft an, vornehmlich deren bildungsnahe Mitglieder. Zielgruppe ist die „kosmopolitische“ Elite: junge, urbane und gut gebildete Erwachsene, die sich durch Aufgeschlossenheit gegenüber anderen Kulturen – nicht aber durch exotisierende Neugier – auszeichnen.

Die wichtigsten Distributionskanäle umfassen sowohl Medien der Minderheits- als auch solche der Mehrheitsgesellschaft. Auffällig ist, dass häufig Englisch die deutsche Sprache bzw. die jeweilige Sprache der eigenen Community ersetzt, was den internationalen Charakter der Produktion unterstreichen soll. Veranstaltungen finden meistens an den Orten des Kulturlebens der Mehrheitsgesellschaft statt. Dies kann als ein Zeichen der Ablehnung potenzieller ethnischer Etikettierungen verstanden werden.

24 Welsch (1995).

Transkulturalismus als politisches Konzept

Ebenso wie intrakulturelle können auch transkulturelle Vermarktungsstrategien als Reaktion von Migrantinnen und Migranten auf ihre (mitunter negativen) Erfahrungen in der Einwanderungsgesellschaft gesehen werden. Allerdings geht es dabei nicht darum, die Gemeinsamkeit ethnischer Herkunft (nun erst recht) zu betonen, sondern darum, jegliche Klassifizierungen entlang ethnischer Kategorien abzulehnen. Als Referenz dient das Konzept der Transkulturalität, das die Verwischung und Aufhebung der Grenzen als Konsequenz der Begegnung unterschiedlicher Kulturen in der heutigen globalen Gesellschaft hervorhebt. „Kulturelle Vertrautheit" lässt sich in diesem Fall als eine Art von Gemeinsamkeitsgefühl verstehen, das aus der Begegnung unterschiedlicher Lebensformen und Weltanschauungen entstanden und für alle Mitglieder der Gesellschaft zugänglich ist.

Vermarktungsstrategien migrantischer Kulturökonomien im Vergleich

	Mischkulturelle VS	**Interkulturelle VS**	**Intrakulturelle VS**	**Transkulturelle VS**
Zentrale Begriffe	„Melting Pot", „Melange"	„Brücke", „Dialog"	„Schutz", „Geborgenheit"	„Globalkultur"; „culture beyond borders"
Position am Kulturmarkt	Betonung der Hybridität & Akzentuierung kultureller Fremdheit	Betonung der Originalität & Akzentuierung kultureller Fremdheit	Betonung der Originalität & Akzentuierung von Vertrautheit	Betonung der Hybridität & Akzentuierung von Vertrautheit
Zielgruppe	Bildungsnahe Angehörige der Mehrheitsgesellschaft	Angehörige der Mehrheits- und der Minderheitsgesellschaft	Angehörige der Minderheitsgesellschaft	Bildungsnahe Angehörige der Mehrheits- und Minderheitsgesellschaft
Medien	Qualitätsmedien der Mehrheitsgesellschaft	Medien der Mehrheits- und Minderheitsgesellschaft	Medien der Minderheitsgesellschaft	Qualitätsmedien der Mehrheits- und Minderheitsgesellschaft
Räume	Locations, die auf „World Culture" spezialisiert sind (z. B. Szene Wien, Ost Klub, Sargfabrik etc.)	Nicht klar definiert, häufig symbolisch besetzte Räume (z. B. Wiener Musikverein)	Locations jenseits des Kulturlebens der Mehrheitsgesellschaft (z. B. Hochzeitssaal, chin. Karaoke-Bar)	Locations der Mehrheitsgesellschaft
Sprache	Deutsch	Deutsch + Sprache des jeweiligen Herkunftslandes	Sprache des jeweiligen Herkunftslandes	Englisch
Integrationspolitischer Diskurs	Vermischung von Kulturen als Indiz für gelungene Integration	Gegenseitige Anerkennung als Indiz für gelungene Integration	Selbst-Ethnisierung (oft als Reaktion auf Diskriminierung durch Mehrheitsgesellschaft)	Transnationaler Kulturaustausch; Grenzüberschreitung

Resümee

Ethnizität, verstanden als Produkt von Aushandlungsprozessen zwischen Minderheits- und Mehrheitsgesellschaft, nimmt in der migrantischen Kulturindustrie einen besonderen Stellenwert ein. Zunehmendes Interesse für ethnisch kodierte Kulturprodukte insbesondere unter Angehörigen der Mehrheitsgesellschaft fördert und fordert die Auseinandersetzung mit Vorstellungen von kulturellen Differenzen. Dies schlägt sich auch in der Vermarktung und Präsentation nieder: Die Betonung des „Fremden", „Anderen" oder „Exotischen" in den angebotenen Produkten ermöglicht eine Positionierung migrantischer Kulturunternehmungen jenseits oder am Rande der etablierten Kulturmärkte. Diese Orientierung an ökonomischen Nischenplätzen verschafft – zumindest eine Zeit lang – Wettbewerbsvorteile, die für migrantische Kulturanbieterinnen und -anbieter nicht selten eine zentrale Motivation für ihr Engagement in diesem Bereich darstellen. Häufig wird dabei mit Klischees und Stereotypen gearbeitet, indem bestimmte chinesisch, indisch oder türkisch konnotierte Symbole in den Vordergrund gerückt werden. Die Inszenierung einer kulturellen Praxis als „exotisch" ist vielfach eine Art der Instrumentalisierung kultureller Unterschiede, die auf der Antizipation einer eurozentristischen Perspektive beruht. Durch die Romantisierung des Exotischen und Fremden sollen vor allem Mitglieder der Mehrheitsgesellschaft angesprochen werden. Allerdings birgt diese Affirmation kultureller Differenzen auch Probleme. Denn durch den Einsatz von Ethnizität in migrantischen Kulturökonomien werden Bilder und Vorstellungen von Zugewanderten und Herkunftskulturen (re)produziert, die maßgeblich an der Aufrechterhaltung von mitunter für das Zusammenleben problematischen symbolischen Grenzziehungen mitwirken. Die dadurch unterstützten Fremd-, aber auch Selbstzuschreibungen sind die Basis für Ethnisierungsprozesse, die auch zu Stigmatisierung und Diskriminierung führen können. Nicht zuletzt wird durch die Verwendung ethnischer Kategorien am Kulturmarkt ein Repertoire an Klassifizierungsschemata geschaffen, das jegliches Kulturschaffen Zugewanderter – ob gewollt oder auch nicht – als „migrantisch" etikettiert.

Die empirische Analyse zeigt, dass es auch Vermarktungsstrategien gibt, die anstelle von Fremdheit mit Konzepten der Vertrautheit operieren und damit kulturellen Differenzen wenig Bedeutung beimessen. Das ist vor allem dann der Fall, wenn Produkte ausschließlich für die eigene Community angeboten oder jenseits von Zugehörigkeiten zu bestimmten Nationen oder Religionen bzw. „transkulturell" vermarktet werden. Diese Betonung des „Vertrauten" kann als Reaktion von Migrantinnen und Migranten auf ihre Fremdheitserfahrungen in der Einwanderungsgesellschaft interpretiert werden. Migrantische Kulturanbieterinnen und -anbieter akzentuieren demnach entweder die Bedeutung von Kultur als Raum der Geborgenheit bzw. der Bewahrung der eigenen Tradition oder aber lehnen Klassifizierungen entlang ethnischer Kategorien zugunsten der Vorstellung einer transkulturellen Globalkultur überhaupt ab.

Insgesamt lässt sich resümieren, dass die von uns identifizierten Umgehensweisen mit Ethnizität unterschiedliche Strategien darstellen, die mehr oder weniger erfolgreich zur Vermarktung (ethnisch kodierter) Kulturprodukte eingesetzt werden können. Der Erfolg bemisst sich letztendlich nicht daran, ob Ethnizität eingesetzt wird oder nicht, sondern wie mit kulturellen Differenzen umgegangen wird. Neben der Ausstattung mit kulturellem und sozialem Kapital ist dabei auch eine Sensibilität für Konsumtrends vonnöten, verbunden mit der Fähigkeit, die Bedeutung kultureller Unterschiede in einer Einwanderungsgesellschaft gut einschätzen zu können. Eine wichtige Rolle spielen in diesem Zusammenhang die (integrations-)politischen Diskurse und Konzepte in einem Einwanderungsland, die maßgeblich zur Herstellung und Weiterentwicklung der kursierenden Bilder und Vorstellungen von kulturellen Differenzen beitragen.

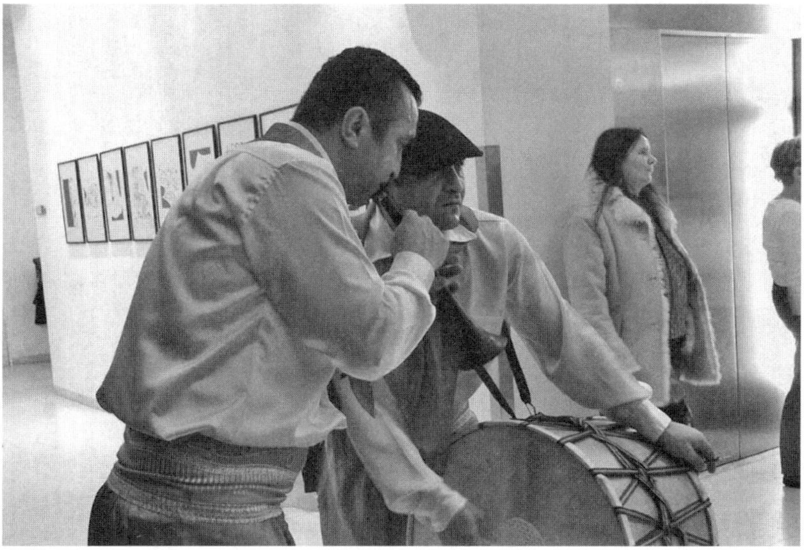

Aşkın-Coşkun Kardeşler spielen Zurna (links) und Davul (rechts) (Wien 3), 23. 11. 2007, Foto: K. Asayama

Der Musiker Alp Bora, Foto: M. Blaszczuk, www.alpbora.net

DJ Yusuf (Yusuf Sümbültepe) im Café Berfin (Wien 7), 04. 03. 2008, Foto: H. Sağlam

Ankündigung einer „Halay-Night" im Mozaik Düğün Salonu mit spezieller Erwähnung von Davul und Zurna, www.cingene.at (29. 12. 2008)

Transformationsprozesse in und durch Einwanderer-Musikkulturen: Transkulturation und Rekontextualisierung am Beispiel von Musik aus der Türkei in Wien

Von Hande Sağlam und Ursula Hemetek

Zuwanderung in Vergangenheit und Gegenwart bedingt das breite und lebendige musikalische Spektrum in Wien – oft die „Stadt der Musik" genannt. Es gibt heute kaum eine Kultur der Welt, deren musikalische Ausdrucksform nicht in Wien zu finden wäre. Dieses große musikalische Potenzial ist in seiner wahren Dimension kaum im Bewusstsein der Mehrheit verankert und führt ein lebendiges Dasein im Verborgenen. Außerdem sind es immer urbane Zentren, an denen kulturelle Verschmelzungen und gegenseitiger kreativer Austausch verschiedener Kulturen aufgrund der Lebenssituation begünstigt werden. Der ethnomusikologische Input im Projekt bezog sich u. a. darauf, das musikalische/kulturelle Ereignis an sich zu thematisieren, natürlich unter Einbeziehung der Rahmenbedingungen. Dies geschah methodisch durch Feldforschungen, nämlich die filmische Dokumentation unterschiedlicher kultureller Aktivitäten, neben den qualitativen Interviews mit den Akteuren und teilnehmender Beobachtung.

Aussagen über Transformationsprozesse sind nur aufgrund dieser Dokumente möglich, und sie bilden die Grundlage für die folgenden Ausführungen.

Den theoretischen und methodologischen Rahmen bildet die Urban Ethnomusicology, eine Forschungsrichtung in der Ethnomusikologie, die sich in den letzten dreißig Jahren im Fach herausgebildet hat und heute einen zentralen Ansatz der Ethnomusikologie darstellt.

Urban Ethnomusicology

Der urbane Raum als Forschungsgegenstand der Ethnomusikologie ist relativ jung. Etwa in den 1980er-Jahren, mit der Einbeziehung von Popularmusik als urbanem Musikstil in die ethnomusikologische Forschung, rückte er unter Berücksichtigung der soziokulturellen Bedingungen ins Zentrum des Interesses. Diese

Entwicklung ging von den USA aus. Adelaida Reyes-Schramm legt in einem sehr frühen und fundamentalen Artikel die vorhergehenden Ressentiments wie auch die methodischen Probleme dar.[1]

Noch für Jaap Kunst war der urbane Raum aus der Ethnomusikologie ausgeklammert, nach der Definition des Untersuchungsgegenstands des Fachs Ethnomusikologie: „all tribal and folk music and every kind of non-Western art music"[2], das bedeutete die Suche nach dem „Authentischen", und es ging um geschlossene Gesellschaften, alt, sich nicht verändernd und nicht berührt von der modernen Welt. Einzelne Gemeinschaften wurden beschrieben, die musikalischen Merkmale definiert, in einer statischen Betrachtungsweise. Urbane Zentren wurden als Feindbilder betrachtet, weil sie die traditionelle Musik bedrohten. Aber gerade die Volksmusik lenkte das Augenmerk der Ethnomusikologen auf den urbanen Raum: Immigranten als Volksmusikträger wurden entdeckt. Nun wurde der urbane Raum als Erweiterung des ursprünglichen Raumes betrachtet, des alten geschlossenen Systems.[3]

Reyes-Schramm legt dar, dass dessen Ansätze nicht mehr zeitgemäß sind, es wahrscheinlich auch nie waren, denn die Prämisse der Betrachtung von Musikkulturen ist – zumindest unserer Auffassung nach –, dass es sich weder bei Kultur noch bei Ethnizität um statische Phänomene handelt, sie vielmehr ständigen Transformationsprozessen unterworfen sind.

Die Ethnizität spielt im urbanen Raum eine besondere Rolle, weil urbane Zentren immer aus Zuwanderung entstanden und somit kulturell heterogen sind. Ein Problem stellt die Definition von Ethnizität oder ethnischer Gruppe dar sowie der kulturelle Aspekt derselben. Es wurde in den frühen Studien sehr oft von den sogenannten „kulturellen Wurzeln" ausgegangen, Migrantengruppen wurden als „verlängerter Arm" der Kultur des Herkunftslandes gesehen, oft auch als „Survivals" bezeichnet – ein beliebter Zugang in der Minderheitenforschung generell.[4] Dabei wird die ethnische Gruppe als isolierte Gemeinschaft betrachtet, die unbeeinflusst von den Rahmenbedingungen damit beschäftigt ist, kulturelle Traditionen aus dem Herkunftsland zu pflegen. Es wurde übersehen, dass die Rahmenbedingungen, unter denen Migration stattfindet, und das soziale und politische Umfeld sehr wesentlich für die Ausformung bestimmter kultureller Identitätsmerkmale sind. Das heißt nicht, dass kulturelle Merkmale nicht vorhanden wären, aber man sollte dazu übergehen, die ethnische Gruppe nicht als isolierte Einheit, sondern als soziale Kategorie in einem größeren sozialen System zu sehen.[5]

1 Reyes-Schramm (1992 [1979]).

2 Kunst (1959, 1).

3 Vgl. Reyes-Schramm (1992 [1979]).

4 Vgl. Hemetek (2001).

5 Vgl. Reyes-Schramm (1992 [1979]).

Die Problematik des Terminus „ethnisch", auf dem die Ethnomusikologie durch die Fachbezeichnung ja aufbaut, wird im Fach generell viel diskutiert. Adelaida Reyes-Schramm plädiert dafür, ihn nicht durch einen anderen zu ersetzen, sondern ihn im Sinne von (kulturellen) „Merkmalen" zu definieren, denn alle Gruppen in der Gesellschaft unterscheiden sich durch „Marker", die als kulturell gelten, insbesondere im urbanen Raum.

Ein wesentlicher Aspekt der urbanen Ethnomusikologie ist die Dynamik in diesem Lebensraum, die durch die Interaktion dieser Gruppen entsteht und deutlich die Veränderungen von Musik zeigt, als ebenfalls dynamischen Prozess.

Ein Aspekt dieser Dynamik besteht in der Konfrontation verschiedenster Kulturformen und Lebensstile, was natürlich Auswirkungen hat. Bruno Nettl beschreibt eine dieser Auswirkungen insbesondere als die musikalische Praxis, die von Ethnomusikologen in den 1990er-Jahren verstärkt wahrgenommen wurde:

> *„In carrying out these studies, ethnomusicologists have been made particularly aware of the importance of music as a cultural emblem, as something that is used by a population group to express its uniqueness to other groups, bringing about cohesion but also serving as a medium of intercultural communication."*[6]

Es geht also einerseits um die Betonung von Musik als kulturellem Emblem, als Mittel der Selbstidentifikation, wie auch andererseits um die Bedeutung von Musik in der interkulturellen Kommunikation.

(Re-)Präsentationsmöglichkeiten der ethnischen Identität

Szenarien

Am Institut für Volksmusikforschung und Ethnomusikologie (IVE) wurden bislang verschiedene Projekte, (Feld-)Forschungen und Studien über Einwanderer-Musikkulturen durchgeführt und veröffentlicht. Diese Forschungen haben ein Bild der musikalischen Praxis von Einwanderergruppen gezeichnet, das sich in unterschiedlichen Szenarien abspielt, die – bezogen auf ihre Funktion in Bezug auf die Mehrheitsgesellschaft – unter folgenden Schlagworten zusammengefasst werden können: interne Praxis, Pflege der traditionellen Musik, öffentliches Ghetto, kreativer Austausch (die sogenannte „World Music"-Szene) und die „Mainstream"-Musikszenen.

Die Funktionalität dieser Kategorisierung charakterisiert das musikalische Leben der Einwanderer, die im urbanen Raum zu finden sind. Bei dieser Einteilung sind nicht allein die Musik selbst, sondern das Zielpublikum und der Kontext ebenso ausschlaggebend für die Qualität der Beurteilung musikalischer Aktivi-

6 Nettl (1992, 384).

täten. Ob die musikalischen Ereignisse von der Mehrheitscommunity aus- oder eingeschlossen werden, ob sie angenommen oder ignoriert werden, waren z. B. wichtige Kriterien für die vorliegende Gliederung.

1.) Unter *Interne Praxis – Abgrenzung* fällt die ausschließlich gruppeninterne musikalische Praxis, die bei religiösen Bräuchen, Hochzeiten und Beschneidungsfeiern, nationalen oder traditionellen Feierlichkeiten[7] zu beobachten ist. „Abgrenzung" bezieht sich auf den sozialen Aspekt dieser Praxis und ist nicht einer musikalischen Beurteilung zuzuschreiben, denn die verwendete Musik selbst weist sehr wohl Unterschiede zur Musik im Herkunftsland auf und passt sich den äußeren Bedingungen ständig an (Verfügbarkeit der Musikstile, Musikinstrumente, Größe und Dauer der Hochzeiten, die Veränderungen von Mann-Frau-Rollenbildern, Einflüsse durch andere Kulturen oder individuelle Präferenzen von Musikern).

2.) Unter *Pflege der traditionellen Musik* – halb integrativ kategorisieren wir die Tätigkeiten der verschiedenen Kulturvereine, denen es ein Anliegen ist, traditionelle Musik und Tanz aus der Türkei zu pflegen, diese aber auch der österreichischen Öffentlichkeit zu präsentieren. Es ist an dieser Stelle die musikalische Unterrichtstätigkeit zu betonen (z. B. Saz-Kurse), die sich sowohl an Community-Mitglieder als auch an Mehrheitsösterreicher richtet. Die bevorzugten Musikstile sind traditionell, weil Charakteristika und Funktionsweisen von Musik als Ausdruck kultureller Identität vermittelt werden sollen.

3.) Das *öffentliche Ghetto* ist jener Bereich, wo Musik zwar im öffentlichen Raum stattfindet, jedoch ausschließlich von Angehörigen der Communities besucht wird. Es gibt zahlreiche Bars, Restaurants, Clubbings und Diskotheken, in denen Livemusik präsentiert wird. Unterschiedlichste Musikstile werden, je nach Alter oder ethnisch-religiöser Identität der Gäste, angeboten. Es ist der musikalisch vielfältigste Bereich, in ihm finden sich u. a. türkischer Rap, Oriental Pop, Arabesk, türkischsprachige Pop- und Rockmusik aus der Türkei oder Deutschland, ebenso amerikanische Pop- und Rockmusik. Die Orte des „öffentlichen Ghettos" werden von Mehrheitsösterreicherinnen und -österreichern kaum wahrgenommen.

4.) Als das typische Szenario des *kreativen Austauschs* sehen wir den Bereich der sogenannten „World Music". Es handelt sich hierbei in Wien um eine sehr lebendige Szene, weil die Stadt als „Metropole der Musik" einen Anziehungspunkt für Musikerinnen und Musikern aus aller Welt darstellt.

---

7 Beispielsweise der Nationalfeiertag der türkischen Republik am 29. Oktober, der Kindertag am 23. April oder der 1. Mai, auch das kurdische Frühlingsfest Newroz.

Auf Wiens Bühnen treffen internationale Kreative aufeinander, die sich gegenseitig inspirieren. So bestehen diverse türkische Ensembles meist aus Bandmitgliedern, die verschiedenen Kulturkreisen angehören, und haben eine dementsprechend vielfältige Musiksprache. Manche distanzieren sich vom „ethnischen Ghetto", jener fremdbestimmten Eingrenzung durch ethnische Konnotation (meist durch die Mehrheit), und kategorisieren sich selbst etwa als „Jazz-MusikerIn" anstatt als „World-MusikerIn"[8].

5.) Das fünfte Szenario kristallisierte sich während des Projekts heraus und wird als *„Mainstream"-Musik-Aktivitäten* bezeichnet. In dieser Kategorie finden wir Musikerinnen und Musiker, die im Jazz, der klassischen oder der elektronischen Musik beschäftigt sind. Ein Großteil dieser Musikschaffenden identifiziert sich und die eigene Tätigkeit nicht durch einen Rekurs auf das jeweilige Herkunftsland, sondern bildet eine individuelle „musikalische Sprache" aus, mithilfe derer die eigene Identität zum Ausdruck gebracht wird.

Diese fünf Kategorien ermöglichen uns einen Einblick in die musikalischen Sprachen migrantischer Musikerinnen und Musiker in Wien, vor allem aber helfen sie uns dabei, diverse Ausdrucksformen und musikalische Kontextmöglichkeiten genauer zu bestimmen. Einerseits sind die Erwartungen der eigenen und der Mehrheitscommunity hoch, andererseits stellen sich die Vermarktungs- und Repräsentationsprozesse als sehr kompliziert dar. Dabei wiederum ist zu berücksichtigen, dass das Produkt die Erwartungen der Konsumentinnen und Konsumenten befriedigen muss, was bedeutet, dass die Vermarktungsstrategien sich nach dem Zielpublikum richten.

Weiterführend konnten im Laufe des Projekts verschiedene Kategorien kultureller Vermarktungsstrategien festgestellt werden, die im Beitrag von Kim Kwok und Michael Parzer („Ethnizität als Ressource") näher beschrieben werden.

Die fünf Szenarien und die Vermarktungsstrategien bilden die Spielräume, in denen sich Künstlerinnen und Künstler mit „migrantischem Hintergrund" bewegen. Wollen sie sowohl die „eigene" Community als auch die Mehrheitsgesellschaft ansprechen, müssen sie Brücken zwischen den fünf Szenarien schlagen. Wenn wir berücksichtigen, dass alle diese Kategorien und Strategien nur in der Diaspora zustande kommen, so ist allein in dieser Hinsicht schon von einer Rekontextualisierung zu sprechen, weil die Kulturschaffenden das, was sie an kulturellem musikalischem Gut mitgebracht haben, mit anderen Mitteln und Instrumenten aufarbeiten, präsentieren und vermarkten.

Zusätzlich erscheint es für die Beschreibung der stattfindenden Transformationsprozesse sinnvoll, den Begriff Transkulturation einzuführen.

---

8 Hemetek, Sağlam und Bajrektarević (2006, 14).

Die Begriffe Transkulturation/Transkulturalität und Rekontextualisierung in der Ethnomusikologie

Vielfältig und uneindeutig sind die Definitionen und Anwendungsbereiche beider Begriffe, und die Abgrenzung zwischen ihnen ist unscharf. Trotzdem erscheinen sie sinnvoll, insbesondere im Vergleich mit früher verwendeten. Durch Termini werden auch Haltungen innerhalb von Wissenschaftsdisziplinen transportiert. Die „Transkulturation" hat in der Minderheitenforschung die „Akkulturation" abgelöst und betont stärker, dass bei kulturellen Transformationsprozessen mehrere Kulturen in einem gesamtgesellschaftlichen Prozess beteiligt sein können und es nicht nur um die Anpassung einer Minderheit an die Mehrheit geht. Wolfgang Welsch führt den Terminus „Transkulturalität" als Ersatz für „Multikulturalität" und „Interkulturalität" ein[9], weil „der Begriff geeignet ist, die tatsächliche Situation kultureller Lebensformen einer wachsenden Zahl von Menschen zu erfassen und Missverständlichkeiten vorzubeugen, die die etablierten Begriffe von Multikulturalität und Interkulturalität nach sich gezogen haben"[10]. Er ist der Meinung, dass die Bezeichnung Transkulturalität besser geeignet sei, sich von der Geschichte des Kulturalismus abzugrenzen, weil sie mehr auf die Durchdringung von Kulturen abziele und alternative Identitätsstrategien betone. Es geht also um Identitätskonstruktionen in einer modernen, in unserem Fall urbanen Gesellschaft, die sich nicht mehr bloß mit den Kategorien Minderheits- und Mehrheitskultur fassen lassen, sondern von vielen verschiedenen Faktoren bestimmt werden. Musikalische Transformation findet nicht von A nach B statt, sondern in einem wesentlich komplizierteren Prozess, für den verschiedene Faktoren bestimmend und in den verschiedene Gruppen von Menschen involviert sind.

Rekontextualisierung betont die Relevanz des Kontextes eines musikalischen Ereignisses. Es erwies sich in der Forschungsarbeit als notwendig, insbesondere die Veränderungen des Kontextes kultureller Ereignisse, bedingt durch die Migrationssituation, durch einen eigenen Begriff zu benennen. In diesem Fall geht es tatsächlich um einen musikalischen Inhalt, der in einen neuen Kontext transferiert wird.

> *„Kulturelle Objekte werden beim Transfer nicht unverändert in ihrer Form und ihrer Funktion von der Ausgangs- in die Zielkultur übernommen. Sie werden aus dem Sinn- und Verwendungszusammenhang der Ausgangskultur gelöst und in der aufnehmenden Kultur den dortigen Bedürfnissen und Konjunkturen entsprechend in einen neuen Verwendungszusammenhang eingebettet. Dabei werden Form und Funktion des transferierten Objekts,*

9 Welsch (1999).

10 Fischer (2003, 1).

aber auch das Gefüge der Zielkultur verändert. Durch die Rekontextualisierung erhält das Objekt Systemrelevanz und führt so zu einem Prozess der kulturellen Rekonfiguration."[11]

Diese Definition von „Rekontextualisierung" findet sich im Umfeld der historischen Wissenschaften und erscheint für unseren Zweck relativ brauchbar. Wir beschreiben das Phänomen vor allem als Transformation eines musikalischen Geschehens und seines Kontexts. Dieser Transformationsprozess wird primär durch gesellschaftspolitische, aber auch durch ökonomische Bedingungen ausgelöst. Das zunächst beschriebene Beispiel zeigt die musikalischen Veränderungen eines bereits vorhandenen Produkts, die durch die Rahmenbedingungen und die kreativen Reaktionen der Akteure darauf entstehen.

Musik aus der Türkei in Wien im Transformationsprozess

Davul und Zurna: Drei Etappen der Rekontextualisierung

Wir werden nun zwei verschiedene Aktivitäten von Künstlern mit „migrantischem Hintergrund" etwas näher analysieren, um die Praxis der Rekontextualisierung und die damit verbundenen Transformationssprozesse klarer darzustellen. Unser erstes Beispiel ist ein Davul-Zurna-Ensemble, das seit über zwanzig Jahren in Wien musiziert: *Aşkın-Coşkun Kardeşler* haben ihre künstlerischen Fertigkeiten von der internen Praxis bis auf die Mainstream-Konzertbühnen Wiens übertragen (siehe Abbildung auf Seite 207).

Zunächst allerdings bedarf es einer kurzen Einführung der Musikalien: Davul und Zurna sind zwei Instrumente, die meist zusammen gespielt werden. In der deutschen Übersetzung wird oft von großer Trommel und Schalmei gesprochen. Davul-Zurna-Ensembles waren und sind in vielen Regionen der Welt unter verschiedenen Bezeichnungen verbreitet, und ihnen wird häufig magische Wirkung attestiert.[12] Diese Wirkung hat u. a. mit dem ganz spezifischen Klang und mit der Intensität bzw. Lautstärke zu tun.

Die Zurna ist ein Doppelrohblattinstrument. Die Davul ist eine beidseitig bespannte Zylindertrommel, die mit zwei verschieden großen Schlegeln gespielt wird. Der Gebrauch des Instrumentenpaares ist – auch historisch gesehen – meist mit Ritualen verbunden, seien es Übergangsriten, z. B. Hochzeit oder Beschneidung, oder kämpferische Rituale, z. B. Ringkämpfe. Davul und Zurna spielen bis heute in der Brauchtums- und Festmusik der ländlichen Gebiete der Türkei eine wichtige Rolle. Wie in den meisten anderen Kulturen hat auch in der Türkei der

---

11 Http://idw-online.de/pages/de/event4237 (15. 12. 2008).

12 Vgl. Peycheva und Dimov (2002).

Neubeginn (z. B. Geburt, Heirat, Eröffnung diverser Zeremonien) eine besondere Bedeutung und wird dementsprechend gefeiert. Vor allem den Hochzeiten und Hennanächten[13] sowie den Beschneidungen kommt eine sehr wichtige Bedeutung im Brauchtum der ländlichen Gebiete zu. Die sie begleitende Musik ist ein untrennbar damit verbundenes Element dieser Feierlichkeiten.

Davul und Zurna werden in ländlichen Gebieten der Türkei üblicherweise im Freien gespielt, und zwar nicht nur wegen des lauten Klangs des Ensembles, sondern auch wegen der spezifischen Art der Zeremonien. Die Davul- und Zurnaspieler sind Berufmusiker und ziehen von Dorf zu Dorf, um bei Feierlichkeiten zu spielen. Im Rahmen dieser Feste nehmen die Musiker einen wichtigen Platz ein, weil sie der Höhepunkt der Zeremonie sind. In der Gesellschaft jedoch haben sie, dessen ungeachtet, einen geringen Stellenwert. Zumeist gehören sie zur untersten sozialen und wirtschaftlichen Schicht. Ihre Verdienstmöglichkeiten sind abhängig von den genannten Feierlichkeiten und unterliegen einer gewissen Unregelmäßigkeit.

Seit etwa vierzig Jahren steigt in der Türkei die Anzahl jener, die aus wirtschaftlichen Gründen ihre ländlichen Abstammungsgebiete verlassen, um im städtischen Milieu ihr Glück zu versuchen. Vorwiegend betroffen sind Mittel- und Ostanatolien. Diese Binnenmigrantinnen und -migranten haben ihre Kultur in die Städte mitgebracht. So haben sich u. a. auch die Instrumente Davul und Zurna in den Einwandererbezirken des urbanen Raums ihren Platz erspielt, wobei allerdings zunehmend auf andere, elektrisch verstärkte Musikinstrumente zurückgegriffen wird. Trotz der strukturellen Änderungen im Leben dieser Migrantinnen und Migranten spielt das Davul-Zurna-Ensemble noch immer eine wichtige Rolle bei der Ausrichtung von Beschneidungen, Hochzeiten sowie religiösen oder weltlichen Feiertagen. Meist werden diese Anlässe in der Stadt in geschlossenen Räumlichkeiten gefeiert.

Häufig beginnt die Aufführung eines Davul-Zurna-Ensembles mit einer rhythmisch freien Improvisation und entwickelt sich langsam zu einer an die Taktart gebundenen Melodie. Anschließend beginnt das Instrumentenpaar überwiegend Volkstänze zu spielen. Dieser traditionelle Teil der Darbietung dauert durchschnittlich 15 bis 20 Minuten. Dazu wird oft ein Reigentanz ausgeführt, den man Halay[14] nennt.

13 Die Hennanacht ist die Nacht vor dem Hochzeitstag. Heutzutage wird die Hennanacht von Männern und Frauen gemeinsam und oft in einem Hochzeitssaal gefeiert. Dabei wird gegessen, gesungen, getanzt und eine Hennazeremonie veranstaltet. Siehe Hemetek, Sağlam und Bajrektarević (2006, 119–120).

14 Halay ist ein Reigentanz, der in anatolischen Gebieten praktiziert wird. Man tanzt ihn vorwiegend in Mittel- und Ostanatolien. Dieser Volkstanz kommt sowohl als reiner Männer- oder Frauentanz zur Aufführung wie auch gemeinsam getanzt. Der Halay ist ein unverzichtbarer Teil aller Festlichkeiten (z. B. Hochzeiten, Beschneidungen, Hennanächte).

Wie bereits erwähnt, kamen die ersten Arbeitsmigranten im Zuge der Anwerbung von Arbeitskräften ab 1964 nach Österreich. Seitdem sind zwei weitere Generationen dieser als Kurzzeitarbeiter Angeheuerten erwachsen geworden. Für das sogenannte „Gastarbeiter"-Milieu und seine Nachkommen spielen Davul und Zurna bei den internen Feierlichkeiten immer noch eine zentrale Rolle. Da es in Wien nur wenige derartige Ensembles gibt, ist die Auftragslage hoch. Vor allem bei Hochzeiten, Hennanächten sowie Beschneidungen verdingen sich die Musiker.

Davul- und Zurnaspieler bekommen aber in der Diaspora noch eine andere Art von Auftrittsmöglichkeit, die als Konsequenz der Einwanderung zu sehen ist: Auftritte in türkischen Discos (sogenannten öffentlichen Ghettos). Dort trifft sich vor allem die zweite und dritte Generation der türkischstämmigen Jugendlichen. Die Kinder jener türkischen Einwanderer, die nicht dem „Gastarbeiter"-Milieu entstammen, sowie Jugendliche aus der Mehrheitscommunity sind dort kaum zu finden.

Meist wird in diesen Lokalitäten zu Hip-Hop und ähnlichen populärmusikalischen Stilen getanzt, allerdings gibt es für die Besucherinnen und Besucher – obwohl sie in Österreich aufgewachsen sind – nur eine unwiderstehliche Melodie, bei der alle Gäste auf der Tanzfläche zusammenkommen und tanzen: der Halay. Aufgrund der großen Nachfrage unter den Jugendlichen werden in Wien (wie auch in anderen Ländern, wo türkische Migrantinnen und Migranten eine große Community bilden) „Davul-Zurna-Nächte" veranstaltet. Betreiber von Diskotheken und Hochzeitssälen organisieren Abende mit Livemusik und Halay, bei denen durchgehend gespielt und getanzt wird. Unsere Gewährspersonen (u. a. Disco- und Hochzeitssaalbetreiber) berichten von vier- bis fünfstündigen Halays mit der dazugehörigen Davul-Zurna-Begleitung (siehe Abbildung auf Seite 208).

In einem Gespräch mit den zwei Musikern des Ensembles *Aşkın-Coşkun Kardeşler* konnten wir in Erfahrung bringen, dass man in den Einwandererbezirken der türkischen Großstädte eine „Halay Night" oder „Davul & Zurna Night" vergeblich suchen würde. Dieses Phänomen, das wir nur in der Diaspora finden, zeigt die Bedeutung des speziellen Klangs als Identifikationsfaktor für die Jugend mit „migrantischem Hintergrund". Wir möchten sogar einen Schritt weiter gehen und behaupten, dass dieser Klang eine gewichtigere Rolle in ihrem Leben spielt, als dies für die Jugendlichen in der Türkei der Fall ist.

Wir können hier deutlich einen Kontextwandel verfolgen. Das in der Türkei ausschließlich mit Festlichkeiten in Zusammenhang gebrachte Instrumentenpaar Davul und Zurna bekommt in der Diaspora einen anderen Stellenwert. Für die Einwanderer aus der Türkei und vor allem für ihre Nachkommen begleitet die Musik nicht mehr nur den Anlass, sondern es wird ein Anlass eigens für die Aufführung dieser Musik geschaffen.

Eine zweite Etappe der Rekontextualisierung von Davul und Zurna in Wien steht im Zusammenhang mit ethnomusikologischen Initiativen. Im Unterschied zum eben beschriebenen internen Rekontextualisierungsprozess kommt hier der Impuls von außen. Die Motivation liegt im Bereich der angewandten Ethnomusikologie, die ihre Ergebnisse im Dienste einer „sozialen und politischen Gerechtigkeit“ anwendet. In Wien ist das Image türkischer Einwanderer durch Islamophobie negativ geprägt und von diskriminierenden Integrationsdebatten begleitet. Deswegen erscheinen öffentlich zugängliche Orte der Türkinnen und Türken ghettoisiert und werden von der österreichischen Gesellschaft nicht wahrgenommen. In diesem Punkt kann die angewandte Ethnomusikologie versuchen, die Dialogbereitschaft zu steigern. In den letzten drei Jahren haben wir im Rahmen dreier internationaler ethnomusikologischer Konferenzen (begleitet von Konzerten mit Musikerinnen und Musikern verschiedenster Minderheiten-Communities) einiges organisiert und dokumentiert. Zu all diesen Anlässen waren Davul- und Zurnaspieler eingeladen. Das erste Konzert fand 2006 im Rahmen des internationalen Symposiums „Cultural Diversity and the Urban Area“ statt. Anfangs wollten die von uns kontaktierten Musiker (*Aşkın-Coşkun Kardeşler*) das Angebot nicht akzeptieren: Wir konnten ihnen keine branchenübliche Gage zahlen, zudem wollten sie ihre Musik nicht aus dem ursprünglichen Kontext herauslösen. Dass sie ihre Musik für ein passives Publikum spielen sollten, war für sie eine abwegige Idee. Mit viel Mühe und der Hilfe einer anderen Gewährsperson aus der Community konnten sie doch überzeugt werden. Die zum Großteil österreichischen Zuhörerinnen und Zuhörer nahmen die Darbietung mit Begeisterung auf, obwohl sie diese Musikart zum ersten Mal hörten. Die Musiker waren nach dem Auftritt positiv überrascht hinsichtlich der Reaktionen des Publikums und spielen seitdem gerne bei unseren Veranstaltungen.

Für die dritte Etappe der Rekontextualisierung in Wien mag ein Auftritt am 25. 1. 2008 im Club *Porgy & Bess* als Beispiel dienen. In diesem Fall begleiteten Davul- und Zurna-Spieler eine szenische Lesung des Stückes *Wartet nur, bis Captain Flint kommt* des Autors Richard Schuberth. Der Autor hatte diese Musik bereits 1987/88 bei Demonstrationen türkischer Stalinisten zum 1. Mai kennengelernt, wo sie Teil der Studentendemonstrationen war.[15] Für Richard Schuberth hat die Davul-Zurna-Musik etwas Archaisches, Bedrohliches, Wildes, weshalb sie auch zu seiner „Piraten-Satire“ passt. Die Musiker waren bei dieser Lesung insgesamt viermal auf der Bühne mit Volksliedern zu erleben. Am Ende folgten noch etwa zwanzig Minuten ihrer eigenen Show.

Bei der musikalischen Analyse dieser beiden Beispiele fällt die Veränderung der musikalischen Sprache des Davulspielers Aşkın Kaya auf. Er hat im Verlauf seiner Auftritte, die anfangs in einem anderen Kontext und für eine andere Zuhörerschaft stattfanden, die Interessen und Erwartungen des sich wandelnden Publikums schnell einschätzen gelernt und ergänzt die traditionellen Rhythmen inzwischen mit Soloeinlagen, die in der Hochzeitsmusik Anatoliens nicht vorkommen.

15 In der Türkei sind Davul und Zurna nicht nur ein Teil der traditionellen Feierlichkeiten, sondern auch linksorientierter politischer Demonstrationen, Streiks und Proteste.

So baut er etwa Salsa-Grooves und Hemiolen[16] als rhythmische Elemente in seine Darbietung ein.

An diesen Beispielen können wir gegenwärtig in Wien einen Prozess beobachten, der Davul und Zurna aus ihrem rein funktionellen Zusammenhang herauslöst und sie ausgehend von den traditionellen Anlässen über die Halay-Nächte türkischer Diskotheken bis zu den Bühnen des intellektuellen urbanen Milieus führt. Die Musik ändert den Kontext, der wiederum die Musik verändert.

Alp Bora: Transkulturation auf der Basis von Rekontextualisierung

> *„Transkulturalität bietet einer individuellen kulturellen Spezifizierung Raum, ohne darum die Ansprüche universaler Werte aufgeben zu müssen, und zwar unabhängig von ihrer Herkunft und Ursprungstradition. Eine transkulturelle Konzeption von Gesellschaft geht entsprechend davon aus, dass Menschen ihre spezifische Individualität dadurch gewinnen, dass sie lebensgeschichtlich unterschiedliche Konglomerate herkunftsbestimmter, subkultureller, partikularer und universaler, lokaler und kosmopolitischer, unmittelbarer und medialer Zugehörigkeiten für sich in Anspruch nehmen und lebenspraktisch realisieren.“*[17]

Bernd Fischers Definition der Transkulturalität war während unserer Interviews mit Gewährspersonen oft in anderen Worten präsent. Als Beispiel mag uns Alp Bora und dessen Band *Nim Sofyan* dienen. Alp Bora beschreibt seine Musik als anatolische Musik mit Einflüssen aus dem Balkan und etlichen Ländern Europas:

> *„Ich bin ein bisschen stolz auf dieses Kulturerbe, Kulturgut aus Anatolien und aus dem Balkan, und mich hat diese Musik immer fasziniert. Und ich spiele kein authentisches Instrument, ich spiele einfach Gitarre, und ich habe das Ganze mit einem westlichen Instrument kombiniert.“*

Alp Bora (siehe Abbildung auf Seite 207) lebt seit 1998 in Wien. Etwa im siebten Jahr seines Aufenthalts gründete er die Band *Nim Sofyan*. Die anderen fünf Bandmitglieder kommen aus Österreich und interessieren sich für verschiedene Volksmusiktraditionen, Jazz- und Balkan-Musik sowie World Music. Alp Bora spielt und singt vorwiegend bearbeitete Volkslieder aus Anatolien. In der Türkei gibt es zahlreiche Musikschaffende, die einen ähnlichen Musikstil pflegen wie Alp Bora. In Wien ist er einzigartig, und die Musik nimmt einen anderen Stellenwert ein, als dies in der Türkei möglich wäre. Genau diesen Bedeutungswandel, diesen musikalischen Sinn kann man als „Rekontextualisierung“ definieren.

---

16 Hemiole ist eine rhythmische Akzentverschiebung innerhalb eines Dreiertakts, bei der zwei Takte zu einem großen Dreiertakt zusammengefasst werden.

17 Fischer (2003).

Neben der Band *Nim Sofyan* wirkt Alp Bora in zwei anderen Projekten mit: dem *Alp Bora Trio* und dem *Trio Marwan Abado, Marios Anastassiou, Alp Bora*. Sein Verhältnis zu dieser Musik gibt er in einem Zitat auf seiner Homepage sehr klar wieder:

> *„Klassischer griechischer Rembetiko, anatolisches Liedgut und auf der arabischen Tradition des Taq Sim basierende orientalische Chansons entführen in die Welt des östlichen Mittelmeerraums, vermitteln mediterranes Lebensgefühl und Flair. Marwan Abado, Marios Anastassiou und Alp Bora sind Botschafter ihrer jeweiligen Musiktraditionen und bringen das Rauschen des Mittelmeers in unsere Nähe!"*[18]

Der in Istanbul geborene Künstler sieht als seine wahre Heimat Wien an. Warum dies so ist, beantwortet er folgendermaßen:

> *„Weil du nirgendwo sonst in Europa Orient und Okzident in so kultivierter Dichte finden und genießen kannst wie hier."*[19]

Alp Bora und die diversen Musiker (mit oder ohne migrantischen Hintergrund), mit denen er spielt, nähern nicht nur unterschiedliche Musikstile einander an, sondern mischen diese miteinander.

In der Diaspora entwickeln sie durch ihre gemeinsame Arbeit eine neue musikalische Sprache, die eigentlich als Teil von Wien gesehen werden sollte, weil sie in Wien, in dessen Milieu und Kontext entstanden ist. In einem Interview, das wir mit Alp Bora im Jahr 2007 führten, beantwortete er unsere Frage bezüglich der Änderungen seiner musikalischen Sprache mit folgenden Worten:

> *„Mein Repertoire ist erstens einmal größer geworden, ich habe auch im Laufe der Zeit viele Erfahrungen sammeln können, ich habe mit vielen Musikern gemeinsam musiziert, und viele Kulturen habe ich kennengelernt."*

In demselben Interview teilt er noch mit, dass er in der Türkei diese musikalische Sprache nicht entwickeln hätte können.

Die Musik wird in Wien für ein anderes Publikum gespielt, ihre Bedeutung und Rolle hat sich dadurch geändert. Wir sprechen daher von einer Transkulturation auf der Basis von Rekontextualisierung. Alp Bora geht weiter als die Musiker des Davul-Zurna-Ensembles, indem er mit Musikerinnen und Musikern verschiedenster ethnischer Herkunft gemeinsam musiziert und dadurch eine neue Art des musikalischen Ausdrucks findet, die als genuin zu Wien gehörig verstanden werden kann. Wie er bereits selbst zum Ausdruck gebracht hat, empfindet er Wien als Heimat, weil er dort seine musikalische Sprache entwickelt hat.

---

18 Http://alpbora.net/projekte.php.

19 Http://alpbora.net/projekte.php.

Individualität des Einzelnen in der Vielfältigkeit der Stadt, die Suche nach neuen Klängen bzw. Ausdrucksmöglichkeiten sowie der Wunsch nach Interaktion zwischen den Kulturen sind die Bausteine eines Transkulturationsprozesses, der wahrscheinlich nie abgeschlossen sein wird.

Schlussbemerkungen

Wir haben versucht, musikalische Transformationsprozesse in Einwanderer-Musikkulturen im Kontext der Begriffe Rekontextualisierung und Transkulturation zu analysieren. Dazu war es zunächst notwendig, den methodologischen Rahmen der urbanen Ethnomusikologie darzustellen, welche sich insbesondere mit der Realität der Zuwanderung in urbanen Zentren auseinandersetzt. Die Migration bringt eine Konfrontation verschiedenster Kulturen und Lebensformen mit sich, die wiederum Interaktion und Veränderung bedeutet. Dabei spielen Repräsentationsformen von ethnischer Identität eine wichtige Rolle. Wir haben in Wien fünf verschiedene Szenarien der musikalischen Repräsentation ausgemacht, die von interner Praxis bis zu Mainstream-Aktivitäten reichen. Sie helfen dabei, musikalische Kontexte näher zu bestimmen. Vor diesem Hintergrund sind die beiden angeführten Beispiele zu sehen, die jeweils als Beispiele für Rekontextualisierung bzw. Transkulturation dienen. Die Rekontextualisierung bedeutet den Transfer eines Produkts in einen neuen Kontext, der auf das Produkt, in diesem Fall die Musik, zurückwirkt. Die soziopolitischen Rahmenbedingungen sind die Gründe für die Rekontextualisierung, aber das Produkt wird zunächst ohne Veränderung transferiert, sprich, die Musik ändert sich erst im Laufe des Prozesses. Transkulturation baut zwar auf Rekontextualisierung auf, geht aber über diese weit hinaus, weil von Anfang an die Interaktion verschiedener Individuen und kultureller Entwürfe die Grundlage ist. Transkulturation könnte als gesamtgesellschaftlicher Prozess gesehen werden, an dem unterschiedliche Partner beteiligt sind, die in unserem Fall Wien, die „Stadt der Musik“, als Katalysator für die Entstehung neuer musikalischer Ausdrucksformen nützen.

Teil III:
Reflexion des Forschungsprozesses

Disziplinenübergreifendes Forschen stellt an die Beteiligten ganz neue Anforderungen. Diese Erfahrungen werden im dritten und letzten Teil dieser Publikation reflektiert. Michael Parzer beschreibt die Schwierigkeiten disziplinenübergreifender Zusammenarbeit, die von den terminologischen Besonderheiten über Unterschiede des Umgangs mit Datenmaterial bis hin zu kaum überbrückbaren epistemologischen Differenzen zwischen den unterschiedlichen Disziplinen reichen. Trotzdem lohnt es sich, das Wagnis einzugehen. Denn letztlich lädt die Konfrontation mit anderen Disziplinen dazu ein, den eigenen Standpunkt zu reflektieren. Tatsächlich erscheinen im Lichte einer anderen Disziplin betrachtet die eigenen wissenschaftlichen Praktiken zuweilen als unbegründet und willkürlich. Von großer Wichtigkeit für das Gelingen sind die Rahmenbedingungen: Interdisziplinarität erfordert Offenheit, eine gute Kommunikationsstruktur, hohe Identifikation mit dem Gesamtprojekt und vor allem Zeit, um nur die wichtigsten Voraussetzungen zu nennen. Das alles sind wichtige Erfahrungen, die auch in zukünftigen Projekten von Nutzen sein werden.

Eine ganz besondere Form der Interdisziplinarität ergab sich durch die Produktion eines Projektfilms. Max Leimstättner begleitete das Forschungsteam ein Jahr lang bei der Feldarbeit und gestaltete die vier Videodokumentationen, die auch dem Buch beigelegt sind. Damit wurden nicht nur völlig neue Fragen der Kommunikation und Präsentation von Forschungsergebnissen aufgeworfen, sondern auch Probleme des Umgangs mit ethnografischem Material. Der Regisseur fand zu überzeugenden Lösungen, die er in seinem Beitrag beschreibt und reflektiert. Sowohl die vierzigminütige Einführung in die Thematik als auch die drei kürzeren communityspezifischen Dokumentationen experimentieren mit verschiedenen formalen Arrangements. Während der lange Opener den Gegenstand aus der Perspektive der Forscherinnen und Forscher präsentiert, kommen in den kleineren Dokumentationen vor allem die migrantischen Akteurinnen und Akteure selbst zu Wort. In je eigener Ästhetik eröffnet sich dabei ein ganz neuer Blick auf die Randzonen der Kreativwirtschaft.

„China Heute"-Modeshow im Konzerthaus (Wien 1), 29. 11. 2007, Foto: K. Kwok

„Sharing The Field" – Anmerkungen zur disziplinenübergreifenden Zusammenarbeit von Soziologie, Europäischer Ethnologie und Ethnomusikologie[1]

Von Michael Parzer

Die Erforschung migrantischer Kulturökonomien stellt eine große Herausforderung für die Wissenschaft dar: Ökonomische, rechtliche und politische Rahmenbedingungen gilt es dabei ebenso zu berücksichtigen wie die Migrationsgeschichte(n) der als Kulturunternehmerinnen und -unternehmer tätigen Menschen. Darüber hinaus interessiert die Ebene des Kulturschaffens selbst, zumal sich die sozioökonomischen Strategien der Akteure erst vor dem Hintergrund des Umgangs mit (ethnisch kodierten) Produkten im Einwanderungsland erschließen lassen. In den Blick zu nehmen sind also auch die kulturellen Repertoires unter besonderer Berücksichtigung ihres Wandels.

Für die konkrete Forschungspraxis bedeutet dies aber die Notwendigkeit einer über die einzelne Wissenschaftsdisziplin hinausgehenden Betrachtungsweise. So kam es im Rahmen des Projekts „Embedded Industries. Cultural Entrepreneurs in Different Immigrant Communities of Vienna" zu einer Zusammenarbeit von Wissenschaftlerinnen und Wissenschaftlern aus den Bereichen Europäische Ethnologie, Ethnomusikologie und Soziologie. Ziel war es, durch die Anwendung und Zusammenführung von Erkenntnissen, Theorien und Methoden dieser drei Disziplinen zu einer gewinnbringenden Annäherung an unseren Forschungsgegenstand zu gelangen.

Dass eine solch disziplinenübergreifende Projektarchitektur im gegenwärtigen wissenschaftlichen Diskurs als „en vogue" eingestuft wird und den Wünschen international agierender Forschungsförderungsinstitute entspricht, sollte nicht über dabei auftretende Schwierigkeiten hinwegtäuschen. Die Probleme liegen in unserem Fall aber nicht so sehr in den großen Unterschieden zwischen den beteiligten

1 Dieser Text beruht auf den Ergebnissen einer Reihe von Diskussionen im Projektteam. Für konkrete Anregungen zu diesem Beitrag danke ich insbesondere Kim Kwok, Hande Sağlam, Andreas Gebesmair, Bernhard Fuchs, Nikola Langreiter, Anja Brunner und Barbara Gruber.

Disziplinen, wie dies oft bei der Kooperation zwischen Geistes- und Naturwissenschaften der Fall ist, als in deren inhaltlichen und methodischen Überlappungen. Alle drei Disziplinen stellen vor dem Hintergrund ihrer Forschungstradition(en) und ihres jeweiligen Know-hows zu Recht den Anspruch auf Expertenstatus, wenn es um die Erforschung migrantischer Kulturökonomien geht. Dass es dabei unweigerlich zu „Kollisionen" im Feld kommt, mag daher nicht weiter verwundern. Nichtsdestotrotz zeigt unsere Erfahrung, dass die gemeinsame Arbeit im Forschungsfeld außerordentlich gewinnbringend sein kann: Das aktive „Teilen" nicht nur unseres Forschungsgegenstandes, sondern auch unterschiedlicher Methoden und theoretischer Zugänge eröffnete uns die Sicht auf Aspekte, die im Rahmen einer einzeldisziplinären Forschung verborgen geblieben wären. So wurde „Sharing the Field" nicht als Bedrohung (disziplinärer Interessen) gesehen, sondern zum Leitspruch erfolgreicher disziplinenübergreifender Forschungsarbeit. Im Folgenden möchte ich auf Basis unserer Erfahrungen über die Barrieren, die Voraussetzungen, aber auch die Vorteile dieser Art von Kooperation berichten. Zuvor soll geklärt werden, was mit „disziplinenübergreifender Wissenschaftspraxis"[2] sowohl in theoretischer Hinsicht als auch in der praktischen Umsetzung gemeint ist.

Interaktion der Disziplinen: Multi-, Inter- und Transdisziplinarität

Spätestens seit den 1980er-Jahren lässt sich eine zunehmende Verwendung der Begriffe „Interdisziplinarität", „Multidisziplinarität" und „Transdisziplinarität" im wissenschaftlichen Diskurs beobachten.[3] Die Zusammenarbeit von Vertreterinnen und Vertretern unterschiedlicher Disziplinen gilt als erstrebenswerte Herangehensweise an Fragen, auf die einzelne Disziplinen keine oder nur unzureichende Antworten geben können. Dies zeigt sich u. a. in der zunehmenden Anzahl an diesbezüglichen Publikationen[4] sowie darin, dass fächerübergreifende Projektkooperation als Voraussetzung für die Akquirierung von Forschungsfördergeldern immer wichtiger wird.

Unklar bleibt aber häufig, was mit „Interdisziplinarität", „Multidisziplinarität" und „Transdisziplinarität" eigentlich gemeint ist. Zum Teil werden diese Begriffe synonym, zum Teil aber auch für unterschiedliche Arten disziplinenübergreifender Wissenschaftspraxis verwendet. Dieser unachtsame und uneinheitliche

2 Balsiger (2005, 139) schlägt diesen weitgehend neutralen Begriff in Anlehnung an den deutschen Soziologen Kaufmann (1987) vor.

3 Daneben existieren noch eine Reihe weiterer Begriffe, auf die im Folgenden aufgrund ihres geringen Stellenwerts in der aktuellen Diskussion verzichtet wird, wie z. B. Pluridisziplinarität, Cross-Disziplinarität, Polydisziplinarität, Intradisziplinarität etc.

4 Der österreichische Verbundkatalog listet unter dem Suchbegriff „Interdisziplinarität" (alle Datenfelder) insgesamt neun Einträge mit dem Erscheinungsjahr zwischen 1980 und 1989 auf, zwischen 1990 und 1999 sind es bereits 137 und zwischen 2000 und 2008 sogar 248 Einträge (Stand 23. Februar 2009).

Umgang mit diesen Terminologien wird, insbesondere seitens der Wissenschaftsforschung, immer wieder problematisiert.[5] Eine Wiedergabe der aktuellen Diskussion unterschiedlicher Gebrauchsweisen würde den Rahmen dieses Beitrags sprengen[6]; im Folgenden sollen lediglich jene Begriffe erläutert werden, die in unserem Projekt eine bedeutsame Rolle gespielt haben.

Wenn von Inter-, Multi- und Transdisziplinarität die Rede ist, gilt zunächst zu klären, was unter dem Begriff „Disziplin" verstanden werden soll: Was macht eine Disziplin aus und wie grenzt sie sich von anderen ab? Grundsätzlich handelt es sich bei Disziplinen um wissenschaftshistorisch gewachsene Einheiten, die sich in Gegenstand, Methoden, Erkenntnisinteressen, Theorien und Arbeitsstilen unterscheiden. Allerdings kann bezweifelt werden, ob diese Kategorien überhaupt geeignete Charakterisierungsmerkmale und Abgrenzungskriterien darstellen.[7] Eine Monopolstellung auf einen Gegenstand hat wohl keine einzige Wissenschaftsdisziplin, vielmehr wird ein und derselbe Gegenstand von unterschiedlichen Disziplinen untersucht. So ist das Phänomen „Ethnizität" nicht nur für die Ethnologie, sondern auch für die Soziologie, die Psychologie, die Pädagogik, die Philosophie oder bestimmte wirtschaftswissenschaftliche Fächer von großem Interesse. Auch die Unterscheidung nach Theorien und Methoden ist nicht besonders gut geeignet, Disziplinen zu charakterisieren. Viele theoretische Konzepte, Paradigmen oder methodische Werkzeuge finden – selbst wenn sie monodisziplinär entwickelt wurden – eine Anwendung in unterschiedlichen Disziplinen.[8] Besonders deutlich wird dies bei der Ethnomusikologie, die – übrigens selbst als Subdisziplin aus der Musikwissenschaft hervorgegangen – sich einer ganzen Reihe von Methoden und Theorien aus anderen Fächern wie zum Beispiel der Soziologie, der Anthropologie oder der Migrationsforschung bedient. Überlappungen existieren schließlich auch hinsichtlich unterschiedlicher Erkenntnisinteressen und verschiedener Arbeitsstile. Resümierend kann festgehalten werden, dass es kein eindeutiges Abgrenzungskriterium einer Disziplin gibt, sondern lediglich einen

> *„(...) Kanon zentraler Gegenstände, Methoden, Interessen und Theorien (...), der dann unter einem Disziplinennamen zusammengefasst wird. Die Zusammensetzung ist geschichtlich gesehen nicht fest. Sie erweitert sich oder kann andere Familien bilden, Überkommenes abstoßen und mit unterschiedlichem Erfolg neue Verbindungen eingehen."*[9]

---

5 Vgl. Balsiger (2005, 138).

6 Siehe dazu u. a. Kocka (1987), Olbertz (1998), Mittelstraß (2003), Balsiger (2005).

7 Vgl. Käbisch (2001, 16f.).

8 Vgl. Käbisch (2001, 17).

9 Käbisch (2001, 18). Siehe dazu auch Mittelstraß (1987, 153), Krüger (1987, 116) und Defila und Di Giulio (1998, 111–113).

Die daraus resultierende Kontingenz von Disziplinen(grenzen) sowie deren permanente Transformation zu verstehen ist von zentraler Bedeutung für die disziplinenübergreifende Zusammenarbeit, im Rahmen derer durch das Aufeinanderprallen unterschiedlicher Zugänge die eigene Disziplin gerechtfertigt, verteidigt oder auch infrage gestellt wird und disziplinäre Identitäten ausgehandelt werden.

Die unterschiedlichen Präfixe „inter“, „multi“ und „trans“ versuchen darzustellen, in welchem Verhältnis die einzelnen an der Zusammenarbeit beteiligten Disziplinen zueinander stehen. Ungeachtet der Vielfalt unterschiedlicher Definitionsversuche[10] spiegelt die folgende Begriffsbestimmung die wohl gebräuchlichste Differenzierung wider:

Während im Rahmen multidisziplinärer Zusammenarbeit versucht wird, ein Thema aus unterschiedlichen wissenschaftlichen Blickwinkeln zu betrachten, und dabei die Unabhängigkeit der einzelnen Teilprojekte gewährleistet ist bzw. die disziplinären Identitäten bewahrt bleiben, zeichnet sich die interdisziplinäre Arbeitsweise durch die lösungsorientierte Bearbeitung eines gemeinsam formulierten Forschungsproblems aus, was wiederum eine integrative Zusammenführung und Verwobenheit von bestehenden disziplinären Theorien und Methoden erfordert.[11] „Transdisziplinär“ wird hingegen ein Forschungsstil genannt, der sich durch die Überwindung von Fachgrenzen auszeichnet und das Ziel verfolgt, Probleme weitgehend disziplinenunabhängig zu lösen.[12]

In der Praxis zeigt sich allerdings, dass in den seltensten Fällen ausschließlich inter-, multi- oder transdisziplinär gearbeitet wird. Meistens gibt es in einem Forschungsprojekt unterschiedliche Phasen, die durch unterschiedlich intensive Zusammenarbeit gekennzeichnet sind. Auch unser Projekt lässt sich als Wechselspiel von inter-, multi- und (in Ansätzen auch) transdisziplinärer Forschung charakterisieren.

Zum Wechselspiel von Inter-, Multi- und Transdisziplinarität in der Forschungspraxis

Die ersten Monate der Projektarbeit waren durch einen regen interdisziplinären Austausch zwischen allen Mitarbeiterinnen und Mitarbeitern gekennzeichnet. Im Vordergrund standen die Klärung der verwendeten Terminologien, die Aufarbeitung von vorhandener Forschungsliteratur sowie die gemeinsame Planung konkreter Arbeitsschritte. Die Abhaltung mehrerer Workshops diente der Diskussion

10 Siehe dazu u. a. Kocka (1987), Defila und Di Giulio (1998), Käbisch (2001), Balsiger (2005).

11 Vgl. u. a. Balsiger (2005, 153–171).

12 Von dieser Definition, die maßgeblich auf Mittelstraß (1989) zurückgeht, ist die Begriffsbestimmung von Gibbons (1994) zu unterscheiden, wonach sich transdisziplinäre Forschung durch ihre Anwendungsorientierung und die Kooperation von Akteuren aus Wissenschaft und Praxis auszeichnet. Siehe dazu auch Blanckenburg et al. (2005, 18f.).

der wichtigsten Forschungsansätze im Bereich „migrantische Ökonomien“ sowie der Erörterung unterschiedlicher Forschungsperspektiven. Die Ergebnisse dieser Diskussionen sowie die Erkenntnisinteressen der Vertreterinnen und Vertreter der unterschiedlichen Disziplinen flossen schließlich in die Konstruktion unseres zentralen Erhebungsinstruments, des Interviewleitfadens, ein. Die Durchführung der qualitativen Interviews fand ebenso wie deren Auswertung fast ausschließlich im Team statt; dieser Prozess kann als Herzstück unserer interdisziplinären Zusammenarbeit gesehen werden. Parallel dazu kamen aber auch andere Methoden zum Einsatz, die weitgehend ohne Vernetzung zwischen den Disziplinen stattgefunden haben. Dazu zählen die ethnomusikologische und ethnologische Feldforschung, ethnografische Beobachtungsverfahren sowie eine (soziologisch dominierte) quantitative Fragebogenerhebung inklusive Netzwerkanalyse. Weitgehend jenseits von Disziplinengrenzen wurden schließlich auch ausgiebige Recherchen zu Strukturdaten sowie eine umfangreiche Bestandsaufnahme migrantischer Vereine, Kulturschaffender und Unternehmen durchgeführt. Die Ausarbeitung der Ergebnisse sowie deren Präsentation erfolgte – mit Ausnahme der filmischen Dokumentation – verstärkt im disziplinären Rahmen, was allerdings vor allem mit den noch immer sehr stark auf Einzeldisziplinen orientierten Verwertungsmöglichkeiten wissenschaftlicher Befunde zu tun hat.

Wenngleich sich die disziplinenübergreifende Zusammenarbeit in unserem Projekt bewährt hat, soll nicht unerwähnt bleiben, dass diese Art der Wissenschaftspraxis auch viele Probleme mit sich bringt. Im Folgenden soll auf der Basis unserer Erfahrungen diskutiert werden, welche Barrieren im Rahmen disziplinenübergreifender Arbeit zu überwinden und welche Voraussetzungen in weiterer Folge erforderlich sind, um erfolgreiche und fruchtbare fächerübergreifende Forschungsarbeit durchführen zu können. Zum Schluss sollen schließlich die Vorteile dieser Art von Forschungskooperation dargestellt werden.

Schwierigkeiten disziplinenübergreifender Zusammenarbeit

Zu den wohl größten Barrieren disziplinenübergreifender Zusammenarbeit zählen die *Probleme der sprachlichen Verständigung* in der alltäglichen wissenschaftlichen Forschungspraxis. Wenngleich die Unterschiede in der wissenschaftlichen Terminologie zwischen Ethnologie, Soziologie und Ethnomusikologie gar nicht so groß sind wie z. B. zwischen Kunstgeschichte und Physik, ist es notwendig, sich über die verwendeten Begriffe einig zu sein. „Kultur“, „kulturelles Kapital“, „Ethnizität“ und „ethnische Ökonomie“ sind nur einige der im Rahmen unseres Projekts verwendeten Termini, die für rege Diskussionen, Missverständnisse und Verwirrung sorgten – wohl auch, weil wir zuvor nicht damit gerechnet hatten, dass diese Begriffe in Nuancen doch recht unterschiedliche Bedeutungen in den einzelnen Disziplinen aufweisen. Besonders deutlich lässt sich dies anhand des Begriffs „kulturelles Kapital“ zeigen. Während dieser Terminus, der von dem

Soziologen und Ethnologen Pierre Bourdieu geprägt wurde, in der Soziologie (und zumeist auch in der Ethnologie) sehr streng im Sinne von Bourdieus für die französische Gesellschaft entwickelten Distinktionstheorie verwendet wird, lassen sich in der Ethnomusikologie auch pragmatischere Umgangsweisen finden. Dazu kommt eine grundlegende Kritik der Ethnomusikologie an der leichtfertigen Übertragung des dahinter stehenden Konzepts auf andere Kulturkreise und migrantische Communities: Der Begriff „kulturelles Kapital" beruhe auf einer eurozentristischen Grundhaltung und sei daher für türkische, chinesische und südasiatische Zugewanderte nur mit Einschränkungen anwendbar.

In vielen Fällen lassen sich die unterschiedlichen Bedeutungen von Termini nicht auf einen gemeinsamen Nenner bringen. Ziel soll und muss es daher nicht unbedingt sein, (zwanghaft) eine „gemeinsame" Sprache zu finden, sondern sich der unterschiedlichen Verwendungsweisen von Begriffen in den beteiligten Disziplinen bewusst zu sein.

Nicht weniger bedeutsam – und dementsprechend konfliktträchtig – sind die *unterschiedlichen Konventionen im Umgang mit Datenmaterial.* Die Art und Weise, wie Daten erhoben, aufbereitet, ausgewertet, dargestellt und letztlich auch archiviert werden, variiert beträchtlich von Disziplin zu Disziplin. Während es in der soziologischen Forschung üblich ist, Interviews aufzunehmen und zu transkribieren, finden sich in der Ethnomusikologie und in der Europäischen Ethnologie auch Formen der Datenaufbereitung, für die nicht unbedingt eine Aufnahme erforderlich ist bzw. in denen von strengen Transkriptionsregeln abgesehen wird. Letztendlich richtet sich die Art der Datenaufbereitung nach der verfolgten Auswertungsmethode: Sollen die Interviews eher als eine von vielen im Feld zusammengetragenen Informationsquellen fungieren oder aber einer systematischen Auswertung unterzogen werden, in der es nicht nur um das geht, „was", sondern auch „wie" etwas gesagt wird? Im Rahmen unseres Projekts wurde der Großteil der Interviews aufgenommen und im Anschluss entsprechend der Mindestanforderungen an eine inhaltsanalytische Auswertung verschriftlicht. Dies war auch notwendig, um eine Datenanalyse im Team zu ermöglichen. Grundlegendes Datenmaterial bildeten die Transkripte, die in das Auswertungsprogramm MAX-QDA eingespeist und dort einer Kodierung unterzogen wurden. Unklarheiten gab es hinsichtlich des Umgangs mit der Anonymisierung unserer Interviewpartnerinnen und -partner. Den strengen ethischen Vorschriften der Soziologie und Ethnologie stand dabei die Besonderheit des Forschungsfelds entgegen: Inwiefern sollen die Aussagen des aus ethnomusikologischer Sicht porträtierten Tabla-Spielers anonymisiert werden, wenn trotzdem eine beträchtliche Gefahr besteht, dass dieser in der doch recht kleinen Szene bekannte Musiker ohnehin erkannt wird – oder der Erforschte aus Vermarktungsgründen die namentliche Nennung wünscht oder sogar erwartet? Dazu kommt, dass durch eine vollständige Anonymisierung die für das Verständnis unseres Gegenstands so bedeutsamen Falldarstellungen relativ dürftig ausfallen würden, zumal dann in vielen Fällen auch auf die Nennung von Liedern, Events, Veranstaltungsorten und Kooperationen sowie auf die Abbildung von Fotos verzichtet werden müsste. Da wir dies im Vorfeld nicht bedacht und den Interviewpartnerinnen und -partnern Anonymität zugesagt hatten, war es in einigen Fällen nötig, eine explizite Autorisierung einzuholen; in allen anderen Fällen haben wir uns auf die Vergabe von Pseudonymen geeinigt.

Geklärt werden musste auch, was mit den Aufnahmen und den Transkriptionen passieren soll – auch hier zeigten sich unterschiedliche disziplinäre Konventionen: Während in soziologischen Forschungsprojekten recht wenig Wert auf die Aufbewahrung (und Weiterverwendung) von Datenmaterialien gelegt wird, stellt die Archivierung eine zentrale Aufgabe in der Ethnomusikologie dar.

Unklarheiten hinsichtlich Datenerhebung und -auswertung resultieren nicht selten aus *unterschiedlichen epistemologischen Positionen* der verschiedenen Disziplinen. Während die interpretativen Grundsätzen verpflichtete und kulturwissenschaftlich orientierte Soziologie in ihrer erkenntnistheoretischen Richtung der Ethnologie und auch der Ethnomusikologie sehr nahesteht, ergeben sich zwischen einer positivistischen Haltung (die vor allem für quantitative Methoden der Sozialwissenschaften typisch und notwendig ist) und kultur- und geisteswissenschaftlichen Zugängen durchaus Diskrepanzen. Überspitzt könnte man formulieren, dass Soziologinnen und Soziologen, die mit standardisierten Methoden arbeiten, gerne von sich behaupten, „wissenschaftlicher" zu arbeiten als andere (womit sie andere Methoden und auch Disziplinen abwerten); dagegen haben Vertreterinnen und Vertreter „weicherer" Methoden häufig Vorbehalte gegenüber quantitativen Verfahren der Datenerhebung und -auswertung.

Aus erkenntnistheoretischer Sicht sind schließlich auch *unterschiedliche Positionierungen im Forschungsfeld* von Bedeutung und nicht selten Anlass zu Diskussionen: Zu einer wichtigen Voraussetzung ethnografischer Arbeit gehört es, sich voll und ganz auf das Forschungsfeld und dessen Akteure einzulassen. Nicht zufällig konnten die Vertreterinnen und Vertreter von Ethnomusikologie und Europäischer Ethnologie im Laufe unseres Projekts auf eine Vielzahl von Kontaktpersonen zurückgreifen, die sie bereits im Rahmen vergangener Feldaufenthalte kennengelernt hatten. Diese oft freundschaftlichen Kontakte sind das Resultat langjähriger Partizipation im Feld, sie liefern nicht nur wertvolle Informationen und weitere Kontakte, sondern ermöglichen den Forscherinnen und Forschern einen vertraulichen Blick in eine sonst schwer zugängliche Lebenswelt der Akteurinnen und Akteure. Den nicht ethnografisch arbeitenden Soziologinnen und Soziologen ist diese Nähe zum Gegenstand der Forschung rasch suspekt. Eine allzu intensive Beziehung zu den Beforschten wird als Hindernis für objektiven Erkenntnisgewinn gesehen; Unvoreingenommenheit, Unparteilichkeit und Distanz zum Forschungsgegenstand werden als Voraussetzungen für den nötigen „fremden Blick" postuliert. Diesen Vorwürfen wird wiederum gerne mit dem Hinweis auf die Gefahr wissenschaftlicher Abgehobenheit und Ignoranz begegnet; die geforderte „Wertfreiheit" wird als den Erkenntnisgewinn behindernd angesehen. Es mag sein, dass es für das Problem „Nähe versus Distanz zum Forschungsgegenstand“ keine befriedigende disziplinenübergreifende Lösung gibt. In der Praxis zeigte sich jedoch, dass gerade diese unterschiedlichen Positionen im Feld den Weg für neue Perspektiven geebnet und unsere gemeinsame Forschungsarbeit maßgeblich vorangetrieben haben.[13]

Für Missverständnisse sind oft auch *Vorurteile*, die Wissenschaftlerinnen und Wissenschaftler anderen Disziplinen gegenüber haben, verantwortlich. Skepsis bezüglich methodischer Herangehensweisen und auch Theorien sind nicht selten ein Resultat fehlender Auseinandersetzung mit der Logik und Arbeitsweise der jeweils anderen Disziplin. Gerade disziplinenübergreifende Arbeit bietet die Chance, „fremde“ Disziplinen kennen und auch schätzen zu lernen.

Problematisch sind manchmal auch *falsche oder zu hohe Erwartungshaltungen* an die beteiligten Disziplinen, die, vor allem wenn sie nicht ausgesprochen sind, zu Enttäuschungen und zu einem spannungsgeladenen Klima beitragen können. In Kombination mit Kommunikationsschwierigkeiten kann dies zu unklaren Aufgabenstellungen, Ungleichgewichtungen und Benachteiligungen führen, die mitunter auch Frustration auslösen. In diesem Zusammenhang sind auch die *unterschiedlichen Vorstellungen über die Produkte wissenschaftlichen Arbeitens* zu nennen. So zeigte sich, dass für die Ethnomusikologie die Dokumentation von Feldforschungsaufnahmen ein bedeutsames (End-)Produkt darstellen kann, während für die Soziologie jegliche Art von Datenmaterial lediglich als Basis für weitere systematische Analysen fungiert.

Schließlich sind es auch eine Reihe von *institutionellen Rahmenbedingungen*, die disziplinenübergreifendes Arbeiten erschweren können. Vor dem Hintergrund, dass das gegenwärtige Wissenschaftssystem (noch immer) auf disziplinäre Forschung (und Lehre) ausgerichtet ist, ergeben sich eine Reihe von Schwierigkeiten. Dazu zählt auch die Tatsache, dass Reputation hauptsächlich in der eigenen Scientific Community zu erlangen ist und daher Wissenschaftlerinnen und Wissenschaftler bemüht sind, die Ergebnisse ausschließlich in ihrer Disziplin und auch im Rahmen der dort erforderlichen Konventionen zu verwerten und zu präsentieren. Schuld daran sind aber auch die fehlenden Publikations- und Präsentationsmöglichkeiten für fächerübergreifende Forschungsergebnisse. Unabhängig von diesen institutionellen Rahmenbedingungen stellt *disziplinenübergreifendes Schreiben* eine große Herausforderung für die einzelnen Wissenschaftlerinnen und Wissenschaftler dar, zumal jede Disziplin ihrer eigenen Darstellungslogik folgt. Dies zeigte sich auch bei der gemeinsamen Textproduktion für das vorliegende Buch.

---

13 Vertrautheit mit dem Forschungsfeld ist letztendlich nicht nur disziplinen-, sondern auch personenabhängig. Einige Teammitglieder sind aufgrund ihrer Herkunft bzw. ihrer persönlichen Beziehungen im jeweiligen Feld mit den untersuchten Communities in besonderem Maße vertraut. Über Vor- und Nachteile dieser Art von Vertrautheit siehe u. a. Langreiter (2003).

Voraussetzungen für eine erfolgreiche Zusammenarbeit zwischen den Disziplinen

Ausnahmslos perfekte Bedingungen gibt es in der disziplinenübergreifenden Forschungsarbeit wohl selten. Im Laufe unserer gemeinsamen Arbeit konnten wir eine Reihe bedeutsamer Voraussetzungen identifizieren, die diese Art von Wissenschaftspraxis maßgeblich erleichtern. Zum Teil handelt es sich dabei um Zielvorstellungen, die sich im Rahmen unserer zweijährigen Projektarbeit herauskristallisiert haben.

Zu den wichtigsten Voraussetzungen disziplinenübergreifender Wissenschaftspraxis zählen *Offenheit und gegenseitiges Verständnis* aller beteiligten Mitarbeiterinnen und Mitarbeiter. Von zentraler Bedeutung ist in diesem Zusammenhang die Bereitschaft, über den eigenen Tellerrand hinauszublicken sowie „fremde" Methoden und Zugänge zu einem – womöglich aus der eigenen Disziplin bereits bekannten – Forschungsgegenstand kennen (und vielleicht sogar schätzen) zu lernen: „Es gilt, andere wissenschaftliche Denk- und Handlungsweisen als solche erkennen und akzeptieren zu können (…). Dies bedingt aber, dass die eigene Disziplin als spezifische Sicht auf die Welt, als eine Kultur unter vielen möglichen begriffen wird."[14] Dafür ist es notwendig, sich von der oft recht festgefahrenen Bindung an die eigene Disziplin zu lösen – und mitunter auch so manche lieb gewordene Grundannahme zu hinterfragen und/oder zu relativieren. Toleranz ist schließlich auch im Forschungsfeld nötig, dazu zählt die *Bereitschaft, das Feld mit Forscherinnen und Forschern aus anderen Disziplinen zu teilen.* Die Probleme liegen ja oft darin, dass jede/r glaubt, sie/er wisse eigentlich am besten, was sie/er wo und auf welche Art und Weise (mit welchen Methoden) zu erforschen habe. Erst im Laufe des Projekts haben wir gesehen, dass „das Feld" groß genug für uns alle ist – und dass wir von unseren unterschiedlichen Positionen im Feld profitieren können. In unserem Projekt hat sich in diesem Zusammenhang bewährt, dass eine Mitarbeiterin nicht so wie die übrigen in einer Einzelwissenschaft sozialisiert worden war, sondern über eine multidisziplinäre Ausbildung (Sozialwissenschaft, Sozialarbeit und Migrationsforschung) verfügte und dadurch nicht auf eine „Herkunftsdisziplin" festgefahren war. Ihre Vermittlungsfähigkeiten haben maßgeblich zur Reduktion von Kommunikationsproblemen im Team beigetragen.[15]

Eine weitere unabdingbare Grundvoraussetzung für disziplinenübergreifende Forschungsprojekte ist eine *gut funktionierende Kommunikationsstruktur* im Team. Fächerübergreifendes Forschen ist besonders anfällig für gruppendynamische Probleme. Es erfordert daher permanenten Austausch, was nur durch häufige Teambesprechungen, E-Mails und Telefonate möglich ist. In unserem Projekt gab

14 Defila und Di Giulio (1998, 125).

15 Siehe dazu auch die Erfahrungen von Kaufmann (1987, 72).

es insbesondere in der Anfangsphase regelmäßige Treffen, in denen viel Zeit für gemeinsames Planen sowie für die Klärung von Terminologien, Theorien und methodologischen Zugängen aufgewendet wurde. Darüber hinaus gab es zwei ganztägige Projektklausuren, die der Reflexion der Forschungsarbeit sowie der weiteren Planung dienten. In unserem Projekt zeigte sich, dass es nicht nur inhaltliche Diskrepanzen sind, die den Forschungsalltag erschweren, sondern manchmal auch zwischenmenschliche Probleme, Missverständnisse und/oder unausgesprochene Unzufriedenheiten – die allerdings durch gemeinsame Gespräche (eventuell mithilfe Moderation oder Supervision von außen) relativ leicht aus dem Weg geräumt werden konnten.

Viele Probleme sollten allerdings durch ein auf disziplinenübergreifende Wissenschaftspraxis abgestimmtes *geschicktes Projektmanagement* im Vorhinein vermieden werden: Die Einbindung aller Projektpartner in der Planungsphase, eine klare Aufgabenbeschreibung der Teilprojekte sowie die gemeinsame Formulierung von Erwartungshaltungen und Zielvorstellungen fördern die Zusammenarbeit und verringern die Gefahr von Ungleichgewichten und Benachteiligungen. In unserem Projekt hat sich die Bildung kleiner disziplinenübergreifender Teams, die sich in regelmäßigen Treffen austauschen konnten und auch einen Großteil der Feldarbeit übernahmen, sehr gut bewährt.

Solche Maßnahmen erhöhen schließlich auch die *Identifikation mit dem Gesamtprojekt*, was wiederum von zentraler Bedeutung für die Arbeitsmotivation der Mitarbeiterinnen und Mitarbeiter ist und zu einem positiven Arbeitsklima beiträgt. Im Optimalfall bietet das Projekt vor allem jungen Forscherinnen und Forschern die Möglichkeit, im Rahmen des Projekts ihre akademischen Qualifikationsarbeiten zu schreiben. Motivationsfördernd ist schließlich auch eine produktorientierte Arbeitsweise, d.h. das Hinarbeiten auf konkrete Vorträge, Präsentationen und Publikationen. Im Idealfall steht schon in einer sehr frühen Projektphase fest, wer für welche Texte verantwortlich ist.

Offensichtlich ist, dass diese Art wissenschaftlichen Arbeitens mehr *Ressourcen* als einzelwissenschaftliche Forschungsprojekte erfordert. Reger Austausch kostet vor allem viel *Zeit und Geduld*, noch dazu, wenn für gemeinsame Treffen aufgrund der räumlichen Trennung der beteiligten Institute Anfahrtswege anfallen. Die Koordination von Mitarbeiterinnen und Mitarbeitern sowie die Erledigung organisatorischer Angelegenheiten stellen insbesondere für die Projektleitung eine große zeitliche Belastung dar.

Vorteile disziplinenübergreifender Wissenschaftspraxis

Ein großer Nutzen disziplinenübergreifender Wissenschaftspraxis liegt in deren Chance, einen Forschungsgegenstand aus *unterschiedlichen Perspektiven* in den Blick zu nehmen. Ob daraus unmittelbar neue Erkenntnisse und auch „bessere" Ergebnisse zu gewinnen sind, sei dahingestellt, zumal sich letztendlich nur sehr schwer feststellen lässt, ob nicht die Bearbeitung der Forschungsfrage als Einzeldisziplin ähnliche Ergebnisse zutage gebracht hätte. Auf jeden Fall aber generiert diese Art der Zusammenarbeit *neue Ideen, Anregungen, Blickwinkel und Fragen*, die in die laufende Projektarbeit eingebracht werden können. Denn der Austausch der Disziplinen fördert nicht nur die Kombination unterschiedlicher Theorien und Methoden, sondern auch die *Entdeckung neuer Forschungsprobleme*, die im Rahmen der eigenen Disziplin noch nicht behandelt wurden oder überhaupt transdisziplinär, also jenseits der traditionellen Disziplinen, angesiedelt sind.

In diesem Zusammenhang sind die Konflikte, die im Rahmen disziplinenübergreifender Wissenschaftspraxis entstehen (können), von großer Bedeutung. Sie dienen der Aushandlung epistemologischer Positionen, Theorien, Methoden, aber auch forschungspraktischer Grundsätze, und tragen damit zu einer *Schärfung des Blicks auf den Forschungsgegenstand* bei. Solch *„produktive Konflikte"*, die oft mit der Infragestellung der eigenen disziplinären Position einhergehen, waren auch in unserem Projekt eine wichtige Bereicherung.

Die fächerübergreifende Herangehensweise an ein Phänomen liefert nicht nur ein besseres Verständnis des jeweiligen Forschungsfelds, sondern trägt auch maßgeblich zur *Qualitätssicherung* bei. Aus der Zusammenarbeit unterschiedlicher Disziplinen resultierte eine Vielfalt an methodischen Instrumenten, die in unserem Projekt zum Einsatz kamen. Dadurch entstand eine Kombination aus verschiedenen Methoden (auch Methodentriangulation genannt), die sich positiv auf die Validität der Forschungsresultate auswirkte.

Aber auch über die Ergebnisse der konkreten Studie hinaus bietet disziplinenübergreifende Wissenschaftspraxis viele Vorteile. So fördert diese Art der Zusammenarbeit die *Auseinandersetzung mit der eigenen Disziplin*: Indem den Kolleginnen und Kollegen der „fremden" Disziplin die Theorien, Methoden und das Erkenntnisinteresse der „eigenen" Disziplin nähergebracht werden (müssen), findet eine intensive Auseinandersetzung mit den Prämissen der eigenen Disziplin statt – was mitunter zur Kritik an lieb gewonnenen und bislang unhinterfragten Grundannahmen führen kann. Letztendlich fließen die *Anregungen aus der disziplinenübergreifenden Arbeit in die einzelwissenschaftliche Forschung zurück*. Neue Perspektiven, Theorien und Methoden werden von den beteiligten Wissenschaftlerinnen und Wissenschaftlern „mitgenommen" und (hoffentlich) in anderen Forschungsfeldern und -settings angewandt. Dadurch wird wissenschaftliches Arbeiten nachhaltig verbessert.

Auf einer makrosozialen Ebene lässt sich feststellen, dass disziplinenübergreifende Forschung in vielen Forschungsbereichen notwendig ist, zumal hier Probleme auftauchen, die sich im Rahmen der Bearbeitung durch eine einzelne hochspezialisierte Disziplin, nicht lösen lassen. Das Phänomen „migrantische Kulturökonomien" zeichnet sich durch eine Komplexität aus, die eine fächerübergreifende Zusammenarbeit nahelegt.

Letztendlich macht gemeinsames wissenschaftliches Arbeiten jenseits traditioneller Disziplinengrenzen auch *Spaß*. Es macht *neugierig* auf „fremde" wissenschaftliche Werkzeuge und ist zugleich *herausfordernd*, weil man die Verwendung seiner eigenen verteidigen muss. Es ist *motivierend*, zumal diese Art der Zusammenarbeit auch (neue) Produkte zutage fördert, und zugleich *lehrreich*, weil es dabei besonderer Fähigkeiten, sozialer Kompetenz und ständiger Flexibilität bedarf.

Resümee

Die Zusammenarbeit zwischen Forscherinnen und Forschern unterschiedlicher Disziplinen stellt eine gewinnbringende, wenngleich nicht immer einfache Art wissenschaftlicher Praxis dar. Die Schwierigkeiten in unserem Projekt lagen nicht so sehr in den Unterschieden zwischen den Disziplinen als in deren Ähnlichkeiten. Europäische Ethnologie, Ethnomusikologie und Soziologie teilen nicht nur eine Reihe von Erkenntnisinteressen, Theorien und Methoden, sondern auch den Gegenstand „migrantische Kulturökonomien". Trotz daraus entstehender Kollisionen im Forschungsfeld kann retrospektiv festgestellt werden, dass sich diese Art der Zusammenarbeit bewährt hat – im Hinblick auf die Entwicklung eines multi- und interdisziplinären Forschungsdesigns ebenso wie hinsichtlich der erzielten Ergebnisse. Die Angst, als Disziplin zu wenig Platz im Feld zu haben und der einen oder anderen „Sichtbehinderung" ausgesetzt zu sein, wich zugunsten der Erkenntnis, durch das „Teilen des Feldes" nicht *weniger*, sondern *mehr* zu sehen.

Zwischen Illustration und Ethnografie – Notizen zur Filmarbeit in einem interdisziplinären Forschungsprojekt

Von Max Leimstättner

Folgende Ausführungen beleuchten einige Perspektiven des Entstehungsprozesses jener Dokumentarfilme, die diesem Buch als DVD beigelegt sind. Dabei geht es weniger um eine grundsätzliche diskursorientierte Auseinandersetzung mit filmischer Arbeit in wissenschaftlichen bzw. ethnografischen Kontexten als um punktuelle Reflexionen verschiedener Aspekte der konkreten Filmarbeit und deren Querverbindungen zu den Kernelementen der laufenden Forschungen. Dazu muss – um gleich einzusteigen – festgehalten werden, dass die Filmschiene des Projekts erst im zweiten der beiden Jahre in das Projekt integriert wurde. Dieser „Quereinstieg" war sowohl mit Vorteilen als auch mit Einschränkungen verbunden: Ein großer Vorteil ist nachträglich vor allem darin zu sehen, dass ich von Beginn an von bereits vorhandenen Feld-Erfahrungen der Forschenden profitieren konnte. Dies half mir nicht nur bei der Auswahl der Themen und Fokusse meiner Filme, sondern auch bei der gezielten Suche nach Interviewpartnerinnen und -partnern aus den einzelnen Communities. Im Sinne einer auch durch den zeitlichen Rahmen der Filmproduktion bedingten Effizienz war es für mich wichtig, die durch Feldforschungen und Interviews gesammelten Erfahrungen der Mitarbeiterinnen und Mitarbeiter des Projekts zu nutzen, um vorab herauszufiltern, welche Bereiche und Personen für einen filmischen Zugang besonders offen wären. Diesem Zugriff implizit ist der Faktor der „Ausblendung" anderer Bereiche: Zum einen hatten sich die Mitarbeiterinnen und Mitarbeiter im ersten Projektjahr bereits auf bestimmte Schwerpunkte festgelegt, zum anderen konnten wir uns in bestimmten Feldern wie beispielsweise bei saisonal bedingten Veranstaltungen und Kulturpraktiken nicht sicher sein, ob im engen Zeitfenster der Drehphase eine Aufzeichnung und filmische Auseinandersetzung möglich sein würde. Dieses Beispiel soll hier stellvertretend für eine Vielzahl von Spannungsfeldern, in denen ich mich im Zuge meines filmischen Schaffens bewegt habe, erwähnt sein.

Grundsätzlich wurde die gesamte Filmarbeit von Diskussionen und Reflexionen innerhalb von Teamsitzungen und Beratungsgesprächen mit Mitarbeiterinnen und Mitarbeitern begleitet. Zusätzlich führte ich relativ zu Beginn meiner Arbeit mit allen Mitarbeiterinnen und Mitarbeitern des Projekts ein einstündiges Videointerview, das mir sowohl einen Überblick über die verschiedenen Facetten der Forschung als auch Arbeitsmaterial für meine Filme bieten sollte. Auch bei Veranstaltungsmitschnitten oder Interviews wurde ich teilweise von Kolleginnen und Kollegen unterstützt, wobei ich bei der technischen Abwicklung und Schnittarbeit weitestgehend auf mich gestellt blieb. Es entstanden insgesamt vier sehr unterschiedliche Dokumentarfilme, deren Spezifika ich nun etwas genauer erläutern will.

Umrisse von Interdisziplinarität und Vielfalt (Türkei – China – Südasien in Wien)

Als „Herzstück" der filmischen Beschäftigung kristallisierte sich in den Diskussionen alsbald der Wunsch nach einer Community-übergreifenden filmischen Darstellung der im Projekt relevanten Themen, Felder und Personengruppen heraus. Dabei sollte es nicht so sehr um die Aufarbeitung gewonnener Erkenntnisse aus der Forschung gehen als vielmehr um eine visuelle Illustration der Vielfältigkeit migrantischer Kulturunternehmungen, welche das empirische Feld für die Untersuchungen im Projekt und die vorliegende Publikation darstellte. Zum Zweiten fokussiert dieser visuelle „Einstieg" aber auch bis zu einem gewissen Grad auf die Herangehensweisen der Forscherinnen und Forscher, ihre Fragestellungen und Schwerpunkte sowie allgemeiner auf die interdisziplinäre Ausrichtung der Zusammenarbeit. Schließlich sollte drittens Platz für vergleichende Perspektiven eingeräumt werden.

Vielfalt und Vergleich: Die Dramaturgie zur Vermittlung unterschiedlicher Formen und Typen migrantischer Kulturunternehmungen und deren Vergleich teilt den Film in fünf teils konsistente, teils ineinandergreifende „Blöcke". Nach einer kurzen allgemeinen Einleitung war die Intention, zunächst anhand konkreter Beispiele aus zwei im Projekt untersuchten Communities (China/Taiwan, Südasien) die Spannweite dessen zu zeigen, was unter die projektspezifische Definition kulturellen Unternehmertums fällt. Den roten Faden durch diese Erzählung bildet das Motiv des Händlers, der jeweils einleitend zu jeder Community auftritt und als eine Art „cultural broker" mit Kulturprodukten aus den jeweiligen Herkunftsländern der Communities handelt, gleichzeitig aber auch oft zusätzlich andere Waren verkaufen muss, um seinen Lebensunterhalt zu bestreiten. Diese Erzählstruktur wird schließlich bei Erhol Sahan, einem türkischen Buch-, DVD- und Kleiderhändler, gebrochen. Seine Migrationsgeschichte wird als Ausgangspunkt für eine vergleichende – hauptsächlich in Grafiken ausgeführte – Darstellung der Einwanderungsformen und -prozesse der verschiedenen Communities eingesetzt. In einem weiteren Schritt sollten auch die Mitarbeiterinnen und Mitarbeiter des Projekts in Form von kurzen

Statements zu Wort kommen, um den Zuschauerinnen und Zuschauern nochmals explizit Themen, Ziele und soziokulturelle Kontexte der Forschungen samt deren komparatistischen Zugriffen zu vergegenwärtigen. Den Höhepunkt der nachfolgenden Darstellungen kulturunternehmerischer Aktivitäten aus der türkischen Community bildet die Verleihung des Goldenen Verdienstzeichens des Landes Wien an den türkischen Saz-Lehrer Mansur Bildik. Eine solche Auszeichnung für die Leistungen eines Musikers – und kulturellen Unternehmers – mit migrantischem Hintergrund ist zumindest in Wien bislang einzigartig und sollte deshalb auch im Film thematisiert werden. Dramaturgisch gesehen sind die Bilder von der Verleihung, gerade als Schlusspunkt in einem Film über die Vielfalt migrantischer Kulturunternehmungen, salopp formuliert „ein gefundenes Fressen". Gleichzeitig wird hier die Achillesferse des Films am stärksten sichtbar: Der Film setzt sich nämlich nur am Rande mit all jenen sozialen, rechtlichen und ökonomischen Schwierigkeiten auseinander, mit denen migrantische Kulturunternehmerinnen und -unternehmer tagtäglich im Kampf um ihr Auskommen, aber auch um Anerkennung durch die Mehrheitsbevölkerung konfrontiert werden. Er vermittelt Formen des Funktionierens und blendet Formen des Scheiterns weitestgehend aus. Trotz der bewussten konzeptionellen Entscheidung für diesen Weg und der relativierenden Schlussmoderation ist es mir wichtig, auch auf diesen Aspekt der Darstellung und Inszenierung von Vielfalt nochmals explizit hinzuweisen.

Interdisziplinarität: Die Realisierung des Films wurde unter anderem vom Gedanken getragen, den Leserinnen und Lesern eine visuelle, leicht zugängliche Ergänzung zu den wissenschaftlichen Beiträgen des Buchs anzubieten. Die besondere Anforderung und Schwierigkeit war also, inhaltliche Informationen zu komprimieren bzw. zu reduzieren, jedoch nicht zu simplifizieren. Diese Schwierigkeit kam vor allem dort zum Tragen, wo es um die Vermittlung wissenschaftlicher Herangehensweisen und interdisziplinärer Methoden ging. So elementar und spannend sich Interdisziplinarität und deren Reflexion für die Forschungspraxis im Projekt darstellten, so sperrig schien die Implementierung dieses Themas in einen Film, der nicht vordergründig ein wissenschaftliches Publikum ansprechen sollte. Offensichtlich wird der interdisziplinäre Zugang im Film letztlich nur dort, wo Wissenschaftlerinnen und Wissenschaftler verschiedener disziplinärer Ausrichtungen zu Wort kommen und die jeweilige Institution, für die sie arbeiten, unter dem Namensinsert angeführt wird. Weniger direkt wird interdisziplinäres Arbeiten hingegen auf einer visuell-ästhetischen Ebene sichtbar oder zumindest spürbar: Ursprünglich hatte ich den Plan, alle Aufnahmen für die Filme selbst zu akquirieren und auf die Nutzung von Fremdmaterial zu verzichten.[1] Im Laufe meiner Arbeit wurde klar, dass ich dieses Vorhaben ob der Fülle an unterschied-

---

1 Dabei ging es mir zum einen darum, die gesamte Produktion im qualitativ hochwertigen HDV-Format abzudrehen, zum anderen hatte ich die Möglichkeit, professionelles Tonequipment einzusetzen, das speziell für Interviews und Musikveranstaltungen gute Tonqualität garantierte.

lichem Videomaterial, das für den Film notwendig war, nicht alleine bewältigen konnte. Mir wurde angetragen, auf die Aufnahmen aus den bereits gemachten Feldforschungen zurückzugreifen. Im Gegensatz zu den meisten anderen ethnografisch orientierten Wissenschaften ist es in der Forschungspraxis der Ethnomusikologie üblich, bei Feldforschungen auf Tonträgern oder – wie im Falle unseres Projekts – auf Video mitzuschneiden. Diese Aufnahmen sind allerdings nicht für filmische Zwecke gedacht, sondern dienen ausschließlich zur späteren Analyse. Anfangs war ich über die Idee, dieses Material für den Film zu nutzen, verärgert, weil ich das Gefühl hatte, dass die meist verwackelten, uniperspektivischen und qualitativ schlechten Bilder den ästhetischen Gesamteindruck des Endprodukts trüben könnten. Erst nach einiger Zeit begriff ich, dass darin auch eine große Chance liegt, nämlich ästhetisch zu vermitteln, dass in diesem Projekt auf mehreren Ebenen oder multimethodisch geforscht wurde.

Transkulturalität und Film (Kesariya Balam – Ein Making-of in Progress)

Einen Schwerpunkt der Forschungen im Projekt bildet die Untersuchung von Prozessen und Dynamiken des (transnationalen) Kulturtransfers zwischen Mehrheitsgesellschaft und migrantischen Communities. In diese Kategorie fallen neben World Music auch verschiedene Veranstaltungen und Aktivitäten rund um den indischen Film und Bollywood. In der lokalen Bollywood-Fanszene Wiens wurden bereits einige Musik- und Tanzvideos gedreht und im Internet sowie bei Filmfestivals veröffentlicht. Vom Projektmitarbeiter Bernhard Fuchs wurde ich kurzfristig auf ein neues, ambitioniertes Bollywood-Projekt aufmerksam gemacht: Im Mai 2008 starteten die Dreharbeiten zum Low-Budget-Filmprojekt „Kesariya Balam“, dem ersten Bollywood-Spielfilm (ca. 90 Minuten), der in Österreich und mit österreichischen Darstellerinnen und Darstellern, Tänzerinnen und Tänzern sowie Mitarbeiterinnen und Mitarbeitern auf semiprofessionellem Niveau gedreht wird. Neofilmer Sandeep Kumar ist gleichzeitig Produzent, Regisseur und männlicher Hauptdarsteller. Nur er und drei andere Mitwirkende sind indischer Herkunft, neben Österreicherinnen und Österreichern sind aber auch Migrantinnen und Migranten aus der Türkei und aus Russland im Team.

Mit der Erlaubnis des Regisseurs und der Idee, die Dreharbeiten dieser Produktion als eine Art ethnografischer Making-of-Filmer zu begleiten und in einem Dokumentarfilm zu verarbeiten, ging ich zum ersten Drehtermin beim Heldendenkmal der Roten Armee am Wiener Schwarzenbergplatz. Bereits nach kurzer Zeit wurde ich vom Regisseur auf die Möglichkeit angesprochen, auch als einer von mehreren Kameramännern bei den Dreharbeiten mitwirken zu können. Obwohl ich zuerst eine gewisse Skepsis bezüglich der Einhaltung von wissenschaftlicher Distanz zum Feld verspürte, sagte ich schließlich zu, es trotz des Fehlens jeglicher Bollywood-Erfahrungen einmal probieren zu wollen. In den folgenden Monaten wurde ich zu einem festen Bestandteil des Filmteams. So war ich bislang bei allen Dreharbeiten dabei und bemühte mich, adäquates Bildmaterial sowohl für den Dokumentar- als auch für den Spielfilm zu produzieren. Diese „Doppelbelastung" ging im Zuge der Intensivierung der Dreharbeiten nicht selten auf Kosten der Making-of-Aufnahmen, sodass mir bei der Fertigstellung des Dokumentarfilms teilweise wichtige visuelle Impressionen der Dreharbeiten fehlten – mein ursprüngliches Ziel also geradezu zu einer Nebensache wurde. Andererseits gab mir dieses „going native" die Möglichkeit, nicht nur ein unmittelbares – tieferes – Verständnis für die Funktionsweisen dieses transkulturellen Experiments zu gewinnen, sondern auch an kostenintensiveren Dreharbeiten in Tirol oder team-internen Feiern partizipieren zu können.

Obwohl es – wie bei vielen anderen Low-Bugdet-Produktionen – manche Situationen gab, bei der die Realisierung des Spielfilms „am seidenen Faden" hing, erlebte ich den Versuch dieser transkulturellen Zusammenarbeit und des kulturellen Austauschs bislang als sehr erfolgreich. Dieses Funktionieren, das sich beispielsweise im intensiven „Networking" des Regisseurs oder in der bewussten Nutzung bzw. Aneignung urbaner und alpiner Locations als Ressource zeigt, wurde in meinem Making-of deshalb in den Vordergrund gerückt – Biografien und Migrationshintergrund der Akteurinnen und Akteure wurden hingegen eher ausgespart.

Narrationen (... Alles unter einem Dach – Impressionen aus dem DJ-Alltag)

Am 29. 3. 2008 besuchte ich zusammen mit drei weiteren Mitgliedern des Projekts im Zuge einer Feldforschung das Konzert des bekannten türkischen Rappers Ceza in der Disco *Pasha*. Diese Diskothek war zu dem Zeitpunkt die größere von zwei türkischen Großraumdiskotheken in Wien und am Abend des Konzerts beinahe voll. Die Betreiber erlaubten uns allerdings nur, vor und nicht während des Konzerts im Saal mit unseren Videokameras aufzunehmen. Da bis dahin nur wenige Gäste anwesend waren und folglich auch die Tanzfläche leer war, blieb mir nur, die Arbeit der aus Wiens türkischer Community stammenden DJs filmisch festzuhalten und nach dem Konzert mehr oder weniger enttäuscht wieder abzuziehen. Diese zunächst als „bitter" empfundene Feldforschungserfahrung markierte allerdings den ersten Berührungspunkt mit jenem Feld, auf das ich mich die nächsten Monate innerhalb meiner filmischen Arbeit in der türkischen Community verstärkt konzentrierte. Die verschiedenen „Szenen", in denen DJs mit türkischem Migrationshintergrund arbeiten, bilden bis zu einem gewissen Grad auch die verschiedenen sozialen Milieus und migrationsgeschichtlichen Hintergründe der in Wien lebenden Türkinnen und Türken ab – genauso wie auch in anderen (musikalischen) Szenen, welche die Projektmitarbeiterin Hande Sağlam unter diesen und anderen Gesichtspunkten bereits untersucht hatte. Sie vermittelte mir auch meinen ersten Interviewpartner, Melih Horzum, der in den späten 1970er-Jahren unter anderem aufgrund der politischen Unruhen in Istanbul nach Wien immigrierte, um hier Wirtschaft zu studieren. Als DJ machte er sich vor allem in der Jazz-Szene der 1980er-Jahre einen Namen, wobei sein Publikum hauptsächlich ein österreichisches war. Heute führt er eine 25 Quadratmeter große Bar, in der er die Doppelfunktion des Wirts und des DJs erfüllt. Sein Publikum setzt sich gleichermaßen aus Stammkundschaft migrantischer und österreichischer Herkunft zusammen.

So war meine zweite Begegnung mit einem DJ aus der türkischen Community völlig konträr zur ersten in der Disco *Pasha*. Dort war nicht nur die Dimensionierung des Raums eine ganz andere, auch das Publikum bestand zur Gänze aus Jugendlichen der sogenannten „zweiten Generation", also aus Kindern von Migrantinnen und Migranten, die als „Gastarbeiter" nach Österreich gekommen waren. Aus dieser Szene konnte ich zu einem späteren Zeitpunkt den bekanntesten DJ (Silver) für ein Interview gewinnen. Der dritte DJ, den ich im Rahmen meiner Arbeit begleitete und interviewte, kam ursprünglich auch nach Wien, um zu studieren, und ist der Einzige, der hauptsächlich in Lokalitäten und Clubs auflegt, die zum überwiegenden Teil vom studentischen Milieu besucht werden und sich im und rund um den 7. Wiener Gemeindebezirk befinden. DJ Yusufs „gemischt orientalischer" Stil entspricht dabei am ehesten dem, was sich in den Kategorisierungen des Musikmarktes als elektronische World Music durchgesetzt hat.[2]

Die gesamten Dreharbeiten zu diesem Film zeichneten sich durch Kooperationsbereitschaft und Entgegenkommen meiner Interviewpartner aus. Weitaus schwieriger gestaltete sich das Mitschneiden von Auftritten der DJs. Durch die schlechten Lichtverhältnisse in den diversen Locations war es schwierig, adäquate Bilder – vor allem auch vom Publikum – zu produzieren. Dies mag ein Grund dafür sein, warum ich mich dafür entschieden habe, nur verhältnismäßig wenige „Atmo-Bilder" zu verwenden und stattdessen intensiver mit den Interviewmaterialien zu arbeiten. Viel entscheidender für diese Vorgehensweise war für mich letztlich allerdings die besondere Konsistenz des gesammelten Interviewmaterials. Ohne es besonders darauf angelegt zu haben, zog sich durch das gesamte Material ein stark narrativer Charakter, der es vermochte, auch oder gerade ohne zusätzliche Bebilderung spannende Eindrücke über den Alltag der DJs zu vermitteln. Dabei spielte noch ein anderer Faktor eine Rolle: Im Gegensatz zur filmischen Beschreibung der Genese des Bollywood-Filmprojekts, wo alle Mitwirkenden zusammen an einem Projekt arbeiten, treffen wir in diesem Film auf drei DJs, die nichts miteinander zu tun haben, ein gänzlich unterschiedliches Publikum bedienen und sich bestenfalls vom Namen her kennen. Deshalb war es von Haus aus fast nicht möglich, mit konkreten Querverbindungen zu arbeiten. Die Werdegänge der einzelnen Akteure samt ihren Biografien mussten also separat behandelt werden. Aus Mangel an archivalischen Materialien – beispielsweise der Anfänge – bot sich auch hier ein stärkerer narrativer Zugang an.

2 In ökonomischer Hinsicht ist auch interessant zu erwähnen, dass keiner der drei im Film gezeigten Akteure zum Zeitpunkt der Drehphase hauptberuflich als DJ arbeitete.

Methodische Erweiterung (Revisited – Kommentierte Bilder zur musikalischen Praxis der chinesischsprachigen Communities)

In einem dritten kurzen Dokumentarfilm, der (punktuell) auf musikalische Praktiken in den chinesischen bzw. taiwanesischen Communities in Wien fokussiert, wurde – ähnlich wie bei den beiden zuvor besprochenen Filmen – ein interviewzentrierter Zugriff gewählt, nur dass diesmal die methodische Herangehensweise bzw. die Form der Interviews eine andere war: Einer der ersten Mitschnitte, die ich im Zuge der Arbeit im Projekt machen konnte, war eine Vollaufzeichnung des taiwanesischen Neujahrsfests 2008 im Haus der Begegnung, 15. Bezirk Wien. Für die in Wien lebenden Taiwanesinnen und Taiwanesen gehört das Neujahrsfest zu den wichtigsten Terminen des „kulturellen Lebens" als Migrantinnen und Migranten. Das Programm – von meist durch Kinder aufgeführten Kampfsport- und Tanz-Choreografien über Bühnen-Karaoke, Chorgesang, Operettenstücke und Beiträge von Musikstudentinnen und -studenten bis hin zur alljährlichen Tombola – war sowohl generationen- und milieuübergreifend angelegt als auch hinsichtlich der Darbietungen vielfältig und unter Beteiligung von Personen aus anderen Communities gestaltet. Angesichts der Vielschichtigkeit des teilweise vorbereitungsintensiven Programms und der Vielzahl an beteiligten Personen schien es lohnend, im Rahmen unserer projektspezifischen Interessen der Frage nach den Ressourcen und Netzwerken nachzugehen, auf welche die Veranstaltungsorganisatoren bei der Konzeption ihres Programms zurückgriffen. Zu diesem Zweck wählten Projektmitarbeiterin Kim Kwok und ich unterschiedliche Stellen aus dem Videomitschnitt aus, spielten sie auf einen Laptop und ließen diese vom Veranstaltungsorganisator Wang Yue Che während eines Interview kommentieren. Da sich diese visuell gestützte Feedback-Methode als ein ergiebiges Werkzeug der Befragung erwies, beschlossen wir, sie auch in weiteren Interviews und mit anderen Materialien aus unseren Feldforschungen zu nutzen.

Aus den Interviews mit Wang Yue Che sowie dem Obmann des Peking-Oper-Vereins, Song Jian, und der Klavier- und Kompositionsstudentin Yu Haiyue habe ich versucht, einen Film zu produzieren, der einige Formen und Kontexte musikalischer Praxis in den chinesischen Communities Wiens behandelt. Dabei ging es weniger darum, eine repräsentative bzw. konsistente Auswahl zu zeigen, als den gezeigten musikalischen Beispielen und den dazugehörigen Kommentaren möglichst viel Zeit und Raum für Details zu geben – eine besondere Qualität, die den anderen Filmen aufgrund ihrer dichteren Erzählstruktur bis zu einem gewissen Grad fehlt.

Fazit

Zusammenfassend kann festgehalten werden: Im Februar 2008 wurde mit der Konzeption für mehrere Dokumentarfilme begonnen, die sich sowohl auf allgemeiner Ebene mit den Feldern, Themen und Methoden des Forschungsprojekts auseinandersetzen als auch spezifische Phänomene aus den jeweiligen Communities behandeln sollten. In den einzelnen Arbeitsschritten bis hin zu den fertigen Filmen konnte ich auf die bereits vorhandenen Materialien, Erfahrungen und Kontakte einzelner Projektmitarbeiterinnen und -mitarbeiter zurückgreifen, zusätzlich halfen mir regelmäßig abgehaltene Teambesprechungen sowie individuelle Beratungsgespräche bei der Präzisierung von Form und Inhalt der filmischen Produkte. Die vorliegenden Arbeiten repräsentieren eine Mischung aus

1.) illustrativen Elementen, welche die Lektüre der Publikation um eine visuelle Darstellung ergänzen und dadurch plastischer machen sollen, und

2.) ethnografischen Auseinandersetzungen mit „neuen", im Projekt nicht oder nur peripher behandelten Personen, Feldern und Phänomenen.

Mein Vorgehen war dabei in weiten Phasen der Dreharbeit induktiv: Nur mit einem groben Konzept im Kopf führte ich ethnografische Interviews und machte Veranstaltungsmitschnitte, ohne eine genauere Vorstellung davon zu haben, wie das Endprodukt aussehen könnte. Der Hauptteil der dramaturgischen und konzeptionellen Arbeit passierte im Schnitt.

Im Nachhinein betrachtet war dieses „offene" Verfahren sicherlich zeitaufwendiger als die Arbeit mit konkreteren Fragestellungen und visuellen Konzepten. Dennoch eröffneten sich gerade dadurch wiederum Spiel- und Freiräume, welche die Dreharbeiten zu jedem Zeitpunkt als dynamischen Prozess gestalteten.

Die Filme

TÜRKEI – CHINA – SÜDASIEN IN WIEN

Länge: 42 Min.
Regie: Max Leimstättner
Stimme: Christina Kummer
Redaktion: Ursula Hemetek
Beiträge: Bernhard Fuchs, Andreas Gebesmair, Kim Kwok, Hande Sağlam

Interviewpartner/innen (in order of appearance): Michael Parzer, Wang Gan, Liu Yan, Pawan Kumar Kapila, Neha Kapdi, Erol Sahan, Andreas Gebesmair, Kim Kwok, Ursula Hemetek, Bernhard Fuchs, Hande Sağlam, DJ Silver

Score: Armin Koch

Musik: Ceza: „Rapstar“, Album: „Rapstar“, P+C: Hammer Muzik 2004, Lyrics: Ceza (Bilgin Ozcalkan), Music: DJ Midcheck (Yunus Ozyavuz). Mit freundlicher Genehmigung von Hammer Muzik.

Zusätzliche Kamera: Bernhard Fuchs, Anna Gromova, Kim Kwok, Hande Sağlam

Eröffnungszitat: Castles, Stephen und Mark J. Miller (1993): *The Age of Migration. International Population Movements in the Modern World.* Macmillan: London.

KESARIYA BALAM – Ein Making-of in Progress

Länge: 25 Min.
Regie: Max Leimstättner
Idee und Beratung: Bernhard Fuchs
Interviewpartner/innen (in order of appearance): Sandeep Kumar, Neha Kapdi, Barbara Ungerhofer

Musik: 1.) Strasser Diandln, „Auf tirolerischen Almen“, Sampler: „Dem Land Tirol die Treue“, Label und Vertrieb: Bogner Records, 2005. Mit freundlicher Genehmigung von Bogner Records; 2.) Badmarsh & Shri, „130 Steps“, Album: „Dancing Drums“, Label: [Pias] Recordings 2003. Mit freundlicher Genehmigung von Pias.

Stills: Anna Gromova

Zusätzliche Kamera: Sandeep Kumar, Margot Sonderegger

… ALLES UNTER EINEM DACH – Impressionen aus dem DJ-Alltag

Länge: 24 Min.
Regie: Max Leimstättner
Beratung: Hande Sağlam

Interviewpartner (in order of appearance): Yusuf S., Melih H., Sabri M.

Musik: Hans Christian Merten

Eröffnungszitat: Niemczyk, Ralf und Torsten Schmidt (2000): *From Scratch. Das DJ Handbuch.* Kiepenheuer & Witsch: Köln.

REVISITED – Kommentierte Bilder aus der musikalischen Praxis der chinesischen Communities

Länge: 23 Min.
Regie: Max Leimstättner
Beratung und Interviews: Kim Kwok

Interviewpartner/innen (in order of appearance): Wang Che-Yue, Song Jian, Yu Haiyue

Anhang

Quellen

Kulturunternehmungen von Migrantinnen und Migranten werden von offiziellen Statistiken und Datenbanken nur unzureichend erfasst. Daher waren wir bei unseren Recherchen in hohem Maße auf Kontaktpersonen und Material aus den Communities bzw. Beobachtungen vor Ort angewiesen. Die im Zuge einer urbanen Ethnografie gewonnenen Informationen über Veranstaltungen, Initiativen, Bands, Künstlerinnen und Künstler, Unternehmen und Vereine wurden im Laufe des Projekts in einer Datenbank[1] gespeichert. Wichtige Hinweise fanden sich zudem in der Literatur.[2]

Nichtsdestotrotz haben wir auch einige offizielle und private Quellen systematisch ausgewertet. Die folgende Aufstellung bietet einen Überblick über Qualität, Zugänglichkeit und Differenzierbarkeit hinsichtlich des Migrationshintergrunds.

Wirtschaftskammer Österreich (WKO)

Mitgliederverzeichnis

Die *Wirtschaftskammer Wien* verfügte im Zeitraum der Recherche (bis Juni 2008) noch über ein eigenes Mitgliederverzeichnis, das eine Mitgliedersuche nach Berufsgruppen erlaubte. Dieses Verzeichnis steht auf der Website der Wirtschaftskammer nicht mehr zur Verfügung. Die Mitgliedsbetriebe können nun über das neue „Firmen A–Z" abgefragt werden.

Die *Wirtschaftskammer Österreich* bietet auf ihrer Website ein Firmenverzeichnis („Firmen A–Z") an, das eine Abfrage nach Firmenname, Standort, Produkt bzw. Dienstleistung und Branche erlaubt. Neben Adresse, Firmenbuchnummer und Gewerbeberechtigungen finden sich dort auch meist Angaben zur Geschäftsführung. Mit großen Vorbehalten und Unschärfen kann anhand des Namens eine Zuordnung zu einer Einwanderergruppe erfolgen. Folgende Branchen der Kammersystematik wurden teilweise oder zur Gänze in Hinblick auf Anbieter mit Migrationshintergrund in Wien durchgesehen: Audio-, Video-, Elektrogeräte-, Bild- und Tonträgereinzelhandel, Audiovisions- und Filmindustrie, Bar, Buch- und Medienhandel, Buch-, Kunst- und Musikalienverlag, Buchgrossisten/Zeitschriftengrossisten, Event-Agentur, Filmvorführungen im Zusammenhang mit diversen Veranstaltungen, Freizeitbetriebe, Kino, Künstlermanagement, Leihbibliothek, Lesezirkel, Buchgemeinschaften, Münzfilmapparate und Videokabinen, Musikinstrumente-Einzelhandel, Organisation und Vermittlung von öffentlichen Veranstaltungen, Theater und Varietés, Veranstaltungen (Durchführung), Video- und Schmalfilme, Videotheken, Sex-Shops, Varietés, Bars, Saunas, Diskotheken, Werbeagentur, Werbegraphik-Designer, Zeitungs- und Zeitschriftenhandel. → http://firmen.wko.at/Web/SearchSimple.aspx

1 Diese kann für Forschungszwecke am Institut mediacult eingesehen werden.

2 Siehe dazu die Literaturangaben in Teil I.

Fachverbände und Fachgruppen

Das Mitgliederverzeichnis des *Fachverbands der Audiovisions- und Filmindustrie* steht online zur Verfügung. Abfragen können nach Firmenname, Bundesland und Gewerbeberechtigung durchgeführt werden. Das Verzeichnis führt neben der Adressinformation und Angaben zur Ausrüstung auch teilweise die Namen der Eigentümer bzw. Geschäftsführer. Die Zuordnung zu den Einwanderergruppen erfolgte auf der Basis des Namens.
→ http://www.fafo.at

Alle anderen relevanten Fachverbände stellten auf Anfrage keine Informationen zur Verfügung bzw. verweisen auf das „Firmen A–Z". Kontaktiert wurden der *Fachverband der Lichtspieltheater und Audiovisionsveranstalter*, der *Fachverband Buch- und Medienwirtschaft* und die Wiener Fachgruppen *Freizeitbetriebe, Kultur- und Vergnügungsbetriebe, Gastronomie, Werbung und Marktkommunikation* wie auch das Landesgremium Wien für den *Einzelhandel mit Audio-, Video- und Elektrogeräten, Musikinstrumenten, Bild- und Tonträgern.*

Interessenvertretungen, Verwertungsgesellschaften und Verbände

Allgemein

Die *IG Kultur* ist die Interessenvertretung der freien und autonomen Kulturarbeit in Österreich. Die Mitgliederorganisationen werden mit Kontaktadresse, Kurzbeschreibung und Vorständen auf der Website vorgestellt. Zum Migrationshintergrund der jeweiligen Vorstände gibt es keine Informationen, auf diesen kann nur über die Namen geschlossen werden.
→ http://www.igkultur.at

Die *Gewerkschaft Kunst, Medien, Sport und freie Berufe (KMSfB)* ist die berufliche Interessenvertretung von Kunst- und Kulturschaffenden in Österreich. Die Homepage listet nur die Namen der neuesten Mitglieder auf. Informationen zu allen Mitgliedern sind nicht abrufbar.
→ http://www.kmsfb.at

Film

Der *Verband Österreichischer FilmschauspielerInnen (VÖFS)* ist die berufliche Interessenvertretung der österreichischen Film- und Fernsehschauspieler. Die Homepage zeigt die Mitglieder mit Foto, Biografie und Werdegang. Durch die Angabe des Geburtsortes kann der Migrationshintergrund der Mitglieder festgestellt werden.
→ http://www.austrian-actors.com

Der *Verband Filmregie Österreich* ist die Interessenvertretung der Filmregisseure. Die Mitglieder sind auf der Homepage aufgelistet, zum Teil erhält man in der Kurzbiografie auch Informationen über den Geburtsort der Personen.
→ http://www.austrian-directors.com

Die *Austrian Directors Association (ADA)* ist die Vertretung der österreichischen Film- und Fernsehregisseure und die österreichische Vertretung im europäischen Regieverband FERA. In der Rubrik „Directors" auf der Website befindet sich eine Auflistung der Mitglieder mit Werdegang. Allerdings sind die Kurzbiografien ohne Geburtsort angelegt, weshalb eine Zuordnung des Migrationshintergrunds nur durch den Namen erfolgen kann.
→ http://www.directors.at

Film Austria ist die Vereinigung führender österreichischer Filmproduzenten. Die beteiligten Filmproduktionsfirmen sind auf der Website in der Rubrik „Mitglieder" zu finden.
→ http://www.filmaustria.com

Der *Verband österreichischer Filmproduzenten (AAFP – Association of Austrian Film Producers)* bietet auf der Website eine Mitgliederdatenbank, die Auskunft über die wichtigsten österreichischen Produktionsunternehmen und ihre Produktionsschwerpunkte mit Links zu den jeweiligen Firmen-Websites gibt.
→ http://www.austrian-film.com

Die *Verwertungsgesellschaft der Filmschaffenden (VDFS)* ist für die Verteilung der Tantiemen aus Kabelfernsehen und Leerkassettenvergütung an Filmschaffende zuständig. Informationen zu den Mitgliedern werden nicht zur Verfügung gestellt.
→ http://www.vdfs.at

Tanz und Theater

Die *IG Freie Theaterarbeit* ist eine Interessenvertretung für freie Theaterarbeit. Die Website enthält keine Informationen über die Mitglieder.
→ http://www.freietheater.at

Das *Tanzquartier* ist eine Institution für zeitgenössischen Tanz und Performance. Auf seiner Website befindet sich eine Datenbank, in die sich in Österreich arbeitende Tänzerinnen und Tänzer bzw. Performerinnen und Performer eintragen und ihre Arbeit promoten können. Die Datenbank ist allerdings nur mäßig gefüllt, Informationen – etwa über den Geburtsort – sind nur teilweise verfügbar.
→ http://www.tqw.at

Grafik und Webdesign

Design Austria ist die Interessenvertretung der österreichischen Designerszene. Die Website bietet die Möglichkeit einer fach- und schwerpunktspezifischen Suche in der Mitgliederdatenbank mit Ortseinschränkung. Auf den Migrationshintergrund der Mitglieder kann lediglich aus dem Namen der Personen geschlossen werden.
→ http://designaustria.at

Literatur und Verlagswesen

Die *IG Autoren* ist die Interessengemeinschaft östereichischer Autorinnen und Autoren. Über die Website können keine Informationen über die Mitglieder abgefragt werden.
→ http://www.literaturhaus.at/lh/ig/

Der *Hauptverband des österreichischen Buchhandels* vertritt die Interessen von Buchhandlungen, Verlagen, Antiquariaten und Verlagsvertretern. Die Mitglieder sind auf der Website nicht zu finden. Nach Angaben der Geschäftsführerin gibt es keine migrantischen Firmeneigentümer unter den Mitgliedern.
→ http://www.buecher.at/

Der *Verband österreichischer Zeitungen (VÖZ)* ist die Interessenvertretung von Tageszeitungen, Wochenzeitungen und Magazinen. Im Mitgliederbereich auf der Website besteht die Möglichkeit, die Mitgliedsmedien alphabetisch abzurufen. Unter den Mitgliedern befinden sich jedoch keine Medien der in dieser Studie untersuchten Communities.
→ http://www.voez.at

Die *Literar-Mechana* ist eine Verwertungsgesellschaft. In dieser Funktion verwaltet sie die Rechte von Schriftstellern, Journalisten, wissenschaftlichen Autoren und Übersetzern und von deren jeweiligen Rechtsnachfolgern und Verlegern. Ein ausführliches Verzeichnis über die Namen (Decknamen) der Bezugsberechtigten lässt sich in der Rubrik Mitgliederverzeichnis als PDF-File herunterladen. Bis auf die Namen bzw. Decknamen (wobei eine Unterscheidung nicht sichtbar ist) lässt sich über die Mitglieder nichts in Erfahrung bringen. Für die in der Studie recherchierten Daten brachte die Seite keine Informationen.
→ http://www.literar.at

Musik

Mica – Music Information Center Austria ist ein Servicezentrum für die in Österreich lebenden Musikschaffenden. Auf der Online-Plattform ist eine umfangreiche Datenbank von Komponistinnen und Komponisten abrufbar, die auch Informationen über die Herkunft enthält.
→ http://www.mica.at

Die *Musikergilde* ist eine Interessenvertretung für Musikerinnen und Musiker, Komponistinnen und Komponisten, Texterinnen und Texter aller Musikrichtungen in Österreich. Die Onlinedatenbank bietet verschiedene Suchfunktionen. Der Migrationshintergrund lässt sich allerdings nur anhand des Namens bestimmen.
→ http://www.musikergilde.at

Die *AKM – Autoren, Komponisten und Musikverleger* ist eine Urheberrechtsgesellschaft. Die AKM sorgt dafür, dass die musikalischen Urheber zu ihren Tantiemen kommen. Die Website bietet umfangreiche Namenslisten der Bezugsberechtigten als PDF-File zum Herunterladen – allerdings ohne zusätzliche Informationen zur Person.
→ http://www.akm.co.at

Die *LSG – Wahrnehmung von Leistungsschutzrechten GesmbH* ist die Verwertungsgesellschaft der Interpreten und der Produzenten von Tonträgern und Musikvideos. Auch hier befinden sich auf der Website umfangreiche Listen der Bezugsberechtigten als PDF-File ohne zusätzliche Informationen zur Person.
→ http://www.lsg.at

Die Verwertungsgesellschaft *Austro Mechana* verwaltet die sogenannten mechanischen Rechte von Autoren, Komponisten und Musikverlegern. Die Website bietet keine Mitgliederinformationen.
→ http://www.aume.at

IFPI Austria ist der Verband der österreichischen Musikwirtschaft. Auf der Website befinden sich Links zu den Webauftritten der Mitglieder. Produzenten mit Migrationshintergrund finden sich nicht unter den Mitgliedern.
→ http://www.ifpi.at

Kommerzielle Datenbanken und Branchenführer

Media Biz ist ein unabhängiges Fachmagazin für Medien, Kultur und Technik. Der jährlich erscheinende Branchenführer bietet einen guten Überblick über die Medien- und Veranstaltungsbranche. Neben Adresse und Tätigkeitsbereich ist auch der Name der Geschäftsführung ausgewiesen, der Rückschlüsse auf den Migrationshintergrund zulässt.
→ http://www.mediabiz.at

Der *Österreichische Musikatlas* versteht sich als Nachschlagewerk für die österreichische Musikbranche. Neben der jährlich erscheinenden Printausgabe gibt es die Möglichkeit, eine Onlineversion zu abonnieren. Im Musikatlas findet man neben den Kontaktadressen auch Angaben zur Geschäftsführung.
→ http://www.musikatlas.at

Die Online-Plattform des Stadtmagazins *Falter* bietet unter der Rubrik „creation/production" Adressinformationen über Österreichs Kreativwirtschaft. Angaben zur Geschäftsführung finden sich kaum.
→ http://www.falter.at

Migrations- und communityspezifische Datenbanken

Auf der Plattform des *WIK – Wiener Integrationskonferenz Vernetzungsbüros* können die Mitgliedervereine nach Bezirken sortiert abgerufen werde. Die Auflistung bietet Links zu den Websites der Mitglieder.
→ http://www.wik-vernetzungsbuero.at

Die Plattform *Asien in Wien* ist ein Zusammenschluss mehrerer asiatischer Gemeinschaften bzw. Vereine in Wien. Die Plattform beinhaltet Informationen über verschiedene Vereine in Wien. Die Seite wurde seit langem nicht mehr aktualisiert.
→ http://www.asieninwien.at

Informationen über Aktivitäten in der türkischen Community in Österreich bzw. Wien sind im türkischen Online-Firmenverzeichnis *Sarisayfalar* abrufbar. Die Plattform bietet Suchmöglichkeiten nach unterschiedlichen Rubriken und Bundesländern. Die Website ist zweisprachig: Türkisch/Deutsch.
→ http://www.sarisayfalar.at

swara.at ist eine Plattform für indische Musik und Tanz in Österreich. Sie dient als Kommunikationsbasis für Künstlerinnen und Künstler, die sich mit diesen Kunstformen beschäftigen. Die Plattform bietet eine Auflistung der Künstler in alphabetischer Reihenfolge sowie nach Kategorien. Das Künstlerprofil beinhaltet auch Informationen über Wohnort, Geburtsort und Geburtsjahr der Person. Zusätzlich findet sich eine Sammlung indischer Shops und Restaurants.
→ http://www.swara.at

Die private Plattform *achina.at* gehört zu dem im Jahr 2005 gegründeten Verein *Österreich Chinesische Kultur – Mediengemeinschaft*. Die Website ist größtenteils in chinesischer Sprache gehalten und beinhaltet Nachrichten, Informationen sowie Reportagen aus China und Österreich. Ein kleiner Teil ist auf Deutsch zugänglich. Hier findet man vor allem ein Telefonbuch mit chinesischen Restaurants und eine Auflistung von Vereinen aus der Community.
→ http://www.achina.at

Liste der im Text erwähnten Kulturunternehmungen

Die folgende Liste enthält Kontaktinformationen zu den im Text erwähnten Kulturunternehmungen (Organisationen, Veranstaltungen, Bands, Gruppen, Einzelkünstlerinnen und -künstler), sofern verfügbar. Es handelt sich dabei um *keine* erschöpfende Bestandsaufnahme aller Kulturunternehmungen in den von uns untersuchten Communities. (Zur Datenlage siehe die Ausführungen in der Einleitung und die Quellenangaben im Anhang.)

Allgemein

ArsCara	Kulturverein	Michael-Hainisch-Str 32/27, 2493 Lichtenwörth-Nadelburg	www.arscara.at
biber	Zeitschrift	7., Siebensterngasse 23	www.dasbiber.at
Hallamasch	Veranstaltungsreihe	1., Himmelpfortgasse 19	www.hallamasch.com
Initiative Minderheiten	Interessenvertretung	6., Gumpendorfer Straße 15/13	minderheiten.at
Institut für Europäische Ethnologie	Wissenschaft	1., Hanuschgasse 3	euroethnologie.univie.ac.at
Institut für Volksmusikforschung und Ethnomusikologie	Wissenschaft	3., Ungargasse 14	www.mdw.ac.at/volksmusik
Internationales Kultur- und Kommunikationszentrum (IKKZ)	Kulturverein	2., Rotensterngasse 22/20	www.ikkz.at
Okto	Fernsehplattform	14., Missindorfstraße 21	www.okto.tv
Ost Klub	Club	4., Schwarzenbergplatz 10	www.ost-klub.at
Radio Orange	Radioplattform	20., Klosterneuburger Str. 1	www.o94.at
World-Music-Preis	Veranstaltungsreihe	2., Rotensterngasse 22/20	www.worldmusicaward.eu

Chinesische Unternehmungen

Bildungszentrum für Chinesische Sprache in Wien	Schule	9., Wasagasse 10	www.chineseschool.at
China Books	Geschäft	4., Kettenbrückengasse 22	www.qweu.eu
China – Austria	Kulturverein	10., Sonnleithnerg. 34/1/18	www.achina.at
Europe Weekly	Zeitschrift	4., Kettenbrückengasse 22	www.euroweek.net
Europe Huaxinbao Newspaper	Zeitschrift	5., Kettenbrückengasse 11	www.euhuawen.com
Falun Dafa Verein	Religiöser Verein		www.falundafa.de
International Cultural Platform	Kulturverein		www.ikultur.com
Konfuzius Institut	Wissenschaft	9., Spitalgasse 2–4,Hof 2	www.univie.ac.at/ konfuziusinstitut
Mai Kai	Restaurant	15., Gablenzgasse 1–3	www.mai-kai.at
Pinie Wang	Künstlerin		www.piniewang.com
Ra'mien	Restaurant/Bar	6., Gumpendorfer Straße 9	www.ramien.at
Saitnswinger	Musikgruppe	8., Lange Gasse 67/24	www.saitnswinger.at
SCL (Sun Light China) Travel and Business	Reisebüro / Veranstalter	15., Reithofferplatz 14/21	www.slc-austria.com
Soho Karaoke & Cocktailbar	Bar	20., Wehlistraße 64–66 (Millennium City)	www.soho-vienna.at
Taiwan Chor	Kulturverein		
Taiwanesische Schule	Schule	14., Linzer Straße 146	www.twschule.at
Tian Shang Ren Jian	Restaurant	7., Stollgasse 8	
Verein für chinesische Kultur und Religion	Kulturverein	2., Zirkusgasse 41	
Verein Peking-Oper	Kulturverein		test.123321.blog.163.com
Verein der Landsleute aus Qingtian	Kulturverein	5., Kettenbrückeng. 11	www.zchina.at
Wiener Künstlergruppe für traditionelle chinesische Musik	Kulturverein		
WU Promotion	Veranstalter	B702, TYG Center, C2 Dongsanhuan Beilu, 100027 Beijing, P.R. China	www.wupromotion.com

Südasiatische Unternehmungen

Alankara	Kulturverein		www.alankara.com
Asien Basar	Geschäft	15., Neubaugürtel 25A	www.indischekultur.at/subpages/abasar.htm
Association of Nepalese in Austria	Kulturverein	9., Thumgasse 13/3	
Aswattha-Forum	Religiöser Verein	9., Türkenstraße 3	aswatthaforum.net
Austrian Knanaya Catholic Community	Kulturverein		www.viennaknas.com
Babsy Artner	Schauspielerin		www.babsyartner.com
Bollywood Gandhi Video	Geschäft	16., Herbststraße 3	www.fashionbollywood.at
Bollywoodnight	Clubbing		www.bollywoodnight.at
Chandni	Künstlerin		www.chandni.at
Dhaliwal Cash & Carry & DVD Point	Geschäft	16., Lerchenfelder Gürtel 33	
Ganesha – Verein für Begegnung und Integration	Kulturverein	8., Albertgasse 30/2/13	
Gemeinschaft geselliger Kreis zum Andenken Guru Nanak, Gurdwara Nanaksar	Religiöser Verein	22., Langobardenstr. 47–49	members.aon.at/sikh/page_1_1.html
Hindu Mandir Gesellschaft	Religiöser Verein	8., Lammgasse 1	www.mandirvienna.org
Indian Catholic Community – Kairali Nikethan School	Schule	12., Tivoligasse 20	www.iccvienna.org
Indian Music House	Geschäft	7., Westbahnstraße 35/7	
Indische Tanzschule für klassischen südindischen Tempeltanz Bharatanatyam	Tanzstudio	5., Reinprechtsdorferstraße 54	www.indische-tanzschule.com
Indischer Kulturverein (Indian Cultural Association)	Kulturverein	16., Neumayrgasse 8/13	www.indischekultur.at/
Initiative zur Förderung Österreichisch-Indischer Verständigung – Balakairaly	Schule	10., Quellenstraße 201/19	www.balakairali.net
Jayasri	Künstler	10., Davidgasse 76–80/8/21	www.jayasrimusic.com
Kashmir Culture Center	Kulturverein		www.voiceofvienna.org

Kaumudi	Zeitschrift		www.kaumudi.com
Kerala Cultural Society	Kulturverein		www.kcsvienna.at
Kerala Samajan Vienna	Kulturverein		www.keralasamajamvienna.at
Lahore Video	Geschäft	3., Landstraßer Hauptstraße 175	
Mänada	Tanzstudio	5., Diehlgasse 52	www.maenada.at
Namasthe Restaurant	Restaurant	7., Seideng. 41	
Natya Mandir – Verein zur Förderung und Verbreitung der indischen Tanzkunst	Verein	1., Börseplatz 3	www.natyamandir.at
Oriental House	Geschäft	15., Neubaugürtel 17	
Padma	Tanzgruppe		members.aon.at/padma
Plattform für indische Musik und Tanz	Internetplattform		swara.at
Prosi Exotic Supermarket	Geschäft	7., Neubaugürtel 44	www.prosi.at
Sagarmatha – Österreichisch Nepalesische Gesellschaft	Kulturverein	8., Auerspergstr. 21	
Sargam Restaurant	Café/Restaurant/Bar	8., Paulanergasse 8	
Soorya	Kulturverein		www.sooryaindia.com
Sri Lanka – Austria Friendship Association	Kulturverein	9., Pfluggasse 3/24	www.ayubowan.at
Star Bhangra Group	Tanzensemble		www.lakhvir-hira.swara.at/
Tanzstudio Funtastic	Tanzstudio	3., Bechardgasse 24/4a	www.tanzstudiofuntastic.com/studio.html
Vienna Malayalee Association	Kulturverein		www.viennamalayalee.com

Türkische Unternehmungen

Ägäisches Kulturzentrum (Ege Kültür)	Kulturverein	10., Pernerstorfergasse 42/1	www.e-k-m.org
Ajan	Zeitschrift	2., Handelskai 214/11/22	www.ajans.at
Akdeniz Müzik Center	Geschäft	16., Payergasse 5	
Alevitische Föderation	Religiöser Verein	21., Schererstraße 4	
Alp Bora	Künstler		www.alpbora.net
Aspendos	Café/Bar	7., Kaiserstraße 93	(01) 920 08 67
Aux Gazelles	Restaurant/Bar	6., Rahlgasse 5	www.auxgazelles.at/
Avusturya Günlüğü	Zeitschrift		www.avusturyagunlugu.com
Café Berfin	Café/Restaurant	7., Siebensterngasse 46	www.cafeberfin.at
Cay Taylan	Künstler		www.myspace.com/caytaylan
Club Moody	Diskothek	10., Daumegasse 11	www.moody.at
Derwisch	Café	16., Lerchenfelder Gürtel 29	www.cafederwisch.com
Dewa	Zeitschrift	15., Rauchfangkehrergasse 36	www.dewa.at
Dilan Düğün Sarayı	Veranstaltungsort	11., Geiselbergstraße 10–12 / Werkstättenweg 9	
Disco Oxyd (aufgelassen)	Diskothek	Siehe Club Moody	
Disco Pasha (aufgelassen)	Diskothek	23., Breitenfurter Str. 170	
Divan Kitabevi	Geschäft	10., Wielandgasse 25	www.divankitabevi.at
Esperantella	Veranstaltungsreihe	15., Künstlergasse 11/2	www.esperantella.com
Etap	Restaurant	16., Neulerchenfelder Straße 13	www.etap-restaurant.at
Eurasya	Kulturverein	10., Absberggasse 5	www.eurasya.at
Ezgi-Bar	Bar	20., Salzachstr. 9	
Fatima Spar & The Freedom Fries	Musikgruppe	4., Trappelgasse 4/20	www.fatimaspar.com
Interkulttheater	Theater	6., Fillgradergasse 16	www.interkulttheater.at
Islamische Föderation	Religiöser Verein	15., Rauchfangkehrergasse 36/10	www.ifwien.at
Islamisches Gymnasium	Schule	15., Rauchfangkehrergasse 34	www.igwien.com
Kadin Film Ferayn	Filmverein	18., Währinger Straße 182/17	www.kadinfilm.com

Karizmatik	Online-Plattform		www.karizmatik.at
Kent	Café/Restaurant	16., Brunnengasse 67	www.kent-restaurant.at
Köşk Düğün Sarayı	Hochzeitssaal	23., Laxenburger Str. 216	
makamhane	Kulturverein	16., Römergasse 21	www.makamhane.com
Nim Sofyan	Musikgruppe		www.nimsofyan.com
Orange	Café	10., Buchengasse 101	www.orange-cafe.at
Post – Bizim Gazete	Zeitschrift	10., Laxenburger Str. 31/17	www.postgazetesi.com
R-Kan	Künstler		www.rkan.at.tt, www.myspace.com/rkanwien
sarisayfalar.at	Online-Plattform	10., Payergasse 5	www.sarisayfalar.at
Saz-Verein	Kulturverein	3., Kegelg. 17/2/6	www.mansur-bildik.com/deutsch/sazverein.html
Serjiani	Musikgruppe		www.serjiani.com
Star Düğün Salonu	Veranstaltungsort	10., Grillgasse 51	
Stonepark 12	Künstler		www.youtube.com/watch?v=lqFQ6j2C5Rs
Sua Kaan Music	Künstler	16., Ottakringer Straße 207	www.sua-kaan.at
Summerstation	Café/Restaurant	20., Donauinsel, Brigittenauer Brücke	
Theater des Augenblicks	Theater	18., Edelhofgasse 10	www.theaterdesaugenblicks.net
Tiyatro Brücke	Theater		www.tiyatrobruecke.at
Türkisch-Islamische Union für kulturelle und soziale Zusammenarbeit in Österreich (ATIB)	Religiöser Verein	10., Sonnleithnergasse 20	www.atib.at
Union islamischer Kulturzentren	Religiöser Verein	15., Pelzgasse 9	www.uikz.at
Verband der Kurdischen Vereine in Österreich (Feykom), Kurdisches Informationsbüro	Kulturverein	15., Jurekgasse 26	www.feykom.at
Yeni Hareket	Zeitschrift	16., Schellhammergasse 8/3	www.yenihareket.com
Yeni Vatan Gazetesi	Zeitschrift	1., Dorotheergasse 6/24	www.yenivatan.com
Zaman	Zeitschrift	1., Rotenturmstraße 1–3/3	www.zamanavusturya.at

Autorinnen und Autoren

Bernhard Fuchs

Studium der Volkskunde in Wien. Arbeitet seit 1997 als Assistenzprofessor am Institut für Europäische Ethnologie der Universität Wien und beschäftigt sich mit Migration, Kulturtransfer, Medien und Kulturindustrien. Forschungen über südasiatische MigrantInnen sowie über Bollywood, Okzidentalismus und Orientalismus. Zahlreiche Vorträge und Publikationen, zuletzt: „Schaufenster Bollywood: Kleidungsdiskurse im Film." In: Claus Tieber (Hg.): „Fokus Bollywood. Das indische Kino in wissenschaftlichen Diskursen" (= Filmwissenschaft, 5). Wien – Berlin 2009 und „Verdächtige Minderheit. Roma im Fernsehkrimi Tatort." In: Österreichische Zeitschrift für Volkskunde 62/111, 2008.

Andreas Gebesmair

Studium der Soziologie, Musikwissenschaft und Geschichte an der Universität Wien. Von 1992 bis 2002 wissenschaftlicher Mitarbeiter am AKKU (Verein für aktuelle Kunst, Theorie und Vermittlung, Wien), am Institut mediacult (Internationales Forschungsinstitut für Medien, Kommunikation und kulturelle Entwicklung, Wien) und am Institut für Kulturwissenschaften der Universität Leipzig tätig. Von 2002 bis 2005 APART-Stipendiat der Österreichischen Akademie der Wissenschaften. Lehrbeauftragter an den Universitäten Linz und Wien. Seit 2006 Direktor des Instituts mediacult. Zahlreiche medien- und kultursoziologische Forschungsarbeiten und Publikationen. 2008 erschien bei transcript: „Die Fabrikation globaler Vielfalt. Struktur und Logik der transnationalen Popmusikindustrie".

Ursula Hemetek

A.o. Univ.-Prof. am Institut für Volksmusikforschung und Ethnomusikologie der Universität für Musik und darstellende Kunst Wien. 1987 Dr. phil. Musikwissenschaft, 2001 Habilitation an der Universität Wien, Ethnomusikologie. Forschungsschwerpunkte: Musik von Minderheiten in Österreich, insbesondere Roma, burgenländische Kroaten und Bosnier sowie MigrantInnen in Wien. Lehrtätigkeit „Ethnomusikologie" und

„Musik der Minderheiten in Österreich". Intensive Kultur- und Öffentlichkeitsarbeit im interkulturellen Bereich, politisches Engagement u. a. als Obfrau der „Initiative Minderheiten". Zahlreiche Publikationen, u. a. „Mosaik der Klänge. Musik der ethnischen und religiösen Minderheiten in Österreich" (2001).

Kim Kwok

Geboren in Fujian (Volksrepublik China). Studium der Sozialwissenschaft/Sozialarbeit (Hongkong), Migration Studies (Sussex, GB) und Sinologie (Wien). Mitgründerin der Asiatischen Gemeinde in Wien. 1998–2004 Sozialarbeiterin beim Wiener Integrationsfonds. 2007–2009 wissenschaftliche Mitarbeiterin am Institut für Europäische Ethnologie an der Universität Wien. Seit August 2009 Lecturer am Community College der City University of Hong Kong. Forschungsarbeiten in den Bereichen Migration und ethnische Ökonomie.

Max Leimstättner

Geboren und aufgewachsen im Südburgenland. Studium der Publizistik, Ethnologie und Europäischen Ethnologie in Wien und Jyväskylä. Nebenbei tätig als Produzent, Cutter, Kameramann und Regisseur in Dokumentar-, Spiel- und Kurzfilmprojekten. Veröffentlichungen in mehreren kulturwissenschaftlichen Zeitschriften und Aufsatzbänden (u. a. in „kuckuck – notizen zur alltagskultur", „Österreichische Zeitschrift für Volkskunde", „Die Maske – Zeitschrift für Kultur- und Sozialanthropologie"). Abschlussarbeit zum Thema: „Vom Landschafts-begriff zur Begriffs-Landschaft – Empirisch-kulturwissenschaftliche Überlegungen zu hybriden Raumkonzepten". Forschungsschwerpunkte: Raum- und Landschaftstheorie, Visuelle Anthropologie, Migration.

Michael Parzer

Studium der Soziologie und Musikwissenschaft an der Universität Wien. 2003–2007 freier Mitarbeiter am Institut für Musiksoziologie an der Universität für Musik und darstellende Kunst Wien. 2007–2009 wissenschaftlicher Mitarbeiter am Institut mediacult sowie Lehrbeauftragter an der Universität Wien sowie an der Universität für Musik und darstellende Kunst. Seit Juni 2009 Univ.-Ass. an der Universität Wien. Forschungsinteressen: Kultursoziologie, Migrations- und Ethnizitätsforschung, Methoden der empirischen Sozialforschung. Mitherausgeber der Schriftenreihe „werkstatt populäre musik".

Hande Sağlam

Geboren in İstanbul/Türkei. 1993 Diplomstudium Komposition und Musiktheorie an der Bilkent-Universität in Ankara. Lebt seit 1993 in Wien. Studium der Musiktheorie an der Universität für Musik und darstellende Kunst in Wien. 2003 Mag.-Art.-Abschluss. Publikationen und zahlreiche Konferenzteilnahmen zum Thema „Musik der türkischen EinwandererInnen in Wien". Seit 2005 arbeitet sie am Institut für Volksmusikforschung und Ethnomusikologie der Universität für Musik und darstellende Kunst in Wien als Projektmitarbeiterin: 2005–2006 Arbeit an dem Projekt „Einwanderer-Musikkulturen in Wien", 2007–2009 Arbeit an dem Projekt „Embedded Industries. Cultural Entrepreneurs in Different Immigrant Communities of Vienna", seit April 2009 Arbeit an dem Projekt „Bi-Musikalität und Interkultureller Dialog" (Bestandsaufnahme zum „bi-musikalischen" Potenzial der Studierenden der mdw).

Literatur

Aldrich, Howard E. und Roger Waldinger (1990): „Ethnicity and Entrepreneurship". *Annual Review of Sociology* 16, S. 111–135.

— (2000): „Ethnizität und Unternehmertum". In: D. Bögenhold (Hrsg.): *Moderne amerikanische Soziologie*. Stuttgart: Lucius & Lucius, S. 243–277.

Allen, Douglas (Hrsg.) (1993): *Religion and Political Conflict in South Asia: India, Pakistan, Sri Lanka*. Delhi et al.: Oxford University Press.

Angerer, Maria (2008): „Unter Freunden. Die sozialen Netzwerke von Alleinselbstständigen". In: H. Eichmann und H. Schiffbänker (Hrsg.): *Nachhaltige Arbeit in der Wiener Kreativwirtschaft? Architektur – Design – Film – Internet – Werbung*. Bd. Kreativwirtschaft in Wien. Wien [u. a.]: Lit-Verl., S. 135–154.

Bacher, Johann (2006): „Forschungslage zu Bildungsungleichheiten in Österreich". In: B. Herzog-Punzenberger (Hrsg.): *Bildungsbe/nach/teiligung in Österreich und im internationalen Vergleich*. KMI Working Papers 10. Wien, S. 7–26.

Baier, Christian (2000): *Shih – Werke bei Doblinger*. Wien: Doblinger.

Balsiger, Philipp W. (2005): *Transdisziplinarität. Systematisch-vergleichende Untersuchung disziplinenübergreifender Wissenschaftspraxis*. München: Fink.

Barth, Fredrik (Hrsg.) (1969): *Ethnic groups and boundaries. The social organisation of culture difference*. London: George Allen & Unwin.

Bauböck, Rainer (1986): „Demographische und soziale Struktur der ausländischen Wohnbevölkerung in Österreich". In: H. Wimmer (Hrsg.): *Ausländische Arbeitskräfte in Österreich*. Frankfurt a. M.: Campus, S. 181–240.

Benton, Gregor und Frank N. Pieke (1998): *The Chinese in Europe*. New York, London: Palgrave Macmillan.

Betz, Fritz (1994): „Zur Kultur der ‚Anderen'. Migration, Kulturkonsum und multikulturelle Integration". IFS (Interdisziplinäres Forschungszentrum Sozialwissenschaften) (Forschungsbericht), Wien.

Biffl, Gudrun (2003): „Mobilitäts- und Verdrängungsprozesse auf dem österreichischen Arbeitsmarkt: Die Situation der unselbständig Beschäftigten". In: H. Fassmann und I. Stacher (Hrsg.): *Österreichischer Migrations- und Integrationsbericht*. Klagenfurt/Celovec: Drava Verlag, S. 62–72.

Blanckenburg, Christine von, Birgit Böhm, Hans-Liudger Dienel und Heiner Legewie (2005): *Leitfaden für interdisziplinäre Forschergruppen: Projekte initiieren – Zusammenarbeit gestalten*. Stuttgart: Franz Steiner.

Bohlmann, Philip Vilas (2002): *World Music. A very short introduction*. Oxford et al.: Oxford University Press.

Böse, Martina, Regina Haberfellner und Ayhan Koldas (o. J.): „Mapping Minorities and their Media: The National Context – Austria". Centre for Social Innovation (Forschungsbericht), Vienna.

Bourdieu, Pierre (1983): „Ökonomisches Kapital, kulturelles Kapital und soziales Kapital". In: R. Kreckel (Hrsg.): *Soziale Ungleichheiten.* Soziale Welt, Sonderband 2. Göttingen, S. 183–198.

— (1987): *Die feinen Unterschiede: Kritik der gesellschaftlichen Urteilskraft.* Frankfurt a. M.: Suhrkamp.

— (1991): „Identity and Representation. Elements for a Critical Reflection on the Idea of Region". In: P. Bourdieu (Hrsg.): *Language and Symbolic Power.* Cambridge: Polity Press, S. 220–228.

— (1993): *The Field of Cultural Production: Essays on Art and Literature.* New York, Chichester: Columbia University Press.

Brusila, Johannes (2003): *„Local music, not from here" – The discourse of world music examined through three Zimbabwean case studies: The Bhundu Boys, Virginia Mukwesha and Sunduza.* Finnish Society for Ethnomusicology Publications Vol. 10. Helsinki: Finnish Society for Ethnomusicology.

Bryson, Bethany (1996): „‚Anything but Heavy Metal': Symbolic exclusion and musical dislikes". *American Sociological Review* 61, S. 884–899.

Buchbauer, Petra (2001): „Hindus in Wien. Eine Aufnahme der hinduistischen Religionsgemeinschaft in Wien". Universität Wien (Diplomarbeit), Wien.

Bukow, Wolf-Dieter und Roberto Llaryora (1988): *Mitbürger aus der Fremde. Soziogenese ethnischer Minoritäten.* Opladen: Westdeutscher Verlag.

Bundesministerium für Unterricht, Kunst und Kultur (2007): „Kunstbericht 2006". (Forschungsbericht), Wien.

Burckhardt Qureshi, Regula (1995): *Sufi Music of India and Pakistan. Sound, Context and Meaning in Qawwali.* Chigaco/London: The University of Chicago Press.

Burt, Ronald S. (1992): *Structural Holes. The social structure of competition.* Cambridge: Harvard University Press.

— (2004): „Structural Holes and Good Ideas". *American Journal of Sociology* 110, S. 349–99.

Caglar, Ayse (1998): „‚Verordnete Rebellion'. Deutsch-türkischer Rap und türkischer Pop in Berlin". In: R. Mayer und M. Terkessidis (Hrsg.): *Globalkolorit. Multikulturalismus und Populärkultur.* Hannibal, S. 41–56.

Coleman, James S. (1988): „Social Capital in the Creation of Human Capital". *American Journal of Sociology* 94, S. 95–120.

Connell, John und Chris Gibson (2004): „World music: deterritorializing place and identity". *Progress in Human Geography* 3, S. 342–361.

Crul, Maurice und Hans Vermeulen (2006): „Immigration, education and the Turkish second generation in five European nations: A comperative study". In: C. Parsons und T. M. Smeeding (Hrsg.): *Immigration and the Transformation of Europe.* Cambridge et al.: Cambridge Univ. Press S. 235–251.

Cucujkić, Ivana und Bernhard Gaul (2008): „Gangsta-Rapper ‚Wien ist gefickt'". *biber – Stadtmagazin für Wien, Viyana & Bec.*

Davy, Ulrike und August Gächter (1993): „Zuwanderungsrecht und Zuwanderungspolitik in Österreich". *Journal für Rechtspolitik*, S. 155–174, 257–282.

Defila, Rico und Antonietta Di Giulio (1998): „Interdisziplinarität und Disziplinarität". In: J.-H. Olbertz (Hrsg.): *Zwischen den Fächern – über den Dingen? Universalisierung versus Spezialisierung akademischer Bildung.* Leverkusen: Leske + Budrich, S. 111–137.

Diekmann, Andreas (1995): *Empirische Sozialforschung: Grundlagen, Methoden, Anwendungen.* Reinbek bei Hamburg: Rowohlt.

DiMaggio, Paul (1990): „Cultural Aspects of Economic Action and Organization". In: R. Friedland und A. F. Robertson (Hrsg.): *Beyond the Marketplace: Rethinking Economy and Society.* New York: Aldine de Gruyter, S. 113–136.

— (1994): „Culture and Economy". In: N. J. Smelser und R. Swedberg (Hrsg.): *The Handbook of Economic Sociology.* Princeton, New Jersey: Princeton University Press, S. 27–57.

Dudrah, Rajinder (2007): *Bhangra. Birmingham and beyond. With contributions from Boy Chana and Ammo Talwar.* Birmingham: Punch Records.

Educult (2008): „Kunst, Kultur und interkultureller Dialog". Educult – Institut für die Vermittlung von Kunst und Wissenschaft (Forschungsbericht), Wien.

Einwallner, Doris (2006a): „Fremdenrecht vs. Kunstfreiheit". Online: http://no-racism.net/article/1668/.

— (2006b): „KünstlerInnen im Fremdenrecht. Eine Bestandsaufnahme der Rechtsentwicklung". Online: http://kulturrat.at/debatte/zeitung/rechte/einwallner.

Enzenhofer, Edith, Irene Kessler, Ferdinand Lechner, Andreas Riesenfelder, Walter Reiter und Petra Wetzel (2007): „Ethnische Ökonomien – Bestand und Chancen für Wien". L&R Sozialforschung; im Auftrag von MA 27, MA 17, MA 18 und der WKO (Forschungsbericht), Wien.

Erlmann, Veit (1995): „Zur Ästhetik der Differenz. Ethno-Pop, New Age und World Music". In: M. Heuger und M. Prell (Hrsg.): *Popmusic yesterday – today – tomorrow*, Bd. 9. Regensburg: ConBrio Verlagsgesellschaft, S. 95–106.

Faist, Thomas (Hrsg.) (2004): *Transnational Social Spaces: Agents, Networks and Institutions.* Aldershot: Ashgate.

Feld, Steven (2004): „From Schizophonia to Schismogenesis: On the Discourses and Commodification Practices of ‚World Music' and ‚World Beat'". In: C. Keil und S. Feld (Hrsg.): *Music Grooves. Essays and Dialogues.* Chicago/London: The University of Chicago Press, S. 257–289.

Fischer, Bernd (2003): „Multi, Inter, Trans: Zur Hermeneutik der Kulturwissenschaft", *TRANS. Internet-Zeitschrift für Kulturwissenschaften* 15. Online: http://www.inst.at/trans/15Nr/01_1/fischer15.htm.

Franzen, Axel und Markus Freitag (Hrsg.) (2007): *Sozialkapital: Grundlagen und Anwendungen.* Kölner Zeitschrift für Soziologie und Sozialpsychologie, Sonderheft 47. Wiesbaden: VS Verlag für Sozialwissenschaften.

Frembgen, Jürgen W. (2008): *Am Schrein des roten Sufi.* Frauenfeld: Waldgut.

Frith, Simon (1997): „The Discourse of World Music". In: G. Born und D. Hesmondhalgh (Hrsg.): *Western Music and Its Others. Difference, Representation, and Appropriation in Music.* Berkeley, Los Angeles, London: University of California Press, S. 305–322.

Fuchs, Bernhard (1997): „Ethnischer Kapitalismus. Ökonomie der Südasiaten in Wien". Universität Wien (Dissertation), Wien.

— (1998a): *Freundlich lächelnde Litfaßsäulen. Zeitungskolporteure – Typisierung und Realität.* Veröffentlichungen des Instituts für Volkskunde der Universität Wien, Bd. 12. Wien: Inst. für Volkskunde d. Univ. Wien.

— (1998b): „Indo-Pakistanische Lebensmittelgeschäfte. Ethnische Strategien in der Ökonomie". *Österreichische Zeitschrift für Volkskunde* LII, S. 433–446.

— (2007): „Indiens kulinarische Botschafter in Wien". In: H. A. Niederle (Hrsg.): *Literatur und Migration – Indien. Migranten aus Südasien und der westliche Kontext.* Wien: Lehner, S. 261–291.

Gardner, Katy (1999): „Desh-bidesh: Sylheti Images of Home and Away". In: R. Cohen und S. Vertovec (Hrsg.): *Migration, Diasporas and Transnationalism.* Cheltenham – Northampton: Edward Elgar Publishing, S. 488–502.

Gibbons, Michael (1994): *The new production of knowledge. The dynamics of science and research in contemporary societies.* London: Sage.

Gottschall, Karin und Annette Henninger (2005): „Freelance in den Kultur- und Medienberufen: freiberuflich, aber nicht freischwebend". In: N. Mayer-Ahuja (Hrsg.): *Entfesselte Arbeit – neue Bindungen. Grenzen der Entgrenzung in der Medien- und Kulturindustrie.* Berlin: edition sigma, S. 153–183.

Granovetter, Mark (1973): „The Strength of Weak Ties". *American Journal of Sociology* 78, S. 1360–1380.

— (1985): „Economic Action and Social Structure: The Problem of Embeddedness". *American Journal of Sociology* 91, S. 481–510.

Gürses, Hakan, Cornelia Kogoj und Sylvia Mattl (2004): *Gastarbajteri – 40 Jahre Arbeitsmigration.* Sonderausstellung des Wien Museums. Wien: Mandelbaum Verlag.

Haberfellner, Regina (2000): „Ethnische Ökonomien als Forschungsgegenstand der Sozialwissenschaften". *SWS-Rundschau* 40, S. 43–61.

— (2007): „Selbständige Erwerbstätigkeit von Personen mit Migrationshintergrund. Teilbericht im Rahmen des Forschungsprojektes ‚Embedded Industries. Cultural Entrepreneurs in Different Immigrant Communities of Vienna'." Mediacult (Forschungsbericht), Wien.

Haberfellner, Regina, Fritz Betz, Martina Böse und Johanna Riegler (2000): „‚Ethnic Business‘: Integration vs. Segregation“. Zentrum für Soziale Innovation (Forschungsbericht), Wien.

Hall, Stuart (Hrsg.) (1997): *Representation. Cultural Representations and Signifying Practices.* London et al.: Sage.

Haug, Sonja und Sonja Pointner (2007): „Soziale Netzwerke, Migration und Integration“. In: A. Franzen und M. Freitag (Hrsg.): *Sozialkapital Grundlagen und Anwendungen.* Wiesbaden: VS – Verlag für Sozialwissenschaften, S. 367–396.

Heldke, Lisa (2003): *Exotic Appetices: Ruminations of a Food Adventurer.* New York: Routledge.

Hemetek, Ursula (2001): *Mosaik der Klänge. Musik der ethnischen und religiösen Minderheiten in Österreich.* Schriften zur Volksmusik Bd. 20. Wien et al.: Böhlau.

Hemetek, Ursula, Hande Sağlam und Sofija Bajrektarević (2006): „Einwanderer-Musikkulturen in Wien. Bestandsaufnahme zu musikalischer Identität und Akkulturation. Endbericht zum Projekt des Jubiläumsfond für die Österreichische Akademie der Wissenschaften“. Institut für Volksmusikforschung und Ethnomusikologie (Forschungsbericht), Wien.

Herzog-Punzenberger, Barbara (2003): „Die ‚2. Generation‘ an zweiter Stelle? Soziale Mobilität und ethnische Segmentation in Österreich – eine Bestandaufnahme“. Integrationsfonds (Forschungsbericht), Wien.

Hesmondhalgh, David (2002): *The Cultural Industries.* London, Thousand Oaks, New Delhi: Sage Publication.

Hintermann, Christiane (1995): „InderInnen in Wien: Eine neue Zuwanderergruppe zwischen Integration, Assimilation und Marginalität“. Universität Wien (Diplomarbeit), Wien.

Hooks, Bell (1992): „Eating the Other. Desire and Resistance“. *Black Looks. Race and Representation.* Boston: South End Press, S. 21–39.

Horvath, Brenda (2002): „Sikhs in Wien. Aspekte des Wandels und der Diskriminierung als Folge der Migration“. Universität Wien (Diplomarbeit), Wien.

Hunger, Uwe und Dietrich Thränhardt (2004): „Migration und Bildungserfolg: Wo stehen wir? “ In: K. J. Bade und M. Bommes (Hrsg.): *Migration – Integration – Bildung: Grundfragen und Problembereiche.* IMIS-Beiträge 23. Osnabrück, S. 179–197.

Hutnyk, John (2000): *Critique of exotica. Music, politics and the culture industry.* London et al.: Pluto Press.

Hüttler, Michael (2003): „TheatermacherInnen türkischer Herkunft in Wien“. In: M. Wagner, S. Schwinghammer und M. Hüttler (Hrsg.): *Theater. Begegnung. Integration?* Frankfurt am Main: IKO, S. 93–110.

Jenkins, Richard (1994): „Rethinking Ethnicity: Identity, Categorization and Power“. *Ethnic and Racial Studies* 17, S. 197–223.

John, Michael und Albert Lichtblau (1990): *Schmelztiegel Wien – einst und jetzt. Zur Geschichte und Gegenwart von Zuwanderung und Minderheiten.* Wien: Böhlau.

Johnson, Gordon (1995): *Weltatlas der Alten Kulturen. Indien: Geschichte – Kunst – Lebensformen.* München: Christian Verlag.

Käbisch, Markus (2001): „Sprachlogische Einheitskonzeptionen der Wissenschaft und Sprachvielfalt der Disziplinen. Überlegungen zu theoretischen und praktischen Ansätzen von Interdisziplinarität". In: M. Käbisch, H. Maaß und S. Schmidt (Hrsg.): *Interdisziplinarität. Chancen, Grenzen, Konzepte.* Leipzig: Leipziger Universitätsverlag, S. 13–31.

Kaminski, Gerd und Else Unterrieder (1980): *Von Österreichern und Chinesen.* Wien: Europa Verlag.

Kaplan, Ismail (2004): *Das Alevitentum. Eine Glaubens- und Lebensgemeinschaft in Deutschland.* Köln: AABF.

Kaufmann, Franz-Xaver (1987): „Interdisziplinäre Wissenschaftspraxis. Erfahrungen und Kriterien". In: J. Kocka (Hrsg.): *Interdisziplinarität. Praxis – Herausforderung – Ideologie.* Frankfurt am Main: Suhrkamp, S. 63–81.

Khan-Svik, Gabriele (2003): „Chinese Schools in Austria – A pilot study". In: G. Kaminski und Ludwig-Boltzmann-Institut für China- und Südostasienforschung (Hrsg.): *China's traditions – wings or shackles for China's modernization?* Vienna: ÖGCF, S. 163–173.

Kloosterman, Robert und Jan Rath (Hrsg.) (2003): *Immigrant entrepreneurs: venturing abroad in the age of globalization.* Oxford et al.: Berg.

Köchl, Sylvia, Radostina Patulova und Vina Yun (Hrsg.) (2007): *Fields of transfer. MigrantInnen in der Kulturarbeit.* Wien: IG Kultur Österreich.

Kocka, Jürgen (Hrsg.) (1987): *Interdisziplinarität. Praxis – Herausforderung – Ideologie.* Frankfurt am Main: Suhrkamp.

Kogoj, Cornelia (1999): „Minderheiten und Medien in Östereich. Beschreibung eines kommunikativen Mißverhältnisses". *Medien Journal* 2/1999, S. 29–39.

Kohlbacher, Josef (2007): „Entwicklung der Asylanträge 1997–2006". In: H. Fassmann (Hrsg.): *2. Österreichischer Migrations- und Integrationsbericht.* Klagenfurt/ Celovec: Drava Verlag, S. 163–164.

König, Karin und Christiane Hintermann (2003): „Rechtliche Rahmenbedingungen für Einwanderung und Integration". In: K. König und C. Hintermann (Hrsg.): *MigrantInnen in Wien 2002.* Wien: Wiener Integrationsfonds, S. 20–36.

König, Karin und Bettina Stadler (2003): „Entwicklungstendenzen im öffentlich-rechtlichen und demokratiepolitischen Bereich". In: H. Fassmann und I. Stacher (Hrsg.): *Österreichischer Migrations- und Integrationsbericht.* Klagenfurt/ Celovec: Drava Verlag, S. 226–260.

Kreissl, Barbara (1999): „Merkmale der chinesischen Migration nach Österreich". *China Report* 131–132, S. 61–79.

Krüger, Lorenz (1987): „Einheit der Welt – Vielheit der Wissenschaft“. In: J. Kocka (Hrsg.): *Interdisziplinarität. Praxis – Herausforderung – Ideologie.* Frankfurt am Main: Suhrkamp, S. 106–125.

Kunst, Jaap (1959): *Ethnomusicology.* The Hague: Nijhoff.

Kwok, Kim und Michael Parzer (2008): „Wo es Platz für uns gibt, da gehen wir hin! MigrantInnen chinesischer Herkunft im Industrieviertel“. In: T. Schmidinger (Hrsg.): *„Vom selben Schlag ... “. Migration und Integreation im niederösterreichischen Industrieviertel.* Wiener Neustadt: Verein Alltag Verlag, S. 356–366.

Langreiter, Nikola (2003): „Nähe und Distanz. Methodische Reflexionen nach einer Feldforschung über Gastwirtinnen in Tirol“. *Schweizerisches Archiv für Volkskunde* 99, S. 183–203.

Lechner, David, Thomas Philipp und Lydia Thanner (2007): „MigrantInnen im Linzer Kulturbereich“. LIquA – Linzer Institut für qualitative Analysen (Forschungsbericht), Linz.

Leicht, René (2005): „Charakteristika, Ressourcen und Probleme selbständiger Migranten. Thesenpapier Fachtagung ‚Small Business und Lokale Ökonomie‘, PROFI Mannheim 21. 4. 2005“. Working Paper, Mannheim.

Light, Ivan (1987): „Unternehmer und Unternehmertum ethnischer Gruppen“. In: K. Heinemann (Hrsg.): *Soziologie wirtschaftlichen Handelns.* Kölner Zeitschrift für Soziologie und Sozialpsychologie, Sonderheft 28. S. 193–215.

— (2005): „The Ethnic Economy“. In: N. J. Smelser und R. Swedberg (Hrsg.): *The Handbook of Economic Sociology.* Princeton, New Jersey: Princeton University Press, S. 650–677.

Light, Ivan und Steven J Gold (2000): *Ethnic Economies.* San Diego: Academic Press.

Light, Ivan und Stavros Karageorgis (1994): „The Ethnic Economy“. In: N. J. Smelser (Hrsg.): *The Handbook of Economic Sociology.* Princeton, NJ: Princeton Univ. Press, S. 647–671.

Lin, Jan (1998): *Reconstructing Chinatown: Ethnic Enclave, Global Change.* Minneapolis: University of Minnesota Press.

Lin, Nan (2001): *Social Capital: A Theory of Social Structure and Action.* Structural Analysis in the Social Sciences 19. Cambridge: Cambridge University Press.

Manuel, Peter L. (1988): *Popular musics of the non-Western world: An introductory survey.* Oxford: Oxford Univ. Press.

Mayrhuber, B. und Woerndl, L. (2005): „Potenzial des chinesischen Marktes für den österreichischen Tourismus“. Fachhochschule Salzburg (Forschungsbericht), Salzburg.

Michaelsen, Anja (2003): „Asian Food Porn. Fremdheit, Geschlecht und Visualität in Metaphern der Einverleibung zeitgenössischer Populärkultur“. Online: http://www.gender.hu-berlin.de/w/files/ztgbulletintexte32/michaelsen_asian_food_porn.htm.

Mittelstraß, Jürgen (1987): „Die Stunde der Interdisziplinarität?“ In: J. Kocka (Hrsg.): *Interdisziplinarität. Praxis – Herausforderung – Ideologie*. Frankfurt am Main: Suhrkamp, S. 152–158.

— (1989): *Der Flug der Eule. Von der Vernunft der Wissenschaft und der Aufgabe der Philosophie*. Frankfurt am Main: Suhrkamp.

— (2003): *Transdisziplinarität – wissenschaftliche Zukunft und institutionelle Wirklichkeit*. Konstanz: UVK.

Münz, Rainer, Peter Zuser und Josef Kytir (2003): „Grenzüberschreitende Wanderungen und ausländische Wohnbevölkerung: Struktur und Entwicklung“. In: H. Fassmann und I. Stacher (Hrsg.): *Österreichischer Migrations- und Integrationsbericht*. Klagenfurt/Celovec: Drava Verlag, S. 20–61.

Nettl, Bruno (1992): „Recent Directions in Ethnomusicology“. In: H. Myers (Hrsg.): *Ethnomusicology. An Introduction*. London, New York: Macmillian Press LTD, S. 375–403.

Olbertz, Jan-Hendrik (1998): *Zwischen den Fächern – über den Dingen. Universalisierung versus Spezialisierung akademischer Bildung*. Opladen: Leske + Budrich.

Pang, Ching Lin (2002): „Business Opportunity of Food Pornography? Chinese Restaurant Ventures in Antwerp“. *International Journal of Entrepreneurial Behaviour & Research* 8, S. 148–161.

Pannke, Peter und Horst A. Friedrichs (1999): *Troubadoure Allahs: Sufi-Musik im Industal*. München: Frederking & Thaler.

Papouschek, Ulrike, Helene Schiffbänker und Sybille Reidl (2006): „Zur Gestaltung des Verhältnisses von Erwerbsarbeit und Privatleben in den ‚Creative Industries‘“. *Österreichische Zeitschrift für Soziologie* 31, S. 82–95.

Parnreiter, Christof (1994): *Migration und Arbeitsteilung. AusländerInnenbeschäftigung in der Weltwirtschaftskrise*. Wien: Promedia.

Perchinig, Bernhard (2008): „A Short History of Turkish Immigration to Central and Western Europe“. In: U. Hemetek und H. Sağlam (Hrsg.): *Music from Turkey in the Diaspora*. Klanglese 5. Wien: Institut für Volksmusikforschung und Ethnomusikologie, S. 11–20.

Peterson, Richard A. (1992): „Understanding audience segmentation: From elite and mass to omnivore and univore“. *Poetics* 21, S. 243–258.

Peycheva, Lozanka, und Ventsislav Dimov (2002): *The Zurna Tradition in Southwest Bulgaria*. Sofia: Bulgarian Musicology Researches.

Pieke, Frank N. (2002): „Recent Trends in Chinese Migration to Europe: Fujianese Migration in Perspective“. International Organisation for Migration (Forschungsbericht), Geneva.

Portes, Alejandro (Hrsg.) (1995): *The Economic Sociology of Immigration: Essays on Networks, Ethnicity and Entrepreneurship*. New York: Russell Sage Foundation.

— (1998): „Social Capital: Its Origins and Applications in Modern Sociology". *Annual Review of Sociology* 24, S. 1–24.

Portes, Alejandro und Sensenbrenner; Julia (1993): „Embeddedness and Immigration: Notes on the Social Determinants of Economic Action". *American Journal of Sociology* 98, S. 1320–1350.

Pries, Ludger (Hrsg.) (2001): *New transnational social spaces. International migration and transnational companies in the early twenty-first century.* Transnationalism. London u. a.: Routledge.

Putnam, Robert D. (2000): *Bowling Alone: The Collapse and Revival of American Community.* New York: Simon & Schuster Paperbacks.

Radtke, Frank-Olaf (1990): „Multikulturalismus. Vier Formen der Ethnisierung der Gesellschaft". *FORUM entwicklungspolitischer Gruppen. Zeitschrift des BUKO.*

Rath, Jan und Robert Kloosterman (2000): „Outsiders' Business. A Critical Review of Research on Immigrant Entrepreneurship". *International Migration Review* 34, S. 656–680.

Ratzenböck, Veronika, Katharina Demel, Robert Harauer, Günther Landsteiner, Rahel Falk, Hannes Leo und Gerhard Scharz (2004): „Untersuchung des ökonomischen Potenzials der ‚Creative Industries' in Wien". Kulturdokumentation, Mediacult, Wifo (Forschungsbericht), Wien.

Reidl, Sybille und Franziska Steyer (2006): „Zwischen Unabhängigkeit und Zukunftsangst. Quantitative Ergebnisse zur Arbeit in den Wiener Creative Industries". (Forschungsbericht), Wien.

Reyes-Schramm, Adelaida (1992): „Ethnic Music, the Urban Area, and Ethnomusicology". In: K. Kaufman Shelemay (Hrsg.): *Ethnomusicology. History, Definitions, Scope: A Core Collection of Scholarly Articles.* New York: Garland, S. 297–317. (Erstveröffentlichung 1979)

Schmid, Kurt, Irene Mandl, Andrea Dorr, Bärbel Staudenmayer und Regina Haberfellner (2006): „Entrepreneurship von Personen mit Migrationshintergrund. Studie im Auftrag des AMS Österreich". ibw, KMU Forschung Austria, Soll&Haberfellner (Forschungsbericht), Wien.

Schnötzinger, Arnold (1996): „Der Zugang ethnischer und religiöser Minderheiten zu Massenmedien in Österreich". In: I. Bontinck und A. Smudits (Hrsg.): *Elektronische Kultur zwischen Politik und Macht. Kulturindustrie und Medienpolitik in Österreich.* Mühlheim an der Ruhr: Guttmann & Peterson, S. 145–169.

Schulze, Gerhard (1992): *Die Erlebnisgesellschaft: Kultursoziologie der Gegenwart.* Frankfurt a. M., New York: Campus.

Schumacher, Sebastian und Johannes Peyrl (2007): *Fremdenrecht Asyl. Ausländerbeschäftigung. Einbürgerung. Einwanderung Verwaltungsverfahren.* Wien: ÖGB Verlag.

Singh Mann, Hardeep (2002): *Dunia da anekha yurapian desh „astria". (Österreich, ein auf der Welt einzigartiges europäisches Land).* Wien (Broschüre).

Stadler, Bettina (2009): „Die Befragung von MigrantInnen in Stichprobenerhebungen". In: M. Weichbold, J. Bacher und C. Wolf (Hrsg.): *Umfrageforschung.* Österreichische Zeitschrift für Soziologie, Sonderheft Bd. 9. Wiesbaden: VS Verlag für Sozialwissenschaften, S. 271–287.

Stanek, E (1985): *Verfolgt, Verjagt, Vertrieben: Flüchtinge in Österreich, von 1945–1984.* Wien: Europa Verlag.

Statistik Austria (2005): *Demographisches Jahrbuch 2004.* Wien: Statistik Austria.

Swidler, Ann (1986): „Culture in Action: Symbols and Strategies". *American Sociological Review* 51, S. 273–286.

Taylor, Timothy D. (1997): *Global Pop: World Music, World Markets.* New York, London: Routledge.

Terkessidis, Mark (2007): „Kulturarbeit in der Einwanderungsgesellschaft". In: S. Köchl, R. Patulova und V. Yun (Hrsg.): *Fields of transfer. MigrantInnen in der Kulturarbeit.* Wien: IG Kultur, S. 14–20.

Thandappilly, Thomas (2001): „Family Culture and Pastoral Care. A socio-pastoral study on the Kerala Catholic Family in Vienna, with special reference to the Syro-Malabar Community". Wien (Dissertation).

Throsby, David (2008): „The concentric circles model of the cultural industries". *Cultural Trends* 17, S. 147–164.

Thuno, Metto (1999): „Moving Stones from China to Europe: the dynamics of emigration from Zhejiang to Europe". In: F. N. Pieke und H. Mallee (Hrsg.): *Internal and International Migration: Chinese Perspectives.* Richmond: Curzon, S. 159–180.

Treibel, Annette (2008): *Migration in modernen Gesellschaften. Soziale Folgen von Einwanderung, Gastarbeit und Flucht.* Weinheim und München: Juventa.

Volf, Patrik-Paul und Rainer Bauböck (2001): *Wege zur Integration. Was man gegen Diskriminierung und Fremdenfeindlichkeit tun kann.* Publikationsreihe des Bundesministeriums für Bildung, Wissenschaft und Kultur zum Forschungsschwerpunkt Fremdenfeindlichkeit 4. Klagenfurt/Celovec: Drava Verlag.

Waldrauch, Harald und Karin Sohler (2004): *Migrantenorganisationen in der Großstadt. Entstehung, Strukturen und Aktivitäten am Beispiel Wiens.* Wohlfahrtspolitik und Sozialforschung 14. Frankfurt a. M. et al.: Campus Verlag.

Weber, Max (1972): *Wirtschaft und Gesellschaft. Grundriss der verstehenden Soziologie.* Tübingen: Mohr.

Weiss, Hilde und Anne Unterwurzacher (2007): „Soziale Mobilität durch Bildung? – Bildungsbeteiligung von Migrantinnen". In: H. Fassmann (Hrsg.): *2. Österreichischer Migrations- und Integrationsbericht.* Klagenfurt/Celovec: Drava Verlag, S. 227–241.

Welsch, Wolfgang (1995): „Transkulturalität". In: Institut für Auslandsbeziehungen (Hrsg.): *Migration und Kultureller Wandel.* Zeitschrift für Kulturaustausch Bd. 45. Stuttgart: ConBrio, S.

— (1999): „Transculturality – the Puzzling Form of Cultures Today". In: M. Featherstone und S. Lash (Hrsg.): *Spaces of Culture: City, Nation, World.* London: Sage, S. 194–213.

Welz, Gisela (2007): „Inszenierungen der Multikulturalität: Paraden und Festivals als Forschungsgegenstände". In: B. Schmidt-Lauber (Hrsg.): *Ethnizität und Migration.* Berlin: Reimer, S. 221–233.

Wilson, K. L. und Portes, A. (1980): „Immigrant Enclaves: An Analysis of the Labour Market Experiences of Cubans in Miami". *American Journal of Sociology,* S. 295–319.

Zhou, Min (1992): *Chinatown. The socioeconomic potential of an urban enclave.* Conflicts in urban and regional development. Philadelphia: Temple University Press.

— (2004): „Revisiting Ethnic Entrepreneurship: Convergencies, Controversies, and Conceptual Advancements". *International Migration Review* 38, S. 1040–1074.

Zink, Herta, Doris Ragetté und Christian Hofstetter (2003): „Privater Hörfunk im Werbemarkt: Eine Zwischenbilanz aus werbewirtschaftlicher Sicht". In: Rundfunk & Telekom Regulierungs-GmbH (Hrsg.): *5 Jahre Privatradio in Österreich.* Schriftenreihe der Rundfunk & Telekom Regulierungs-GmbH Band 1. Wien, S. 15–37.